中国农业大学“985 工程”
人文社会科学优秀学术专著

启蒙与建设

——当代中国媒介从业人员职业化路径探析

中国农业大学"985工程"
人文社会科学优秀学术专著

启蒙与建设

—当代中国媒介从业人员职业化路径探析

李红艳 著

中国农业大学出版社

图书在版编目(CIP)数据

启蒙与建设——当代中国媒介从业人员职业化路径探析/李红艳著.
—北京:中国农业大学出版社,2012.11
(中国农业大学"985工程"人文社会科学优秀学术专著)
ISBN 978-7-5655-0615-4

Ⅰ.①启…　Ⅱ.①李…　Ⅲ.①新闻工作者-研究-中国　Ⅳ.①G214

中国版本图书馆CIP数据核字(2012)第249497号

书　　名　启蒙与建设——当代中国媒介从业人员职业化路径探析
作　　者　李红艳　著

责任编辑　汪春林　童　云　何志勇　　**责任校对**　陈　莹　王晓凤
封面设计　郑　川
出版发行　中国农业大学出版社
社　　址　北京市海淀区圆明园西路2号　　**邮政编码**　100193
电　　话　发行部 010-62818525,8625　　读者服务部 010-62732336
编辑部 010-62732617,2618　　出　版　部 010-62733440
网　　址　http://www.cau.edu.cn/caup　　**e-mail** cbsszs@cau.edu.cn
经　　销　新华书店
印　　刷　涿州市星河印刷有限公司
版　　次　2013年6月第1版　2013年6月第1次印刷
规　　格　787×1 092　16开本　23.5印张　310千字
定　　价　45.00元

图书如有质量问题本社发行部负责调换

中国农业大学“985工程”人文社会科学优秀学术专著丛书编委会

谨以此书献给我的父亲和母亲，他们以微弱的肩膀和坚韧的灵魂始终在路上温暖着我、支撑着我。

总序

近代以前的中国社会，重文轻技是主流的教育观念。私塾、书院这类授业解惑的传统教育场所提供的是识字断文、填诗赋词、说史辨理直至治国安邦的文韬武略，而技术传授是以民间作坊私相授受的方式传承的。现代大学传入中国后，长期被视为“奇伎淫巧”的自然科学技术才作为学科传授登堂入室。从此，文理学科构成清末与民国时期我国大学的学科双轮。纵观世界，尽管每所大学有自己特色见长的学科，但文理学科并设是绝大多数大学的学科架构。

1952 年以后的中国却走上了一条仿效前苏联模式以专科性为特征的大学学科架构之路，即使像曾经拥有梁启超、陈寅恪、王国维、赵元任、李济、吴宓、冯友兰、张岱年、金岳霖、陈岱孙、潘光旦等一众人文社会学科宗师泰斗和曾经培养出汤用彤、梁实秋、钱端升、萧公权、钱钟书、曹禺、季羡林、吴晗、夏鼐、费孝通等无数影响社会的名家大腕的清华大学也被政府整塑成一所理工科大学。人文社会学科成了少数综合性大学或文科大学的特属品。大学的这种学科割裂设置使一大批大学缺失了人文学科熏陶和传承，被称之为“有技术无文化”的学校，影响了一代又一代的毕业生。由于当时主流意识和政策将“科学”窄化为自然科学，年青学子们也就自然而然地被打上了“重理轻文”的烙印，当时最激励我们的话是“学好数理化、走遍天下都不怕”，误以为社会只需要能创造有形物质的自然科学。与此同时，即使在有限的人文社会科学空间中也被实行了"过滤"政策，使得原本应当"百花齐放、百家争鸣"的人文社会科学园地变成了"一花独开、万马齐喑"。

每所大学应当有自己的特色，虽不需要包罗万象地开办全部学科，但也绝对不应当在学科大类上极端地偏忽人文社会学科或自然学科。在社会和经济发展的进程中、在学科发展和人才培养的进程中，文理学科互补和渗透是教育发展的规律，否则是不利于学科发展、人才培养和文化传承的。

人文社会科学的作用虽然难以像自然科学成果那样容易以看得见、摸得着的物质形式展现，但人们依然能感受到其对精神和思维方面的巨大作用。从塑造个人来说，哲学能帮助人们形成世界观、人生观和方法论；史学能帮助人们以漫长的历史长河为背景、以发展的眼光看待事物；文学能帮助人们更深刻、更准确地认识和表达；经济学能帮助人们以投入产出效率、资源最佳配置来思维；法学能帮助人们在社会秩序中依法行事；社会学能帮助人们更关注人类公平和疾苦；……人文社会科学的这类作用，弗朗西斯·培根在1597年发表的《随笔录(论读书)》中就作了脍炙人口的表述：读史使人明智，读诗使人灵秀，数学使人周密，自然哲学使人深刻，伦理学使人庄重，逻辑修辞学使人善辩。若说到人文社会科学对社会的影响，孔孟之道、老庄哲学不仅影响中国数千年，还深深影响着东亚，甚至远度重洋影响到欧美和整个世界；又如朱子理学、阳明学说至今仍被很多人信奉；成于明清时代的四大名著在中国家喻户晓、老孺皆知，"少不看《水浒》、老不看《三国》"这句民间俗话就透发出其对社会的影响。放眼国外，从古代的泰勒斯、苏格拉底、柏拉图、亚里士多德、伊壁鸠鲁等，到近现代的斯密、李嘉图、卢梭、康德、黑格尔、马克思、孟德斯鸠、凯恩斯、伏尔泰等，无不对人类社会的发展作出了巨大的贡献。

北京大学王岳川教授讲述过这样一个例子：二战时，德国图林根大学的一位校长向全校训话时说，学自然科学的孩子们抬起你们的头，你们是这个时代的列车。于是，学自然科学的学生得意洋洋，人文科学的学生们都低下了头，感到很没面子。突然，校长说，学人文科学的同学们，请昂起你们的头，高昂你们的头！因为你们是这个时代列车上的司机。回首最近半个多世纪的神州历程，重大“失误”基本上是发生在人文社会科学领域。批马寅初先生的“新人口论”导致后来不得不强制性地实行计划生育政策，搞“大跃进”导致随后的全国大饥荒，闹“文化大革命”导致全面摧毁中华传统文化和拖垮国民经济。如果说自然科学影响社会的进步速度，那么，人文社会科学则影响社会的兴衰成败。

从人类思维角度来说，人文社会学科的显著特征之一是具有浓烈的批判性思维和辨证逻辑思维，这也恰恰是人文社会科学对自然科学帮助最大的地方，有助于培养和提升人们的思维精神。中外历史表明，当一个社会缺失或扼杀了批判性思维精神和辨证逻辑思维精神时，这个社会就往往会堕落成一个奴性的愚昧社会或一个失去理性的过激社会。

马斯洛的人类需要论将人的需要划分为五类：生理需求、安全需求、感情需求、受尊需求、自我实现需求。从中可见，人类需求既有物质层面的，也有精神层面的。显然，物质层面的需求主要由自然科学成果来满足，而精神层面的需求主要由人文社会科学的成果来满足。当今社会中，人们经常能听到这样一种说法：物质生活富裕了，精神生活空虚了。这表明人类不仅需要物质享受，也需要文化精神大餐。因此，时代的发展不仅需要自然科学的进步，更需要人文社会科学的繁荣。

值得庆幸的是，随着改革发展和中外交流的不断深入，中国的大学逐渐开始形成一种共识：以文理学科环境培养人才，以广博的人文底蕴濡染人才。今天，中国正在弥补人文社会学科环境和教育的缺失，很多大学逐渐恢复或设置了一些人文社会学科专业，开设了一批人文社会学科课程。党和政府意识到了人文社会科学对经济和社会发展的重要性。中国共产党十六大报告中明确提出：“坚持社会科学和自然科学并重，充分发挥哲学社会科学在经济和社会发展中的重要作用”，教育部于 2003 年 2 月 10 日印发了《关于进一步发展繁荣高校哲学社会科学的若干意见》，宣布启动“高校哲学社会科学繁荣计划”。这样的政策导向和支持无疑有利于改善高校人文社会科学的发展环境，为形成“百花齐放、百家争鸣”的人文社会科学繁荣局面提供了首要的学术空间。

中国农业大学是一所以农业学科、生物学科、农业工程学科见长的大学，在学科发展和学生培养中深深感到人文社会学科的重要性和必要性，在完善学科结构和提升学生素质的过程中，努力弥补着人文社会学科和文化氛围的不足。学校在总体发展规划和学科发展规划上，确定了“促进人文社会科学学科群的振兴与发展”的方针，专门设立了“哲学社会科学繁荣计划”，引导全校师生积极开展人文社会科学研究；在资金上，拨出专款资助人文社会科学研究和鼓励发表人文社会科学研究成果；在组织体制上，科研管理部门中单独设置了人文科学处，成立了全校哲学社会科学专家委员会；在队伍建设上，大力支持人文社会学科人才引进和师生国内外交流。

2011年，中国农业大学设立了“‘985工程’人文社会科学优秀学术专著出版专项”，为师生搭建了一个出版人文社会科学优秀学术专著的平台，鼓励师生开展人文社会科学研究和多出高质量的成果。这个专项也是展示中国农业大学人文社会科学面貌、传播中国农业大学人文社会科学精神与文化的窗口。从呈献在这里的学术专著丛书，可以感受到中国农业大学对发展和繁荣人文社会科学所付出的辛勤和努力。愿人文社会科学的朵朵奇葩盛开怒放！

何秀荣

2013年春节

前言

作为一名成长中的青年学者，我总是觉得我为自己提出的职业任务往往超出了自身的能力之外，因而也总是在文献资料、社会现实与职业诉求中徘徊着，总是需要赋予自己充分的理由与信心，才有可能将这种难以完成的任务尽力完成。

呈现在各位读者面前的这部专著，便是这种困境中的产物。坦白而言，这本书的撰写大纲自 2005 年便设定好了，其主题侧重于探讨传播活动者的经济行为，查阅文献和调查中，发现这一主题涉及的方方面面太多，实在难以很好地完成(当然其中也包括时间因素)。其后打算以职业理想为核心进行撰写，继而又发现这项任务太繁杂、无法完成，即使是完成了也是勉为其难，后来又将重点放在舆论建设上，撰写过程中发现与我原来的调查主题距离较远，需要重新搜集资料，又作罢了。最先撰写的是第二章，原本打算将历史溯源中的外国部分和中国部分分两个章节撰写，苦于资料问题和时间限制缩减为一章，尽管如此，依然有很多不如人意的地方。其次撰写的是导论部分，对本书的结构、研究目的、研究路径、研究意义做了交代。第二章、第三章、第四章原本打算压缩为一章，然后集中主题撰写职业化特征，撰写中发现依然是资料欠缺，或者是一些话题无法充分展开，也就作罢，将重点集中于政治、经济、文化大背景下媒介职业化的变迁过程，分为两个章节完成，第四章、第五章则集中探讨职业理想与职业身份的确立与变迁特征，第六章是进行问卷调查、参与式观察和深度访谈资料收集后进行的统计数据和资料的呈现与分析。第七章则与我近几年的研究重点有关，对于农民工媒介接触行为的研究、农民工获取信息渠道及其信息内容的研究常常令我思考一个问题：在技术变革促使的媒介类型的变迁中，媒介自身与社会阶层形成之间的关系如何？鉴于本书主题的关系，本章集中以案例分析的形式，就体制表达、公众表达和媒介表达之间的关系作了陈述，其目的主要是提出问题：在媒介职业化的过程中，如何处理体制表达、公众表达和媒介表达的关系，才有可能实现媒介变革在中国当代社会转型中的责任，也才有可能为漫长的当代中国文化建设过程充分实现媒介的社会功能提供一种现实路径。同时，这一主题也潜在地隐含了社会阶层与媒介表达之间的关系问题，无论是市场中媒介还是体制内的媒介，如何将不同社会阶层所呈现的话语诉求较为平衡而公正地呈现出来，似乎也是媒介职业化过程中所必须面对的一个社会命题。

作者谨识

2010年10月6日北京

目录

导论 /1
一、研究问题的提出 /3
二、现有研究资料回顾 /6
三、研究对象与主要研究内容 /13
四、研究框架 /19
五、研究意义 /20
六、研究方法 /23

第一章 历史溯源:中西方媒介从业人员的职业化过程探寻 /26
一、西方媒介从业人员职业化过程 /27
二、20 世纪前半叶中国媒介从业人员的职业化过程 /51
小结 /68

第二章 媒介从业人员职业身份的革命化、政治化和社会化时期(1949—1993) /69
一、媒介的第一次转型与媒介产业人员职业身份的再厘定(1949—1976) /70
二、社会变革与媒介从业人员职业身份的反思与修正时期(1976—1993) /89
小结 /114

第三章 社会转型与媒介从业人员职业身份的多元化时期(1993—2010) /116
一、社会转型与政府转型 /117
二、媒介的第二次转型与媒介人员从业人员职业身份的混沌状态 /131
小结 /155

第四章　媒介从业人员职业身份的确立与职业理想的探索 /156
一、职业身份与职业理想的开端(1978—1993) /158
二、职业身份、职业理想与市场接轨时期(1993—2001) /172
三、职业身份与市场资源交互时期(2001—2010) /186
小结 /201

第五章　当代职业媒体人的职业理想特征 /202
一、从舆论监督、记录时代到社会启蒙 /203
二、媒介专业主义的实践与探索 /224
三、职业理想与市场呼唤:一种新的职业责任理念的兴起 /234
小结 /241

第六章　当代中国媒介从业人员的职业态度与行为
(——来自北京市媒介从业人员的调查报告) /243
一、职业认知 /243
二、信息选择行为分析 /251
三、经济选择行为分析 /260
四、媒介从业人员的职业化过程分析 /270
五、信息来源与媒介从业人员的价值观 /282
六、职业自律与媒介规范的"乌托邦" /294

第七章　公众表达、体制表达与媒介表达中的文化建设如何可能? /305

附录 /342
附录 1　调查问卷 /342
附录 2　访谈提纲 /350

参考文献 /351

后记 /356

导 论

文化建设的路径：如何在公众表达、媒介表达与体制表达之间成为可能？

媒介工作成为一个职业、从而使媒介从业人员逐渐在制度化中开始职业化的过程，不仅与媒介自身的发展历程相关联，更与不同国家传播制度对媒介行业的管理、规范与制约密不可分。

随着大众媒介在19世纪后半叶的兴起，媒介行业职业化的进程随之展开，大众化报刊的出现将媒介和市场连接在一起，出现了工业革命影响下的商业性媒介，如大众化报刊、私人通讯社等。这一时期的媒介从业人员的工作状态还停留在信息利润的商业诉求阶段，既与职业的自觉认知意识无关，也与社会责任意识无关，更与新闻的专业化意识无关。独立报刊的出现使得编辑记者开始摆脱媒介经营者和所有者的管束，逐渐成为独立的职业人员，新闻采访实践的普遍化、商业广告的系统化、公关行业对媒介行业的促进，合力推动着媒介的职业化进程。编辑记者在拓展了新闻报道范围的同时，将新闻工作的日常实践化与职业化联系在一起，使得媒介从业人员逐渐具有了独立的职业意识和职业资格，在社会层面和制度层面也得到了一定程度的认可。

就中国而言,19世纪40年代的第一次鸦片战争、60年代的第二次鸦片战争不仅改变了中国社会对外交往的方式,同时也是中国媒介大众化的发轫期。从外国人在中国办的外文报纸、中文报纸,逐渐发展为中国人自己办的报纸,继而发展到后来的通讯社、电台以及电影等媒介形式,中国媒介在跌跌撞撞中开始了艰难的萌发过程。伴随着这种萌发过程,从事媒介职业的人员,逐渐从兼职人员变为专职人员,对这些专职人员的培训也开始从社会上的相关机构延展到大学的新闻教育体系中;不仅有专门的培训机构、研究机构和职业教育的逐渐兴起,还有著名的编辑、记者和媒介经营者的出现,到抗战前夕,中国媒介从业人员的职业地位,几乎可以说获得了与医生、律师、法官等职业同样的社会地位和职业声誉,一些著名的新闻记者也由此而跻身于当时社会的精英阶层中。

作为一个特殊的传播现场,战争和革命一方面将媒介职业化的进程向前推进了,另一方面却又改变着媒介行业的职业理念。对抗日战争之后的中国媒介而言,民族主义的思潮刚刚过去,党派之间的斗争又迅速拉开,媒介的职业化与媒介生产的理念不可避免地发生了政治性的变化,无论是党派立场还是非党派立场,各方都无可避免带着各自的政治立场、文化立场或者是经济立场使用媒介手段进行宣传,近代中国媒介在经历了初期的宗教化、殖民化过程、经历了中国人自己创刊办报出版书籍的过程、经历了从党派论证时期之后逐渐进入商业化的过程,期间,战争和革命将商业化的痕迹逐渐削弱,同时将媒介的职业化拉入到特殊的传播机制中。

1949年新中国成立后,随着新的传播体制的确立,媒介的商业化在新政府的早期改革中,逐渐消亡了。媒介的所有权和管理权开始逐步进入行政化管理系统中,随着新的传播制度的建立,大众媒介体系便成为了政府宣传系统的一个主要组成部分。媒介从业人员的职业依照这一体制,是参照政府职员的社会身份来定位,职业已经不复是近代以来的职业内涵,职业理想也不再是职业自身的独立思考，而是政治体制的附属品、政府信息的宣传员和扩大器。

伴随着20世纪70年代末期的经济体制改革，禁锢了30余年的媒介体制，在或冷静、或盲目、或激情飞扬、或低落悲情的经济报道中，除了悄然改变着自身的产品实践模式、售后服务模式，也以独特的方式塑造着、并在某种程度上缔造着中国媒介行业的新型社会现场。介入这种新型社会现场的群体不仅仅包括大众媒介从业人员，还包括普通受众群体，这两个群体在信息传播的场域中、在不间断的信息角逐过程中，以种种合力改变着当代中国社会的信息传播系统的运作模式，这种信息传播系统的运作模式，在20世纪90年代以来更呈现出在社会阶层分化、社会群体心理转型、社会结构转型中的新特点。这种新的特点在21世纪的信息传播场域中则得到新的拓展：网络社会的逐渐崛起、社会化媒体的日常化、普及化等，不仅将媒介、受众拉入了更为对等的信息传播系统中，政治组织、商业组织、文化组织乃至于个人还以技术的力量，重塑了新的信息传播情境，媒介从业人员的职业化问题也遭遇到了前所未有的挑战。

一、研究问题的提出

在20世纪90年代以来逐渐形成的新型社会信息传播现场中，70年代末期、80年代中期、90年代中期以及21世纪加入媒介行业的从业人员，尽管他们在职业理念和新闻实践上有着巨大的差异，但是这些巨大的差异在信息的市场化、媒介的政治化和消费主义思潮的影响下，呈现出趋同性现象。这种趋同性的表征至少说明了当代中国媒介从业人员的职业理想发生了巨大的变化，这种变化不仅在逐渐模糊新中国成立60周年以来的媒介与政治之间的关系，也在拉近媒介与商业关系的同时，将媒介从业人员的职业底线问题抛了出来。

一方面是1949年新中国成立后新闻实践在老一代媒介从业人员群体中所形成的对媒介行业的刻板成见，另一方面是新闻专业培训所赋予的专业知识与社会信息传播现场的巨大差异；一方面是新型媒介技术对原有的信息来源渠道的冲击，另一方面是社会大众逐渐拥有了通过新媒体传播信息的工具和路径；一方面是新进入的媒介从业人员所拥有的理论化职业知识越来越多元化，另一方面是原有的媒介从业人员的职业实践行为越来越低俗化和商业化；……如此种种，在这些现实面前，新老媒介从业人员不仅面临着对职业的重新认知，还需要面临职业伦理、职业道德、职业资格、职业规范等方面的重新学习。原有的职业理想尚未完全建立，对职业新的追问再度出现。

20世纪90年代开始的中国媒介的渐进式改革也在这种社会发展的大背景中，参与了进来，并对媒介从业人员的职业性、专业性和商业性提出了更为严峻的考验。同时，随着新媒体技术的日常化和普及化，拥有传播信息技能和条件的群体迅速扩大，无论是通过手机上网，还是通过互联网进行视频、文字的传播，原有的媒介从业人员的概念遭到了前所未有的冲击。你、我、他掌握了最为普遍的传播技术，在网络上、手机上传播着个体化的信息，这些信息的传播业已影响到大众传播媒介原有的获取信息的渠道、产品内容的选择、乃至于产品生产的过程。新媒介技术的运用也衍生出了大量新型的媒介从业人员的职位，这些职位的出现更多的是出于社会市场的需求，与学校的教育和培训并无直接的关系，因此，这些职业的职业化和专业化问题对原有媒介从业人员职业化和专业化进程形成了巨大的冲击力。

加之，20世纪80年代以来，消费主义在中国社会各个角落的蔓延，媒介从业人员的消费观念也产生了巨大的变化，而职业的信息垄断性以及所衍生的庞大商业利益使得媒介从业人员的职业认知也发生了变化。

在这种复杂的社会信息传播的现场中，需要追问的是：媒介从业人员这一社会群体的角色定位是什么？职业角色又是什么？他们的专业性体现在什么地方？在技术、政治、商业和文化这四种社会力量的角逐中，这一群体的选择显得复杂又无奈。

媒介从业人员的职业态度在上述四种社会现场的合力下，发生了怎样的变化？他们进入这一行业的动机如何？有怎样的职业理想？这种职业理想的主要内涵是什么？就历史比较而言，这种职业理想变迁的意义何在？这种种问题，对理解中国媒介信息传播系统的特征、对认知中国社会信息传播的流量和流向、对中国社会各阶层信息拥有量的了解、对建构信息平衡的社会信息传播系统具有不可替代的重要意义。

总而言之，经济体制改革所提供的社会现场，衍生出中国社会转型的缓慢过程，在这一进程中，中国大众媒介系统在原有的行政资源和商业利润的双重诱惑下，也发生着转型。行政系统下的媒介职业认知、一元体制二元结构下的媒介组织变革、消费主义的影响力、新媒介技术的冲击，使得媒介从业人员对自己的职业认知和职业选择，有了另一种考量。

但即便在这样的时刻，时时都有年轻的面孔，勇往直前地投入到这一职业中，无论是新技术所提供的职业机会，还是原有媒介结构变迁的结果，这些年轻的面孔以亘古未有的活力冲击着原有的媒介社会现场，他们的冲击力或者正在以特有的形式改变着中国媒介的生态系统，并由此在塑造中国新的社会阶层的同时，也影响着社会结构的形态。同时，对这种社会现场的描述与解读，某种程度上，不仅可以描述中国媒介 10 余年的产业化变革对行业的影响力，而且对当代中国新型社会群体的格局的形成、经济体制发展的理性逻辑、媒介文化特色、政治与文化建构之间的潜在关系有一定程度的解读作用。

更为重要的是，对媒介从业人员的职业化过程的探寻，对媒介从业人员职业理想和职业底线的追溯，可以更为清晰地描述出自 1949 年以来中国社会舆论生态的特征及其演变过程，对理解当下中国社会信息传播中的各种构成因素提供重要的历时和共时的思考依据，为如何在体制表达、媒介表达与公众表达之间建立一种新的文化价值系统提供可借鉴性的认知思路。

二、现有研究资料回顾

对媒介从业人员职业底线的研究，最早可以追溯到学者对新闻记者社会地位的认知和新闻伦理的研究上。继而拓展到对媒介专业主义研究媒介人员的素养、职业道德、从业资格等问题的关注上。

第一，媒介专业主义研究。

有关媒介专业主义的研究主要集中在媒介从业人员的媒介观、伦理观和媒介专业主义理论的探讨上。对媒介伦理的研究在西方发端于19世纪末期20世纪初期，20世纪20、30年代先后出版了《新闻业的伦理学》《报纸的良心》《报纸伦理学》《报纸与责任》《新闻业的伦理与实践》等著作。继而，50年代传播学者施拉姆出版了《大众传播的责任》，70年代梅里尔(John C. Merrill)出版了《自由必须履行的责任》，[①]但总体而言，对媒介伦理的关注在20世纪80年代之后进入兴盛时期，据统计，1990—1995年共有34本媒介伦理学方面的著作出版。这些研究多数以具体而微的个案入手，侧重的是微观研究。国内对媒介伦理的研究发端于20世纪20年代前后，主要侧重于引介与翻译，本土化研究较少，1949年之后的研究则由于客观原因主要集中在改革开放之后，研究著作和论文也主要集中在对英美媒介伦理和新闻记

---

① Clifford G. Christians: Chronology, from Journalism Ethics, Edited by Elliot D. Cohen and Deni Elliot, ABC-CLIO, 1997, P. 15-27.

者职业道德的评析上。

21世纪以来，中国学者对媒介伦理的研究开始结合本土的媒介经验，不仅是将西方的媒介伦理或者职业要求直接与中国的社会现实相结合，而是深入调查，力图找到中国本土化的媒介研究的路径。如来自于上海新闻从业者调查报告认为：大多数媒介从业者目前比较倾向于“中立”的媒介观，即认为媒介最重要的社会功能是迅速提供新信息、依据事实进行报道，他们更关心新闻报道的新鲜、真实、迅速，也更关心媒介检测社会环境的重要功能是否得以实现。职业伦理观则比较模糊。随着中国社会民主与法制建设的不断完善，媒介从业者在职业伦理上已经形成了尊重他人隐私、尊重社会其他组织的规范、尊重同行劳动的基本共识。但是，在《中国新闻工作者职业道德准则》出台10年后，媒介从业者的道德观念和职业道德自律方面，仍然存在相当模糊的认识。[①] 我国媒介专业主义缺失的主要原因是商业主义和消费主义的侵蚀。媒介一方面要为党和政府说话，同时还要自己赚钱，这使得媒体要想尽办法保护自己的财源——广告主的利益，一些大的企业逐渐成为媒体的第二把关人，采编系统对新闻的报道要符合至少不“损害”广告主的利益。另一方面，受到巨大商业利益的刺激，媒体也只能拜倒在“现实主义”的脚下，时政新闻与娱乐资讯和社会新闻相比，就缺乏商业主义的功效。因此，在商业主义的侵蚀下，受广告主的控制和媒体发展的动力驱动，媒介专业主义就成为一种次要的选择。[②] 商娜红的著作《制度视野中的媒介伦理：职业主义与英美新闻自律》将国内90年代之后媒介伦理的研究成果做了详细记载，[③]并从新闻史发展的视角，对英美新闻自律的发展历程、理论变迁和新闻实践的过程进行了简要

① 陆晔，俞卫东：“新闻教育与新闻专业化——2002年上海新闻从业者调查报告之五”，《新闻记者》，2003(5)。

② 侯迎忠，赵志明：“媒介专业主义与商业主义孰轻孰重”，《传媒观察》，2004(10)。

③ 商娜红：“制度视野中的媒介伦理”，上海：复旦大学出版社2006年版，第9页下注。

论述，资料整理和论述视角值得称道。

第二，研究者认为媒介从业人员的职业道德普遍缺失。

何谓媒介从业人员的职业道德呢？是指“新闻从业者在长期的新闻报道实践中逐步形成的，在职业活动中内化于品德修养的一系列职业观念、职业态度、职业情感、职业作风等道德现象。”[①]媒介从业人员的职业道德既具有一般意义上道德的共同特征，又有自身的特点，其内在规律性是这种共同性和特殊性的辩证统一。这种内在规律性，首先表现在客观性上，是一种由社会存在决定的社会意识；其次表现在阶级性上，具有更为鲜明的阶级性和强烈的政治色彩；第三表现在调节性上，是对新闻传播活动的一种特殊的调节规范体系。[②] 而对新闻工作者的职业道德要求主要有两个方面。首先，新闻工作者的道德水准必须符合职业要求，主要表现在“不以职谋私”、“公正清廉”等方面；另一方面，新闻工作者采写和发表的新闻作品，必须传达出的是一种正确的价值观，但恰恰是随着市场化出现了另外的现象：经济报道中的“拜金主义”、社会文化报道中的“民族虚无主义”、娱乐报道中的“享乐主义”等。[③] 目前出现的新闻报道中的不道德现象主要有以下几种：有偿新闻、虚假新闻、煽情新闻、低俗之风、不良广告等。其中，尤以有偿新闻为甚，它包括两种情况，第一种是个别记者和编辑，收人钱财，把一些没有多少新闻价值的东西，硬充作新闻推给公众，浪费公共宝贵的注意力资源。这是有偿新闻的主要表现形式。第二种情况的表现特征是“有偿不闻”，即受人钱财之后，把公众本该知道的信息隐匿起来，从而侵犯公众的知情权。[④] 我国新闻队伍的新闻工作道德状况并不容乐观，在职业道德行为的选择上存在着

---

① 金星：“谈对有偿新闻的几点认识”，《新学术》，2007(6)。

② 杜鹃：“关注新闻道德 谨防‘集体犯规’”，《青年记者》，2002(4)。

③ 阎红：“新闻职业道德评价体系亟待完善——兼谈〈中国新闻工作者职业道德准则〉的操作性问题”，《记者摇篮》，2002(5)。

④ 李凌雪：“谈新闻工作者的职业道德”，《新闻传播》，2006(3)。

严重的偏差。①

造成这种局面的原因很多，学者认为主要有体制层面、观念层面和操作层面的原因。传媒产品的特殊性决定了对它没有一个简单的统一评判标准，传媒的社会责任与经济引导之间经常会发生冲突。而对传媒权利的认知偏差和媒介经营者的多元化角色，也是造成媒介从业人员道德缺失的主要原因之一。最后一点，媒介行业的任务导向和对经济效益的追求，是导致职业缺失的最直接原因。②

那么，针对这种道德缺失的现状，有学者认为主要还是自律和他律的问题。"既然新闻职业道德是道德作用于新闻从业人员内心又通过新闻行为体现出来的，那么加强新闻职业道德建设首先应该是新闻从业者的自律——自我调节和自我控制。"新闻工作自律的途径通常有以下三条：①建立严格的行业标准。②制定新闻记者自律信条。③成立有效执行专业标准和记者信条的监督机关。此外，社会舆论和团体舆论还构成了对新闻职业道德的"他律"。③

而从法制上进行规范，也是学者们指出的路径之一。"作为治理当前我国新闻腐败的一种对策，最要紧的还是要依靠立法手段，将某部分适合入律的新闻道德通过立法的形式使之法律化……首先，必须加强社会对媒体的监督，严肃查处违纪违规问题。其次，国家应出台《新闻法》，从法律制度上规范媒体及新闻工作者的行为。"④

第三，媒介从业人员素养教育问题较为严重。

媒介素养教育不能仅仅停留在受众层面上，也应该对媒介从业人员进

---

① 郑保卫，陈绚："传媒人对'有偿新闻'的看法——中国新闻工作者职业道德调查报告"，《新闻记者》，2004(5)。

② 金强，马婷："从传播效果弃置看媒体从业人员的职业道德缺失"，《河北大学学报(哲学社会科学版)》，2008(2)；吴廷俊："转型期新闻职业精神的缺失与重塑"，《新闻前哨》，2006(2-3)。

③ 金星："谈对有偿新闻的几点认识"，《新学术》，2007(6)。

④ 李凌雪："谈新闻工作者的职业道德"，《新闻传播》，2006(3)。

行素养教育。[①] 主要包括:(1)培养平等的现代传播观念。(2)建立完善的媒介保障制度。包括教育保障制度和法律保障制度。(3)加强传播者的行业自律意识。(4)加强关爱受众的人文主义底蕴。[②] 充分认识媒介产品的生产与传播机制,力争实现与受众之间的良性互动。[③]

第四,与媒介从业人员素养教育相关联的问题是:如何培养合格的媒介人才?

那么,当代中国媒介行业需要什么样的人才呢?学者指出,专家学者型、媒介融合型、经营管理型、新闻(传媒)策划型、技能应用型五类新闻传媒人才是目前媒介业所需要的复合型人才。[④] 培养人才则主要应该从高校的传媒教育和业界的用人机制两个方面着手。[⑤] 学者一致认为媒介行业急需的人才是媒介经营管理人才,业界急需的是职业经理人。媒体产业是高技术与高文化高度联姻的领域,对专门人才知识与能力的构成有着特殊的要求,人力资本格局在传媒产业领域里的需求变动,将随着这种战略需求的日益显现而快速流动起来,尤其是能适应多种产业融合需求的媒体资本运营人才、系统数字艺术软件开发人才和媒体产业经营人才,将成为各类传媒产业集团、传媒投资集团争夺的焦点。[⑥] "媒体职业经理人"是指熟知中国传媒国情、懂得运用经营管理和新闻业务知识、经验及技能,以媒体经营管理为职业的经营管理人才。这些人一般应具有三种能力:一是把握体制和政策的能力,有政治头脑和制度意识;二是熟悉新闻业务的能力,掌握编辑和采访等基本新闻业务知识;三是企业经营管理的能力,懂得管理学、经济学、市

① 陈海英,李娥:"中国经济转型期的媒介素养教育刍议",《学术论丛》,2009(1)。

② 万舒,张晨,晓斌:"论传者媒介素养教育",《吉林广播电视大学学报》,2007(3)。

③ 原阳:"媒介素养自我提升的方法",《编辑之友》,2009(5)。

④ 江凌:"通识为'体'专业为'用''体''用'融合培育复合型新闻传媒人才"《新闻传播》,2009(1)。

⑤ 沈捷:"从把关人理论看当代新闻人才的培养",《南京理工大学学报(社会科学版)》,2009(2);梁栩凌,王长潇:"从社会角色转换看传媒业人才机制",《山东视听》,2005(6)。

⑥ 万辉,董志红,李进强:"打造媒体职业经理人",《传媒观察》,2004(4)。

场营销学、财务会计学等基本经营知识。发行人、总经理、总编辑、内容总监、发行总监、广告总监、生产总监、人力资源总监以及网络媒体的首席执行官等，均可称为“媒体职业经理人”。[①]

一个称职的经营管理人员应具备以下各种素养：(1)市场意识。(2)竞争意识。(3)营销意识。(4)品牌意识。(5)受众意识。(6)商品意识。(7)大局意识。(8)团队意识。(9)忧患意识。而作为一个出色的媒体经营管理人员需要具备以上多种意识，增强知识储备，扩大视野，同时还要具有多种实际的操作能力，并在实践中不断加以磨炼，做到运用自如：(1)学习能力。(2)营销能力。(3)决策能力。(4)应变能力。(5)沟通能力。(6)创新能力。(7)调研能力。(8)公关能力。(9)资本运作能力。[②]

那么如何培养传媒职业经理人：一是让现有的传媒人深造；二是培养后备军。解决传媒职业经理人匮乏的尖锐矛盾，还必须建立传媒职业经理人成长的教育体系和培养模式；三是“嫁接”。在现实生活中确实有一些成功的媒体经营管理型人才并非采编人出身，比如《计算机世界报》的老总石怀成、《北京青年报》前社长崔恩卿等，他们不以采写见长，也不以编辑或评论见长，而是作为成功的企业经营者得到业内的敬重和推崇。[③]

除了上述路径之外，还需要在改革高等教育的培养机制的同时，形成媒介经营管理人才成长的有利环境，如：(1)媒介理念的整合。媒介理念主要有信息传播理念与媒介营销理念两类，前者涉及对新闻报道专业立场与规律的认识，后者涉及对媒介经济规律的认识。在媒介生产过程中，将新闻采编与广告经营严格分开是必要也是必须的，但在媒介定位与设计这一宏观层面上，两类理念的整合也是必要与必须的。(2)优秀团队的建设。目前国内的媒体存在人才资源的严重缺乏，主流报纸是靠价值判断取胜的，而价值

---

① 方笑：“试论媒介管理人才的知识结构”，《财经界》，2007(2)。

② 马天剑：“新的媒介竞争环境下媒体经营管理人员的素质要求”，《新闻知识》，2007(5)。

③ 万辉，董志红，李进强：“打造媒体职业经理人”，《传媒观察》，2004(4)。

判断最终来源于人。在目前的国内媒介市场上，谁先聚集起优秀的团体，谁就是胜利者。(3)通过集中培训、国际合作培训和实践锻炼等主要培训的方式，促进优秀人才尽快成长。①

第五，媒介从业人员的职业压力问题研究。

媒介从业人员的压力主要来自以下三个方面：(1)来自媒体自身的压力。工作任务重、工作要求高、管理机制不尽合理、职业发展的局限、经济报酬低等都使媒介从业人员身心承受巨大的压力。(2)来自社会的压力。新闻事业缺乏必要的法律支撑，社会缺乏宽松的舆论环境和配合媒体的氛围，新闻产品受到来自商业和社会的双重制约，这些不仅伤害到从业人员公正勇敢的心，有时甚至受到生命的威胁。(3)个体因素。新闻工作者自身知识储备不足、自我期望过高、自身人格的不健全、人际关系压力等又使从业人员难以应对工作的重任，对自己失去信心，陷入忧郁，复杂的人际关系也使从业人员经常受到各方面限制而力不从心。②

面对媒介从业人员巨大的职业压力，针对如何解压的建议主要有以下三点：(1)法律的规范与保护。新闻官司增多，记者屡遭殴打和迫害，以及新闻行业内部出现种种不规范现象，公民言路不顺，民意不能畅通无阻地通过大众传媒公开反映，都需要新闻立法的步伐加快。(2)媒体的薪酬人事改革与科学人性管理。做到以绩效和市场为导向，建立科学的薪酬岗位管理制度，加大人事制度改革，施行人文管理和科学管理。(3)个人良好的心态调节能力与和谐健全的心理素质。③

综上所述，学界和业界所关注的媒介从业人员的职业行为中存在的上述问题，并非是各自孤立的现象，而是有着深刻的关联性。高等教育中相关职业培训内容的缺乏，媒介从业人员对中国媒介传播制度认识的不足，职业

---

① 葛贞："传媒发展与媒介经营管理人才"，《今传媒》，2005(2)。

② 艳妮："盛压之下'无冕之王'身心俱疲"，《社科纵横》，2008(4)。

③ 廖勇勇："新闻从业者的心态与调整——一个不容忽视的重要问题"，《青年记者》，2005(8)。

资格与用人制度上的不完善等，还包括媒介从业人员在工作中所面临的生存压力、精神压力、经济压力和社会压力等，共同导致了造成媒介从业人员职业道德缺失的社会现状，而目前阶段高校教育难以培养出符合媒介变革要求的媒介人才，相应的媒介缺乏适合的媒介管理人才，造成媒介管理层面上的不足，也在一定程度上影响着媒介从业人员的职业认知。

通过对现有研究资料的分析，可以看出，目前的研究集中在媒介专业主义与中国媒介现实、媒介人才需求与媒介从业人员素质的提升、媒介制度和媒介管理人员的缺乏等方面，而对媒介从业人员的职业化和专业化过程论述极少，对当代中国媒介从业人员的职业理想的研究则是空白，本研究将从媒介从业人员的职业认知和媒介产品的职业理想两个视角，对构成媒介从业人员职业生态环境的构成要素进行分析，并结合体制表达、公众表达的分析，呈现出媒介表达在当代中国社会信息传播语境中的困惑与迷茫。

三、研究对象与主要研究内容

(一)研究对象

本研究主要以媒介从业人员为研究对象，分析这一群体概念的变迁过程、职业化特征，诸如职业理想、职业理念、职业内涵、职业制度化等方面。采用历史反思和当代媒介从业人员的现状相结合的方式进行解读。一方面，主要选择北京地区的媒介从业人员，通过对他们进行问卷调查、参与式观察、深度访谈等方式获取一手资料，对他们的职业理想、职业认知、职业行为等方面进行分析；另一方面，选择特定的媒介产品内容进行分析，解读媒介产品与媒介话语叙事所展现出来的职业认知、职业态度、职业行为乃至于职业理想。从而获取社会信息传播系统中作为社会主流观念传播活动者的媒介从业人员的职业全景，提供社会信息传播的构成因素，分析影响社会主流文化观念和价值观念的主导因素，从而为中国媒介转型与社会转型的发展历程提供可以借鉴的操作性和认知性路径。

(二)主要研究内容

首先，进行历史追溯，分析国外媒介从业人员职业化的发展背景和发展过程，解读近代中国媒介从业人员的职业化的发展背景和发展历程。

其次，分析当代中国媒介从业人员的职业化背景与职业化特征，并以进入 WTO 为界进行解读。

再次，通过对媒介产品和媒介从业人员职业行为的综合比较分析，解读媒介从业人员的职业理想是如何构建的，分析影响职业理想的动态因素，阐释这些动态因素与当代中国社会变迁的关系，并对媒介从业人员职业化的发展方向进行分析，揭示这些方向对媒介从业人员的职业理想的影响力。具体的研究内容如下：(1)通过对不同时期的媒介从业人员职业行为、职业态度的研究，分析其职业内涵与外延的变化过程，阐释这种变化成因。(2)通过对当代媒介从业人员的职业行为的调查研究，解读构成其职业理想的历史语境和文化语境。(3)通过对上述两个方面研究的比较，对影响和形成当代中国媒介从业人员的职业理性的因素进行再度审视。(4)分析媒介从业人员的职业理想在媒介运作中，对社会主流文化的影响、对社会信息传播系统的影响，与体制表达、公众表达之间的关系。

(三)基本概念界定

1. 媒介从业人员(communicator)

有学者指出，媒介从业人员，从广义上来讲，是指凡是与媒介组织建立了一定人事或劳动关系的人员，以及无其他固定职业，专业为媒介写作的自由撰稿人等也应列属其中。狭义而言，媒介从业人员仅指在媒体中利用自己的专业知识、专业技能构建了媒体功能的内在机制，而使媒体的功能能够产生和发挥，媒体的特性能够保持的人员。[①] 本研究所说的媒介从业人员是就狭义意义上而言之，具体是指围绕各种媒介组织进行信息传播工作的人员，包括记者、编辑、媒介策划和营销人员、广告人员、公关人员、自由撰稿人等，媒介组织则包括报业集团、广电集团、期刊、互联网、手机媒体、综合性传播公司等。

2. 职业化(professionalization)

作为一个社会学概念，广义的专业即职业(occupation)，与业余相对；而狭义的专业则指具有特殊性质的特定职业阶层，如医生和律师，以区别于单纯的行业或事业(trade\business)。一般来说，一种职业能够称得上专业，必须符合一些基本条件：必须以系统的、理论化的知识体系和专门技术为基础组织一种职业，这一职业成员必须具有实践其职业责任或义务的广阔空间，即专业自治或权力；这一职业必须强调对公众的服务，以抵制经济获利；这一职业必须建立起一种专业文化，以促进其成员的价值、规范和象征符号的共识；这一职业成员的产品必须是标准化的；对其成员来说，这一职业是值得终身奉献的。[②] 而职业(profession)是一个随着历史变迁不断更改其含义的历史概念，首先是在工业化过程中产生出来的，是一种地位身份的象征，后来渐变为与特定工作联系到一起的某一行业的象征，职业的范围越来越广泛，官方的职业分类和资格认定制度也由此确定下来。本文所说的职业是指在官方分类制度下的职业类别的统称。

这里所说的职业化是指一个新兴行业经过一个阶段如何成为官方职业

① 李丹林："论中国媒体从业人员的权利保障"，《廊坊师范学院学报》，2005(9)。

② Beam. R. A(1990)：Journalism professionalism as an organizational-levelconcept Columbia，SC：Association for Educationin Journalism and Mass Communication.

分类制度下的一个职业的过程。

3.职业伦理(professional ethics)与职业自律(professional self-discipline)

职业伦理主要包括三个方面的内容,一是鲜明地体现某一职业义务和职业责任的个性化特征;二是职业实践中,主要涉及的是职业道德,职业道德是用来约束本职业从业人员的,具体体现在调整职业内部从业人员之间的关系以及工作对象之间的关系;三是指职业伦理将职业道德在社会层面和个人层面内化了,换言之,某个职业的职业伦理越发达,职业群体组织自身就越稳定,在社会职业系统中的社会地位就越高。

职业自律则是指本职业的从业人员基于内在良知的自觉性而在职业实践中自觉践行的道德准则。这种道德准则分为两个层面,第一个层面是相关的职业组织制定的自律准则,这种自律准则主要是在宏观视角对本职业内部进行职业行为的道德约束;第二个层面是从事该职业的个体在职业实践中逐渐形成的一些职业规范。

4.职业认知/职业行为(vocational awareness/vocational behavior)

职业认知是指某一职业在社会职业系统中的定位的理解度,包括两个方面,一是从事本职业的人员对职业的自我理解;二是社会职业系统对这一职业的理解度。这里的理解度包括对职业规则、职业资格和职业行为等综合因素的了解程度。

职业行为是指某一职业群体在职业生涯中所恪守的职业规则的外化。

媒介从业人员的职业认知是指媒介从业人员对媒介行业的自我定位和社会主流群体对媒介行业的定位。媒介从业人员的职业行为主要是指媒介从业人员在媒介产品的选择标准、生产流程和传播流程中,所体现出来的职业特征。

5.新闻专业主义/媒介专业主义(journalism professionalism/media professioanlism)

美国学者阿特休尔把新闻专业主义的理念简单概括为:新闻媒介摆脱

外界干扰；为实现公众知情权服务；新闻媒介探求真理，反映真理；客观公正地报道事实。他认为：“这四条信念是美国、西欧和其他实行市场经济工业国解释新闻媒介问题的根本法宝。”[①]本研究所说的新闻专业主义是针对媒介从行业人员而言的，因此其含义更为微观一些，也可以解读为媒介专业主义，主要含义包括：媒介从业人员能否具备职业荣誉感，能否恪守客观报道原则，能否摆脱商业主义和消费主义的影响，能否为维护受众的信息获取权而进行媒介产品的生产，能否对制度规范进行反思等方面。

6. **制度规范与制度安排**(institutional norm/insititutional arrangement)

就宏观而言，制度是指人们在社会行为中所共同遵守的行为准则或办事模式，既可以是正式的、成文的，受国家法律保护的，也可以是非正式的、不成文的不受国家法律保护的。就微观而言，制度又是人与人、人与组织的关系的契约体现，它直接地规定了人与社会之间的关系，确立了人与人在社会行为中的权利和界限，也间接地规定了人与物的关系。本文的制度包括上述两方面的含义。

制度规范是指在宏观和微观的社会环境下，相关制度对人的社会行为的自然约束力，这种自然约束力与职业资格要求联系在一起，以职业从业人员的职业行为对相应的制度规范的内化形态为标志，具体体现为职业从业人员对相应的制度规范的自觉意义上的服从和参照。

制度安排是指在宏观和微观的社会环境下，制度对人的社会行为的强制性约束过程，这种强制性约束力分为正式的和非正式的两种形式。制度安排在某些特殊情形下，可以内化为制度规范。

7. **媒介事件**(media events)

媒介事件最早在 1992 年由丹尼尔 · 戴扬(Daniel Dayan)和伊莱休 ·

① [美]阿特休尔：《权力的媒介》，华夏出版社 1989 年版，第 133 页。

卡兹(Elihu Katz)提出,主要是指"那些令国人乃至世人屏息驻足的电视直播的历史事件——主要是国家级的事件"。主要分为三类竞赛(contest)、征服(conquest)和加冕(coronation)。2008年则将其拓展为"表达性事件"①,以适应新媒体时代的发展需求。本文所说的媒介事件是指由媒介机构、政府组织、其他社会组织、包括新媒体时代的个人,利用媒介手段有意策划或无意建构的事件,这些事件与社会现实中发生的客观事件没有必然关联,具有对现实社会中发生的事件的一种建构性、解释性和消解性作用。

8.媒介话语/媒介叙事(media discourse/media narrative)

媒介话语是指媒介从业人员根据自身的综合社会背景(如教育背景、专业背景、职业背景、阶层背景等)和个体背景(如性别特征、家庭特征、性格特征、兴趣爱好等)在进行媒介产品的生产过程中所采用的话语模式,诸如文字组合方式、使用文字风格、图片构成模式、图片与文字的组合形式、解读形式、选择视角等。

媒介叙事则是媒介话语系统所构建的媒介自身对社会大众的信息传播系统,这一传播系统的宏观层面是指媒介以组织的形式对广大受众形成了客观上的信息压力机制。微观层面是指特定的媒介产品对特定的受众群体所形成的信息诱导力。

9.媒介潜规则与职业底线(media hidden rules/occupational bottom line)

媒介潜规则是指非正式的规则,它隐藏在正式的规则之下,却在媒介运行中实际发挥着作用。孙立平先生在分析官媒勾结时指出,潜规则的系统化有可能形成另一种秩序,这另一种秩序如果失控,就可以"保证强弱双方平等互动的规则不断弱化,强者变得越来越蛮横和霸道,甚至以强凌弱"②。

---

① 丹尼尔·戴扬,邱林川,陈韬文:《"媒介事件"概念的演变》,《传播与社会学刊》,2009(9)。

② 孙立平:《守卫底线》,北京:社会科学文献出版社2007年版,第6-7页。

本文认为，孙立平所说的另一种秩序，在媒介行业中便呈现为媒介从行业人员的职业底线。所谓职业底线是指媒介从业人员这一职业群体在面临商业诱惑、制度规范、职业需求和个人需求相互冲突时所实施的综合职业行为和职业选择。

10. **媒介表达**(media expression)

媒介表达是指媒介依据媒介组织在国家、社会和职业所赋予的制度权力、职业权力和社会责任，依法参与公共事务的权利和义务的总称。逾越了制度权力、职业权力或社会责任的媒介表达，可以称之为媒介的非合理性表达，反之可以称之为媒介的合理性表达。

11. **体制表达**(institional expression)

体制表达是指某一社会系统中，政府组织依据国家制度、党派特点、政府管理模式和法律制度等，在社会信息传播系统中以传播者的话语主导模式所进行的以单向性信息传播活动为主的话语表达过程。在当代中国社会信息传播系统中，这种表达过程往往以话语霸权的形式，主导着媒介表达的话语选择。

12. **公众表达**(public expression)

公众表达是指作为社会信息传播系统中的成员，社会大众所拥有的受法律保护的信息传播权利，在新技术不断改变信息传播生态环境的时候，这些信息传播权利在当代中国社会管理中起着重要的监督政府和监督媒介的责任。

四、研究框架

本研究主要分为两个层次进行：分别对媒介从业人员这一职业群体的工作形态和职业理想的形成过程进行描述和研究。采取的研究路径主要有二：一是文献分析法，通过对相关文献进行解读，阐释其背后的社会历史经济文化的变迁过程；二是实地调研，主要分为问卷调查、个案访谈和参与式观察三个步骤进行，旨在对媒介从业人员的工作情境进行描述和分析。所获取的一手资料将会与文献资料和对媒介事件分析的资料相结合，对媒介从业人员在中国的职业化过程进行梳理的同时，反思当代中国媒介变革中衡量媒介从业人员的职业理想的主要构成因素，以及这些构成因素对中国社会信息传播系统的潜在影响力。并尝试分析中国共产党的转型、媒介转型与变动着的社会信息传播生态体系之间的关系。

具体的研究框架如下：

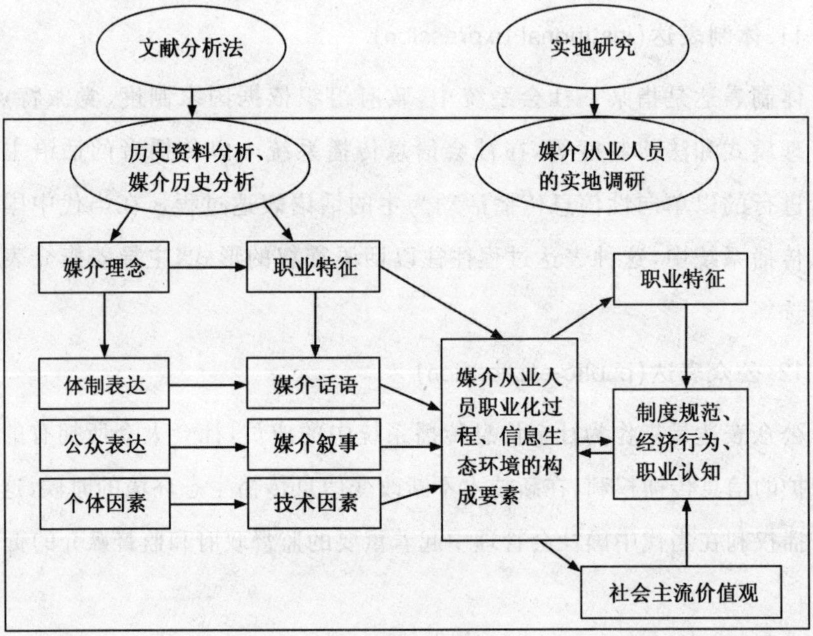

五、研究意义

对媒介从业人员在中国的职业化进程进行分析研究，不仅可以折射出中国社会变迁的历程,而且对社会阶层的转变、社会信息流量的稳定乃至于社会主流价值观念的形成影响甚大。因此,本课题的研究意义集中在四个方面:一是媒介从业人员以职业群体的方式对中国社会阶层的形成和转换起着不可忽视的作用;二是媒介从业人员这一职业群体与其他组织共同缔造的媒介事件已经成了社会信息传播系统中一个重要的信息传播现象;三是媒介从业人员的话语模式是构建或摧毁某些社会主流文化价值观念的重要力量;四是对当代媒介从业人员职业行为的认知,可以为理解中国社会信息传播规律提供依据。

1.媒介从业人员是塑造中国社会阶层的重要力量之一

媒介从业人员既是一个广泛的职业群体,也是一个特殊的职业群体,这个职业群体不仅包括了新闻记者、编辑,还包括广告、公共、宣传等类别的从业人员。其主要的特征在于从事的是文化产品的生产(策划)、制作、流通和传播工作。这些文化产品在为不同历史时期、不同的社会群体消费的同时,无形中为不同社会阶层的话语体系、行为模式和思维方式提供了借鉴。这些不同的社会群体在受到媒介体系影响的同时,也随着媒介产品的定位与策划,逐渐衍生出新型的社会话语群体,继而演变为新型的社会阶层或者分化了原有的社会分层,新老社会阶层之间的更新与分化,正是社会变迁的重要标志之一。换言之,某种程度上,媒介从业人员在社会变迁中扮演了促使新社会阶层形成、旧社会阶层消失的重要力量。因此,对这一职业群体的职业化、专业化过程进行梳理对认知中国社会变迁和社会转型有不可或缺的现实意义。

2.媒介事件对社会信息系统的稳定有举足轻重的影响力

伴随着媒介职业化进程在20世纪后半叶的变化,媒介生产流程在新技术支撑下难以保持原有的信息生产模式的前提下,媒介从业人员与社会相关组织、政府机构及其他个体,通过对某些事件的策划与营销,获得受众的广泛关注，并形成较大的社会影响（某些时候兼获取潜在的经济效益，造就特定的媒介景观）。这种社会影响的发生对整个社会的信息传播系统而言，起到了牵一发而动全身的作用。而这种媒介的社会景观同样对社会信息系统的流量和流向影响重大。换言之，某一部分的信息流量过大或流向过强，会对社会的信息传播起到消极影响，从而对社会稳定形成潜在的威胁。因此，从媒介从业人员的视角，探究媒介事件在职业认知体系中的作用，分解或消化社会信息系统中潜在的影响社会信息不稳定的因素，可以促进社会信息的健康传播。

3.媒介从业者的媒介叙事是塑造社会主流文化价值观的重要力量

媒介叙事是媒介从业人员职业行为的综合体现，媒介叙事以多元化的话语模式塑造着社会主流文化价值观念的同时，也将媒介从业人员的文化价值观念附加进去，通过与受众的信息互动，不断重新塑造和改变着社会主流文化的方向和类型。

本研究以媒介从业人员的职业行为为切入点，选择以职业底线的影响因素为分析视角，探究这一职业群体所使用的职业话语的内涵和外延，也即媒介叙事对形成社会主流文化观念以及文化思潮的影响力。这对认识和理解中国当代流行文化的走向与发展趋势有一定的借鉴意义。

4.对当代媒介从业人员职业行为的认知，可以更好地了解社会信息系统的传播规律

一方面，媒介技术使得媒介的使用越来越日常化和平民化；另一方面，媒介专业人员的职业理念面临着非专业化趋势的影响。互联网和手机等新式媒介虽然不断制造大量的公共信息，但是就客观性和诚信度而言，处于信息时代的受众更愿意相信主流媒体提供的信息内容。如何使得受众在被大量信息包围的时候，能够有自己的信息判断，这虽然与受众的个人背景有关联，也与受众对媒介从业人员的职业信任度有关联。提升媒介从业人员在受众中的职业地位，便需要对媒介从业人员的职业行为进行系统性研究，从而更好地了解媒介信息系统的传播规律，乃至社会信息系统的传播规律。

六、研究方法

1.文献分析法

通过对新闻传播业在中国发展历程的文献梳理与分析，描述媒介从业人员的职业化与媒介实践、媒介制度、媒介政策、新闻教育之间的关系，分析制度下的职业分类是如何建立的，其中职业资格、职业规则、职业规范、职业道德又是如何界定的。并结合对当代中国媒介产品的分析，解读中国媒介从业人员职业化趋势。

2.问卷调查法

选择对北京市媒介从业人员的职业自我认知、职业规则、职业伦理、职业法规等方面进行问卷调查，主要选取在报刊、电台、电视台、网络公司等媒介组织工作的人员，发放问卷200份，回收200份，有效问卷200份。被调查人员的基本情况如下：

性别比例为男性占41.3%，女性占58.7%。年龄集中在21～40岁，占被查人数的93.2%。婚姻状况中未婚者占74.9%，已婚占24.1%。所调查的媒体从业人员供职单位在北京，因此以全国性媒体和区域性媒体为主，媒体的类型则以电视、广播、报纸、杂志、互联网及其他为主(图【1】至图【5】)。

3.深度访谈法

在进行问卷调查的同时，选择不同媒介组织的从业人员进行访谈，获取更为丰富的资料。总计采访个案33人。采访大纲如下：

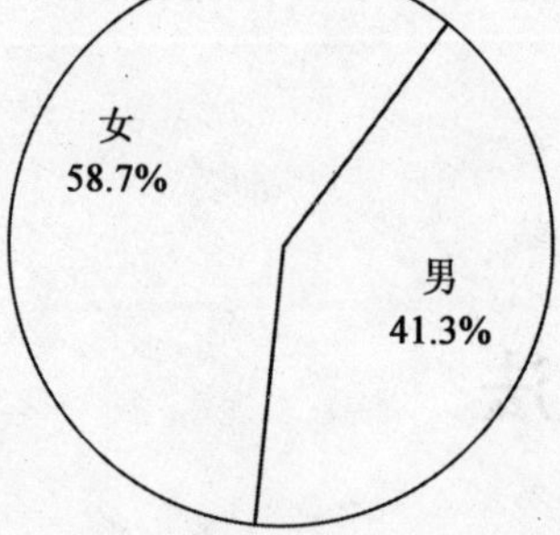

图【1】 被调查人员性别分布

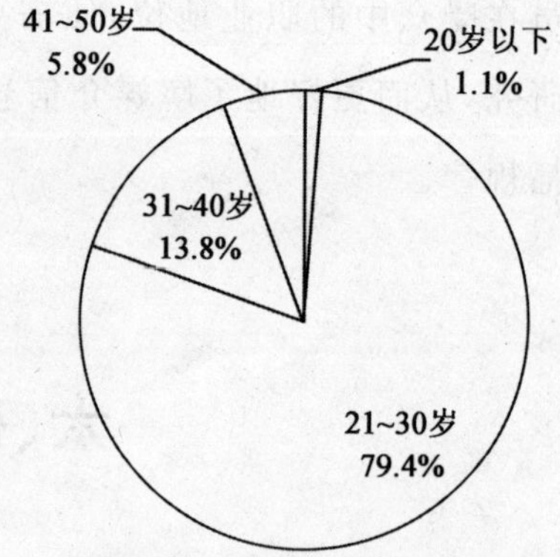

图【2】 被调查人员年龄分布

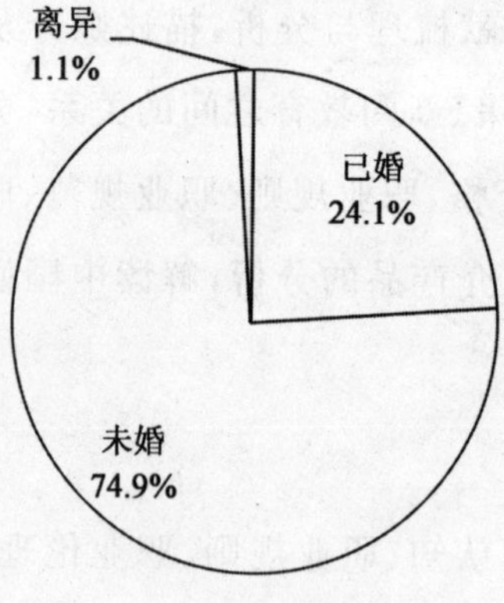

图【3】 被调查人员婚姻状况分布

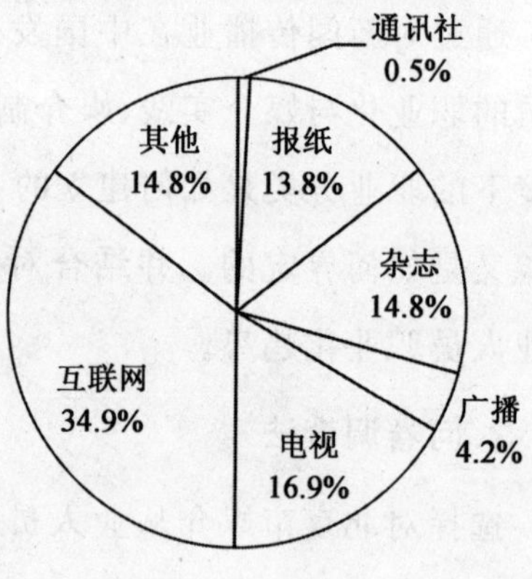

图【4】 被调查人员供职媒体类型分布

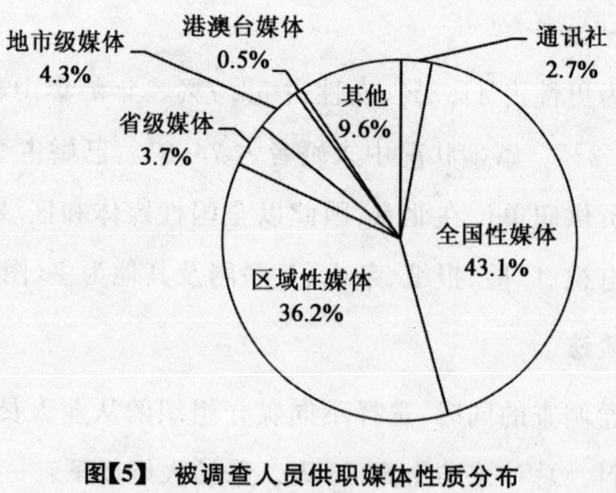

图【5】 被调查人员供职媒体性质分布

第一，新闻发布会

问题：你所从事的媒体行业工作中，你的工作性质是什么？比如：文化性的、经济性的或者其他？你选择参加新闻发布会的动机是什么？如果没有劳务费，你是不是感到很失望？是不是所有的新闻发布会都一定会去参加？从中所获取的信息你觉得都很有价值吗？你的新闻观念是什么？你如何看待你的同行？你如何看待你的工作？

第二，新闻主题的选择

你是如何判断时下会流行哪些话题？根据是什么？在常规的新闻报道中，你如何确立你的采访议题？什么因素决定你的选择行为？

第三，编辑版面的组合

作为媒体的编辑，选取稿件的原则是什么？是根据惯例还是依据其他因素？在你的工作中，如果遇到隐性的有偿新闻稿件，你如何取舍？采取的办法是什么？

4.参与式观察法

深入相关的媒介组织，研究者以实习生的身份对媒介从业人员进行为期1～3个月的调查，对媒介从业人员在特定媒介产品的生产、选择和流通中的抉择行为进行描述。这些媒介组织包括报社、杂志社、广告公司、电台电视台、网站和公关公司。

除此之外，自1994—1999年笔者曾在《人民政协报》文艺副刊部和理论评论部工作，分别担任文艺副刊和学术家园专版的编辑，并同时承担记者工作，曾经参加过5次全国人大和政协的会议，对媒介组织内部的产品采集、生产过程以及进入市场的模式有一定的了解。1999—2004年在德国留学期间，曾在德国电视台和出版社做过短期的实习。这些工作经历对理解中外媒介产品的发现、搜集、制作和营销等过程有很大的帮助。

第一章

历史溯源:中西方媒介从业人员的职业化过程探寻

知识分子的良心,从来就是奠定报业大厦的基石;知识分子的风骨,从来就是支撑报业大厦的脊梁。

——程益中

媒介从业人员的职业化过程,笔者认为应发端于职业协会的成立。随着各种职业协会的成立,职业自律、职业诉求、职业期许和职业理想便环绕着协会的自律和制度的他律中展开了。西方媒介从业人员的职业化过程,以美国、英国最有代表性,就英美两国来说,主要在于二者的媒介发展史有渊源关系,二者的媒介理念虽有差异,发展路径也不尽相同,但是就世界新闻传播发展史而言,他们所代表的新闻理念、媒介观念、媒介价值观、媒介的职业观念对世界其他国家或地区的媒介职业化理念或多或少都有一定的影响力。本文所选择的西方国家主要以这两个国家为主。分别从媒介从业人员职业化的传播语境和职业化过程两个层面进行论述。传播语境是指在特定的社会历史发展状况下,信息传播的总体状况的综合反映,主要包括社会发展总体状况、传播制度、职业地位等几个方面。而职业化过程本文主要是从作为社会力量的媒介的独立化、媒介从业人员的职业自律以及职业理想三个方面进行论述。

一、西方媒介从业人员职业化过程

(一)媒介从业人员职业化的传播语境

自19世纪30年代开始,就欧洲主要资本主义国家而言,城市商业精英和财政精英的原有地位为新兴的资本家所占据,他们不仅涌入了银行,还在当时新兴的股票交易所进行公共的平等交易。在美国,越来越多的大众成为了经济生活中的投资者或者消费者,这种经济生活的新秩序在很大程度上逐渐塑造着美国公民的生活态度和社会理想。便士报的直接贡献不仅以广告的形式为商品提供了潜在的消费市场,而且改变了受众与报纸之间的关系,以低廉的价格将受众的读报场所由原来的俱乐部、图书馆等场所转移到家庭日常生活中。而随之而来的影响力则是经济秩序对人们生活目标的改变,如何增加经济收入成为了唯一的社会目标,社会交往与信息量因此变得格外重要。

与经济民主化过程相对应的是政治民主化,这也是杰克逊时代资产阶级革命的另一个重要的成果,不仅选择制度有所改变,普选制逐渐推行,政党组织模式也发生了重大变化,政治工作本身吸引了社会各界人才,投身政治开始成为一种职业诉求。"19世纪30年代,辉格党和民主党都奉行政治民主的原则,而联邦党和共和党则对民主的信条熟视无睹。这就意味着政治的含义和政客的本质已经发生了改变。"[①]同时,英国革命之后,新的政治

---

① [美]迈克尔·舒德森著,陈昌风,常江译:《发掘新闻:美国报业的社会史》,北京:北京大学出版社2009年版,第40页。

体制确立，19 世纪 30 年代开始至 60 年代，知识税制度完全废除，自由主义的观念开始在社会各个阶层普及。政府对言论自由、思想自由、出版自由、宗教信仰自由等方面的管制遭到了不同程度的反击，原有的威权主义传播制度也遭到了一定程度的扬弃。

威权主义传播制度的基本假设是国家是一切团体或组织的最高表现形式，个人的价值只能服从于国家的价值，个体有潜在地为社会做贡献的动机。其主要观点认为：国家是个人的集合体，是一切理想特征的综合。知识尽管是通过个人努力获取的，但是这种努力是在国家的引导下才得以为全人类服务。早期的代表性人物有柏拉图、马基雅维利及其追随者，后期的实践者之代表性人物则是希特勒。这些理论倡导者和实践者的出发点和动机或许与结果并无完全吻合，但是其目的却都是为了解决诸如国家与个人之间的关系、真理的本质问题以及国家的本质问题。在这一制度中，大众传媒被赋予了一种特殊的角色，并且受到了控制，这些控制的目的是使大众传媒服务于国家的目的而不是与国家的整体设想背道而驰。这些控制的具体内容体现在：传媒为谁所有？如何有效地限制和控制私有传媒组织具体的措施则有：特许制度、新闻检查制度和法律制裁（一般是指叛国罪和煽动罪）。①

自 18 世纪初期开始，威权主义传播制度的影响力开始消退，自由主义传播制度开始大行其道。18 世纪末期自由主义传播制度在世界范围内得到认可，并以宪法条文的形式保护言论自由和出版自由。

自由主义传播制度的理论基础是欧洲启蒙运动以来所形成的自由主义观念，其主要的前提是对理性、进步的观念深信不疑，在崇尚理性的前提下，将人看做是理性的动物，相信每个人有独立的判断力，个人的快乐和幸福是组建社会的目的。自由主义的观念与基本原则在英国革命中得到初步确

---

① [美] 弗雷德里克·西伯特，西奥多·彼得森，威尔伯·施拉姆著，戴鑫译：《传媒的四种理论》，北京：中国人民大学出版社 2008 年版，第 3-17 页。

立、美国革命中得到进一步解释和应用、并按照这种观念建立了一个新型的国家类型,法国大革命中这种自由主义原则发展到极致,导致了世界范围内对原有的自由主义理念的反思与分野。这种反思与分野主要体现在一个核心的问题上:国家是否要在一定的范围内有干预个人的自由权利?换言之,自由主义的原初倡导者之所以提出个人的自由权利,如契约论,其主要的目的在于限制国家对个人自由权利的干预与破坏,法国大革命中底层群体的崛起导致了一系列的思想论争,自由主义理念的保守主义和激进主义的论战正式拉开了序幕。

随着19世纪社会历史状况的变化,自由主义的性质也发生了变化。古典自由主义转为一种更加民主的自由主义,民主的自由主义承认国家对全体公民的福利所负的责任。但是自由主义这一信仰直至19世纪中叶始终未为新兴的个人阶级所接受,那时的个人阶级大多转向了社会主义信仰——尽管是这种社会主义信仰千差万别。因此,19世纪末期和20世纪初期自由主义倡导者、社会主义信仰者和保守主义坚守者构成了影响欧洲社会乃至推动世界发展的重要力量。

与商业化、政治化的民主化进程相关联的是,这一时期,社会主义思潮的影响力在世界范围内也促成了多种多样的社会主义运动和工人运动的勃发。英国和美国均如此,但是就其实质而言,参加者并不是真正的下层大众,而是中产阶层。一定意义上可以说,社会主义是18世纪和19世纪初叶古典自由主义的对立面,如果说自由主义倡导个人权利,社会主义则强调社会的集体福利;古典自由主义认为社会是在自然法则中形成的,信奉社会契约论,社会主义则认为人类通过理性的思考和行动能决定自己的社会制度和社会关系;自由主义坚信通过个人的努力和自由放任主义,可以促进社会发展,社会主义则提倡有利于整个社会利益的社会管理制度,对社会进行有计划的变革;因此,社会主义认为人的本性是环境的产物,建立社会的目的是促进社会的整体利益,应该以合作的社会态度促进社会发展,而自由主义则认为人的本性是自然形成的,建立社会的目的是为了更好地促进个人的全面发展。

对于信息传播制度来说,自英国革命以来所倡导的自由主义基本原则:如反对王室任意干涉的宗教信仰自由、人身安全和财产安全等,体现在传播制度上,便是言论自由、出版自由等理念。这种观念的基本前提依然是相信人类的理性、相信个体的判断力。1641—1642 年,约翰·弥尔顿(John Milton)写了《反对教会管理的主教制》等五篇政论,1644 年撰写《论出版自由》(APEOPAGITICA,A Speech for The Liberty of Unlicensed Printing)。他认为上帝赋予人类以理智和由此而来的阅读能力、根据良知和道德在善恶之间进行选择的权力,上帝指引我们去读任何我们想读的书籍,从中做出判断。1689 年约翰·洛克(John Locke)的《论政府》(Treatises on Government)更为清晰地指出了个人权利的具体内涵:

"人们既生来就享有完全自由的权利,并和世界上其他任何人或许多人相等。不受控制地享受自然法的一切权利和利益,他就自然享有一种权力,不但可以保有他的所有物——即他的生命、自由和财产——不受其他人的损害和侵犯,而且可以就他认为其他人罪有应得的违法行为加以裁判和处罚。"①

人类生来而具有的自由,在洛克的定义中是指"自由意味着不受他人的束缚和强暴"②,针对可能对自由造成的束缚和强暴的情形,洛克提出了同意理论,以防止绝对的权力;提出成文法理论,以防止专断的权力。个人得以自由的条件是不受君主的专断权力的控制,而是受法律或成文法的管理和统治。那么,自由的目的是什么呢? 洛克认为,是为了保护人们的种种权利。

---

① [英] 洛克著,瞿菊农,叶启芳译:《政府论》(下),北京:商务印书馆 1982 年版,第 87 页。

② [英] 洛克著,瞿菊农,叶启芳译:《政府论》(下)北京:商务印书馆 1982 年版,第 57 页。

但是，天赋人权理论的主要缺陷体现在：如果将政府视为专制的起源，那么文明和进步的根源在哪里呢？个人自由与政府利益之间的冲突关系如何解决？究其实质而言，个人权利与社会发展之间有一种和谐的关系，即自然秩序的和谐状态，从这里出发，边沁（Jeremy Bentham）和密尔（John Stuart Mill）发展出最大快乐原则的自由主义理念。边沁批判了洛克绝对自由的观念，提出了法律之下的自由理论。如果说洛克侧重的是以个人自由作为政治重建的原则，并将重点设置在与此相关的政治问题上的话，边沁则把重点放在法律改革上，将个人幸福看做是这种改革的最终目标。

约翰·密尔的自由观主要体现在《论自由》（On liberty）这部著作中，他认为，自由的目标是从多数人的专制中解放出来，走向了每个个体平等的充分发展的个体性，不仅是多数人还包括少数人。多数派的专制对个体自由的威胁有两种形式，一种是法律惩罚，另一种是公共舆论将流行的观念强加于每个人身上。这种形式的专制，表面来看，是多数人自身情感的自然表达，实质上是以惩罚的形式表现出来的。因此，公共舆论所表现出来的专制形式对个体自由的惩罚表现得更为强大和可怕。所以，自由的最终目标是个体的自我发展。因为人性不是一架机器，不能按照一个模型铸造出来，又开动它毫厘不爽地去做替它规定好了的工作；它毋宁像一棵树，需要生长并且从各个方面发展起来，需要按照那使它成为活东西的内在力量的趋向生长和发展起来。①

《论出版自由》（Liberty on the Press，1857）一文中清晰地说明了自由主义传播理念的基本内涵：

"我们于是得出下述重要结论——让任何人代为选择对个人来说都是不安全的，因为正确的和错误的意见之间没有任何明确的标志，因此，无论是正确还是错误的观点，要同样自由地公开。当所有正确的和错误的观点

① ［英］约翰·密尔著，许宝骙译：《论自由》，北京：商务印书馆1982年版，第63页。

得到同等的公开，当它们的利益不再反对这些公开时，事实总是会对大多数人有利的。”[①]

换言之，每个人有选择发表自己言论和观点的自由，同时讨论自由(freedom of discussion)是指平等地表达和讨论与主题相关的所有意见的权力，以及通过任何作者认为合适的媒介将讨论意见推荐给他人的权力。在意见的表达上，如果只为某种概念的表达设置了障碍，或只为了某种观点的表达提供了方便，而其他观点没有，那就是不平等的。讨论自由就会遭到侵害，真理就不能自我证明。如果错误的一方占尽优势，真理就会失去向公众间广泛传播的机会。[②] 所以要为各种观点提供平等传播的机会。

显然，约翰·密尔弥合新老自由主义之间的空隙，其思想不仅对后来的自由主义传播制度提供了重要的理论依据，也对21世纪人们反思政府与媒体之间、媒体与公众之间、媒体与个体之间的关系提供了很好的认知思路。

这些影响主要体现在：首先，密尔指出，一定条件下的公众意见可能形成对个人自由的潜在危害。如果说洛克把王权和教权、边沁把法制看做是自由的可能性障碍的话，密尔则将人类争取自由的步伐提升到另一个阶段，如果说第一个阶段是争取从政治和法律的专制中获取自由的话，第二个阶段则是密尔所提倡的从文化政治的角度来获取自由；其次，密尔将自由看做是目的，认为个人发展和社会进步是社会规范和道德原则的最高标准，这一视角在一定程度上改变了西方思想家对人类发展的思考传统，20世纪乃至21世纪这一思想也为越来越多的学者所认同。

将自由主义理念与传媒具体联系到一起的重要思想家和实践家是美国总统托马斯·杰斐逊，他认为，无论媒体有任何错误、任何谩骂，联邦政府都应该最低限度地干预媒介的发展事务：

---

① [英]约翰·密尔著，吴小坤译：《论出版自由》，上海：上海交通大学出版社2008年版，第23页。
② [英]约翰·密尔著，吴小坤译：《论出版自由》，上海：上海交通大学出版社2008年版，第29页。

“没有哪一种试验比我们现在正在进行的更有趣了，我们所相信的东西最终会证明一个事实：人是可以由理性和真理支配的。因此，我们的首要目标是为人们打开所有通向真理的道路。迄今为止所能找到的最佳道路就是新闻自由。……我认为，可以肯定地说，打开真理的大门，鼓励人们”又称：“用理性检验每一件事务的相关，是我们传给后世之人最有效的约束物，可以防止他们用自己的观点来约束人民。”①

综上所述，自由主义传播制度的理论核心有以下几点：

第一，自由主义传播制度将大众传媒的功能界定为告知信息、提供娱乐。其基础为人众传媒的经济独立性，因此也包括销售媒介产品和广告功能。

第二，自由主义传播制度认为，公众有能力消费并吸收所有提供给他们的信息，抛弃那些不符合他们利益的信息，接受那些符合个人及其社会所需要的东西，即“自我修正”功能。

第三，自由主义传播制度认为，民主社会中，公众有机会平等地接触到各种观点，并有机会平等地表达自己对公共问题的观点。

第四，反对政府对传播渠道的垄断，认为大众传媒领域理应向任何人开放。由于大众传媒是在资本主义社会中运行，因此任何人只要拥有足够的资本就可以按照自由企业的经营原则拥有传播工具，并在市场环境中公开竞争。

第五，自由主义传播制度认为，可以用非正式的控制手段即受众的自我修正功能、信息、观点和娱乐市场的自由竞争来替代国家对大众传媒的监控，国家只需要维持体制的稳定，以保证个人的自由权利之间的相互作用，即使这种相互作用可能会导致混乱。②

① 转引自［美］弗雷德里克·西伯特，西奥多·彼得森，威尔伯·施拉姆著，戴鑫译：《传媒的四种理论》，北京：中国人民大学出版社 2008 年版，第 39 页。

② ［美］弗雷德里克·西伯特，西奥多·彼得森，威尔伯·施拉姆著，戴鑫译：《传媒的四种理论》，北京：中国人民大学出版社 2008 年版，第 42-45 页。

而自由主义传播制度正以这样的传播理念成为西方媒介从业人员职业化过程的首要理论背景和职业实践的主要目标。

(二)媒介从业人员的职业化过程

媒介从业人员的职业化过程,与上述的社会状况、传播制度、职业地位及职业理想等方面的情形相互影响,首先在报纸的从业人员中开始萌芽,继而在新闻行业的各个领域中展开。总体而言,主要体现在以下几个方面:一是作为一种社会影响力的媒介从业人员的崛起;二是媒介从业人员的职业自律过程,包括职业协会、职业法规、职业研究机构和职业培训的出现;三是媒介从业人员职业理想的凸显。换言之,媒介从业人员的职业化过程,首先发端于媒介的独立化过程中,其次拓展于媒介与媒介从业人员的博弈过程中,再次反应在媒介从业人员的职业自律和相关的职业法规的制定中,最终则落脚在媒介从业人员职业理想的形成与确立上。与这三个方面贯穿在一起的是媒介专业主义(或者是新闻专业主义)的兴起、发展、质疑与反思的过程。

1.媒介的独立化与作为社会力量的媒介从业人员群体的崛起

就媒介发展史而言,媒介的独立化过程与媒介从业人员职业地位的获得,并非是同步发生的。在媒介独立化成为现实的同时,媒介从业人员作为个体和群体的社会地位才开始确认。这个过程可以从以下几个标志中体现出来:

第一个标志是媒介本身的话语表述构成了社会历史的一个组成部分,记者尽管也撰写了新闻报道,但是其专业化地位并未得到认可。

1835 年时任《纽约先驱报》主编贝内特(James Gordon Bennett)描述当时的状况时写道:

“我们身边的小型日报只会摘抄警句报道,叙述伤感的故事,除了猎奇什么都不会，呆滞、愚蠢、对广大社会一无所知；而很多大型报纸则平庸无奇，味同嚼蜡。所以我们这份廉价报纸只要按照自己的计划经营，就有很大的发展空间。我们要深入各个社会阶层，不仅吸收商人、学者，还要迎合机械工人和体力劳动者的兴趣。"[①]

19 世纪 60 年代的战争为报纸提供了获取社会影响力的重要机会，报纸对战争的报道使得媒介成为一个独立的社会力量而凸显出来，原有的编辑文件的非职业化记者的地位渐渐消退，战争在其中起到了重要的作用，正如哈德森(Frederic Hudson)所描述的那样：

"历史上任何异常战争的记录，都无法与 1861 年到 1871 年间战争的记录相提并论。之前，我们一谈起战争，就说到纳皮尔(Napier)、提耶尔(Thiers)、吉本(Gibbon)和班克罗夫(Bachcroft)，他们其实只是负责编辑旧的文件。而现在我们一谈起战争，就会说到《论坛报》《时报》《世界报》和《先驱报》，这些报纸是战争的见证者。"[②]

也就是说，在 19 世纪 60—70 年代，报纸本身已经成为描述社会事件的重要工具，但是描述这些事件的新闻记者，并没有得到相应的社会承认。尽管在这一时期，为了保证对战争报道的真实性已经引入了署名制度。在美国南北战争中的记者数量虽然增多了，却并没有获得相应的职业地位。例如就英国而言，自 1834 年 12 月 26 日《泰晤士报》郑重发表声明宣布从此不再接受政府预先公布的任何信息、首次向公众声明本报自己收集的信息更为快捷和可靠开始，报纸的独立化在英国揭开了序幕。第一份新闻从业人员行业杂志的编辑亚历山大·安德鲁斯(Alexander Andrews)认为，自由报业的伟大任务是"教育和启蒙那些政治知识贫乏，并因此给社会带来巨大危险的阶级……我们公共杂志的名单，是一份值得骄傲和尊敬的名单——他

① [美]迈克尔·舒德森著，陈昌凤，常江译：《发掘新闻：美国报业的社会史》，北京：北京大学出版社 2009 年版，第 43 页。

② Frederic Hudson (2000), Journalism in the United States, from 1690 to 1872, Routlege: P. 719.

们是为自由而战的斗士，遍布于每一个城镇。他们是社会安全的卫士，是公众道德的守护者。”①

自由而独立的报纸首先是要成为社会事件的记录者和报道者，其次要成为社会事件的构建者和呈现者。经营一份报纸所需要的资本变得越来越庞大，广告业的兴起为报纸的独立化起到了重要的促进作用。以英国为例，1867年创办一份伦敦地区早报的资金大约是5万英镑；1906—1908年间，则需要花30万英镑创办一份自由派报纸；20世纪20年代则需要75万英镑，如果是发行量较大的通俗报纸，投入还将要更多。从数字可以看出，报纸经营的最基础部分正在发生转换，资本的作用越来越重要。同时，在19世纪末期20世纪初期，广告公司开始规模化兴起，广告业开始进入专业化阶段，广告提供了报纸杂志需要的经济支撑，报纸杂志的数量和发行量日益增加，政党类的报刊逐渐在市场了失去了经济上的优势，继而走向衰落，新型的自由化报刊在独立化的同时，以中产阶级的价值理念培育和影响着社会大众，并逐渐形成了职业化的编辑和记者队伍。

在美国，19世纪30年代的《便士报》为新闻业成为一种职业打下初步的基础。这种基础体现在扩大了报纸的消费市场，使平民有机会有能力购买和阅读报纸；增加广告收入的同时使得报纸的经营进入到新的阶段，报纸主编有充足的资金在新闻采编业务上投入，“由于广告要流向发行量名列前茅的报纸，而且新闻看起来是当时最受欢迎的文学形式，报纸发行人开始把大量资金投入到各种改进新闻报道的手段上。”②《便士报》之间为了争夺新闻展开了竞争，研究表明，在1820—1860年之间，美国各家日报所刊登的发生在1周之内的新闻事件报道，平均数量从45%增加到了76%。需要1个月

① 转引自[英]詹姆斯·卡瑞，珍·辛顿著，栾轶玫译：《英国新闻史》，北京：清华大学出版社2005年版，第18页。

② [美]埃默里父子，南希·罗伯茨著，展江译：《美国新闻史：大众传播媒介解释史》，北京：中国人民大学出版社2004年版，第129页。

才能见诸报端的新闻报道从 28%减少到 8%,编辑记者自己采编的稿件从 32%增加到 55%。①

19 世纪 80—90 年代的城市化进程也将这个国家带入了另一个发展阶段,“在人口、社会组织、经济和技术等诸方面经历着深刻的变化,而且试图改变传统的组织机构和旧观念,以适应新情况。”②伴随着城市化的进程,美国新闻业的职业化也参与进来,并进展到另一个阶段,其主要的标志是新闻报道的题材和领域日益广阔,新闻记者的工作已经成为巨大的产业组织形式,职业记者逐渐取代了原有的采写新闻的自由撰稿人群体或者采写新闻的雇佣者等其他群体,专业知识和专业行为成为职业记者群体的重要标志。在这种过程中,除了南北战争的影响力之外,美国社会正在变迁的社会形态对媒介从业人员的职业化进程提供了难得一次机遇。这种机遇的主要点在于:在 20 世纪初期美国社会变迁过程中,报纸的作用如何?新闻记者以人民斗士的身份,对社会结构变迁中呈现出来的问题进行了讨伐,虽然自有新闻记者这一职业以来,对社会问题的批判和讨伐就没有停息过,正如埃默里父子所说的:在殖民地时代有詹姆斯·富兰克林(James Franklin Murphy)和塞缪尔·亚当斯(Samuel Adams)等,在美国新中国成立初期有杰斐逊派和杰克逊派的编辑们。南北战争之前创办大众化报刊的第一批人,以及新式新闻事业中领袖人物,“然而在这些时起时伏的斗争中,1900 年以后的年份是非常关键的。”③

对英国而言,标志性事件则是《泰晤士报》1834 年 12 月 26 日发表的声明,宣布从此不再接受政府预先公布的任何信息,因为这与“本报的尊严和

① [美]埃默里父子,南希·罗伯茨著,展江译:《美国新闻史:大众传播媒介解释史》,北京:中国人民大学出版社 2004 年版,第 140 页。

② [美]康马杰著,南木等译:《美国精神》,北京:光明日报出版社 1988 年版,第 63 页。

③ [美]埃默里父子,南希·罗伯茨著,展江译:《美国新闻史:大众传播媒介解释史》(第九版),北京:中国人民大学出版社 2004 年版,第 268-269 页。

独立”相违背，而且首次态度严正地向公众表明“本报自己收集的信息更为快捷和可靠。”[①]自19世纪60年代，政党政治和商业媒体的结合更为密切，同时，以变革社会为目的的工人报刊开始成为对抗当局审查制度的主要力量。广告业的兴起、媒介业的职业独立、职业记者的出现和变革社会的媒体人构成了当时媒介业的主要社会场景。进入20世纪，“报业大亨时代渐渐显露，报业兼并的时代开始了”。

第二个标志是记者的职业性地位凸显，新生代记者逐渐崛起，老一代记者群逐渐走向历史。

就美国而言，美西战争中，记者的职业化地位才开始逐渐得到社会认同，不仅薪水有提升，职业的门槛也与相关的大学专业文凭的要求联系在一起了。老一代记者群体与新一代记者群体的分野开始凸显，这一分野具体体现在：老一代记者群没有受过专业教育、没有职业理想，从事这一职业只是为了活命，新闻只是一种营生而已；新一代记者群体受过专业教育、具有自觉或潜在的职业理想、从事这一职业是为了体现自身的创造力和价值，具有职业的自豪感和荣誉感。正如模特(Frank Luther Mott)在《美国新闻史》中引用当时行业人士的描述所说的：

“我认为，大多数报人的预备教育之于本业内一二十年前的同辈已大为提高。我知道，关于《论坛报》，一般人均误认为其主编‘在所有高傲的人们中，他最不喜欢的是大学毕业生在其报社任职’，实则该报记者殆无一而非大学毕业生，而且其方圆有三分之二以上，如用含混的语辞，可说均为受过高等普通教育。我认为其他主要的报纸亦有同然。”[②]

因此，可以说，新生代记者群的出现是媒介从业人员职业化的第二个主

① [英]詹姆斯·卡瑞，珍·辛顿著，栾轶玫译：《英国新闻史》，北京：清华大学出版社2005年版，第7页。

② 转引自[美]莫特著，罗篁，张逢沛译：《美国新闻事业史》(上下)，台湾：世界书局1960年版，第369-370页。

要标志。自19世纪80—90年代，记者作为独立的职业群体越来越受到社会的关注，成为美国城市化进程中一个独特的现象。新闻业不再是一个随意进入的职业，记者的工作也不再是可以随意承担的工作。新闻业的职业理念开始成为新入行的记者的潜在追求。记者们为了满足受众对各种信息的需求，尽心尽力地猎取各种信息。同行之间的信息沟通和交流也开始出现了，除了为了获取更多的新闻信息来源之外，记者之间也相互展开交流。1873年在纽约出现了正式的记者俱乐部，即纽约记者俱乐部(New York Press Club)，随即在芝加哥、波士顿、旧金山等地也出现了记者俱乐部，记者开始将自己的职业理想定位为既要报道客观事实，又要使报道的事实生动有趣，使受众感兴趣。“19世纪90年代的记者在某种程度上视自己为科学家，比前人更大胆，更准确，更现实地发掘工业社会的经济和政治真相。”[①]因此，通过客观的手段获取信息对记者而言至关重要，这与当时文学创作中流行的现实主义创造手法相类似，记者更愿意用自己的眼睛来记录发生的事件。在这种职业诉求下，形成了19世纪90年代记者们的职业理想。

第三个标志是职业标准的确立：不同读者的需求与职业内容的分野。

19世纪末期到20世纪初期，对媒介行业影响之深的一个重要社会事件发生了，这便是独立报刊的崛起。如果说《纽约世界报》以一种发行量导向的模式为媒介行业的商业化做了初步的界定的话，《纽约时报》则在此后建立新媒介行业的职业标准。无论后来的研究者如何质疑《纽约时报》的受众定位和影响力辐射范围，但其对职业道德的追寻直至今日依然是值得称道的职业精神之一。

1896年8月阿道夫·奥克斯(Adolph Simon Ochs)购买了《纽约时报》，8月19日即在报纸公开了自己的办报方针：

---

① [美]迈克尔·舒德森著，陈昌凤，常江译：《发掘新闻：美国报业的社会史》，北京：北京大学出版社2009年版，第62页。

"……办一份优质、干净、正派、值得信赖的报纸需要诚实、仔细、热忱、勤奋、拥有丰富的实践知识、办事通情达理。……我衷心希望《纽约时报》能够以文明得体的语言、简洁生动的形式将所有新闻呈现给读者,争取更早提供新闻,若不能更早,至少也与其他任何一家可靠媒体一样早;希望《时报》能够不偏不倚,不畏惧、不徇私,不受任何党派、教派和利害关系左右;希望《时报》的这些专栏成为一个论坛,供公众讨论重大的公共话题,并为此目的而邀请各种不同见解的人参加明智的讨论。"[①]

2.媒介业自律的萌动与职业协会、研究机构的成立

如前所述,伴随着自由主义传播理念在英国革命、美国革命和法国革命中的传播和实践,以及印刷技术的革新、交通工具电信技术的发展、城市化的进程等因素,大众化报刊开始率先在英美诸国进入实践。这种媒介实践的综合影响力却在一定程度上,引起了人们对新闻自由限度的反思,从而延展到对媒介从业人员职业自律的思考。

某种程度上,自由主义传播制度是在一种理想的理论假设前提下论证。这种理想假设的特征在于:假定公众具有均等机会接受同等量的信息、并具有均衡的能力和机会来表达自己的观点,这种理论上的机会均等在现实中总是不能完全而充分地实现。同时,自由主义传播制度强调大众传媒的自由企业性质,但是大众传媒表达自由的限度在现实中如何界定呢?这一问题在一战之前并没有得到明确的解决。

新闻自由理念在新闻实践中的无限度使用,乃至滥用,导致了业界同人对媒介行业职业自律的自觉意识与自觉行为。例如 19 世纪 30 年代的美国《便士报》,尽管报道内容还是集中在广告和船运信息中,但是由于当时党派立场的鲜明性,社论便成为了重要的标志性立场。各报主编之间除了在报纸上互相攻击外,发展到现实中甚至打架或者决斗,如作家菲利普·霍恩

① New York Times, August 19, 1896, P1.

(Philip Hone)所记载的1831年的一件事情："今早我刮胡子，看到窗外《晚邮报》(Evening Post)的主编威廉·卡莱恩(Willian Cullen Beyant)和《商业广告人报》(Commercial Advertiser)的主编斯通(Wilmer L Stone)在打架，布莱恩用牛鞭抽斯通的头，抽了几下后，斯通夺下了鞭子，结束了这场打斗。"①

新兴的大众化报刊与政党报刊之间的身份之争，即谁才是具有社会身份的报纸，使得有着非政党媒介职业理想的特定社会群体和商人，试图借助自由市场运作信息的模式使新兴大众化报刊获得市场认知的同时，获得政府和社会大众的职业认知。

1867年，密苏里大学成立报业协会，从报业协会的回忆记录中可以看出，这一时期已经出现了将新闻业看做是一个职业的观念，报业协会的成员不仅认为记者与医生、律师和牧师等是相同的职业，1869年5月的年度会议上，其中一位名叫诺曼·J·科曼还专门论述到职业化问题：

"同所有其他职业一样，编辑肩负着使其(指新闻业)发展壮大的重大责任，但是，与其他职业不同的是，在履行新闻业的职责前某些必备的资格尚没有被规定。"②

可以看出，在19世纪60—70年代，编辑依然是报业的核心，也担任着新闻业职业化的使用和责任，但是这些编辑人员并没有经过专业化的职业培训，也没有得到相应的资格认定。

1868年，查尔斯·达纳(Charles A. Dana)接办《纽约太阳报》后提出了13条该报从业人员必须遵循的行为准则，被认为是世界上最早对新闻工作者实行自我拘束的"报人守则"。1874年瑞典时事评论俱乐部成立(The

---

① [美]迈克尔·舒德森著，陈昌风，常江译：《发掘新闻：美国报业的社会史》，北京：北京大学出版社2009年版，第11页。

② Stephen A. Banning: *The Professionalization of Journalism. Journalism History*, Winter 98/99, Vol. 24 Issue 4. P157.

Publicists'Club)。1895年科赫教授在德国建立了世界上最早的新闻研究所。这些协会与研究所的成立是19世纪新闻职业化的重要标志之一。1908年，密苏里大学新闻学院创办人、首任院长沃尔特·威廉(Dr. Walter William)主持制定了《报人守则》(The Journalist's Creed)，系统提出了新闻职业道德规范。守则开宗明义首先指出，新闻是一门神圣的职业。"我们相信，新闻事业之获取最大成功者，亦即最应该获得成功者，必使上苍与人间有所畏惧，它独立不饶，故性情傲慢，权势之包揽，均不足以移之；重视建设性，宽容性，而不取粗率性；自制而忍耐，经常尊重读者，而始终无所恐惧，勇于打抱不平，但不为特权者的要求和群众的吵闹所惑；在法律、忠诚及互相的认识下，尽量给予人平等的机会；我们相信，出言不逊者，不适宜从事新闻之写作，受本人偏见之左右及他人偏见所笼络，均宜避免，绝不因威逼利诱而逃避本身之责任。"①

1923年，美国报纸编辑协会开始采用名为《新闻规约》(Canons of Journalism)的一系列专业标准。其主要内容包括：从业者的责任感；新闻自由；独立性；真诚、真实和准确；公正无偏见；公平对待各方；作风正派。② 随后，美国各新闻职业团体也纷纷制定出适用于本团体内部的职业道德准则，其中以1934年由美国记者公会通过的《记者道德律》最为著名。《记者道德律》强调，新闻记者的第一责任是向公众报道正确的、无偏见的事实，要求记者遵守正确和公正两个原则，不为政治的、经济的、社会的、种族的及宗教的偏见所左右。美国广播业和电视业也制订了类似的行业规范和准则。换言之，事实上自此之后，每个媒介从业者协会都采用了相似的标准。通过这种做法，他们对律师和医药等领域的从业者进行了模仿。这些标准通常要求媒介从业者尽可能有效地服务于公众。在专业化发展趋势中，媒介从业者

① 陈石安：《新闻编辑学》，台北：三民书局1981年版，第35、79页。
② 吴飞：《新闻专业主义研究》，北京：中国人民大学出版社2009年版，第103页。

就像之前的医生和律师一样，宣誓支持专业标准。他们允诺除去不负责任的人并且认可那些优秀的人。违反标准的人会遭到指责。在极端的案例中，他们可能被禁止从事专业工作。①

瑞典于1923年制订了《新闻职业道德规范》(1953年、1990年修订)，日本于1946年制订了《新闻伦理纲要》，在英国于1963年制订了《英国报人道德规则》等，职业自律逐渐成为媒介业职业化的一个标志。与此相关联的是相应的监督机构陆续建立。

随着新闻从业人员职业化协会的成立，在制定职业规则的基础上，也出现了对新闻从业人员职业的投诉或评价性机构。瑞典于1916年成立了报业公正从业委员会(Press Fair Practice Commission)，其目的是协调报界本身的相互联系，并处理对报业的投诉，仲裁报界与外界的纠纷。德国则于1956年建立"报业评议会"。在亚洲，日本1946年成立全国性的自律组织——日本新闻协会；而韩国于1961年建立"新闻伦理委员会"。1973年美国全国新闻评议会成立，但是由于《纽约时报》等报纸拒绝合作，1984年最终解散。英国则于1953年成立了全国性的新闻自律组织"英国报业总评议会"，1991年在评议会的基础上建立了报刊投诉委员会(The Press Complaints Commission)，它比评议会更具有代表性、独立性和约束力。在报刊投诉委员会成员的组成上，非专业人士达到了40%。②

专业教育是专业化的一个重要标志。西方报刊的商业化和市场化运作使新闻业得以很快发展，并由此产生了专业化的基本条件：专业社群。随着报刊业的发展和专业组织的形成，与新闻相关的专业知识的培训也开始展开，到1900年的时候，报业雇佣大学毕业生已成为常规。职业化的新闻业

① 斯坦利·巴兰，丹尼斯·戴维斯著，曹书乐译：《大众传播理论：基础、争鸣与未来》，北京：清华大学出版社2004年版，第106页。

② 魏永征，张咏华，林琳：《西方传媒的法制、管理和自律》，北京：中国人民大学出版社2003年版，第366-370页。

具有自己特定的专业标准，其中完整的专业理论、专业教育科目和具有专业特色的教育院校，形成职业教育体系。1903年，普利策(Joseph Pulitzer)向哥伦比亚大学捐赠200万美元以建立新闻系的目的即为建立新闻职业的专业教育。在捐赠声明中，普利策明确表示：在其他行业，为了恰当地履行职责、一致向公众负责，人们要接受数年专门教育；但对于新闻人来说，作为人民的信使和教师、舆论的解释者、甚至塑造者，迄今为止仍没有针对其职责的专业教育。[①] 1904年普利策在《北美评论》上发表《新闻学院》一文，指出："现在培养律师、医师、牧师、陆海军军官、工程师、建筑师与艺术家，已有各种专门的学院，但没有一所学院是用来训练记者的。所有其他专门职业，都已从这些专门训练中得到益处，而不将新闻事业包括在这些专门职业之内，在我看来是毫无理由的。我想，我所能贡献的，没有比建立一所新闻学院，将对我所献身的行业(报业)对社会更为实际。"[②]

1908年沃尔特·威廉博士(Walter William)建立了美国第一所新闻学院。这就是密苏里大学新闻学院。1912年，普利策捐资设立的哥伦比亚大学新闻学院正式开学。1912年，全美有6所院校开设了新闻教育课程，1922年建立了20多个新闻系和新闻学院。[③] 如今，30%的美国新闻从业人员拥有学士学位，70%拥有更高的学历。[④]

3.职业理想模式的逐渐凸显：媒介专业主义理念的理论与实践

随着大众媒介体系的不断完善，媒介从业人员的职业理想在不同的时期也呈现出不同的特征。如果说18世纪新闻自律的发端以及19世纪《便士报》、《独立报刊》的创办理念中逐渐形成的客观性原则和自由主义传播理

① 谢静：《媒介批评：专业权威的构建策略——从新闻专业主义解读美国的新闻媒介批评》，《新闻大学》2004(9)。

② 李瞻：《世界新闻史》，台北：三民书局1994年版，第784页。

③ 商娜红：《制度视野下的媒介伦理：职业主义与英美新闻自律》，上海：复旦大学出版社2006年版，第78页。

④ 王学成："'现实'与'理念'下的分裂：重视西方新闻专业主义"，《新闻与传播研究》2007(1)。

念包含着近代媒介从业人员的职业理想的话，20世纪中期对新闻从业人员职业的理想化诉求——社会责任论则是在客观性基础上对职业理想的另一种思考，但这两种职业理想主要的出发点还是基于个人选择、人类理性、自由与责任等命题，随着商业活动、政治活动和新媒体技术的日益普及，社群主义从关注社会成员选择的社会因素的综合性来为关注媒介从业人员在当代的职业理想诉求提供了另一种解读。下面笔者将从以下四个方面进行分别论述。

(1)政党报刊之前及其政党报刊的职业理想。1702年3月，玛利特(Edwar. Mallet)创办了英国第一家日报《每日新闻》(Daily Courant)，在第一期即发表了自己的办报宣言：

"本报创办之目的，在迅速、正确而公正地报道国外新闻，不加评论，相信读者的智慧，对刊载消息的确切含义一定有正确判断"、"报纸的义务在于将事实叙述出来，结论应该由读者来作。"①

这大概是新闻传播史上关于媒介职业自律的最早表述，也是新闻客观性报道的最早表述。《每日新闻》第九期之后由萨谬尔·巴克利接管，依然坚持了上述原则："这是一张新闻纸，而不是造谣作坊。""当看到一条新闻是从某个国家发来的，并得到该国政府许可的话，公众就更有把握去判断该报道是否可靠和公正。"②

《每日新闻》之后英国出现了多家日报，在18世纪后半叶出现了一些著名的报人和报纸。这一时期，报纸和期刊逐渐分开，报纸承担了时事新闻的任务，期刊则以文学短评和评论性文章为主，《评论》《闲谈者》和《旁观者》成为当时三大评论期刊，约瑟夫·阿狄生(Joseph Addison)于1711年3月12

---

① 郑超然，程曼丽，王泰玄：《外国新闻传播史》，北京：中国人民大学出版社2002年版，第63页。

② T. B. Macanlay, History of England, vol. 3, London , 1906, p. 328/M. Rosenberg, The Rise of England's First Daily Newspaper, In Journallism Quarterly, vol. 3, 1959, p. 4；参见孙宝国著：《18世纪以前的欧洲传媒文字研究》，哈尔滨：黑龙江人民出版社2006年版，第210页。

日出版的《旁观者》杂志中发表了“《旁观者》的宗旨”一文，对期刊的理念做了描述：

“……这么一大批读者既已召唤起来，我自然要不遗余力，使得他们的教育引人入胜，使得他们的消遣富有实效。为此。我要竭力让道德带上机智的光芒，让机智受到道德的制约；那么，可能的话，读者在对今天进行思考之中也就可以从两方面得到教益。另外，为了使他们的美德和决断不至于仅仅变成短促、匆忙、断断续续的思想闪念，我决心每天不断地使他们重温自己的心得，免得让它们随着时代潮流一同堕入罪恶和愚昧的无望状态……我不自量力，愿意让人说我把哲学从私室、书库、课堂、学府带进了俱乐部、会议厅、茶桌、咖啡馆之中。……”①

如果说《每日新闻》对媒介的职业性内容进行了描述和职业实践的话，《旁观者》杂志则以对社会大众的良知和责任，在实践着媒介的职业功能之一。

(2)19世纪大众化报刊时期的职业理想。独立报刊的创办理念是针对19世纪美国报业的煽情主义状况。这一时期的普利策率先在自己创办的《邮讯报》《纽约世界报》的办报实践中，提出了对报纸功能的定位。他说：

“《邮讯报》不为党派服务，而为人民服务；不是共和党的喉舌，而是真理的喉舌；不追随任何主张，只遵循自己的结论；不支持行政当局，而是批评它；反对一切骗局，不管发生于何处，也不管它是何种性质的；提倡原则和思想，不提供偏见和党派性。”②

1883年买进《纽约世界报》并取得了成功，他更是重申了报纸的责任和功能，或者说阐释了自己作为报纸创办者的职业理想：

“每期报纸都提供了一个机会和责任：讲一些勇敢和真实的话，摒弃平庸与陈腐，讲些令社会上有知识、有教养、有独立见解的人们尊重的话，无虑

① ［英］约瑟夫·阿狄生等著，刘炳善译：《伦敦的叫卖声》，北京：三联书店1997年版，第19-23页。

② 转引自《美国新闻史：大众传播媒介解释史》，北京：中国人民大学出版社2004年版，第219页。

党派性和流行偏见。我情愿每天都有一篇这样的文章,而这篇一二十字的文章很可能就是一整天辛勤劳动、聚精会神地认真思考、修改、斟酌文体的推敲字句的结果。"①

与报业的职业理想相伴生的是南北战争期间,新闻公平和客观报道策略越来越在实践中得到认知。报道事实成了一种不得不采取的职业化行为。通讯社为了给各类报纸提供相对客观的新闻,逐渐将这种客观性贯彻下去。曾在早期担任美联社记者的劳伦斯·戈布赖特曾写道:

"我的任务是传播事实,我的机构不允许我就传播的事实做任何评论。我不充当任何派别的政治家,但我试图做到真实和公平。我的电讯报不仅仅是一些不加渲染的事实和细节材料……虽然我祈求不顾外人或政治进行写作,但我总是不能免遭指责。"②

曾任《纽约先驱报》和《纽约世界报》副主编的钱伯斯回忆道:

"事实,事实,除了事实,什么都不要。……禁用词汇的列单其长无比,若用错了这些词汇,又不幸逃过了校稿员的法眼,插上了报纸,则记者不是被罚没一周的薪水,就是立刻被扫地出门。僵化的规定,被僵化地执行着。"③

黄旦教授指出,这些报刊基本观念包括:第一,报刊的主要功能是传播新闻,同时也要干预和推动社会;第二,在性质上,它们是一个独立的专业,因此,报纸必须是自主的,在政治上不依赖任何派别,更不做政府的喉舌;第三,报纸的目的是为公众服务并反映民意;第四,报纸依靠自己的有效经营,尤其是广告的收入,维持自己的日常运转;第五,报纸的约束机制是法律和

---

① 转引自《美国新闻史:大众传播媒介解释史》,北京:中国人民大学出版社 2004 年版,第 223 页。

② J. Herbert Altschull: Agents of Power: The Role of News Media in Human Affairs, New York: Longman Inc. 1984.

③ J. Herbert Altschull: Agents of Power: The Role of News Media in Human Affairs, New York: Longman Inc. 1984.

职业道德自律。[①]

从普利策的职业理想与记者的抱怨来看，这一时期的新闻记者并非具有自觉意识、并将客观报道作为新闻这一职业的要求，而是迫于所在报社、杂志社或通讯社的压力而采取的一种职业选择行为。同时，南北战争不仅将客观性报道策略提到了新闻职业的基本要求上，而且改变了新闻素材的获取渠道和加工模式，报业管理者和编辑群体对媒介的控制随着新闻获取渠道的改变发生了重大的变化。

这种变化对媒介从业人员的职业阶层而言，具体体现在：一是以编辑为中心的时代逐渐向以记者为主的时代过渡；二是编辑部门不再是单独的个体工作，而是一个组织化的职业形态；三是随着商业竞争的加剧，编辑的专业化程度也大大加强。

在这样的报道理念指导下，一方面学者和业界们开始从宏观层面反思大众媒介的社会功能，另一方面则从微观层面对具体而微的媒介组织进行内部规范。

(3)20世纪媒介从业人员的职业理想。进入20世纪，媒介专业主义开始在携带着大众报刊在19世纪后半叶的影响力，缓慢地改变着媒介从业人员的职业理想。换言之，媒介专业主义是美国政党报纸解体之后在新闻同行中发展起来的“公共服务”的信念，它是“改良时代行政理性主义和专业中立主义总趋势的一个部分”。媒介专业主义的目标是服务于全体人民，而不是某一利益团体。它最突出的特点，是对新闻客观性的信念，相信可以从非党派的、非团体的立场准确报道新闻事实。[②] 媒介从业人员者恪守中立和客观的专业主义，“他们将专业的规定内化为对自己的约束，他们强调自己是公

① 黄旦：“新闻专业主义的建构与消解：对西方大众传播者的研究历史的解读”，见张国良主编《中国传播学：反思与前瞻——首届中国传播学论坛文集》，上海：复旦大学出版社2002年版，第270页。

② 陆晔，潘忠党：“成名的想象：中国社会转型过程中新闻从业者的专业主义话语建构”，《新闻学研究》(台湾) 2002年第71期，第18、43-44页。

共利益的保卫者,而淡化其利益驱动下的公司雇员角色,他们相信进步、理性、普遍的真理或标准,新闻专业主义加强了新闻工作对自我职业形象——追求真理,服务社会的心理需求。”[①]这种信奉客观而又服务于大众的社会责任意识,将媒介职业力量与大众化报刊的商业逻辑硬生生地拉开了距离。

从职业实践而言,发端于19世纪末期奥克斯主编《纽约时报》时所确立的新闻信息报道模式,在20世纪40年代已经作为媒介职业领域的一个普遍性的职业理念全方位被接受下来。

从理论溯源而言,媒介专业主义则始于20世纪40年代末期的社会责任理论的提出。新闻自由委员会将这种实践升华为理论或者职业理想。社会责任理论的代表性著作有《一个自由而负责的新闻界》(A Free and Responsible Press)和《新闻自由:原则框架》(Freedom of Press:A Framerwokr of Principle),就具体的社会环境而言,社会责任理论产生的背景首先是技术的发展和工业革命的影响力,这双种影响力既改变了社会发展的总体状况、改变了人们的日常生活模式,而且也改变了媒介原有的性质和特征。其次是在媒介发展过程中,媒介自身的垄断性趋势引起了社会各界的反思与批评。再次,人文社会科学领域的研究思路发生转变,人们对原有的自由主义传播制度开始质疑与反思。最后,媒介专业主义在新闻实践中的发展,使得媒介从业人员的社会责任感日益提升。[②] 因此,一种新的媒介理论便应时代发展应运而生。

1904年普利策在《北美评论》(Noeth American Review)为成立新闻学院撰写的文章时指出:

“只有最高的理想、最兢兢业业的工作愿望、对所遇问题的最准确的知识和最真诚的道德责任感,才能使新闻事业不屈从于商业利益,不为自己谋

① 陆晔:“美国新闻业‘客观性法则’的历史演进”,《新闻大学》,1994(1),第52页。

② [美]弗雷德里克·西伯特,西奥多·彼得森,威尔伯·施拉姆著,戴鑫译:《传媒的四种理论》,北京:中国人民大学出版社2008年版,第65页。

取私利，不与公众利益为敌。”[①]

1907年，普利策重申了他早期办报的理念：

“我知道我的退休不会影响办报的基本原则。报纸将永远为争取进步和改革而战斗，决不容忍不义或腐败；永远反对一切党派的煽动宣传，决不从属于任何党派；永远反对特权阶级和公众的掠夺者，决不丧失对穷苦人的同情；永远致力于公共福利，决不满足于仅仅刊登新闻；永远保持严格的独立性，决不害怕同坏事作斗争，不管这些事是掠夺性的豪门权贵所为，还是贪婪的穷人之举。”[②]

1947年哈钦斯委员会发布了著名报告《一个自由而负责的新闻界》，成为社会责任理论的基础。对大众媒介社会责任的认知，就其实质而言是与当时的社会精英阶层对社会现状的认知是密切相关的。这种关联性在具体的媒介工作中变成了对媒介从业人员的职业要求。而首先提出这种认知的并不是后来我们所说的传播学者，而是对社会变迁较为关注的来自不同领域的学者们。

在社会责任论思想的影响下，西方新闻界把报业的社会责任细化为新闻从业者的职业道德和行为准则即新闻专业主义理念。它的基本原则和精神是：(1)传媒具有社会公器的职能，新闻工作必须服务于公众利益；(2)新闻从业者是社会的观察者、事实的报道者，而不是某一利益集团的宣传员；(3)新闻从业者是信息流通的“把关人”，而不是政治、经济利益冲突的参与者或鼓动者；(4)新闻从业者以实证科学的理性标准评判事实的真伪，服从于事实这一最高权威，而不是臣服于任何政治权力或经济势力；(5)新闻从业者受制于建立在上述原则之上的专业规范，接受专业社区的自律，而不接

① [美]弗雷德里克·西伯特，西奥多·彼得森，威尔伯·施拉姆著，戴鑫译：《传媒的四种理论》，北京：中国人民大学出版社2008年版，第71页。

② 转引自《美国新闻史：大众传播媒介解释史》，北京：中国人民大学出版社2004年版，第223页，第219页。

受在此之外的任何权力或权威的控制。[①]

随着技术的更新、社会的变迁，商业逻辑不断地在驱逐着职业媒体人改变自身的职业理想，“就新闻总体而言，商业逻辑的力量在19世纪被媒介所有者和编辑们的政治忠诚所减轻，在20世纪被兴起的专业主义文化所减轻，在20世纪末期，政府对于广播电视的管制在大体上被扫除了，专业主义文化显然也在衰退之中，商业逻辑可能在21世纪最终不受挑战地统治着美国媒介？如果是这样的话，这对于美国文化将意味着什么？”[②]其实，对于美国媒介的挑战，也是对当代媒介的挑战，媒介职业实践在商业逻辑运作中的复杂处境，对媒介专业主义理想的挑战越来越大。事实上，原有的媒介从业人员职业化之间的分工开始发生变化，纯粹从事新闻工作的媒介从业人员与从事广告、市场营销、媒介策划等方面之间的职业交融时常发生，职业媒介人的职业身份出现泛化趋势，职业理想也出现了复杂而多元化的局面。加之，新技术对受众提供的参与信息传播的机会越来越大，受众甚至可以直接参与到媒介生产与消费流程中去，这也加剧了媒介职业的泛化，使得原有的职业理想出现了市场化、消费化、营销化、非专业化的局面。

二、20世纪前半叶中国媒介从业人员的职业化过程

本文将近代中国的历史时期划分为1840年第一次鸦片战争之后到1949年中华人民共和国成立之前，也即20世纪上半叶。这一时期，大众媒

① 陈文高：“论新闻专业主义及其本土化策略”，《求索》，2007(2)。

② 丹尼尔·哈林：“美国新闻媒介中的商业主义与专业主义”，参见[英] 詹姆斯·库兰著，杨击译：《大众媒介与社会》，北京：华夏出版社2006年版，第207页。

介在中国社会中经历了萌芽、发展、兴盛三个阶段，西方的新闻传播理念开始在中国以各种形式传播、政党报纸、大众化媒介相继登场，独立报刊也在20世纪初期开始萌芽、至30—40年代开始成熟，在自由知识分子群体的努力下，形成了近代中国新闻传播发展的又一个转折点。同时，这一时期，也是中国历史发展中，政府形式变换最快、社会结构变迁较大、社会文化的统一性遭到逐渐剥离的时期，近代中国的媒介从业人员的职业化过程在这纷乱的社会场景中，缓缓拉开了序幕。

晚清以来，随着外国传教士、商人、军队和政客以多元化的动机来到中国，近代中国的社会变迁中便添加了许多新的元素：教会、医院、商品和军火等，同时也带来了工业革命之后的资本主义近代报业的办报理念，中国古代的邸报观念受到冲击，这些冲击主要体现在：报道的内容和范围大大扩展，使用的文字语言也从原来的文言文逐渐向通俗化方向发展，读者对象也不再停留在官僚、士绅、商人等社会阶层中，但由于这个时期西方近代报业的大众化也才刚开始，无论是办报理念、职业诉求等方面都尚未成熟，因此，中国近代报业的发展一开始便带有了被迫开放国门之后的实用主义倾向，媒介从业人员的职业化自律并未充分展开。民国时期，随着国内政治格局的屡屡变化以及国内外战争的相继持续，媒介从业人员的职业化进程在政权交互和战争变幻中，在信息传播方面逐渐完善，并因为政治见解之差异，形成了几种不同的职业理想，这些职业理想在战争时期将媒介的政治趋向呈现得淋漓尽致，在媒介上也形成了关于中国政治走向、文化走向、经济走向以及价值观念等方面的论争，这些论争在国家兴亡的时刻，最终政党的媒介职业理想占了上风，从而进入了20世纪50年代之后的中国当代媒介发展时期。

(一) 作为社会力量的媒介从业人员的崛起

1815年8月5日英国传教士马礼逊(Robert Morrison，1782—1834)与

传教士米怜(William Milne,1785—1822)(后有中国人梁发加入)在马六甲出版了第一份近代中文报刊《察世俗每月统纪传》,创刊号写道:“既然万处万人,皆由神而原被造化,自然学者不可止察一所地方之各物。单问一种人之风俗,乃需勤问及万世万处万人,方可比较辨明是非真假矣。……总无未察而能审明之理,所以学者要勤功察世俗人道,致可能分是非善恶也。”①道出了其办报的目的。第二期中,米怜进一步解释道:“至本报宗旨,首在灌输智识,阐扬宗教,砥砺道德,而国家大事之足以唤醒吾人之迷茫,激发吾人之志气者,亦兼收而并蓄焉。本报虽以阐发基督教义为唯一急务,然其他各端,亦未敢视为缓图而掉以轻心。”②该报刊的内容以宗教为主,包括少部分的其他内容,销售对象则是南洋华侨和在广州参加县试、乡试和府试的士大夫知识分子。该报刊停刊后,相继出现了系列外报,这些外报的编辑人员虽然仍是以传教士为主,但是并不太热衷于宣扬基督教教义,而是以新闻评论、商业信息和时政信息为主,也介绍一些科学知识,并有计划地将读者对象界定为中国社会中的上层阶层,已得到潜移默化影响中国政治的目的,如当时的《万国公报》的推销对象便界定为“中国的‘为政者’‘为师者’‘为士者’和‘为民者’。在1891年广学会拟定的一个发行计划中,他们准备把《万国公报》送到下列人员手中:(1)道台以上的高级文官2 289人。(2)尉官以上的高级武官1 987人。(3)府学以上的礼部官吏1 760人。(4)专科以上学校的教授2 000人。(5)居留在全国各省会,具有举人资格的候补官吏2 000人。(6)下列各方面知识分子的百分之五:①来京会试的人员,②在二十行省内投考举人的人员,③在全国253个府县投考秀才的人员。这三方面共3 000人。(7)某些特别官吏及士大夫阶级的女眷及子女4 000人。总

---

① 方汉奇:《中国近代报刊史参考资料》(上册),北京:中国人民大学校内出版1982年版,第126页。

② 戈公振:《中国报学史》,北京:中国新闻出版社1985年版,第57页。

计:17 036 人。”[①]这一计划效果显著,光绪皇帝就阅读了《万国公报》的全部内容,其他洋务派官员不仅阅读了该报刊,还自愿承担了推销的工作。

简而言之,外国人办的中文报刊,就媒介从业人员的职业性而言,既无自觉的职业意识,也无潜在的职业精神,以宗教信息入手,并借助其他信息,希望对中国的政治、经济和文化生活产生影响,这种对报刊功能的认知和办报的动机与报刊的自觉职业化之间没有必然的关系。但是外国人办的中文报刊的创办思路,对中国人自己办的中文报纸则起到了很好的借鉴作用。“以第三者眼光观之,外报于编辑、发行、印刷诸方面,均较中国报纸胜一筹,销数不多而甚有势力,著论记事,均有素养,且无论规模大小,能继续经营,渐趋稳固。是则中国报纸所宜效法者也。”[②]

第一次鸦片战争前后,恰好是大众化报刊在西方的萌发和发展时期,西方人便将这种办报的理念和模式传播到了中国,中国人自己创办的中文日报开始出现,这些日报以戊戌变法为标志,将中国报刊发展推到另一个阶段。梁启超在《创办时务报原委》一文中指出:

“自报纸内容上言之,同光间之报纸,因受八股盛行之影响,仅视社论为例文,经甲午、庚子诸变后,康梁辈之新民自强诸说出,始为社会所重视。革命派之报纸,则以社论为主要材料,执笔者亦为一时知名人士。……民国初元,报纸之论调,虽以事杂言庞为病,然朝气甚盛,上足以监督政府,下足以指导人民。乃洪宪以后,钳口结社,相率标榜,不谈时政,唯一迎合社会心理为事,其故或以营业为宗旨,不欲开罪于人,或有党派与金钱之关系,不敢自作主张,于是人民无所适从,军阀政客无所顾忌,造成今日之时局,报纸不能不分负其责也。”[③]发表在《清议报》1901 年 12 月 21 日第 100 册上的《本馆第

① 方汉奇:《中国近代报刊史》(上册),太原:山西人民出版社 1981 年版,第 29-30 页。

② 戈公振:《中国报学史》,北京:中国新闻出版社 1985 年版,第 94 页。

③ 戈公振:“中国报纸进化之概观”,见中国人民大学新闻系编:《中国近代报刊史参考资料》(上册),1981 年校内出版,第 3 页。

一百册祝辞并论报馆之责任及本馆之经历》一文中，梁启超提出了衡量报章水难的四个方面的内容，即:“一曰宗旨定而高，二曰思想新而正，三曰材料富而当，四曰报事确而速则。”[①]也即办报的四个原则。

1906—1911年之间，上海报刊界基本完成了报与刊的分离，大型日报和“小报”的分离，报刊与书籍的分离，各有各自己的位置了。[②]戈公振在《中国报学史》中对近代中国新闻来源和新闻报道与报纸的关系有清晰的描述:

“报纸最初所载之新闻以选录邸报，辕门抄，及告示为大宗，译报次之，访稿寥寥可数也。盖当时访员实由各地派报者兼任，偶有新闻，亦必附账房信中转交主笔;账房中人如以为不可登，则竟置诸字纸篓。本埠新闻则有主笔就所见闻者记之，或出自个衙门书吏之报告;所谓社会新闻，则官吏起居、斗殴、拆梢、回禄之事而已。有时新闻缺乏，则以邸报中之奏折补充，或竟任之空白。社会亦司空见惯，不以为异也。”[③]

《中国报学史》写成于1926年6月，于1927年11月由上海商务印书馆出版。从上述描述可以看出，新闻记者在近代中国首先是从官吏中分化出来、新闻的来源也多来源于官方途径，新闻报道领域也较为狭窄，与现在的社会新闻之范围大相径庭。无新闻的时候，可以随意补充，或者干脆留白。这至少说明了两个问题:报纸的新闻对社会大众而言并不是一个重要的选择;二是报纸从业人员并未将其当作是一个正式的职业，只是兼职而已，既无时效性、利润性的考虑;更无传播某种理念的潜在诉求。

近代中国早期报纸的主笔多是士人与近代知识分子。以1872年创办的《申报》为例，其主笔大多是在科举一途上并不得意的士人，访员也多为机关仆吏，都没有多高的社会地位。19世纪末20世纪初，一批维新政治家们参与到报刊的创办中来，记者乃至报社主笔的社会地位得到极大的提升。

---

① 转引自张之华主编:《中国新闻事业史文选》，北京:中国人民大学出版社1999年版，第38页。

② 马光仁:《上海新闻史:1850—1949》，上海:复旦大学出版社1996年版，第334页。

③ 戈公振:《中国报学史》，北京:中国新闻出版社1985年版，第166页。

任白涛的《应用新闻学》(1922 年)和张静庐《中国的新闻记者》(1928 年)已经将记者看作是“无冕之王”。

美国密苏里新闻学院创始人威廉博士 1920 年前后四次访问中国,1921 年在北京大学发表题为《世界之新闻学》的演说,当时由胡适做翻译。其后,“中国致力于新闻教育的人士,多出身于密苏里大学,课程设置及教学法多以密苏里新闻学院为蓝本。”[①]媒介专业化、职业化、精英化时代逐渐萌芽并成熟。20 世纪 30 年代,抗战爆发,媒介的职业化与专业化过程因战争而中断。当代中国政党报刊在这一时期开始进入大众视野,并逐步系统化,政治宣传、社会动员的功能被赋予媒介功能之中,并加以强化。民营媒介在战争中尽管依然可以坚守职业理想,但政治立场的选择使得这种坚守变得日益艰难。

20 世纪 30 年代初期,媒介人的职业协会开始出现。1931 年 10 月中国新闻学研究会在上海成立。该会在宣言中明确表示:“对过去新闻学不满足,对现在新闻业不信任”,并提出“将以全力致力于以社会主义为根据的科学的新闻学之理论的阐扬。”1937 年成立于武汉的中国青年记者学会,范长江曾就为何组织青年记者学会的问题,做了简要解答:一是为了新闻记者自身。抗战爆发之后,原有的新闻记者知识与经验都比较缺乏,无法应对正在进行的战争需求,而具备优秀新闻记者的青年,又没有合适的发挥舞台。二是为了补救当时新闻界的缺陷。因为战时报道新闻的需要,没有充足的经费、读者地域的差异性,读者对战时新闻的差异性需求等,都需要新闻记者团结起来才能完成。[②] 1939 年 10 月学会制订了《学会信条》和《记者公约》。

与职业协会相匹配的职业教育在 20 世纪初期开始发端。根据戈公振

---

① 曾虚白:《中国新闻史》,台北:台湾三民书局 1984 年版,第 676 页。

② 范长江:“青年记者学会组织的必要和前途”,见范长江著《通讯与论文》,北京:新华出版社 1981 年版,第 258-259 页。

先生的记载,中国近代报业教育发端于1911年,1918年全国报界联合会开始讨论新闻大学组织大纲,但是并未实行。1918年中国第一个新闻学研究团体"北京大学新闻学研究会"成立,同年,北京大学政治学系首次开设新闻学选修课程,并创办了第一份新闻学研究刊物《新闻周刊》,这可谓是中国报业教育的发端。1920年上海圣约翰大学设立报学系,1921年厦门大学成立之时便将报学列为所设八科之一,1923年北京平民大学、1924年北京国际大学和燕京大学、1925年上海南方大学等先后设立了报学系。

(二)媒介从业人员的制度身份规定与职业自律的萌发

1905年3月12日(光绪三十一年二月初七日),上海《时报》在"本馆论说"栏内发表了《宜创通国报馆记者同盟会说》,建议组织全国性的记者同盟会,提出设立"全国新闻记者通讯部""设记者研究部"的倡议,认为这样可以在抵御外国报纸的宣传、抵御政府对记者的迫害、约束记者的职业行为方面有很大作用,还可以使记者之间相互沟通、了解和学习。

1906年7月1日,天津《大公报》《北洋日报》《北支那每日新闻报》《天津日日新闻》四家报馆的发行人联名倡议成立了报界俱乐部,以"研究报务,交换知识"为宗旨。继而上海日报公会成立,

20世纪初期的《大清报律》(1908年)规定:

第二条　凡充发行人、编辑人及印刷人者,须具备左列要件:

一、年满二十岁以上之本国人;二、无精神病者;三、未经处监禁以上之刑者。

第三条　发行编辑得以一人兼任,但印刷人不得充发行人或编辑。

第十五条　发行人或编辑人,不得受人贿属,颠倒是非。发行人或编辑人,亦不得挟嫌诬蔑,损人名誉。

第二十条　违第十五条第一项者,该发行人编辑人经被害人呈诉讯实,照所受贿之数,加十倍处以罚金;仍究其致贿人,与受同罪。

第二十五条　违第十五条第二项者，该发行人编辑人经被害人呈诉讯实，处以二十元以上二百元以下之罚金。

首次对从事报业工作的人员做了详细规定，可以视为近代中国媒介职业化的发端。

1912年8月，国民党与其他党派合并重组，随后在国会选举中获胜，成为议会第一大党。年底，这个党的实际领袖宋教仁南下到各省为国民党开展竞选活动，期间他在演讲词中对袁世凯时时提出尖锐批评，各报纷纷转载，令袁世凯不能容忍。12月15日，袁世凯政府颁布法律第9号《戒严法》。根据该法第14条的规定，在戒严地区内，驻军司令官有权"停止结会集社，或新闻图书杂志告白等之认为与世纪有妨害者"。[①] 1913年3月11日，宋教仁遇刺前夕，袁世凯向各报转发了陆军部、内务部的命令，以防止泄露外交、军事机密为由，宣告从即日起由陆军部派员对各报拟刊载的新闻稿实行预检，违者军法从事。3月20日，宋教仁在上海火车站被暗杀。"宋案"发生后，舆论哗然，新闻界，尤其是支持国民党的报刊纷纷发表文章抨击袁世凯政府，暗示其为幕后主使。比如：4月1日梁启超在《庸言》发表《暗杀之罪恶》；4月9日、17日，《中华民报》发表《强盗政府》、《讨逆》等社论，直指袁世凯是"全国人民之公敌"，列举了袁世凯的十大劣迹。4月16日，汕头《大风日报》发表《万恶政府》的时评。4月26日起，上海各报陆续公布44件"宋案"证据，引起强烈反响。4月29日，北京《国风日报》、《国光新闻》、《新中国报》等就"宋案"发表评论，猛烈抨击"民贼独夫"、"万恶政府"。[②]

因此，为了阻止社会舆论对中央政府的攻击，袁世凯又由陆军部出面下令各地报纸："定二年三月二十一日起，由部派员实行检阅签字办法"，"对于

---

① 方汉奇，丁淦林，黄瑚，薛飞：《中国新闻传播史》，北京：中国人民大学出版社2002年版，第156-157页。

② 傅国涌：《笔底波澜：百年中国言论史的一种读法》，南京：广西师范大学出版社2006年版，第89页。

外交、军事秘密事件，一律不准登载”。凡登载军事外交事件，不服检阅者，“立即派员究办”，严重者“科以军法”。[①]

《报纸条例》(1914 年)规定：

第四条 本国人民年满 20 岁以上，无左列情事之一者，得充报纸发行人、编辑人、印刷人：一、国内无固定住所或居住所；二、精神病者；三、褫夺公权尚未复权者；四、海陆军军人；五、行政司法官吏；六、学校学生。

第十六条 不具第四条第一项之资格，或有第四条第一项各款情事之一，充发行人、编辑人、印刷人者、科发行人以一百元以下十元以上之罚金，其编辑人、印刷人诈称者同。

1916 年 7 月被黎元洪下令废止。

《出版法》(1914 年)规定：

第二条 出版关系人如左：一、著作人；二、发行人；三、印刷人。著作人以著作者及有著作权者为限；发行人以贩卖文书图书为营业者为限，但著作人及著作权承继人得兼充之；印刷人以代表印刷所者为限。(1926 年被段祺瑞下令废除)

《修正出版法》(1937 年)规定：

第二条 出版品分左列三种：(一)新闻纸。指用一定名称，其刊期每日或隔六日以下之期间，继续发行者而言。(二)杂志。指用一定名称，其刊期每星期或隔三月以下之期间，继续发行者而言，但其内容以载等时事为主要者，仍视为新闻纸。(三)书籍及其他出版品，凡前二款以外之一切出版品属之，新闻纸或杂志之号外或增刊副刊等，视为新闻纸或杂志。

第四条 本法所称著作人者，谓著作文书图画之人。笔记他人之演述，登载于出版品或令人登载之者，其笔记之人，视为著作人。但演述人予以承

---

① 方汉奇，丁淦林，黄瑚，薛飞：《中国新闻传播史》，北京：中国人民大学出版社 2002 年版，第 159 页。

诺者，应同负著作人之责任。关于著作物之编纂，其编纂人视为著作人。但原著人予以承诺者，应同负著作人之责任。关于著作物之翻译，其翻译人视为著作人。关于专用学校公司或其他团体之代表人视为著作人。新闻纸所登载广告启事，以委托等在人为著作人。如委托等在人不明或无负民事责任之能力者，以发行人为著作人。

第十三条　有左列情形之一者，不得为新闻纸或杂志之发行人或编辑人。(一)国内无住所者。(二)禁治产者。(三)被处徒刑或一月以上之拘役在执行中者。(四)褫夺公权者。

第十四条　有左列情形之一者，得禁止其为新闻纸或杂志之发行人或编辑人。(一)因违反第二十一条之规定受刑事处分者。(二)因贪污或诈欺行为受刑事处分者。

《新闻记者法》(1943年)规定：

第一条，本法所称新闻记者谓在日报社或通讯社担任发行人专属编辑采访或主办发行广告之人。

第二条，依本法申请核准领有新闻记者证书者得在日报社或通讯社执行新闻记者之职务。

第三条，具有左列各款之一者得申请给予新闻记者证书：一、在教育部认可之国内外大学或独立学院之新闻系或新闻专科学校毕业得有证书者。二、除前款外在教育部认可之国内外大学独立学校或专门学校修习文学教育社会政治经济或法律各学科毕业得有证书者。三、曾在公立或经立案之大学独立学院专门学校任前两款各学科教授一年以上者。四、在教育部认可之高级中学或旧制中学毕业并曾执行新闻记者职务二年以上有证明文件者。五、曾执行新闻记者职务三年以上有证明文件者。

与此同时，从事媒介工作的人员只从事新闻工作的基本要求也开始进行探讨。梁启超论述新闻从业人员应具有“五本”、“八德”：一为“忠告”、二为“向导”、三为“侵润”、四为“强联”、五为“见大”、六为“主一”、七为“旁通”、八为“下逮”。[①] 张静庐则指出，成为新闻记者的资格有：一是“强健的体格——能耐辛劳”；二是“丰富的常识——熟知一切”；三是“和蔼的性情——交际活跃”；四是“冷静的思考，慎辨事理”；五是“裁剪的工夫——帮助记忆”；六是“高尚的德性，人格尊严”；除此之外，还要懂两种以上的外语。

媒介行业的制度规范和职业自律不仅针对新闻信息的采编，还针对广告的经营方面，1912 年中华报馆促进会通过了“设立广告社案”，1920 年 5 月 5 日全国报界联合会通过了中国第一个广告业的行业自律文件《劝告禁载有恶影响于社会之广告案》，广告案指出：“广告固为报社营业收入之一种，然报纸之天职在改良社会，如广告有恶影响于社会者，则与创办报社之本旨已背道而驰，如奖券为变相之彩票，究其弊可以凋敝民力而促其生计，且引起社会投机之危险思想。又如春药及诲淫之书，皆足以伤风败俗，惑乱青年。此种广告，皆与社会发生极大之恶影响，而报纸登载，恬不为怪。虽曰营业，毋乃玷污主持舆论之价值乎？且贪有限之广告，而种社会无量之毒，抑亦可以休矣。报界联合会为全国报界之中枢，有纠正改良之责，宜令在会各报一律禁载上述之广告。其类此者，亦宜付诸公决，禁止登载。牺牲广告费之事小，而影响于社会大也。”[②]

尽管从制度上、职业素养等方面，新闻从人员的资格要求和职业诉求有了明确的探寻，但是专门人才依然缺乏。戈公振在 1927 年分析中国当时报纸为何发展缓慢，最大的原因在于缺乏专门人才：“盖昔之服务报界者，大半非科举之人物，即法政学生化之人物，抱‘学以为仕’之传统心理，视报纸为过渡宝筏。彼心目中只知有政治，故不知社会之重要；只知有官，故不知国民之重要；因官僚幕下集中式的政治，故只知有中央而不知地方之重要；又

---

① 梁启超：《国风报 · 序列》，见《梁启超全集》(第四册)，北京：北京出版社 1999 年版，第 2212 页。

② 戈公振：《中国报学史》，北京：新闻出版社 1985 年版，第 181 页。

因功利心热,投机心切,至甘心为政治机关为党派利用,则亦必至之结果也。①”

换言之,20世纪20、30年代从事报业的人才,主要还是由传统知识分子、激进的政治参与者组成,他们多集中在对政治的关注上,而以报纸为辅助工具,并未将报纸视为关注社会、关注民生的主要工具,因而较容易丧失职业独立性,为政党斗争所利用。

(三)职业理想的逐渐凸显

20世纪中国媒介人职业理想的萌芽发端于对报馆功能与责任的看法中。戈公振1927年指出“以新闻言,嘉道间杂志以教务为主要材料。商务次之,如教士之来去,船只之进出等是。咸同间日报踵起,以《京报》为主要材料,辕门钞次之,各公署牌又次之,余为琐闻,然亦以官事为多。严格论之,直翻版之官报耳。光绪初,港沪西报渐多,迻译较便。同时两地报纸互相转录,材料不虞缺乏,然关系政治问题者仍不敢登载,故《聊斋》式之社会信息,乃占重要位置,甲午以后,维新运动发生,政治新闻始见进步,各国之新事新物,亦能尽量介绍。自戊戌变法以迄辛亥革命,然篇幅几为政治新闻独占,外交问题,虽主义而不甚了解,欧战之后,经过巴黎、华盛顿诸会议,始稍明了世界大势,而时见有统系之记载,年来因教育实业之发展,社会新闻已大改观,如教育商务之各有专栏是,然因军事扰攘,仍不免偏重于政治方面也。”②他将19—20世纪之交新闻材料的获取形式与内容的变迁进行了描述,从对政府材料的依赖到社会新闻的增多,一定程度上体现了报馆试图脱离政府机构、成为独立信息来源机构的尝试过程。

① 戈公振:“中国报纸进化之概观”,见中国人民大学新闻系编:《中国近代报刊史参考资料》(上册),1981年中国人民大学,第10页。

② 戈公振:“中国报纸进化之概观”,见中国人民大学新闻系编:《中国近代报刊史参考资料》(上册),1981年中国人民大学,第3-4页。

梁启超在《报馆之势力及其责任》中论及了英国大臣波尔克的观点,指出报馆是贵族教会平民之外的绝大势力之"第四种族也",引用了日本学者松本君平在《新闻学》中对报馆作用的描述①,分析了西方文明发展的根本在于三大自由:思想自由、言论自由和出版自由,并提出了自己对报馆责任的观点:

"报馆者,实荟萃全国人之思想言论,或大或小,或精或粗,或庄或谐,唯一切文明之母;或激或随,而一一介绍之于国民。故报馆者,能纳一切吐一切,能生一切,能灭一切。谚曰:报馆者,国家之耳目者也,喉舌也,人群之镜也,文坛之王也,将来之灯也,现在之粮也,伟哉,报馆之势力;重哉,报馆之责任。"②

梁启超认为报馆承担着促进社会变迁、国家发展的责任,国民可以通过报纸了解国内外的信息,开拓视野,获取更多的信息,报纸犹如是社会信息传播系统中的耳鼻喉舌,可以起到消除社会弊端、开启新风的作用。

在《论报馆有益于国事》一文中,他指出:

"去塞求通,厥道非一,而报馆其异端也。无耳目,无喉舌,是曰废疾。今夫万国并立,犹比邻也;齐州以内,犹同室也。比邻之事而吾不知,甚乃同室所为不相闻问,则有耳目而无耳目;上有所措置不能喻之民,下有所苦患不能告之君,则有喉舌而无喉舌。其有助耳目喉舌而起天下废疾者,则报馆之谓也。"③

严复在《国闻报缘起》(1897 年)中称该报"略仿英国《泰晤士报》之例"。

---

① 笔者注:梁启超引用松本君平的原文是(报馆的功德在于)"譬如预言者,讴国民之命运;譬如裁判官,断国民之疑狱;譬如大立法家,制定律令;譬如大哲学家,教育国民;譬如大圣贤,弹劾国民之罪恶;譬如救世主,察国民之无告苦痛而予以救济之图。"(见《饮冰室合集》第一卷饮冰室合集之六:"清议报一百册祝辞并论报馆之责任及本馆之经历"第 49 页)。

② 梁启超:《饮冰室合集》第一卷饮冰室合集之六:"清议报一百册祝辞并论报馆之责任及本馆之经历",第 49 页。

③ 梁启超:《论报馆有益于国事》,《时务报》1896 年 8 月 9 日。

在阐述该报的宗旨和目的时指出:“《国闻报》为何而设也?曰,将以求通焉耳,通之道有二:一曰通上下之情;一曰通中外之故。故一国自立之国,则以通下情为要义。塞其下情,则有利而不知兴,有弊而不知去,若是者,国必弱。如各国并立之国,则尤以通外情为要务。昧于外情,则坐井而以为天小.扪龠而以为日圆;若是者国必危。”①

而《新记大公报》的创办不但可以视为新闻职业理想的确立,也开始视为职业理想的一种实践过程。《大公报》于1902年6月17日在天津创刊。创办人英敛之(1867—1926)在创刊号上发表《大公报序》,说明报纸取大公一名为“忘已之为大,无私之为公”,办报宗旨是“开风气,牖民智,挹彼欧西学术,启我同胞聪明。”②1916年9月,英敛之把《大公报》盘售给王致隆。王致隆接办《大公报》至1925年11月27日停刊。1926年9月1日,由吴鼎昌、胡政之、张季鸾三人组成新记公司接办。新记《大公报》的“四不主义”,与当时的自由知识分子所创办的系列杂志的理念,不仅共同构成了中国近代自由知识分子的话语群,而且为媒介从业人员在近代中国的职业理想画上了完满的一笔。

张季鸾以记者笔名在新记《大公报》撰写的发刊词《本社同人之旨趣》(1926年9月1日)中,提出了“不党、不盲、不卖、不私”的四不主义新闻职业理念:

“第一不党。党非可鄙之辞。各国皆有党,亦皆有党报。不党云者,特声明本社对于中国各党阀派系,一切无联带关系已耳。惟不党非中立之意,亦非敌视党系之谓,今者土崩瓦解,国又不国,吾人安有中中立拍手之余地?而各党系皆中国之人,吾人既不党,故原则上等视各党,纯以公民之地位发表意见,此外无成见,无背景。凡其行为利于国者,吾人拥护之;其害国者,

---

① 严复:《国闻报》缘起,见戈公振:《中国报学史》,北京:中国新闻出版社1985年版,第121-122页。

② 英敛之:《大公报序》,《大公报》1902年6月17日。

纠弹之。勉附清议之末,以彰是非之公,区区之愿,在于是矣。

第二不卖。欲言论独立,贵经济自存。故吾人声明不以言论作交易。换言之,不受一切带有政治性质之金钱补助,互不接收政治方面之入股投资是也。是以吾人之言论,或不囿于知识及感情,而断不为金钱所左右。本杜之于全国人士,除同胞关系一点外,一切等于白纸,惟愿赖社会之同情,使之继续成长发达而已。

第三不私。本社同人,除愿忠于报纸固有之职务外,并无私图。易言之,对于报纸并无私用,愿向全国开放,使之公众喉舌。

第四不盲。不盲者,非自诩其明,乃自勉之词。夫随声附和,是谓盲从;一知半解,是谓盲信;感情冲动,不事详求,是谓盲动;评诋激烈,昧于事实,是谓盲争。吾人诚不明,而不愿陷于盲。"①

20 世纪 20 年代初期和末期创办的《努力周报》、《现代评论》、《独立评论》和《新月》杂志与后来影响甚大的《观察》杂志的创办理念可以说是与《大公报》的职业理性一脉相承的。这几种自由主义杂志的核心人物和主要成员大多有欧美留学背景。从这些杂志的办刊启示便可以看出他们希冀借助媒介来构建中国近代公共领域一起努力和实践。

1924 年创办的《现代评论》的《本刊启事》指出:"本刊是独立的,不主附和;本刊的态度是科学的,不主攻讦;本刊的言论趋重实际问题,不尚空谈。凡对于本刊,愿赐佳作者,无论为通信或论著,俱所欢迎,本刊纯为同人之论坛,而认为同人及同人的朋友与读者的公共论坛。"②

1928 年创刊的《新月》在创刊的时候,发表了徐志摩撰写《"新月"的态度》一文,指出:"我们这几个朋友,没有什么组织除了这月刊本身,没有什么结合除了在文艺和学术上的努力,没有什么一致除了几个共同的理想。

① 王芝琛,张自立:《1949 年以前的大公报》,济南:山东画报出版社 2002 年版,第 12-13 页。
② 《现代评论》创刊号第 2 页。

凭这点集合的力量，我们希望为这时代的思想增加一些体魄，为这时代的生命添厚一些光辉。但不幸我们正逢着一个荒歉的年头，收成的希望是枉然的。这又是个混乱的年头，一切价值的标准，是颠倒了的。……思想上言论上更应得有充分的自由，不错。但得在相当的条件下。最主要的两个条件是(一)不妨害健康的原则(二)不折辱尊严的原则；先前我们在思想上是绝对没有自由，结果是奴性的沉默；现在，我们在思想上是有了绝对的自由，结果是无政府的凌乱。思想的花式加多本来不是件坏事，在一个活力磅礴的文化社会里往往看得到，偎傍着刚直的本干，普盖的青荫，不少盘错的旁枝，以及恣蔓的藤罗。那本不关事，但现代的可忧正是为了一个颠倒的情形。盘错的，恣蔓的尽有，这里那里都是的，却不见了那刚直的与普盖的。”①

从第二期开始，《新月》的文学立场发生了转变，1930 年 1 月 10 日出版的《新月》第二卷第 6-7 期合刊上发表的《新月敬告读者》一文指出，尽管办月刊的人思想不尽一致，但是“我们都‘信仰自由’、我们都主张‘言论自由’、我们都保持‘容忍态度’、我们都喜欢稳健的合乎理性的学说……有几点要请注意：我们没有党、没有派，我们只是个人用真名真姓说我们的真话。我们几个人说的话并不一定是一致的，因为我们没有约定要一致。我们的立场态度希望能做到严正的地步，我们不攻击私人。实际政治我们由那种有能力的人去干，我们的工作是批评的工作。”②

《观察》于 1946 年 9 月 1 日在上海创刊，在创刊宗旨中，储安平指出：“我们这个刊物的第一个企图，要对国事发表意见。……这个刊物确是一个发表政论的刊物，然而绝不是一个政治斗争的刊物。我们除了大体上代表着一股自由思想分子，并替善良的广大人民说话外，我们背后另无任何组织。

① 徐志摩：《新月的态度》，《新月》创刊号(1928 年)。

② 《新月》第二卷 1930 年 1 月 10 日。

我们对于政府、执政党、反对党,都将作毫无偏袒的评论;我们对他们有所评论,仅仅因为他们在国家的公共生活中占有重要的地位。毋须讳言,我们这批朋友对于政治都是感觉兴趣的。但是我们所感觉兴趣的'政治',只是众人之事——国家的进步和民主的改善,而非一己的权势。同时,我们对政治感兴趣的方式,只是公开的陈述和公开的批评,而非权谋或煽动,政治上的看法,见仁见智,容各不同,但我们的态度是诚恳的,公平的。我们希望各方面都能在民主的原则和宽容的精神下,力求彼此的了解。"[1]并随即阐释了他创办《观察》的基本理念:民主、自由、进步、理性:

"一、只要无背于本刊发刊辞所陈民主、自由、进步、理性四个基本原则,本刊将容纳各种不同的意见。我们尊重各人独立发言,自负文责。在本刊发表的文字,其观点论见,并不表示即为编者所同意者。二、本刊在任何情况下,不刊载任何不署真姓名的任何论文。"[2]

储安平 1947 年写信给胡适恳请他担任《观察》的撰稿人时,曾就他创办周刊的理念做了描述:"我们创办《观察》的目的,希望在国内能有一种真正无所偏倚的言论,能替国家培养一点自由思想的种子,并使扬墨以外的超然知识分子有一个共同说话的地方。……居中而稍偏左者,我们吸收;居中而稍偏右者,我们也吸收,而这个刊物的本身,确是居中的。……我不以这个刊物为私人进身之阶,不以这个刊物为活动的根据。今日中需要者,就是有浩然之气的人……"[3]

至此,作为社会良心、作为社会公正力量的代言人,建构公共领域的职业理想逐渐明确并凸显出来,为中国当代媒介从业人员在媒介变革中、社会变迁中提供了反思与关照的对照物,也成为一种职业理想的缅怀与努力目标。

---

① 《观察》第 1 卷第 3 页(1946 年)。
② 《观察》第 1 卷第 3 页(1946 年)。
③ 《胡适来往书信选》下卷,香港:中华书局 1979 年版,第 168 页。

小 结

媒介的职业化过程也是媒介作为一个职业兴起的过程，这一过程不但与社会思潮的变革相关联，如自由主义思潮、社会主义思潮、民族主义思潮，也与技术的革新、社会突发事件，如战争、灾难等关系密切，特定状况下，社会大众对信息需求的情势、对媒介认知的改变都改变着媒介职业化的路径与趋势。对20世纪前半叶的中国媒介而言，其所呈现的职业理想、经营理念、专业化思路、制度规范、职业自律等均为当代中国媒介人反思自身提供了标杆:社会变迁中媒介组织的社会责任与义务是什么？职业媒介人的职业自律与制度规范如何体系化？职业媒介人的职业理想究竟如何与媒介组织的功能定位相结合？商业化媒介与职业化媒介之间的关系如何？这些问题困扰过也还在困扰着当代中国职业媒体人，困扰着的状态也证明了一种职业希望的兴起，也证明了他们正在路上的职业状态。

第二章

媒介从业人员职业身份的革命化、政治化和社会化时期(1949—1993)

> 当社会取缔了不完全真实的舆论的时候，也就取消了舆论本身。
>
> ——孙立平

就历史追溯而言，近代中国媒介从业人员的职业属性尽管情况各异，职业理念也因为媒体的属性而有所不同，但媒介从业人员的职业独立性在一定程度上还保持着，媒介从业人员的社会影响力还在社会事件发生中延展着。这一方面与媒介发展史的自然逻辑有关联，另一方面与晚清和民国时期的特殊历史环境有着天然的关系，在新旧制度交互的过程中，著名的媒介从业人员，如著名记者、著名编辑、著名出版人等他们将职业的影响力渗透到重大社会事件的发生过程中，成功地演绎了媒介在近代中国的大众化过程，也推动了媒介自身在近代中国的发展历程。

随着1949年中华人民共和国的成立，媒介从业人员的职业属性、职业理念乃至于社会身份也发生了巨大的变化。这种变化首先体现在以政治意识形态为主导的管理理念上，其次体现在历次社会运动对媒介从业人员职业属性的挑战与整合上，再次体现在媒介作为职业的功能定位上。从这三个层面，可以将1949年以来媒介从业人员的职业进程以中国媒介变革的过程为界分为两个阶段，如果说第一个时期是媒介转型与媒介从业人员职业化的政治化和行政化时期，第二个时期是媒介的再次转型与媒介从业人员对职业的独立性、专业性重新认知时期。第二个时期又以新媒体在中国的普及过程为界限分为两个阶段。前一个阶段是媒介从业人员在媒介市场化中被动式的反应时期，后一个时期中，由于新媒体的兴起和逐渐普及，新一代媒介从业人员不断加入，以及社会主流价值观念和大众消费意识的独立化，媒介从业人员群体对本职业的认知呈现出分化趋势，多元化和专业化的发展方向逐渐浮出水面，并演变为当代中国媒介职业化发展的主流趋势。

1949年新中国成立伊始，政府便开始继续自20世纪40年代初期在延安发端的媒介改革，从管理媒介的组织机构、媒介政策、媒介理论到媒介从业人员的职业性质等方面均发生了全方位的变化。中国近现代时期所进行的多元化的职业理想模式开始走向统一，媒介的发展路径在社会政治变革中逐步完成了与原有媒介发展逻辑之间的断裂现象，或者准确而言，当代中国媒介的第一次转型在新中国成立初期的前基本17年完成了，而媒介转型的实践化则是在重塑新中国新文化的历程中实现的，因而可以说新中国成立后媒介的第一次转型是以革命性、政治性和文化性为基本导向而发生的，对媒介从业人员而言对职业认知的教育和训练也是以落实在这三个层面上的。

一、媒介的第一次转型与媒介产业人员职业身份的再厘定(1949—1976)

随着1949年10月的来临，中华人民共和国政府对媒介行业也开始了政治制度化的历程。这种政治制度化的历程主要是从四个方面展开的:①媒介组织与行政组织之间隶属关系的确立;②媒介组织行业的重新定位;③媒介组织功能的定位;④媒介从业人员角色的定位。可以说,前三个方面是宏观层面的,第四个层面则是微观层面的,本文主要是从微观层面入手进行探讨。

媒介从业人员的角色定位是指在新的政治管理系统中,媒介从业人员的职业角色是什么?他们应该服务的对象的是谁?他们应该具有什么样的职业素质?他们的职业理想应该是什么?等等。对这些问题的回答,又可以从两个层面展开,一个是执政党对媒介功能及媒介从业人员角色的界定,另一个则是媒介管理结构的变迁及其媒介政策内容的变化上。

(一) 媒介从业人员职业旨归的变化:从政治、文化建设的工具到政治与社会的双重遗弃

媒介从业人员职业旨归的变化是指作为职业的媒介全盘丧失独立性和专业性,而媒介从业人员则在新的政治和社会现实中,逐渐沦为政治斗争和社会运动的牺牲品。这一过程首先体现在媒介所属区域的变化,其次体现在媒介所有权变革上,最终则落实在媒介管理机构的建设上,通过这三个层面的逐步推行,媒介从业人员的工作中心由乡村转移到城市,由知识分子的身份转化为政治斗争和社会运动的牺牲品,继而成为革命化、政治化和行政化的工具。

1949 年新中国成立之后,媒介中心从乡村向城市的转移,媒介从业人员的职业属性在几经周旋后仍以革命为核心。但工具性的政治定位和社会定位更加明确化,最终成为政治斗争和社会运动中的工具。这种建设新文化的理想也直接将媒介拖到了“文化大革命”的洪流中,媒介从业人员的社会地位迅疾下降,工人阶级的革命和战斗力量占领了媒介的阵地,从而彻底将媒介的职业旨归转变为建设中国社会主义新文化的一种根本诉求,在这种

根本诉求中，作为知识分子的原有媒介从业人员遭遇了政治和社会的双重抛弃。

1.20世纪50年代初期，媒介与中国共产党一起从乡村向城市转移，面临着如何转化职业角色与新的社会现实对接的问题，其职业角色的定位依然是富于革命性的、战斗性和阶级性的政党宣传工具

随着中华人民共和国成立之后，中国共产党和政府的工作从乡村向城市的转移，作为政党和政府宣传工具的媒介，也从原来偏远的乡村地区向城市转移。1948年刘少奇的《对华北记者团的讲话》中对报纸中心从乡村转向城市中将会遇到的问题做了简要的论述，提出如何在城市办报、办电台、办通讯社是一个新的工作任务，需要对新闻记者进行培训，提高他们的政治思想水平、政策水平和业务水平。同年中共中央宣传部颁布了《关于城市办报方针的指示》，指出在城市办报要反对两种偏向：一是忘记了报纸主要是代表工农兵的，二是拒绝为工商业者和知识分子服务。换言之，从乡村向城市转移不仅是对作为执政党的中国共产党的一种考验，也是对执政党本身管理媒介能力的一种考验。从上述的论点可以看出，在未进城之前，新闻记者的职业训练已经提到了议事日程上了，一方面要求他们认识到新闻工作的转型性，另一方面要求他们既要为城市大众服务，也要持续为工农兵服务，二者不可偏废。而对媒介的功能，毛泽东在进城前做了明确的论述，1948年4月2日在《对晋绥日报编辑人员的谈话》中指出：

“我们的政策，不光要使领导者知道，干部知道，还要使广大的群众知道。有关政策的问题，一般地都应当在党的报纸上或者刊物上进行宣传。我们正在进行土地制度的改革。有关土地改革的各项政策，都应当在报上发表，在电台广播，使广大群众都能知道。……马克思列宁主义的基本原则，就是要使群众认识自己的利益，并且团结起来，为自己的利益而奋斗。报纸的作用和力量，就在它能使党的纲领路线，方针政策，工作任务和工作方法，最迅速最广泛地同群众见面。……办法之一，就是要充分地利用报纸。办好报纸,把报纸办得引人入胜,在报纸上正确地宣传党的方针政策,通过报纸加强党和群众的联系,这是党的工作中的一项不可小看的、有重大原则意义的问题。”

报纸的作用是宣传党的方针政策,并将这一宣传方式与群众利益相结合,建立党与群众之间的联系,因为群众在很多方面比起报社工作人员要为熟悉社会现实,因此“首先要向群众学习。同志们都是知识分子。知识分子往往不懂事,对于实际事物往往没有经历,或者经历很少。你们对于一九三三年制订的《怎样分析农村阶级》的小册子,就看不大懂;这一点,农民比你们强,只要给他们一说就都懂得了。”鉴于这种情况,虽然报社工作人员要轮流参加群众工作,力争使报社的宣传工作“生动的、鲜明的、尖锐的,毫不吞吞吐吐”,“这是我们革命无产阶级应有的战斗风格,我们要教育人民认识真理,要动员人民起来为解放自己而斗争,就需要这种战斗的风格。……”

显然,在进城之前,执政党对媒介功能的定位很明确,一是党的宣传工具;二是要有革命性和战斗性;三是教育动员群众的力量。与媒介功能定位相联系的是对媒介从业人员职业角色和社会地位的界定上。虽然媒介从业人员掌握着媒介资源,但是依然要坚持群众路线,群众在很多方面比知识分子更了解社会现实,要向群众学习,要记住工农兵是中国社会的支柱力量,尽管执政党的工作中心是从乡村转移到了城市,但是媒介从业人员的工作作风并未发生变化。换言之,媒介从业人员不仅是宣传党的政策的工具,更是联系党和群众之间的重要工具。作为知识分子的他们,是没有独立的职业地位,也没有可供选择的职业理想。例如,新中国成立初期为了保持中国共产党与群众之间的联系,采取了系列措施,其中之一是展开批评与自我批评,1950 年 4 月 19 日中共中央发出《在报纸刊物上展开批评和自我批评的决定》,直接将报纸作为党的建设的工具,其潜在的前提认为报纸理应成为维护中国共产党和群众之间关系的中介。反过来说,如果丧失了这种中介作用,媒介的功能便发生了扭曲,需要整顿和改进,这一点在后来发生的系列政治和社会运动中都陆续呈现出来了。

2. 中国共产党，特别是毛泽东既对通过媒体、依靠知识分子(包括作为知识分子的媒介从业人员在内)建设社会主义新文化，寄予厚望，又认为知识分子是建设新文化的阻力，需要全面改造，以实现他所试图在消解旧文化体系基础上的新文化建设，只是这种新文化的面目始终很模糊

在文化建设中，知识分子既充当了文化建设的先头兵，又成为了文化建设的批判对象。媒介从业人员既承担了文化建设中信息鼓动、宣传、甚至是推波助澜的作用，又将自身陷入了这场文化建设的漩涡中，直接演化为政治斗争的牺牲品和文化建设的遗弃者。

进入20世纪50年代之后，随着新政权在政治制度、法律制度和经济制度等方面的确立，执政党的革命性开始在社会变革中展现出其基本特征来，从乡村到城市的工作中心的转移尽管完成了，但是执政党的支撑力量依然是工农兵，掌握着国家权力机构的领导阶层依然是延续着执政党在战争时期的主要力量，他们没有受过良好的教育，对农村和农民有天然的亲近感，而对城市以及代表着城市文化的知识分子阶层反而有着天然而潜在的反感情绪。作为党的领导人，毛泽东原初的基本想法是依靠知识分子完成执政党在社会变革时期与基层大众的联系。随着新中国成立初期各项制度在城市生活中的确立，土改运动的推行，农业合作化运动的展开，以及第一个五年计划的成功，都使得毛泽东本人对依靠知识分子在中国建设一种新文化的基本理念再度萌生出来。

这种新文化建设的理念首先是与对学界的学术批判而展开的，而在新中国成立初期的三次学术批判中，媒体是被率先授意为执政党颁布发布政治领域和文化领域系列运动的信息，如20世纪50年代初期文化领域的三大事件：对电影《武训传》的批判，围绕《红楼梦》研究对胡适派资产阶级唯心思想的批判，以及对“胡风反革命集团”的批判，报纸、电台、通讯社充当了大张旗鼓声讨的角色，在阻碍学术正常发展的同时，更为恐怖的是进一步改变了媒介从业人员对媒介职业的认知,使他们在情感诉求、政治立场、社会责任和个人的理性选择之间矛盾挣扎,最终尽管是以分化的形式,但却先是在政治上继而是在社会上,遗弃了——自然,被遗弃的还有中国政治信息系统,媒介行业的变化使得政治信息系统最终纯粹依赖于媒介,特别是一报两刊,媒介彻底沦为口号标语与会议政策的工具。

学术界的批判并不足以实现对知识分子改造的政治任务,作为建设社会主义新文化的主要力量,对知识分子的关注自然在20世纪50年代中期得到了极大的延展。20世纪50年代中期,中共中央召开了知识分子工作会议。在1956年1月14～20日召开的知识分子会议上,周恩来作了《关于知识分子问题的报告》,在报告中回顾了中国共产党自1939年以来对改造知识分子所完成的系列行动,而新中国成立后对知识分子的主要态度为团结、教育、改造。6年来中国知识分子的政治立场发生了重大变化:

“许多统计表明,在高级知识分子中间,积极拥护共产党和人民政府、积极拥护社会主义、积极为人们服务的进步知识分子约占40%;拥护共产党和人民政府、一般能够完成任务、但是在政治上不够积极的中间分子也占40%左右;以上两部分和占80%左右。在80%左右之外,缺乏政治觉悟或在思想上反对社会主义的落后分子约占百分之十几,反革命分子和其他坏分子约占百分之几。”①

但是知识分子的政治立场、社会地位的变化与他们的思想状态之间并不是完全适应的,还存在着不同程度的资产阶级唯心主义和个人主义的思想作风,据统计,从事“科学研究、教育、工程技术、卫生、文化艺术五个方面的知识分子,共有384人。正确地估计和使用这些知识分子,有计划地帮助他们在政治上和业务上不断进步,是党和国家的及其重要的任务。”②虽然这

① 《周恩来关于知识分子的报告》,北京:人民出版社1956年版,第10页。

② 《周恩来关于知识分子的报告》,北京:人民出版社1956年版,第12-13页。

里涉及的原则是针对高级知识分子，但是因为我国高级知识分子与一般知识分子之间并无明显的划分标准，因此也适用于一般知识分子。

周恩来在报告中指出，目前对知识分子的看法有两种倾向，一种是没有认识到知识分子的作用，认为依靠苏联专家、依靠工人阶级就可以了，忽视了对知识分子政策的执行；另一种倾向是对知识分子盲目信任，导致右倾保守主义。“积极帮助知识分子进行自我改造，是党在过渡时期重要的政治任务之一。”[①]那么，执政党认为改造知识分子的路径有哪些呢？“一是经过社会生活的观察和实践；一条是经过他们自己的业务实践；一条是经过一般的理论学习。……一般来说，社会生活的教育作用最为广泛和直接。”[②]知识分子的改造是阶级斗争的反映，其中自然也包含着相当的斗争。“随着汹涌澎湃的社会主义经济建设高潮而来的，将要出现一个文化建设的高潮”，[③]解决知识分子的问题，对社会主义改造事业和社会主义建设事业是十分必要的。作为一项政治任务的知识分子改造，最终与“百花齐放、百家争鸣”以及随之发生的整风运动一起，在将知识分子归属为需要被改造、被批判的对象的同时，也将媒介行业的旨归再次以更为宏大的叙事模式拉到了政治斗争和文化建设的潮流中。

1956 年的“双百”方针就其实质而言是一种文化意识形态领域的改革，这种改革是以多元化、自由化为表征的，一开始便受到文学艺术界的欢迎，相对应同年举行的知识分子工作会议，“双百”方针更多地侧重文学艺术领域，知识分子更多地侧重学术界，但二者均是毛泽东建设新文化的政治运动，这种政治运动以尊重文化、尊重知识的形式出现，其实质则是对文化、对知识分子的再审视。而 1957 年整风运动则更多的是以处理党内矛盾和人民内部矛盾的形式出现的，但是由于整风运动过程中执政党认为民主党派

① 《周恩来关于知识分子的报告》，北京：人民出版社 1956 年版，第 24 页。
② 《周恩来关于知识分子的报告》，北京：人民出版社 1956 年版，第 28 页。
③ 《周恩来关于知识分子的报告》，北京：人民出版社 1956 年版，第 42 页。

人士、工商界人士和知识分子的思想和态度开始出现了迷茫、动摇的趋势，整风因此蔓延为政治文化斗争。团结、教育、改造知识分子的政治任务也随即转变为对知识分子的批判和改造运动。结合“双百”方针、知识分子政策等相关的社会运动中的“成就”，毛泽东认为，他原本寄希望于承担建设社会主义新文化任务的知识分子，无力去实现他所设定的文化建设目标，便成为文化斗争的工具。媒介从业人员在知识分子群体中的表现尤为突出，因此他们受到的冲击也是处在事物发展的最前列。不过，这些冲击几乎是在没有任何征兆的情形下发生的，他们不仅充当了执政党发布政策的阵地，而且在接下来的“文化大革命”中成为了政治斗争的急先锋。

1966 年开始的“文化大革命”，不仅将中国社会拖入了史无前例的社会浩劫中，而且将中国原有的传统文化理念、新中国成立 17 年所建立的大众对政府、国家、社会乃至于人性的基本认知完全颠覆了，从而形成了中国当代社会发展史中的一个特殊时期。在这一特殊时期中，媒介(尤其是报刊)不仅沦为了政治斗争的牺牲品，媒介从业人员也被迫以各种不同的方式改变或放弃了对原有职业的基本认知，以不同的社会身份和政治命运见证了媒介在中国的纯粹政治化命运时期。

总体而言，近代中国媒介从业人员所形成的职业理想和职业信念，在这一时期基本摧毁，人们已经忘记了信息、媒介与社会大众之间的关系，媒介从业人员在消弭了职业理想、职业道德、职业自律、职业身份等方面的认知之后，自觉不自觉地将自身湮没在社会发展过程中，卑微而沉默。自新中国成立以来毛泽东渴望建立的新文化价值体系并未完全建立，原有的文化价值体系却开始衰落，这一点直接导致了 20 世纪 80 年代改革开放以来文化价值体系的弱化状态，并延续至今。

(二) 媒介从业人员在政治斗争和社会运动中的角色变迁

如果说，20 世纪 50 年代的系列社会运动和政治斗争是以媒介为间接的工具的话,新中国成立后的新闻改革则曾经给懵懂期的媒介从业人员指出了建设新型媒介、实现职业梦想的革命化路径。新中国成立初期,通过对原有的国民党媒介、私营媒介等的改造,将之整合为社会主义公营新闻事业网,实现了初步的媒介所有权和管理权的整合时期,《人民日报》及其各地党报、新华社及其各地分社、中央人民广播电台及其在各地的分部,成为中国共产党的公营新闻网的中心,而私营新闻组织与国民党遗留下来的新闻组织,则由于政治原因、政策因素、受众群的变化以及经营方面的因素而逐渐成为明日黄花。媒介的所有权和管理权也集中在政府手中。对媒介的全面改革也由此同步拉开了序幕,经过6年的努力,社会主义新闻体制逐渐确立。在这种确立过程中,几种力量起到了关键作用:

第一种力量是职业管理机构的政治化和行政化。从新闻总署的成立到其他新闻机构的建立(如下属的办公厅、一社,即新华社,三局,即广播事业局,国际新闻局和新闻摄影局),以及地方新闻出版机构的建立,初步在制度和行政隶属上确立了媒介的管理机构。除此之外,对地区报社与党委之间的关系作了政治界定。1953年3月,中共中央宣传部关于党报不得批评同级党委问题给广西省[①]委宣传部的复示:"关于《宜山农民报》在报纸上批评宜山地委一事,我们认为广西省委宣传部的意见是正确的。党报是党委会的机关报,党报编辑部无权以报纸与党委会对立。党报编辑部如有不同的意见,它可在自己权限内向党委会提出,必要时并可向上级党委、上级党报直至中央提出,但不经请示不能擅自在报纸上批评党委会,或利用报纸来进行自己与党委会的争论,这是一种脱离党委领导的做法,也是一种严重的无组织无纪律现象。党委会如犯了错误,应由党委会用自己的名义在报纸上进行自我批评。报纸编辑部的责任是:一方面不应在报纸上重复这种错误,另一方面可在自己权限内向党委会直至上级党组织揭发这些错误。报纸编

① 1956年之前称为广西省,之后称为广西壮族自治区。全书同。

辑部即在上述情况下亦无权以报纸与党委会对立。这是党报在其和党委会的关系中必须遵行的原则。”[①]

第二种力量是新闻信息来源的规定。如1949年12月9日,中央人民政府颁布了《关于统一发布中央人民政府及其所属各机关重要新闻的暂行办法》。规定:凡须经过中央人民政府委员会、政务院、人民革命军事委员会、最高人民法院和最高人民检察院通过或同意的一切公告,以及须上述机构负责首长同意后发布的一切公告性新闻,均由新华社统一发布。1950年又进一步颁布了《关于中央人民政府所属机关在〈人民日报〉上发表公告及公告性的文件的办法》[②],中国共产党在新中国成立初期就将政府与媒介信息来源之间的关系作了相关规定,这种规定更为密切地从业务上将媒介从业人员与政党信息宣传系统联系在一起了。新闻信息来源是媒介职业化过程中的一个标志,对新闻信息来源的政治化规定,无疑削减和降低了媒介从业人员职业化的程度。

第三种力量是对媒介业务内容与服务对象的规定性,延续了战争时期对媒介管理的特征,人为地将媒介的发展限定在不同的级别与群体中。如规定“《人民日报》的主要读者对象应为干部和先进群众,主要内容是报道国内外时事、政策、思想状况,介绍交流中心工作经验,并展各种思想与工作的批判,发表代表性文艺作品及文艺工作经验,刊登读者回答等。《光明日报》的读者对象应为各民主党派及小资产阶级、知识分子,其主要内容应侧重于时事、文化、学术、思想及业务学习等方面,并应特别提倡讨论的风气。《新民报》的读者对象主要是小资产阶级及比较无组织的劳动群众,以通俗文艺为主的副刊是其主要特色。”[③]这就意味着通过对报纸读者对象和报道内容的规定,消除了报纸自由选择服务对象的可能性,将报纸的政治属性和阶级

① 中国共产党新闻工作文件汇编(中册),北京:新华出版社1980年版,第279页。
② 方汉奇,《中国新闻传播史》,北京:中国人民大学出版社2005年版,第339页。
③ 方汉奇:《中国新闻传播史》,北京:中国人民大学出版社2005年版,第339页。

属性作了鲜明的规定，在更深层的意义上可以说订阅相应报纸的群体自觉地将自身归属于特定的社会阶层，有着认为划定社会阶层的嫌疑。

第四种力量是报纸的企业化经营与邮发合一的管理办法。这一办法指出无论公营还是私营报纸，都需要按照一个生产单位来进行经济核算，公营报纸中经济状况好一些的争取自给自足，条件差的可以在政府补贴的前提下，争取实现自足。《人民日报》于1953年1月1日率先实行邮发合一。应该说中国共产党依据这种办法，逐渐借助社会力量让私营媒介退出了新中国成立后的历史舞台，尽管这一过程持续了大约几年时间。但是在这几年中，自由讨论仍是被允许的，从《新民报》当时报道的内容就可以看出来：

批评稿在研究中

——家刃

掀开了那只"读者来信"的箱子，这位某企业工会的黑板报编辑的面部表情，显得十分尴尬。在他手里，有一篇题目叫做"科里的助理员太多了"的文章，尖锐地指出：科长办公室里的助理员，在短短三、四年中，已经从编制时候的一个人增加到七个人。"远远超出了业务的需要；正好说明领导上的无能！……"

"批评涉及科长身上去了，……好吧，反正我就按照规定行事得啦！"黑板报编辑自言自语地这样一打算，原先睁得大大的两眼倒也就此缩小下来。

所谓"按照规定"是在一次工会的文教会议上决议的。这天，拘谨的文教委员指出："今后，我们的黑板如果收到批评稿，我认为还是先由工会共同研究一下比较妥当。"这话使那位同样"怕事"的黑板报编辑听了，也正中下怀。他欣然附议说："对啊！批评稿还是少登为妙，免得多惹麻烦……"

于是，现在这一篇批评稿被送到文教委员那儿去"研究"。文教委员看了题目，皱了皱眉心，又把它交到工会主席的前面，工会主席看了题目，也皱了皱眉心说：

"目前,听说的确很多人都在叽里咕噜。譬如第三车间吧,大家来嚷人手少,吃不消。而办公室里道挤满了人……但是,这篇文章的具名光是'一个职工'四个字,不然,倒可以先向那位投稿人谈一谈,最好不要公开发表那种比较刺目的东西。"

工会主席用深呼吸的姿态吸完了一根香烟以后,决定直接找科长商量商量。但一跑进办公室,刚巧看见科长从写字台后面的椅子里立起来,准备要走的样子。科长太忙,他完全没有听清楚工会主席在啰唆什么,便匆匆回答说:

"好的,请你把它放在这儿,回头让我来看一遍。"

科长打发掉了工会主席,临行前,便把这篇稿子向他的七个助理员之一的写字台上掷过去道:

"你且查阅一下这个文件吧!或者,你们各位相互传阅也好——反正这听说就是关于你们办公室通知的一些什么建议吧。"

过了一个星期,那块黑板板上总算登出了一封给"一个职工同志"的短信:

"你的来稿已经收到。因为你所提出的问题比较复杂,现在正在由有关方面研究中。"

至于那一篇批评稿的真正下落究竟怎样呢?听说,两个月以后,当这个科长的办公室里增添了第八个助理员时,为了安排一下位置,才把它从原先的七个助理员之一的抽屉中,搬到废纸箱里去。①

初看这篇短文,令人有似曾相识的感觉,好像又回到了20世纪70年代80年代改革初期的状况。但是,这样的文章出现在1956年,当时的上海《新民报》已经完成公私合营,却依然站在大众的角度对当时社会中存在的官僚作风提出了批评,但是这种批评在接下来的政治运动中不可避免地成为右

① 《新民报》编辑部:《生活细节》,上海:文化出版社1956年版,第23-25页。

派分子的佐证，历史发展的逻辑终没有抵抗过政治逻辑，历史被迫沦为一种可以操纵的工具。

第五种力量是媒介所有权的转化与整合。随着中国共产党与国民党在争夺城市斗争中逐渐占据了优势，1948 年 11 月 8 日，中共中央发布了关于新解放城市中中外报刊通讯社处理办法的决定，指出："报纸刊物与通讯社是一定的阶级、党派与社会团体进行阶级斗争的一种工具，不是生产事业，故对于私营报纸、刊物与通讯社，一般地不能采取对私营工商业同样的政策。除对极少数真正鼓励群众革命热情的进步报纸刊物，应扶助其复刊发行以外，对其他私营的报纸、刊物与通讯社，均不容采取鼓励政策。"[①]新中国成立后，私营报刊、通讯社及其电台陆续在先的政治和社会环境中，自动停刊或转为执政党所有。

通过这上述种种社会力量、政治力量的影响，中国共产党完成了对新中国新闻事业的绝对统治权。继而与上述的"双百"方针、整风运动以及针对知识分子的相关政策相匹配，1956 年全面开始了以《人民日报》为引导、新华社和中央人民广播电台为后续、继而全面展开的新闻改革运动，这场新闻改革运动一方面是实现毛泽东的主要核心理念建设社会主义新文化的一个重要组成部分，另一方面则是当时推行的政治运动、文化运动的另一种深入。只是这种深入是以业务研讨的形式拓展开来的，客观上尊重了新闻发展一般规律。

1956 年的新闻改革虽然对新中国成立初期媒介的专业化程度有一定的纠偏作用，但是并没有改变上述几种力量对媒介发展的制约力，在这一时期媒介从业人员的职业角色处在革命化向纯粹政治化过渡的阶段，革命化是指战争时期的媒介发展逻辑依然深深地刻印在媒介从业人员的心中，这种

① 中国社会科学院新闻所：《中国共产党新闻工作文件汇编》（上册），北京：新华出版社 1980 年版，第 189 页。

刻板印象与新中国成立后媒介发展与变革的背景,共同将革命意识形态积淀在相应的职业行为中。而纯粹的政治化则是在20世纪50年代中期进行的系列运动,合力将媒介从业人员的社会地位降低到政治工具层面上,他们的命运也从此与政治身份牵连在一起,直到生命的消失。从新闻界的主流来看,当时尽管毛泽东依靠《人民日报》公开批判的是《光明日报》《新民报》和《文汇报》,尤其是《文汇报》,迫使这些报纸的主编及其他人员,不得不自己公开检讨错误,在不知所措的情形下,为了在政治上过关,不得不自己往自己身上扣帽子,自此中国当代政治运动中对媒介从业人员的治理和整顿全面拉开,不仅是从业务上质疑他们的能力,更是从知识分子群体的人性弱点出发,质疑他们的政治身份和社会角色。这后一种质疑从根本上打击了知识分子,尤其是媒介从业人员对自身职业的认知,酝酿了延续至今的媒介从业人员的职业后遗症,这一点,在后面将会详细论述。

不仅如此,地方的新闻界遭遇到的冲击同样巨大,甘肃女记者和凤鸣所撰写的《经历:我的1957年》真实地描述了同为记者的夫妇二人,如何在毫无知觉的情况下,被划为右派、下放农场,她的丈夫下放后被活活饿死了。其被划为右派的佐证仅仅是几篇杂文而已,就像是上文所提到的《新民报》的杂文一样:其时,毛泽东对《人民日报》提出批评,指出是“私人办报”之后,并针对所有省级报纸,提倡写杂文,改进报社文风,当时普遍认为杂文难写,和凤鸣的丈夫王景超接受领导的动员写了一篇杂文,放三版头条,发甲等稿费,反响较好,接下来又写了两篇,谁料却成了大毒草!三篇杂文发表了两篇,其中《略论“行政手段”》一文指出那些“专靠老资格吃饭的人”,“他们平日既懒于学习理论,又懒于钻研业务,觉得不管怎样,反正总有他们一碗饭吃,总有他们的官当,那么还有什么必要再去刻苦学习呢?”“他们觉得党能领导一切,自己当然能领导一切。”《为“三脱”干部叫屈》指出有些领导人喜欢“盲目服从”,“凡是不合这个标准的人,被列为‘改造对象’,直到你合乎了那个标准!试想:百花尚野谷争艳,何况人乎!人们也不会合乎一个模子,更不会合乎‘盲目服从’的模子，所以这‘三脱’类人，实质上是被某些领导者当作‘外人’而排斥的人！”①这两篇看似平常的杂文却与毛泽东的基本政治理念背道而驰，也反映了媒介内部占据领导职位的人与以业务为基本诉求的知识分子之间的根本矛盾，这也是中国共产党进城之后面临的深刻矛盾之一，但始终没有得到解决，当所谓知识分子的春天来临的时候，这些天真的知识分子，相信依靠文字的力量，可以纠偏时弊，为知识分子的社会地位和专业地位获取一种资本和社会力量，却在眨眼间成为“为反共、反人民的资产阶级右派喽啰争取合法地位，为他们争取群众，为他们打气撑腰，为他们‘控诉’，为他们向人民‘倒算’！”②这种现象深刻地折射出作为知识分子的媒介从业人员在政治斗争和社会运动中，不再是制度所支撑和依靠的力量，而是政治斗争的工具和建设新文化的障碍。这一点在接下来的“文化大革命”中表现得尤为突出。

其实，毛泽东早就发现，“在反对知识分子方面，自己与党内大批农民干部是一致的，对于这些农民干部来说，知识分子代表着他们从事的革命所要改造的基于城市的精英文化。他们不会让这些城市经营以只有知识分子掌权并身居要职国家才能迅速发展为借口，来攫取胜利果实。”③因此，对隶属于知识分子群体的媒介从业人员进行改造或者是打击，似乎是中国共产党内部支撑力量农民干部的意向所在。借助这一力，毛泽东继而进行了持续十年的“文化大革命”，将各行各业的知识分子拉入到政治斗争和社会运动中，几乎摧毁一切与工业化、城市化、商业化相关的文化价值和文化理念，这样不仅在政治地位、社会地位上摧毁知识分子的信心，更是在人格上、或者是人性上毁灭了他们的理性判断和独立思考能力。

---

① 和凤鸣：《经历：我的1957年》（修订版），兰州：敦煌文艺出版社2006年版，第8-10页。

② 和凤鸣：《经历：我的1957年》（修订版），兰州：敦煌文艺出版社2006年版，第10页。

③ ［美］李侃如著，胡国成，赵梅译：《治理中国：从革命到改革》，北京：中国社会科学出版社2010年版，第81页。

同时,毛泽东试图从政策上将新闻界的舆论权完全控制在自己手中,新中国成立初期制衡媒介发展的几种力量,到了1957—1958年恐怕只剩下政治力量了,1958年1月12日毛泽东重温延安时期的革命精神,开始了漫长的变革中国社会各阶层、摧毁原有的社会精英,尤其是旧有知识分子的社会行动。

从1957—1976年媒介从业人员的队伍建设随着政治斗争与经济运动的波动也出现了不稳定的局面。首先从报纸种类来说,1957年报纸总数为1 357种,“大跃进”的1958年增长为1 776种,1959年降为1 390种,1960年为1 274种,三年困难时期报纸进行了整顿,1963年锐减为289种,尽管1965年有所回升,为343种,但是继而发生的文化大革命则又将报纸拉入到毁灭的边缘,1966年降为49种。[①] 而到1968年底,全国报纸的总数更是降低到42种,全国性的报纸仅有4种,直至“文革”结束虽略有增加,直到1976年也只有182种。各省市的晚报、专业报纸基本停刊,每个省(直辖市)只留下一张党报。[②] 广播的发展也进入了内容管制时代,大批节目被停止,由于特殊的政治原因,在两个方面有较大的发展,一个是对外广播方面,另一个则是农村有线广播网的建立。电视则处于起步阶段,20世纪70年代开始正式播出彩色电视节目。从媒介的类型及种类的发展而言,由于媒介种类的削减和媒介内容的变革,大量的媒介从业人员由于政治原因失去了自己的职业,即使是留存在工作岗位上的人员,也处于政治因素主导一切的境遇中,甚至是亦步亦趋的状态,已经不是应该报道什么内容的问题,而是要为文字寻找安身立命之所的问题了。《人民日报》记者马沛文写的“以‘表扬’为主的风波”清晰地描述了当时的媒介从业人员在职业中所面临的尴尬困境:

① 方汉奇:《中国新闻事业史》,第三卷,北京:中国人民大学出版社1999年版,第254-255页。
② 方汉奇:《中国新闻传播史》,北京:中国人民大学出版社2005年版,第406页。

1972年7月30日,《人民日报》第四版以《把思想政治工作做到炉前去》为题,报道了无锡钢铁厂轧钢车间在生产过程中加强思想政治工作的一些典型事例,每篇报道后面都写编后话。其中一条报道的题目是:《先进带后进的艺术》,编后话说:"做思想政治工作,有表扬,也有批评,但应以表扬为主。……"

这意思并不错,可是上午十一点,主持工作的鲁瑛打电话来说:"文远同志办公室来电话,对今天上四版《先进带后进的艺术》这个小题下面编者的话提出个问题。编者说:"做思想政治工作,有表扬,也有批评,但应以表扬为主,这有何根据,立即查报。"鲁瑛说:"有什么根据,你尽快写个材料,以便向文元同志报告。"

听到"有何根据,立即查报"这八个字,我紧张起来。这口气其势汹汹,这段编者话可能要出大问题了,因为我实在想不出这话在经典著作中有什么根据。

当天下午,我为查找根据,翻遍毛泽东同志的著作和语录没有结果。翻完毛泽东同志的语录,我又怀着忐忑不安的心情,接着翻遍在同一语录体中的林彪语录。心想:要是林彪讲过这样的话,那就糟了。不幸而猜中,偏偏林彪在1964年《对全军组织工作的指示》中,有这样的话,"对士兵要批评,又要表扬,以表扬为主。"当时正是全党、全国进行批林批孔整风运动,人民日报编者却宣传林彪的观点,这还了得!这不是在扩散林彪的流毒吗?这时,我更紧张了。

第二天,一上班我就向工业组全体同志传达了鲁瑛转达的指示,全组同志顿时紧张起来。

有人说,编后话这样说也不错;有人说,即使这个话林彪说过,也不能说林彪的话都是错的,我们又不是引林彪的话;有人说,好像毛泽东也讲过类似的话。于是全组还有国内部的一些同志,也开始协助查找根据。办公室笼罩着一片焦虑紧张的气氛。

临到中午时,一位同志欣喜若狂地跑进工业组办公室说:"我们得救了,找到根据了。毛主席在1964年的春节晚会座谈会讲过完全一样的话。"大家才如释重负。就用毛泽东的这段语录做根据,向上面写了报告。一场风波也就平息了。[①]

从上述的文本中可以看出,编辑记者撰写文字的风格、文字的使用模式、文字的表述取向等都受到了限制,如果所表述的文字无出处的话,或者与当时所批判的群体有关联的话,无疑会遭到灭顶之灾。当记者写下这篇回忆的时候,依然以"风波"二字来论,其实这件事情折射出来的不仅仅是媒介内容的问题,而是文字表述权力的问题,文字的组合已经不是一种自由的权利了,何况是观点的自由表述!当编辑记者们为了上级的一句质询而不得不寻找所谓根据的时候,翻阅着政治语录的他们,似乎早已忘却了身为媒介从业人员在职业上的基本诉求和职业的基本原则,而只是刻意忘却自己还可以思考的大脑,接着是完全忽视自己还可以思考的事实,机械而麻木地完成着工作。这个时候,可以令人想到已经不再是媒介报道内容、报道视角或者是媒介类别、媒介定位、媒介服务对象的问题了,而是我们还有没有书写的权力,如果有,书写的权力包括哪些。如果没有,那么媒介这个职业的意义是什么?知识分子的社会地位是什么?这整个社会在追求什么?无知识、无信息、无文化?就其根本而言,便是破除可以破除的文化理念、知识理念,回到蒙昧无知的状态,体验体力劳动和政治崇拜对人的欲望的控制力,以权威崇拜和自我反省的形式,消灭人的独立思考、独立表达、独立书写的权利,社会原有的种种价值观念,在这种种教育和改造背后,渐渐消亡了。

这样媒介的职能由原来的经济、娱乐、文化传播等功能简化为单一的

① 马沛文:以"表扬为主"引起的风波,见《1948—1988年人民日报回忆录》人民日报史编辑组,北京:人民日报出版社1988年版,第206-207页。

政治教化功能和政治崇拜功能，不仅媒介产品的内容和类型逐渐固定化了，而且当媒介从业人员无法履行执政党所设定的功能时，便不得不在片刻沦为政治斗争和社会运动的牺牲品。这样，自19世纪中期开始在中国逐渐形成的媒介从业人员的职业理想与职业诉求，开始全盘让位为革命意识形态，要么主动将自身投入到这种革命洪流中，主动地放弃个人的独立性和职业的独立性，要么被动地与自身的人性、欲望和对知识的信念作斗争，形成一种矛盾的心态和复杂的政治理念，艰难地为了活着而活着，即使是活着，随着岁月的积淀，也最终无形中放弃了自己原有的职业理想与职业诉求，在沉默中仅仅是为了不得不沉默而继续沉默着。季羡林先生对自己在那个时代的心理状态的描述，可以说是当时艰难活着的知识分子的心态写照：

"……想到被绑赴刑场的场面。我还没有被绑赴刑场去杀头或枪毙的经验。我现在心理的滋味是不是同那件事有点相似呢？我说不清楚，事实上，我认为还不如杀头或者枪毙，那只是一秒钟的事儿，……现在我却不知道，批斗要延长多久，也不知道，有什么折磨人的花样……一路上，我不敢抬头，不敢看别人。我不知道，别人怎样看我，我想到了鲁迅小说《示众》，我现在就是那个被示众者……"①

从这种描述中正好可以折射出毛泽东对知识分子的看法，经历了战争洗礼的中国共产党及其以农民为主的干部领导群，携带着革命性和鲜明的战斗性出现在"文化大革命"的现场，知识分子群体则是在对知识的汲取和对人类文明发展进程的反思中成长起来的，在中国传统知识分子不仅是官僚机制中的重要管理者，还是政治制度运作中的支柱，尽管在1905年废除科举制度之后，新式教育的模式与传统的科举制度有很大的差异，知识分子与政府之间的传统纽带也呈现出时断时续的状态，但知识分子希望以自身

① 季羡林：《牛棚杂忆手稿本》，北京：中国言实出版社2006年版，第87页。

的力量影响政治和文化的理想却没有发生根本变化,而这一点,恰好与毛泽东所希冀建设的社会主义新文化的思路有较大冲突。

其时的媒介从业人员,部分怀抱着近代媒介从业人员的职业理想,部分怀抱着战争时期对中国共产党的政治信仰,在职业底线、职业理想、职业与政治信仰之间无望地挣扎着,职业底线早已被政治运动所消解,无所谓职业与否了,更遑论职业理想了。职业已经沦为政治运作和社会运动的工具,独立性、专业性就像是旧时代的一种乌托邦梦想,这个时代,连它的容身之地也没有。

可惜的是,那些悲凉岁月里的记忆,随着时间的流逝,就像是河边的泥沙,所剩无几了。随着改革开放 30 余年的成就,回顾这一时期媒介从业人员的职业诉求、职业理想,以及他们对职业与政治信仰之间关系的态度,起码可以为当代媒介从业人员职业诉求的取舍、职业理想的设定、职业底线的选择提供历史和文化上的延续性依据。

二、社会变革与媒介从业人员职业身份的反思与修正时期(1976—1993)

随着“文化大革命”的结束,一个旧时代渐渐远去。但这个时代所遗留的废墟却需要几代人的努力才有可能得以建设。随着 1976—1978 年之间政治权力的过渡,中国社会进入了一个新的发展阶段。发展的第一步是进行反思,批判两个凡是,其本质是破除对毛泽东本人的盲目崇拜,包括语录、行为、话语模式等,使用的论证则是毛泽东思想和理论本身,这似乎是一种很有趣的历史悖论,当需要按照历史逻辑对历史本身进行反思的时候,曾经的政治逻辑便往往令人难以置信。

（一）媒介从业人员职业身份变迁的政治和社会背景

1. 以经济领域和教育领域的初步开放，为个体自我意识的复苏提供了开放的角落

中国共产党的媒介再次充当了政治变革的指示灯。1977年7月23日，《人民日报》、《红旗》杂志和《解放军报》两报一刊同时发表了题为"历史性的会议"的社论，社论指出：

三中全会还通过了《关于恢复邓小平同志职务的决议》。毛主席对邓小平同志早有过明确的全面的评价。华国锋在三月中央工作会议上指出："王张江姚反党集团对邓小平同志进行打击、诬陷，这是他们篡党夺权阴谋的重要组成部分。'四人帮'对邓小平同志的一切污蔑之词，都应当推倒。"这次全会决定恢复邓小平同志党内外一切职务，体现了广大党员和群众的心愿。[①]

从社论可以看出的是，原有的媒介体制在中央层面继续保持着，而恢复邓小平的职务依靠的意识形态层面却是毛泽东在世时的一段话。以子之矛攻子之盾，正好是中国社会发展在这一时期一种奇特的写照，无论是依靠怎样的权力斗争获取了社会发展路径的转折思想，意识性形态体系依然停留在毛泽东时代，这同时意味着，媒介的功能依然以政治功能为主。

随着邓小平上台后颁布的系列政策，科技、文化、经济、教育领域呈现出复苏局面，尤其是恢复高考制度，以本人的资历和考试的成绩来择优录取的原则打破了个人与家庭来源身份之间的关系，将单一的个体从制度性的阶级关系和血缘关系中解脱出来，而对"群众推荐、领导批准"的摒弃则意味着中国社会对个人独立和平等发展的充分肯定，高考制度上的去政治化、去行

① 程中原，王玉祥，李正华：《转折年代：1976—1981年的中国》，北京：中央文献出版社2008年版，第43页。

政化、去家庭化、去阶级化给了青年人一种依靠自身获得独立的社会身份和社会地位的希望，而1978年2月对科学的重视则重启了中国知识分子积压已久的报国情结和知识信仰。经济领域则独立发展商品生产和商品交换，贯彻按劳分配原则：

“在社会主义的商品生产中，生产商品的劳动已经不再是私人劳动，而是全民的或集体的公共劳动，个人的劳动是作为这种公共劳动的一个组成部分来使用的。个人之间并不交换产品。商品交换是在全面和集体或者集体与集体之间进行的。这种存在于不同的公共所有者之间的交换，根本不会引起劳动者个人的两极分化。因为，社会主义商品生产和商品流通的，已经不是私人，而是社会主义国家和集体组织。社会主义国家可以自觉地利用商品生产的基本规律——价值规律，为社会主义建设服务，用国民经济计划来调节包括商品生产和商品流通在内的整个社会经济活动。”①

这样从理论上为具有中国特色的商品经济发展铺平了道路。在1977年8月8日的一次谈话中邓小平指出：

“讲按劳分配，无非是多劳多得，少劳少得，不劳不得。这个问题从理论到实践，有好多具体问题要研究解决。这不仅是科学界、教育界的问题，而且是整个国家的重大政策问题。”②

就实质而言，有限度地肯定和鼓励商品经济的发展，其实质是对毛泽东时代政治意识形态高于一切的一种纠正，其隐含的意义是尊重经济发展的规律，不能用政治变革或者是思想教育取代经济发展。而按劳分配则具有更为深刻的社会和文化含义。

其社会含义在于：(1)肯定了个人对财富的拥有，只要是劳动所得，个人获得财富应该受到鼓励。平均主义的观念在这里隐隐地遭到了攻击，这不

---

① 向群：《驳斥“四人帮”诋毁社会主义商品生产的反动谬论》，《人民日报》1978年5月22日。

② 《邓小平文选》第二卷，北京：人民出版社1994年版，第51页。

仅是对“文化大革命”思想意识形态的反思，更是对自延安时期延续下来的艰苦朴素作风的一种潜在的审视，也等于间接认可了人与人之间即使是兄弟、姐妹、父母、朋友，也没有权力剥夺个人依靠劳动所获的财富。(2)从另一个层面为老百姓发家致富提供了一种可能性，尽管这并不是一种政策上的可能性，而是一种理论上的可能性探讨，依然让人嗅出了另一种气息，正是这种气息在余下来的几十年里以自下而上的改革模式，推动着中国经济与社会乃至政治的变革。

其文化含义在于：试图向民间传递一个信息，人们依靠劳动获得的财富可以自己享用，并用于自身的建设，如服装、化妆品、食物及其其他财产，尽管对私有财产权的保护以法律的形式确立下来是2008年的事情，但此时无疑给依然没有完全摆脱政治斗争和阶级等级梦魇的人们一种发展自我的希望，而这种自我是与人对个人文化气质的培育联系在一起的。

顺理成章的，1977年晚些时候，“岗位责任制”出台了，这意味着政府从社会组织层面认可个人对自己与社会的责任与义务，个人依靠劳动可以获得财富，因此个人就必须对自己所服务的岗位(职位)有明确的责任，这样，不再是集体责任，而是个人的责任意识首次被提到了个体的面前。但是可以说为日后中国社会公民意识的培育悄悄埋下了伏笔。

尽管这时期的理论文章，引用的论据多以马克思恩格斯和毛泽东的语录为主，具有浓郁的历史和政治痕迹，但却在客观上为后来的改革开放提供了潜在的前提条件。

2.思想领域的变革导引了个体独立审视自己的意识

1978年1月9日《人民日报》第三版上发表了文章《文风和认识路线》，这篇文章先是在中共中央党校理论研究室编印的内部刊物《理论动态》(1977年12月15日)第31期发表，它开始反思新闻报道如何书写的问题，文章指出：新闻报道的“内容必须真实，有一是一，有二是二。这是我们无产阶级报纸同资产阶级报纸的根本区别,也是我们的报纸能够发挥教育人民、打击敌人的作用的大前提。试想,如果一个读者拿到一张报纸,心里老嘀咕那上面讲的是不是真话,写的是不是真事,那如何能通过报纸加强党和群众的联系,把党的路线、方针、政策变为群众的行动呢?”“如果为了某种政治利益需要歪曲事实真相,那这种政治绝对不可能是无产阶级政治,只能是资产阶级政治,违反了实事求是的原则,也就是违背了无产阶级的党性,哪里还谈得上为无产阶级的政治服务?”

1978 年 3 月 26 日《人民日报》发表了《标准只有一个》一文,指出:“真理的标准,只有一个,就是社会实践。这个科学的结论,是人类经过几千年的摸索和探讨,才得到的。”

这两篇文章可以说是真理与标准问题大讨论的前奏。1978 年 5 月 11 日由《光明日报》刊登的署名特约评论员的文章《实践是检验真理的唯一标准》,成为真理标准大讨论的导火线,这篇文章初稿的作者是南京大学哲学系教师胡福明,后经过杨西光、马沛文、吴江、孙长江以及胡福明等多人多次修改,由胡耀邦审定,现在中央党校内部刊物《理论动态》(1978 年 5 月 10 日)刊登,5 月 11 日再次刊登于《光明日报》。[①] 新华社当天转发全文,第二天,《人民日报》《解放军报》和 7 家省市报纸均刊登了此文。同年 5 月底,全国共有 30 多家报纸转载了这篇文章。[②] 真理标准问题讨论的深入和展开,邓小平给予了鲜明的支持,1978 年 8 月 19 日的讲话中,他说:“《光明日报》发了文章,当时没注意。后来听说有人反对,才找来看了看。符合马克思列宁主义嘛,扳不倒嘛!我在六月的讲话[③]里支持了一下。”[④]

① 程中原,王玉祥,李正华:《转折年代:1976—1981 年的中国》,北京:中央文献出版社 2008 年版,第 85-91 页。

② 方汉奇,《中国新闻传播史》,北京:中国人民大学出版社 2005 年版,第 420 页。

③ 六月讲话是指邓小平 1978 年 6 月 2 日在全军政治工作会议上的讲话。

④ 程中原,王玉祥,李正华:《转折年代:1976—1981 年的中国》,北京:中央文献出版社 2008 年版,第 101 页。

讨论随即在全国各界展开，1978年下半年达到高潮，在自然科学界、社会科学界都进行了研讨，全国哲学社会科学规划会议上胡乔木通知也给予了支持和肯定，同时，各省的省委书记和省长，各大军区的主要负责人也对真理标准大讨论表明了态度，使得这一讨论不仅仅局限在理论层面，而开始慢慢渗透到社会现实中。

这场发端于报刊与中央党校理论研讨的理论探讨，最终拓展到政治层面、学术层面、实践层面，可以说以类似“启蒙”的形式开启了个体获得自由思考、自由发表言论权利的一种可能性，在这种可能性为中国共产党所引导之后，延展为对执政党与个人、执政党与社会、执政党与军队、执政党内部一种思想解放和反思运动，延展为民间社会中各阶层知识分子对个体与本阶层命运的另一种思考。这种反思与思考最终合力在全面落实干部政策、平反冤假错案的工作层面上。1978年11月9日，胡耀邦在中央党校对学员说：

“我们近一年以来，做了许多积案复查工作，澄清了许多似是而非的问题，解放了一批，同时给予在假案、错案、冤案中受害的党内外干部和群众平反与恢复名誉、厚葬、开追悼会及做善后工作，……一些在党内和政府里担任过高级职务的、已很快得到处理，但还有上千上百一般干部群众，这些人至今未得到公正处理……希望各省各地县基层各单位能积极做好积案复查工作，把这些人的问题快一些弄清楚，能先解放的先解放，不要吊在半空中。”[①]其中比较值得关注的是落实知识分子的政策。

1978年10月10日至11月4日，胡耀邦在中组部召开落实知识分子政策座谈会，经过调查研究，于1978年11月3日制定了《中共中央组织部落实知识分子政策的几点意见》。这个文件，首先肯定了落实知识分子政策的成绩，指出了落实知识分子政策工作中存在的问题，同时提出了进一步落实知

① 李济深：《千秋功过——邓小平与中国政治风云》。北京：光明日报出版社1997年版，第498页。

识分子政策的要求:(一)对知识分子队伍应当有一个正确的估计。知识分子已成为工人阶级的一部分,是党的依靠力量。一些地方对党的知识分子政策贯彻不力,主要是对知识分子在革命和建设中的重要地位和作用认识不足。(二)继续做好复查和平反冤假错案的工作。科技和文化教育战线在"文化大革命"中立案审查的案件,还有40%左右没有复查。如果加上"四清"、"反右派"等运动中的错案,工作量更大。(三)充分信任,放手使用,做到有职有权有责。争取三五年内使我们企事业的各级领导班子真正懂技术、会管理的干部占到30%、50%以至70%。(四)调整用非所学,做到人尽其才,才尽其用。(五)努力改善工作条件和生活条件。(六)加强领导,改进工作方法和工作作风。①

从上述的文件可以看出,与1956年《周恩来关于知识分子的报告》相比,对知识分子的政策并不仅仅是落实其在20世纪50年代末期至"文化大革命"期间所蒙受的不公正的待遇,也不仅仅是回到新中国成立初期的团结、教育、改造的政策思路上,而是将知识分子的才干与新时期中国共产党的对企事业干部的需要相结合,其潜在的希望是由此改变知识分子中国社会阶层中身份和地位。这可以称之为知识分子在新中国成立后中国社会中的一次翻身的机遇,这种机遇的结果自然是利弊兼半:一方面是原有的知识分子群体经历了20余年的教育、改造之后,已经固化为一种特有的心态,再也难以回复到新中国成立初期的心态上;另一方面新型的知识分子群体刚刚获得了进入学校、研究机构获取知识的机会,对于如何理解知识分子群体的使命感并无明确的认知,对知识的渴求几乎取代了他们奉献社会的热情与信念。而将知识分子放在企事业领导岗位上的想法,则又将官僚化的思路附加于知识分子群体之上,客观上分化了这一群体的纯粹性与单一性。

① 《中共中央组织部落实党的知识分子政策的几点意见》(1978年11月3日),人民网,http://www.CPC.people.com.cn/GB/64184/64186/66706/4495781.html

而落实知识分子政策又与右派摘帽和改正政策联系在一起。1957年反右扩大化中有55万人被划为右派分子，1959—1964年间全国先后为30万名右派摘帽，1978年11号文件(《关于全国摘掉右派分子帽子的请示报告》)承接了这项工作，为温济泽同志右派改正的处理则为这项工作开了一个好头。截至1978年年底，右派摘帽工作结束，错划右派的改正工作到1980年也基本结束，共改正54万多人。①

3.宣扬物质利益观，在提升企事业单位职工工资的同时，着力促进农村经济发展

1977年8月10日，《人民日报》刊登了国务院发出的《关于调整部分职工工资的通知》，决定对60%低工资的职工调整工资，使3 000万名职工生活开始有所改善。增加那些人的工资，要根据其政治表现、劳动态度、贡献大小和技术高低，由群众进行评议，经党委批准。② 继而相继出台了《关于企业单位职工加班工资支付问题》、《关于实行奖励和计件工资制度的通知》。《人民日报》则进行舆论宣传，在1978年9月12日发表了《马克思主义者怎样看待物质利益的》特约评论员文章，指出：

"……在无产阶级专政时期，所谓对被领导阶级给以物质福利，主要的是保障广大农民的物质利益。不给农民以物质利益，农民就不会有生产的积极性，农业就上不去，工业也上不去，社会主义就建不成。因此，我们必须处理好同农民的关系，不仅不能损害农民的利益，而且要尽可能地帮助农民发展生产、改善生活。"③

尽管在文章的表述中，依然包含有大量的政治术语，但是物质利益这种观念被明确作为一种促进社会发展的观念，提炼出来，中国共产党的主要支

---

① 程中原，王玉祥，李正华：《转折年代：1976—1981年的中国》，北京：中央文献出版社2008年版，第117-121页。

② 《人民日报》1977年8月10日。

③ 特约评论员："马克思主义者怎样看待物质利益的"，《人民日报》，1978年9月12日。

撑力量农民的利益如何保证，成为当时国家与社会发展的核心命题，遗憾的是，时至今日，依然处在如何保证农民利益的层面上纠结着，回顾历史，未免让人不胜唏嘘！

作为中国改革开放发端的党的十一届三中全会通过的关于农业发展的两个文件，尚未肯定“包产到户”、“大包干”，反而明文规定“不许包产到户”、“不许分田单干”。直至1982年春，中共中央批转《全国农村工作会议纪要》(“一号文件”)，才正式肯定土地的农民家庭承包经营制度。[①] 1983年的第二个“一号文件”，进一步对家庭联产承包责任制做出高度评价：“这是在党的领导下我国农民的伟大创造，是马克思主义农业合作化埋论在我国实践的新发展[②]。”这一年全国实行家庭联产承包责任制进入高潮，参与的农户占农户总数的95%。1984年中央发出第三个“一号文件”，提出要稳定和完善家庭联产承包责任制，决定土地承包由原来的3年延长为15年。

总体而言，20世纪80年代的农村改革更多地依靠地方按照各自的理解执行，由群众自愿选择，首先允许贫困区率先实行包产到户，继而在安徽、贵州、内蒙古等省市内全面推行，随后则关注四川、山东、广东、河南等地的情况了。

4.经济特区的建设开放了中国与世界之间的联系，为媒介的变革提供了前提与基础。中国特色的社会主义，奠定了中国社会在未来的政治走向，却没有明确在文化缺失的情形下，如何建设新文化的问题，以及建设什么样的新文化问题

1980年8月26日，第五届全国人民代表大会常务委员会第15次会议，审议并批准了国家进出口管理委员会副主任江泽民关于在广东、福建两省设立经济特区和《广东经济特区条例》的说明，“经济特区”这一具有中国特

① 杜润生：“农村改革漫议”，《新华文摘》，2004(8)。

② 中共中央党史研究室，中共中央政策研究室，中华人民共和国农业部：《中国新时期 农村的变革》(中央卷)上[M].中共党史出版社1998年版，第175页。

色的形态便以国家立法的形式正式诞生。此后国务院批准了上述两省 4 个经济特区的具体位置和区域范围，即深圳经济特区、汕头经济特区、厦门经济特区和珠海经济特区。1981 年 7 月 19 日，以中共中央 27 号文件《中共中央、国务院批准〈广东、福建两省和经济特区工作会议纪要〉》的形式下发。规定：

第一：深圳、珠海、汕头和厦门经济特区，不是政治特区。中华人民共和国在这四个经济特区内，全面行使国家主权。特区坚持四项基本原则。

第二：举办经济特区的目的是为了吸收利用外资，引进先进技术，扩展对外贸易，加快经济发展……进行经济体制改革的试验。

第三：特区经济的所有制结构，是社会主义经济领导下的多种经济成分并存……①

1982 年中国共产党的第十二次全国代表大会开幕词中，邓小平提出了“建设中国特色的社会主义”的新命题。他指出：“把马克思主义的普遍真理同我国的具体实际相结合起来，走自己的路，建设有中国特色的社会主义，这就是我们总结长期历史经验得出的基本结论……中国的事情要按照中国的情况来办，要依靠中国人自己的力量来办。独立自主，自力更生，无论是过去、现在和将来，都是我们的立足点。”②十三大则由赵紫阳代表中央委员会作了题为《沿着有中国特色的社会主义道路前进》的报告，做出了“中国目前正处于社会主义初级阶段”的论断。

这两次会议可以说是对改革开放几年来中国共产党对社会变迁和发展道路的一种反思和定位，而有中国特色和社会主义初级阶段的论断则表明了中国共产党开始了从革命党向执政党的转变，其主要特点在于：第一“技术官僚制度或者专家治国制度的出现。技术官僚的主要特点是少

---

① 程中原，王玉祥，李正华：《转折年代：1976—1981 年的中国》，北京：中央文献出版社 2008 年版，第 378-382 页。

② 《邓小平文选》第三卷，人民出版社，1993 年，第 3 页。

有意识形态的倾向性。……第二意识形态的重建。毛泽东时代,中国所有的一切都被过分政治化和意识形态化。在20世纪70年代末期,中国共产党正式宣布结束'文化大革命'之后,实事求是精神成为中国共产党领导人主导改革的意识形态,意识形态开始从进攻型向保守型转型,20世纪80年代的意识形态已经从指导政策的功能变成论证政策的功能。"[①]这可以说是中国共产党在改革开放以来的第一次转型,这种转型到现在还处于未充分完成的状态。

5.20世纪80年代中后期的资产阶级自由化思潮改变了中国共产党在改革初期以实事求是原则为主要意识形态的思路,将经济改革的大力推行取代对意识形态的控制,以此实现对国家与社会的全面统治。历史证明,这种发展路径再度造成了文化在社会发展中的再度缺席

就政治层面而言,20世纪80—90之交的社会变迁对变革提出了新的要求,1992年小平南方谈话之后,将改革的步伐坚定不移地向前推进,这两种力量意外地成为推动改革向前进的动力,而非阻力。这种动力反过来改变了中国共产党建设意识形态的思路和模式,至今仍未有大的改变。

1992年的南方谈话,邓小平谈及了正在进行的改革开放中遇到的社会制度的困境问题和社会主义改革的最终目的:共同富裕。他说:"改革开放迈不开步子,不敢闯,说来说去就是怕资本主义的东西多了,走了资本主义道路,要害是姓'资'还是姓'社'的问题。判断的标准,应该主要看是否有利于发展社会主义社会的生产力,是否有利于增强社会主义国家的综合国力,是否有利于提高人民的生活水平……计划多一点还是市场多一点,不是社会主义与资本主义的本质区别。计划经济不等于社会主义,资本主义也有计划;市场经济不等于资本主义,社会主义也有市场。计划和市场都是经济手段。……走社会主义道路,就是要逐步实现共同富裕。共同富裕的构想

① 郑永年:《中国模式:经验与困局》,杭州:浙江人民出版社2010年版,第68-71页。

是这样提出的:一部分地区有条件先发展起来,一部分地区发展慢点,先发展起来的地区带动后发展的地区,最终达到共同富裕……"①

从一定意义上可以说,1986 年自由化思潮和 1989 年的政治风波是在意识形态领域向推行了 10 余年的改革开放的反思,如前所述,如果说改革开放初期,实事求是是中国共产党的主导意识形态的话,意识形态的力量已经不再停留在"文革"时期的进攻形态,而是开始转向保守形态,到 20 世纪 90 年代初期,则试图以论证的形式来在国内推行执政党的相关政策,意识形态原有功能正在发生转变。这种变化一方面是专家化和官僚化开始渗透;另一方面是长期以来对人的欲望的压力、对人的本性的抑制、对不同社会阶层的认可、对中国共产党组成力量的认知,都使得新一代领导阶层在建构国家意识形态方面、在行使政府职能方面更加倾向于行政化、多元化。但也鉴于此,改革本身在某些条件下造成了腐败本身,导致腐败的蔓延,造成了某些特殊的利益群体,为了维护这些利益群体的资本地位、资源优势和社会地位,反过来又形成对腐败的再度容忍,尽管这些利益群体同样是中国改革开放的主要动力。

因此,面对 20 世纪 80 年代末期社会大众、知识精英和青年学生对中国社会主流意识形态价值体系的质疑,对西方意识形态体系的信仰,对改革开放 10 余年来利益集团和垄断集团利益的质询,以及这些种种因素混杂而成的散漫而又集中的社会力量——散漫是指这些群体并没有经过系统的组织化过程,带有冲动性和盲从性的特征,集中是指这些群体关注的社会问题具有强烈的一致性和倾向性——邓小平南方谈话的意义对中国社会未来的发展趋势便显得耐人寻味。

首先,作为执政党的中国共产党尽管对 20 世纪 80 年代末期的自由化

① 在武昌、深圳、珠海、上海等地的谈话要点(1992 年 1 月 18 日至 2 月 21 日),见《邓小平论建设有中国特色的社会主义》,北京:人民出版社 1993 年版,第 255-258 页。

思潮做出了比较激烈的反应,经济改革的步伐似乎停滞不前了,中国到底向何处去的问题硬生生地摆在面前,小平的南方谈话实质上回答了这一问题,无论是资本主义还是社会主义,只要其目的是为了解放生产力,实现共同富裕,都是值得肯定的,因此社会制度究竟如何,悬而不决。

其次,对于意识形态领域的问题,采用了同样的手段,但这种手段并没有旨在重建中国共产党的意识形态,也没有找寻出建设意识形态的主导思想,只是在重复原有的新闻理念的基础上,淡化意识形态的影响力,希冀以经济发展的力量来实现作为执政党的中国共产党对国家和社会的统治。

再次,就目前来看,恰恰是这种以经济控制代替意识形态控制的统治手段,导致了当前中国社会主流意识形态的缺失,主流价值观念的缺失,与执正党在管理意识形态中的观念有不可分割的关系。这一点,在后面的部分做详细论述。

(二)媒介从业人员职业身份反思与修正的过程

从上述的20世纪70年代末期到邓小平南方谈话之后的1993年,在政治现实、经济改革和人们的独立意识、生活方式发生变化的同时,媒介从业人员的职业身份也在缓慢地发生变化,这种变化一方面基于对文革前媒介功能的反思,另一方面基于20世纪70年代末期发端的改革开放在社会各个领域形成的影响力。因此,就实质而言,媒介从业人员对自身职业的认知,首先是以反思的形式出现,其次才是在修正过程中,伴随着中国社会整体行业职业化的过程而进行的,也与中国共产党对媒介的认知过程联系在一起。

1.媒介服务对象的政治性与现实性之间出现差异,从党性和人民性一致到坚持四项基本原则,宏大叙事的意识形态构建模式渐渐失去应有的社会效力,物质诉求和个人利益开始在社会各层面起航,媒介变革终于发轫了

在拨乱反正、平反冤假错案、进行真理标准大讨论、落实知识分子的过程中,如何恢复"文化大革命"时期中媒介所遭受到全面破坏,也是执政党首要考虑到的问题。因此,自 1979 年开始,中国共产党的领导阶层很明确地将意识形态的建设与媒介的功能定位联系在一起。如前所述,实事求是是改革开放初期中国共产党的主导意识形态,作为党的媒介,理应为宣传党的意识形态服务。在这种意义上重新回到延安精神或者是延安理念,对于恢复和重新认知媒介的功能有着不可或缺的意义,或许,正是在这一潜在的理论前提下,开始了对媒介功能理论的思考和定位阶段。

(1)争论之一:媒介究竟是为谁服务?媒介从业人员的职业化有无可能?

1979 年 3 月时任中宣部部长的胡耀邦主持召开了全国新闻工作者座谈会,目的是反思"文革"中新闻宣传工作的问题,对新时期的新闻工作重新做个定位。但是与会者纠结于"党报的党性和人民性"发生了争执。这种争执就其本质而言,也是至今作为执政党的中国共产党在理论建设中难以解决的内在冲突之一。值得关注的问题有二:

一是从党报出发进行讨论,其设定的基本前提是中国的报业现状仍处于政党报刊时期,就新闻史发展来看,报刊的自然发展规律为不定期的报刊时期、定期的报刊时期、政党报刊时期与廉价报刊时期、大众化报刊时期(即商业报刊时期)。在中国 20 世纪上半叶的报刊发展已经进入了商业化时期,但新中国成立后的报刊整顿和公私合营将报刊的商业化形态消弥与无形之中,政党报刊在中国社会中占据了主导地位,50 年代中期的新闻改革尊重新闻发展的规律,在执政党允许的范围内对新闻报道业务有所提升,进入"文革"之后,党报完全沦为工具,媒介从业人员的身份既不是新闻工作者,也不是中国共产党的主要组成部分,自然也沦为政治斗争和社会运动的牺牲品。政党报刊的属性也随之被修正了。因此,从党报的探讨出发,其立足点是希望回到 20 世纪 50 年代的党报定位上,作为政党报刊,如何在改革开放中有所作为?

二是党性问题。作为中国唯一的执政党中国共产党，隶属于其的报刊自然是执政党报刊，简称为党报。因此，这里的党性问题的提出，不由得让人有些困惑。困惑在于既然是执政党的党报，应该配合执政党的主导思想和政党理念进行报道和宣传工作，为何要提到党性问题呢？所谓党性是一个政党的根本本性，它代表了这个政党所代表的阶层利益，商务印书馆 1988 年版《现代汉语词典》的解释，“党性”有两重含义：①“阶级性的最高最集中的表现。不同的阶级或政党有不同的党性。”②“特指共产党员的党性，就是无产阶级的阶级性的最高最集中的表现，是衡量党员阶级觉悟的高低和立场是否坚定的准绳。”商务印书馆 2000 年版的《应用汉语词典》的解释则更加简单，“党性”：①“阶级性的最高最集中的表现。”②“特指共产党员的党性，即无产阶级的阶级性的最高最集中的表现。”严格来说这种定义本身就是一种文字上的“乌托邦”，所谓最高最集中的表述更像是一种革命党的宣言，而不是作为执政党的理性行为。其实党性是一个中性词，只是用来描述某一政党的政治理念和政治构想的。作为执政党的中国共产党的党性理应与中国共产党的政治理念结合在一起论述。

因此我们可以这样说中国共产党的党性，如前所述，在新中国成立初期是革命政党，主要的支撑力量是工农兵，进城之后的 20 世纪 50 年代中期曾以改造知识分子的形式对工农兵阶层进行了一种另类的维护，虽说是为了毛泽东所希冀建立的新文化，却是在一定意义上巩固了中国共产党的党性，经历了“文革”之痛之后，改革开放初期所进行的对知识分子落实政策、对科学开始尊重、逐渐放开文学艺术领域、改革教育制度、对百姓的生活方式的多元化予以肯定等多种形式的社会变革运动，尽管是在中国共产党的领导下实现的，但是唯一被忘却的一点是：社会阶层在变动、人们的生活方式在改变、人们的思维模式在修正，中国共产党的支撑阶层有无发生变化呢？如果没有，与社会现实发展不相吻合；如果有，具体体现在什么地方呢？换言之，改革开放中的中国共产党自身的执政理念发生了怎样的变化，其党性也随之发生了变化。这一点显然不是1979年的新闻工作者和中宣部的管理者所能想到的，因此，党性问题虽然被抛了出来，但依然是一个未解之谜。

三是党性与人民性一致的问题。人民性也是一个混沌的概念，1949年6月30日的新中国成立前夕，毛泽东同志在《论人民民主专政》一文中指出："人民是什么？在中国，在现阶段，是工人阶级，农民阶级，城市小资产阶级和民族资产阶级。"[①]他同时又说："人民手里有强大的国家机器，不怕民族资产阶级造反。"[②]笔者认为，对人民的这种矛盾的界定始终伴随着毛泽东的一生，他需要建设一种新文化，这种新文化需要广大人民的参与，自然也包括城市小资产阶级和民族资产阶级，但是他又担心民族资产阶级的理念对现有政权有威胁，必须实行人民民主专政。基于这种矛盾性的界定，人民性的含义也因此更加混沌起来。"文革"之后、改革开放中的人民的概念自然需要重新定义，但是在执政党的政治理念中并没有进行修正，还停留在政治口号或政治话语的层面上，与新闻发展的现实并不吻合，从而导致党性和人民性的一致也成为一种理论上的乌托邦，在媒介实践的现实中，既无制度上的约束力，也无行动上的管理性。

胡耀邦在《关于新时期的新闻工作中》指出："党性和人民性是一致的。离开了人民性就不叫党性。……从党的根本性质来说，党性和人民性是融合在一起的，党性就是人民性。"但是这种论证并无信服力，媒介从业人员依然处在制度的无力制约和媒介实践的自我摸索中，这一点为媒介从业人员的职业化过程的发端提供了可能性，尽管这种可能性是在政治理念和意识形态脱离现实的情形下出现的。

(2)争论之二：喉舌论的服务对象到底是谁？媒介从业人员的职业理念

---

① 《毛泽东选集》第4卷，北京：人民出版社1991年版，第1475页。

② 《毛泽东选集》第4卷，北京：人民出版社1991年版，第1477页。

如何确定?

自20世纪80年代开始至今,关于党的新闻工作问题如何引导和管理的问题始终没在理念上得到很好的解决,做而不述的管理模式在改革开放初期的影响力确实有限,但是一旦开阔了媒介管理者的思维模式,一旦让他们进入市场化过程中,实践的影响力便远远超出了理论的影响力,以至于形成了20世纪80年代末期的意识形态真空状态,期间虽然有1983年短暂的清除精神污染运动、1986年的自由化思潮以及1989年政治风波,并没有使执政党意识到理应以系统化的方式,对媒介行业发展进行有效的治理,主导的意识形态的思路依然不明晰,经济改革主导了一切。喉舌论也在这一时期成为中国共产党领导人延续的一贯理论教导模式,不同之处在于增加了舆论监督的媒介职能,为媒介从业人员在职业上的独立化和职业化预留出重要的职业空间来。

1981年1月29日,中共中央颁布了《关于当前报刊新闻广播宣传方针的决定》,这是十一届三中全会以来党中央就新闻工作颁布的第一个纲领性文件。对新闻界没有积极主动地宣传四项基本原则,对反对四项基本原则的言论没有进行积极有力的斗争提出批评。强调媒介是党的舆论机关,要严格按照党的路线方针政策进行宣传。四项基本原则是邓小平在1979年3月20日中央理论务虚会议上所做的报告《坚持四项基本原则》,为改革开放初期中国的思想解放做了范围界定,四项基本原则是:第一,必须坚持社会主义道路;第二,必须坚持人民民主专政;第三,必须坚持共产党的领导;第四,必须坚持马列主义、毛泽东思想,并指出,"这是实现四个现代化的根本前提"。1987年10月,中国共产党第十三次全国代表大会把"四项基本原则"作为重要内容写进了党在社会主义初级阶段的基本路线中。

客观上而言,这四项基本原则依然是以革命党的思路提出来的,并不是从行政和法制的视角对思想解放的范围进行约束,四个坚持,四个原则,都需要每个人在生活中和工作中完全遵从。但对一个人思想的影响和改变需要漫长的过程，就像是传播学者罗杰斯所提出的扩散曲线一样，一种新观念、新思想、新技术、新事物要为人们接受，需要经过：了解阶段：接触新技术新事物，但知之甚少；兴趣阶段：发生兴趣，并寻求更多的信息；评估阶段：联系自身需求，考虑是否采纳；试验阶段：观察是否适合自己的情况；采纳阶段：决定在大范围内实施。传播过程则呈"S"形曲线，即在采用开始时扩散的速度很慢，当人数增加到居民的10%～25%时会突然加快，曲线呈迅速上升趋势，而在接近于最大饱和点时再次慢下来。① 中国共产党在改革开放中期，以四项基本原则作为主导意识形态的努力，并没有达到执政党预期的社会效果。

在1987年10月召开的十三大的报告中，提出了媒介应该"发挥舆论监督作用""重大情况让人民知道，重大问题经人民讨论""建立社会协商对话制度""抓紧制定新闻出版法"等。已经着力把新闻改革纳入经济体制改革的范畴中。

1989年是一个特殊的年份，这一年，世界政治格局发生着巨变，冷战格局开始瓦解，意识形态领域的斗争让位于为经济领域的竞争，人们选择的不是政治理念，而是更为快乐、富足、轻松、自由的生活模式。值得关注的是媒介从业人员在其中，选择的立场几乎是全面参与，随即媒介变革的希望开始浮现，媒介立场被质疑，媒介从业人员的职业地位受到审视，一批媒介从业人员因此离开了媒介行业。新闻立法的步伐也由此搁浅。但舆论监督的功能、对话的功能、人民知情权问题等却在时间推移中地改变了媒介与政府的关系，并促使政府在信息公开制度上进行了实质性的变革。

事情逐渐平息之后，1989年11月江泽民和李瑞环代表党中央在中宣部举办的新闻工作研讨班上分别讲话，江泽民的讲话《关于党的新闻工作的几个问题：在新闻工作研讨班上的讲话提纲》中提出："我们党历来非常重视新

① ［美］埃弗雷特·M·罗杰斯著，辛欣译：《创新与扩散》，中央编译局出版社2005年版。

闻工作,始终认为,我们国家的报纸、广播、电视等是党、政府和人民的喉舌。这既说明了新闻工作的性质,又说明了它在党和国家工作中的极其重要的地位和作用。……社会主义的新闻事业同社会主义的文学、艺术、出版等事业一样都要为社会主义服务,为人民服务。尽管服务的具体形式、内容、方法不尽相同,但都必须遵循这个基本方针。"[①]从描述中可以看出,颇有回到20世纪50年代中期对新闻职能定位的影子,并重新将为人民服务作为新闻工作同其他文化事业相同的一面,但强调喉舌则是在党性和人民性原则上的一种提升。

李瑞环则以《坚持正面宣传为主的方针》的讲话指出"我们说报纸是党、政府和人民的耳目喉舌,就是对新闻工作党性的一种鲜明的、形象的和科学的表达。它的主要内容是:公开声明自己站在党和人民的立场上说话,在政治上同党中央保持一致;坚持实事求是,说真话,不说假话;密切联系人民群众,真诚地和人民同呼吸,共甘苦,同爱憎,正确地反映他们的愿望、呼声和要求;服从党的领导,遵守宣传纪律。……新闻的党性同新闻的人民性,两者是统一的。我们党的宗旨是全心全意为人民服务,除了人民的利益之外,党没有自己的私利。党是人民利益的最集中的代表者,因此,党的耳目喉舌当然是人民的耳目喉舌。新闻工作对党负责与对人民负责是完全一致的。"[②]李瑞环的讲话无疑论述了两点,党性和人民性是一致的,党的喉舌便是人民的喉舌,因为党的利益便是人民的利益。因此"党中央殷切期望新闻战线的全体同志,坚定地贯彻新闻工作的无产阶级党性原则,更好地为社会主义服务,为人民服务,坚持正面宣传为主的方针,始终坚持正确的舆论导

① 江泽民:"关于党的新闻工作的几个问题:在新闻工作研讨班上的讲话提纲",《求是》,1990(5)。

② 李瑞环:"坚持正面宣传为主的方针——在新闻工作研讨班上的讲话",《人民日报》1990年3月3日。

向。”[①]正面信息的宣传模式重新被纳入国家新闻宣传的主流中。

简而言之，在1989年政治风波之后，江泽民和李瑞环的讲述不仅重申了新闻的党性和人民性的一致，而且以喉舌论的模式为新闻媒介的职能重新做了定位，但就其实质而言，无论是喉舌论还是党性和人民性的一致，均没有从根本上解决主流意识形态导向的根本问题，只是在政治层面对社会表层的民意表达做了一种宏观叙事式的定位。而在新闻媒介的日常生活叙事模式中，只要远离特定的报道领域，与这种宏观叙事的定位之间并没有必然的关系。只可惜，政府管理媒介的模式始终习惯于这种宏观叙事，并不试图在日常生活领域进行有效建设，导致主流价值观的问题时至今日尚未解决。

邓小平南方谈话，将改革开放从政治制度的质疑中引导到经济改革与共同富裕中，这一观念不仅铺平了余下来的改革之路，更改变了社会大众的思维模式，他们开始理性地选择实用而功利的生活方式，一切向钱看的价值观开始在社会上弥漫，直接导致了20世纪90年代的下海狂潮，第一批下岗人员也开始在社会上出现。

截至1993年，人们不再热衷于政治关怀，不再热衷于民族主义等宏大叙事，开始寻找各种契机实现财富的积累，获取更好的生活机会，意识形态再次出现了更大的真空，只有物质的欲望、财富的积累才能填满那个时代人们的梦想。媒介变革却在这样的时刻起航了！

2.媒介管理机构颁布政策与法规的滞后性，导致媒介一方面在夹缝中艰难地实现着自身独立，另一方面在政策与法规的话语模式中盘旋

随着改革开放的不断深入，媒介管理机构与中国共产党对媒介的要求之间的距离在职业实践中似乎变得越来越大了。这种貌似不寻常的现象背

① 李瑞环："在中华全国新闻工作者协会第四届理事会上的讲话"，《新闻出版报》1991年1月18日。

后所蕴含的社会命题是:媒介管理机构的指导思想出现了混沌状态,只是被动地根据媒介发展的实践,进行临时性或微观的调整,而且很多调整还保留着改革开放之前的信息传播模式:内部记录,不对外公开,似乎将信息保密是一种职业特权,在这种职业特权中可以享有一定的资源垄断率和社会角色的满足感。这种现状导致媒介管理机构的管理理念与政策与媒介独立化发展之间的关系出现了部分脱节现象,另一种意义上却造就了媒介独立化与职业化发展的边缘化空间。

(1)媒介管理机构与媒介政策与媒介从业人员的职业化过程。

20 世纪 70 年代末期到 1993 年中国媒介管理机构主要包括几个层面:一是宣传部层面。包括中共中央宣传部和地方各省市的宣传部门;二是新闻出版署及其地方的新闻出版机构;三是广电总局及其相关的信息生产部门;四是其他一些政府部门设立的新闻机构:如国务院新闻办公室(成立于 1991 年的中共中央外宣办与国新办属一个机构两块牌子,在机构编制中被划入同中组部、中联部一样的中共中央直属序列,其级别为正部级,下设新闻局、外文局、影视与出版局、网络局等机构)、全国政协新闻局、全国人大新闻局以及国家各部委设立的新闻办公室等;五是属于半官方办民间的新闻管理机构,如中国记协、新闻工作者协会等。

对于国内媒介而言,颁布政策的管理机构通常是:宣传部门、新闻出版部门、广电部门等。而颁布职业规范则往往是一些半官方半民间的机构,或者是行业间自行组织的机构。

本文所说的媒介政策有宏观政策也有微观政策,是指媒介管理机构对媒介发展在一定时期内的报道内容的指导与规定。宏观政策对应的是国家政治经济和社会文化发展的趋势,微观政策对应的是对某一特殊时期、特殊事件或者具体的社会现象而产生的临时性指导与规定。一般是由作为中国共产党的相关部门领导人在视察中央级媒体时所谈论到的话语为主体。困难在于:这种指导与规定往往需要与改革开放的大方向相吻合,因而对媒介政策部门提出了很严峻的考验，因为媒介产品的生产与消费与主流意识形态领域的构建关系密切，而这一点恰恰与作为执政党的中国共产党对意识形态的态度相关联。如前所述，20 世纪 80 年代早期主导主流意识形态建构的理念很明确，就是实事求是，80 年代中后期的思想开放与言论自由的程度达到了史无前例的开放程度，新闻法制建设也被列上了政治议事日程。社会现实是 20 世纪 80 年代后期的社会动荡使得中国共产党主导意识形态的思路发生了变化，但是这种变化的路径却没有针对主流意识形态的建设，这一点从 1989 年 11 月江泽民和李瑞环代表党中央在中宣部举办的新闻工作研讨班上的讲话《关于党的新闻工作的几个问题：在新闻工作研讨班上的讲话提纲》和《坚持正面宣传为主的方针》便可以看出来。这种宏观政策的出台使新闻界在政治新闻报道方面，出现了泛政治化和泛行政化的特征，并形成了以宣传模式为主导的新闻报道模式。20 世纪 80 年代信息概念开始流行，对媒介产品内容的生产和消费模式也进入了反思领域。原有的正面信息导向受到了信息概念本身的质疑，这种质疑因此对新闻报道的理念起到了冲击作用。

微观政策则主要由媒介管理的具体部门进行指定。主要包括针对某一具体现象的，或者针对某一行业的，或者针对媒介从业人员的职业素养的。如针对有偿新闻的整顿，1985 年颁布的《关于加强广告宣传管理的通知》、1993 年颁布的《关于加强新闻队伍职业道德建设、禁止有偿新闻的通知》、1997 年颁布的《关于禁止有偿新闻的若干规定》等；又如针对职业道德的：1991 年 1 月中华新闻工作者协会第四届第一次全体会议通过《中华新闻工作者职业道德准则》，1997 年、2009 年分别进行了修订。再如针对报纸、电视、广播、广告行业发展的相关规定。这些媒介管理机构的相关规定和职业协会的规则虽然在日益更新，但媒介的职业化实践似乎更为超前，尽管对于媒介行业职能的规定依然是执政党的喉舌，但早在 1983 年 7 月 13 日，上海《文汇报》在四版开辟了个新栏目《商品广告》，以小半版篇幅刊登商品求购类信息。1987年6月11日,《中国人才报》更是在全国和京郊出现了两个不同的版本。有人称之为“真报”和“假报”,这两张报纸报名相同,期号相同,唯一的区别是京郊发行的“假报”多了三个新闻“专版”,这三个专版刊登了产品和生产者的详细介绍,为此这两个郊县向报社支付了2.15万元。利用出“假报”来捞钱,这种咄咄怪事在中国新闻史上尚属第一次。[①] 换言之,改革开放伊始,在思想领域解放、经济领域改革的同时,尽管媒介在制度层面依然是党和人民的喉舌,要坚持党性和人民性的一致性,但如前所述,这些宏大的政策叙述和政治规定并没有明确而具体的职业内容,对处于开放中的社会大众而言,对信息的需求早已超越了制度上的规定性,宏大的政策制定和管理从这一刻其就已经滞后了。媒介从业人员作为社会变革过程中的一分子,不可能在这种变革中冷眼旁观、无动于衷,他们开始利用政策的执行不力、政策的滞后性和政策的大而无当等特点进行媒介的独立化实践,因而方才出现了上述描述的场景。

换言之,媒介的独立化实践与媒介政策的颁布、媒介管理机构的制约之间似乎从改革开放初期就是一种游离的关系,这种游离关系赋予了中国当代媒介一种独有的特性,一切似乎都在实践中运作,没有明确的制度规定,也没有明确的政策指导,没有机构说可以这样做,也没有机构说不可以这样做,找不到制度和政策上的依据,但也找不到不可以做的依据,管理与政策的灰色地带便成为这种游离关系的活生生的证明,媒介独立化的实践便在这种如履薄冰的境遇中,伴随着改革开放的深入,艰难而又曲折地往前行进。

(2)媒介经营理念在媒介职业实践的混战中浮出水面,媒介产品的特性开始在实践中发生转变,媒介从业人员的职业类型开始再度多元化。

在媒介的独立化实践中,一些新的媒介从业人员的职业类型开始再度

---

① 高金萍:“20年来有偿新闻探析”,中华传媒网,2003年3月31日。http://bbs.mediachina.net/index_bbs_show.php? id=43905。

浮出水面:广告人员、管理人员、发行人员、媒介策划人员和公关人员等。

新中国成立初期,延续20世纪上半叶媒介发展的余脉,广告业并未受到限制,不同地区对广告的内容、类型等都有相对明确的规定,并在一些大型城市,如上海、北京、天津和广州等还先后成立隶属于政府部门的"同业公会"。在广告内容上,1949—1950年是以私营企业刊登广告为主,推销的商品有药品、招聘信息、招生信息、文艺广告及其他生活用品广告,广告的形式除了媒体上的广告之外,一些户外广告业丰富多彩,如橱窗、车载广告也很多。换言之,新中国成立初期,广告从业人员、媒介策划人员、公关人员等职业原本是存在的,也是媒介从业人员的构成部分,1953—1954年广告业开始变革,公私合营,隶属单位由民营转为国家所有,挂靠在某一特定的行政单位,并出台明文法规对广告业纳入国家行政体制铺平道路。如1954年武汉市和广州市分别出台的《广告管理暂行办法》和《广州市广告管理暂行办法》等。社会主义改造基本完成之后,广告业在加强国际交流、为国内百姓提供产品信息方面有较大的发展,尽管这种发展是限定在政治性框架之内的,随着1957年反右运动的开始,广告业走向低迷,被政治化所左右,直至1966年彻底被否定。

这一时期的广告从业人员、策划人员与新闻记者、编辑一样,虽然也受中国共产党媒介管理理念的制约,但处于社会主义确立和转型时期,其职业化进程尽管在政治上有宏观的规定,但由于广告业距离宏大的政治领域较远,与日常生活的距离较为密切,因而并未脱离专业化的发展路径,职业化过程并未中断。1979年广告恢复之后,媒体广告公司成为主流,国内的独立广告公司一直处于弱势地位。这种情形也可客观上造成了媒介从业人员职业认知中的混乱状况,媒体广告公司的人员多是媒体业内的从业人员,在职业寻租过程中发生了职业身份的变化。LV做了10年记者,她说自己在媒体的广告部门工作,可以获得更大的提成,20世纪90年代初期的时候,她因为对工作的媒体贡献的效益大,年终被奖励了一辆汽车,与原来的同事比起来,她觉得自己生活得很轻松,也没有那么大的职业压力,但心里感觉很疲倦。她说 80 年代中期到 90 年代上半叶,广告市场还刚起步,广告客户对中央级媒体很感兴趣,广告单子很容易就能弄到手。像 LV 这样的媒介从业人员还有不少。某报社的社长说,国内自 80 年代从事三农报道的记者在北京几家大型媒体的记者他几乎都认识,现在全部都改行了,他看起来还在原来的媒体工作,但工作内容完全是与乡镇企业打交道,这样才可以使报社获取更大的经济利益。

媒介从业人员职业角色上混乱所带来的一个职业现实有二:一是媒介产品的生产标准、过程和消费导向发生了变化。新闻产品与广告信息之间的距离在无限度地靠近,甚至是走向了融合,这种融合状态对媒介职业独立性和专业化提出了质疑,这种质疑至今未停息。二是媒介从业人员将媒介产品的实践理念与经济效益直接挂钩,不仅对原有的职业理念提出了挑战,而且作为媒介从业人员,他们还承担着传承和建构主流价值观念的责任,这种责任在混沌的职业角色中,逐渐变得茫然而无措。

公关公司虽在新中国成立初期便有,但主要是对外关系,国内的公关业兴起于 20 世纪 80 年代初期,先是在广州、深圳起步,后在北京的中国大饭店、丽都饭店、长城饭店及其他一些城市的中外合资或独资饭店所用,这些酒店、宾馆、饭店前后成立了公关部或公关公司。1984 年广州白云山制药厂成立了公关部,这是国内的一个在国营企业成立的公关部门,1985 年国外的公关公司开始进入中国市场,或设立办事处,或与国内媒体合作,前者如伟达公司(Hill & Knowlton Inc),后者如博雅公司(Young & Rubicam Brands)。与此同时,国内本土化的独立公关咨询公司也开始起步。1991 年 4 月 26 日,中国国际公共关系协会(CIPRA)在北京宣告成立,它的成立预示着中国公共关系事业开始进入一个新阶段。1993 年起,爱德曼(Edelman)(收购中法公关公司)、福莱希曼(Fleishman-Hillard)、宣伟(Shandwick)、奥美(Ogilvy)等公关公司相继进入中国市场。

公关公司的职员，一部分来自于原有的媒体工作人员，一部分或有国外的专业背景，或有国内的资源优势，或是单凭兴趣而投身其中。他们的专业意识和职业观念与广告公司的职员有点类似，也经历了20世纪80年代的起步和90年代初期的专业化过程。

鉴于这样的职业背景，公关公司从业者、广告公司从业者与媒介从业者之间便有天然的联系，他们对媒介产品特定的共同认知、对媒介制度的共同规避、以媒介组织的方式对外建立客户资源的模式，都在共同演绎着新一代媒介从业人员的职业构成和专业风貌。在经历了20世纪90年代初期的职业融合与分化之后，媒介策划与媒介制作这一新的职业视角，很巧妙地将媒介从业人员的职业化视域迅疾的延展开来，媒介从业人员的职业类型在社会现实与职业实践中伴随着市场化的深入，不断地技术的更新和人们观念的变化，越来越多地与社会信息传播系统、社会大众的信息传播模式结合在一起，共同缔造了媒介职业化的另类场景。这种另类社会场景我们将在下一章进行详细分析和解读。

小　结

改革开放以来的中国社会，在20世纪70年代末期80年代初期从经济领域、思想领域实现转折的时刻，也正是媒介从业人员独立化和职业化肇始的时刻。经历了20世纪80年代中期中国共产党对新闻事业本身职业属性的界定，经历了80年代末期新闻事业宣传理念的喉舌论的强调，媒介行业在政治理念和媒介制度的双重约束下，在宏大叙事层面一方面无所作为，另一方面却借着改革开放所提供的社会现场，一步步地在政策规避和远离政治理念约束的媒介生产和流通领域顽强地进行着边缘化的市场探索，当主导意识形态开始落伍于经济改革与社会变革的时候,媒介从业人员一方面在对原有的正面宣传模式进行反思,另一方面开始以信息的视角,介入社会信息传播系统中,以职业实践的形式,在某些领域渐渐与主流意识形态脱离,在改变原有的职业内涵和外延的同时,也为媒介职业化的独立化和专业化提供了潜在的可能性。

这种状况使得舆论生态格局出现了较为复杂的局面:一方面是政治舆论的主导性依然是媒介报道中占据主导地位,另一方面社会各阶层这种政治舆论导向的认知持续停留在知性分离的状态,社会行为、个体行为与媒介话语表述之间出现了较大的鸿沟,这种鸿沟在接下来的媒介变革中愈演愈烈,终于使得媒介的舆论监督尽管依然在中央政府的不断呼吁中,却始终是有心而无力,新媒介、民众获取信息方式的改变将有可能改变这种状况,这一点在下个章节将进行详细分析。

第三章

社会转型与媒介从业人员职业身份的多元化时期(1993—2010)

"从今天起，有过的骄傲，让我们继续；将有的骄傲，从我们开始。因为我们是记者。"

——《南方周末》

随着20世纪70年代末期80年代初期所进行的经济体制改革的深入，不仅社会结构发生了变化，新的社会阶层也开始出现，20世纪90年代社会开始转型，原有的社会管理模式与新型的社会形态之间发生了错位、裂痕，社会大众的消费观念和消费行为随之发生了变化，人们对社会地位、社会身份的看法不再是依照中国传统社会的原有标准，1993年国务院批转国家计委《关于全国第三产业发展规划基本思路》，把新闻业（报刊和广播电视）列为"文化、体育事业"，同时提出要遵照社会效益和经济效益并重原则。[①] 这一文件的重大意义在于：媒介不再只是具备政治宣传功能，将媒介职业化的路径拓展到其他生产领域。转变了媒介职业化的发展历程。尽管在上一章

① 林晖：《未完成的历史：中国新闻改革前沿》，上海：复旦大学出版社2004年版，第11-12页。

节中，媒介从业人员的职业实践已经冲破了政策和制度的约束力，将触角深入到经济领域和社会领域，但并没有获得合法性和权威性。1993 年标志性文件，给媒介提供了新中国成立以来的第二次转型，因此我们这里以 1993 为界，将 1993 年以来的中国媒介从业人员职业化发展历程作为一个完整的过程进行论述。

一、社会转型与政府转型

在经历了 30 余年改革开放的洗礼之后，中国社会原有的基础发生了深刻变化，这种变化体现在社会阶层构成的变化和社会形态的变化上。对这种社会变化的关注，已经成为学者们关注的视角。与此同时，在改革开放过程中，作为执政党的中国共产党也发生了转型，革命党的颜色在渐渐消退，行政化的痕迹逐渐凸显，这是在这双重转型中，媒介的第二次转型才有可能进行。

(一)社会转型与社会阶层的变化

进入 20 世纪 90 年代，改革开放的发展路径对中国社会造成了极大的影响力，原有的社会基础开始发生变化，一些新的职业开始形成，旧的职业开始消失。与此同时，新的社会阶层开始崛起，旧的社会阶层开始转换，在这种种因素合力作用下，中国社会形态较之改革开放之前发生了综合性的变化，中国社会转型的概念因而浮出水面，并迅速被社会各界认可并以此提出中国当代社会正在发生或潜在的种种矛盾和危机，并试图提出解决方法，换言之，建设一个什么样的民族国家的命题被抛了出来。

1.被抛出去的群体与社会结构转型

1926 年毛泽东在《中国社会各阶级的分析》中指出，中国社会分为以下几个阶级：地主阶级和买办阶级、中产阶级（主要指民族资产阶级）、小资产阶级（如自耕农、手工业主、小知识阶层——学生界、中小学教员、小职员、小事务员、小律师、小商人等）、半无产阶级（包括绝大部分半自耕农、贫农、小手工业者、店员、小贩等）、无产阶级（主要为铁路、矿山、海运、纺织、造船等五种产业的工人）以及游民无产者。[①] 1949年之后，随着国家建设的重点由革命向建设的过渡，社会各阶级之间的关系发生了变化，1950年8月14日，中央人民政府政务院第44次会议通过了“关于划分农村阶级成分的决定”。这次划分成分，基本确定了此后近30年中国社会分层的基本结构。主要的阶级类别包括：地主、资本家、开明士绅、富农、中农、知识分子、自由职业者、宗教职业者、小手工业者、小商小贩、贫农、工人和贫民等。[②] 从上述这些阶级划分可以看出，其中有的依据的是政治地位来分层，有的依据是经济地位来分层，带有浓厚的革命战争时代的痕迹和阶级斗争的意识形态倾向，随着农村土改运动的展开，经济上的分层逐渐消退，政治上的分层成为主流，并以此为标准寻找到了中国社会政治斗争和社会运动的根本动力，以政治地位消解经济地位，是当代中国社会分层的基本准则，这种基本准则所缔造的社会阶层划分标准，一直延续到改革开放之前。在50后、60后和70后的记忆中，这种阶级划分是与人的社会身份联系在一起的，因此，在社会化过程中，不得不面对各种表格的时候，总是有一栏“家庭出身”是必须要填写的，这里的家庭出身便是对上述阶级划分的明证，但是50年代划分的部分阶级，在50年代中期的政治运动中、在“文革”的浩劫中，逐渐消失了，如开明士绅、小商小贩、宗教职业者、自由职业者等。

改革开放之后，随着经济领域和思想领域的解放，原有的社会阶级划分与社会发展的趋势已经基本背离，社会结构变迁也在逐渐改变着中国社会

① 《毛泽东选集》第一卷，人民出版社1975年版，第3-9页。

② 李强：《当代中国社会分层与流动》，北京：经济出版社1993年版，第60-61页。

的阶层边界。经过了十余年的改革开放之后,20 世纪 90 年代以来社会形态的变化特征开始崭露头角。主要体现在两个方面:职业变迁引发的社会阶层变迁和城乡流动引发的城乡社会之间关系的形态变迁。就其本质而言,本文认为其核心还是社会阶层的变化问题。孙立平认为,被淘汰的传统职业及其下岗和失业人员,在新的职业创造中,对他们大多数人而言,并没有足够的再就业机会,原因在于"第一,回到社会的主导产业中已没有可能;第二,在目前的体制下,回到原来的那种稳定的就业体制中也没有可能;第三,朝阳产业不会向他们提供多少就业机会。"因此他们成为"社会中的淘汰者,……被摔倒社会结构之外的一个群体。"①这一群体在共同构成中国社会结构中被抛弃的群体的同时,经过各自的努力,又分化为不同的群体。而城乡关系的变化主要体现在农民工群体②身份的变化和职业的选择上。首先是户籍制度,其次是职业选择的限定,再其次是生活保障问题,如医疗问题、子女问题、维权问题等。进入 21 世纪之后,农民工的管理被纳入城市管理中,从流管办、社保所到农民工自组织,农民工群体已经以自身的方式在城市生活中扎根了,尽管这种扎根的形式距离他们的梦想还很遥远。我们来看一位在北京的打工者写下的一首诗,以此来描述他们在城市生活的心境:

无奈的生活
睁开眼睛
我就害怕
我讨厌黎明
他提醒我

① 孙立平:《断裂:20 世纪 90 年代以来的中国社会》,北京:社会科学文献出版社 2003 年版,第 2-3 页。

② 这里的农民工概念的含义,是指以农民身份到城市打工的群体。调查显示,他们比较不认同自己的农民身份,也不认同制度或社会强加给他们的农民工身份,更愿意用职业来称呼自己,如销售人员、市场营销、服务员、个体商户等。——笔者注。

又要开始伪装自己
二十岁的脸
三十岁的表情
可是为了生活
即使不安分的心
却没有更多的选择
孤独、无奈、顺从
洗脸、刷牙、吃饭
嘴里说着胡话
机械的格式
我一次再次地爬
我的生命属于黑夜
夜色遮盖了我沧桑的容颜
夜色使我不必再看
别人的脸色
夜色使我麻木的心灵
慢慢复活
想笑就笑想哭就哭
做回真正的我

他们在城市中找不到根，回到乡村也找不到那种熟悉的感觉，就像是漂泊的流浪者，心无处安放。而他们所能选择的职业，也十分有限，很多职业也是为政府所限制，这种城乡二元化的现状存在着诸多隐患，一旦爆发，对社会的稳定会造成一定的影响。基于上述两种因素，笔者比较赞同孙立平的观点，社会在转型，而我们正处在一个断裂社会中。“多个时代的社会成分共存在一个社会之中，导致的一个结果就是，不同社会身份的诉求共存于一时,而这些诉求本来是应当属于不同的时代。"[①]

这里的社会转型是指原有的社会结构发生了变化,新的社会力量开始兴起,社会断裂则是社会转型中的一个阶段,在这个阶段中,由于改革逻辑的变化,导致:(1)改革的内涵发生了变化,改革初期的理想与热情消失了,取而代之的是利益博弈关系;(2)改革的动力发生了变化,有自下而上转变为自上而下;(3)一种扭曲的改革机制开始形成,一些旨在促进社会公平的改革措施,往往在实践中收到的是不公平的社会效果;(4)力量的不均衡和不平等机制开始形成。弱势群体与强势群体在公共政策的影响上和利用社会机会的能力上存在较大差异。[②] 在这种社会断裂过程中,利益群体之间的博弈成为主流的同时,新的社会结构开始趋于稳定化,无论是哪种群体,在新的社会生活规则中,不得不遵循着生活和职业的逻辑,渐次地实现自我与群体的整合。在这种整合中,相对稳定的新的阶层开始形成了,尤其是自20世纪90年代后期以来,新的社会阶层基本稳定下来,根据陆学艺的《中国当代社会阶层的变化》指出,20世纪80年代是中国社会阶层分化演变的第一阶段,以农村社会分层和农民阶级阶层分化为主,20世纪90年代则是第二个阶段,以城市和产业工人阶级分化为主,与此同时,农村社会阶层分化趋势有所深化,农民、农民工、乡镇企业管理者的比重有所下降,而雇工、个体劳动者、农村知识分子等其他几个阶层的比例有所上升。书中将中国社会分为十大阶层。这十个社会阶层分别是:①国家与社会管理者阶层;②经理人员阶层;③私营企业主阶层;④专业技术人员阶层;⑤办事人员阶层;⑥个体工商户阶层;⑦商业服务业员工阶层;⑧产业工人阶层;⑨农业劳动者阶层;⑩城乡无业、失业、半失业者阶层。[③] 这些社会阶层逐渐开始在社会结构

---

① 孙立平:《断裂:20世纪90年代以来的中国社会》,北京:社会科学文献出版社2003年版,第13页。

② 孙立平:《断裂:20世纪90年代以来的中国社会》,北京:社会科学文献出版社2003年版,第30-34页。

③ 陆学艺:《中国当代社会阶层研究报告》,北京:社会科学文献出版社2002年版,第7-9页,10-23页。

中定型，阶层之间的边界开始形成并逐渐明晰化了，阶层内部的认同感逐渐形成、阶层之间的流动感逐渐减少、社会阶层自身的再生产过程不断延续着。[①]

在稳定的阶层之间、阶层内部，随着阶层边界的明晰化、阶层内部的认同分化，阶层之间的流动变得比较困难了，社会刻板印象开始在大众视野中形成了，为了实现个体与群体自身阶层的认知与重新建构，新的社会现象涌现，如蚁族现象，新生代农民工现象，毕业后的大学生，蜗居在城市的一个角落，过着艰辛而又清贫的生活；新生代的农民工则已经完全脱离农业劳动，在农村没有根基，在城市中也没有根基，这两个群体共同形成了一个奇异的社会群体：大多来自于农村或小城镇，怀着梦想与希望来到城市，或者是以求学的方式，或者是以就业的方式，希望在城市中定居、生活、实现梦想，但社会中已经稳定下来的某些阶层，已经成为改革开放中的利益获得者，在与其他阶层的利益博弈中，希冀为自己的阶层获得更大的利益，弱势阶层或者弱势群体的利益一再受到剥夺。

"谁是改革的受损者？尽管政府官员和城市居民大都否认自己而相互指认对方是受益者，然而他们在谁是改革过程中最严重的受损者问题上却意见一致，国有企业工人和农民被认为是改革中受损最严重的群体。这样，就又出现了新问题。为何他们成为受损者？他们是如何成为受损者的？"[②]在这种状况下，改革本身已经成为对社会结构稳定性的一种挑战，在各方利益博弈中，如何使得社会的秩序与发展逻辑能以一种和谐的状态稳定下来，便是当代中国社会要面临的主要任务。

2.利益表达与重建社会秩序

什么是利益表达呢？利益表达是指在一个社会运行机制中，对社会成

---

① 孙立平：《博弈：断裂社会的利益冲突与和谐》，北京：社会科学文献出版社 2006 年版，第 25-30 页。

② 郑永年：《中国模式：经验与困局》，杭州：浙江人民出版社 2010 年版，第 173 页。

员而言,遇到利益诉求时,可资利用的表达渠道以及对这种表达本身的制度和法律保障。辽宁工业大学硕士生曹再学2003年毕业后就职于阜新市国土资源局,后因不明理由被迫下岗,直到总理关注后才恢复工作。曹再学自己认为,他是因被招录为公务员时没有送礼才招致下岗结果的,而有媒体更进一步分析,找工作要让负责人得到"好处",已是现今各个单位人事录用的"潜规则",曹再学即是此一潜规则的牺牲品。[①] 再如《北京青年报》2003年刊登了:总理亲自为《农民追讨工钱的担忧》的评论文章,对温家宝总理在视察三峡工程期间,与农民座谈时,帮农民从县里要拖欠的工资的事情进行评述。"让人有一点担忧的是,熊德明拿到被拖欠了一年的工资的速度似乎太快了些。无论是熊德明个人的难题,还是与她有着同样命运的百姓所面临的难题,其真正得到解决的希望,都不在于能不能在总理的亲自过问之下,于当天夜里拿到现钱。这种"特事特办"的方式,体现了总理对熊德明一家的关怀,但同时也让人担心此类问题有没有被当作一个普遍存在又迫切需要解决的问题而被重视起来,予以通盘地考虑"[②]这两件事情背后可以看到的问题均是:通过正式的利益表达渠道没有得到解决,由总理出面才有了结果,原本就是一件令人深思的事情。

当代中国社会发展中的利益诉求机制可以分为正式的形式和非正式的形式,如上述案例所说的,由于正式的利益诉求机制对弱势群体而言往往无效,因此他们会采用各种各样的形式实现利益诉求,如上访、告状、诉诸媒体等形式,但是由于这些利益诉求形式的非规范性,因此也存在着很大的风险因素在里面。利益诉求者也容易受到利益当权者的报复,即使这种利益诉求得到了媒介维护和中央政府的批示,结果却往往是事与愿违的,因为媒介报道了,中央相关部门的批示,对地方政府及其相关部门而言,并没有执行

---

① 辽宁一硕士公务员被逼下岗 温家宝批示恢复公职,光明网,2005年4月4日。http://www.gmw.cn/content/2005-04/04/content_209418.htm。

② 张天蔚:"总理亲自为农民讨工钱的担忧",《北京青年报》2003年10月28日。

的强制性，也没有制度化的监督机制，相当于一纸空文，就像是一个巨大的社会舆论泡沫，大众很积极地参与，欠缺制度上的和法律上的保证。

因此我们在面临社会结构转型、社会各阶层逐步定型的情形下，要以建立有效的利益表达机制来维护各阶层之间的平衡与稳定，才有可能实现社会公正，纠正市场化中社会秩序的失衡与混乱状况。建立有效的利益表达机制中一个核心的命题便是如何处理政府与社会的关系，如何处理利益主体的表达与代表问题。[①] 这一点直接关涉到如何重建社会秩序的问题。

笔者认为，重建社会秩序所基于的主要原则应立足于对中国社会民主化进程的考量，而这种考量的前提是对当代中国社会中的政治民主进程的方向如何认知的问题。

（二）中国共产党的第二次转型与重建意识形态的尝试

改革开放以来，作为执政党的中国共产党开始从革命型政党向行政型政党转移，这一转型主要发生在 20 世纪 80—90 年代前后，其主要特征在于治理国家的模式从革命手段转换为行政手段。“如果说革命方法的目标是变革现存制度，那么行政方法的重点则是在维持现存体制的前提下改造现存体制。革命方法要求党直接基于社会的支持力量，但在行政方法下，党的依靠力量直接来自于党内精英层。在革命方法下，权力集中是为了政治动员，但在行政方法下，这样做是为了决策的有效性。”[②]因此，中国共产党在改革开放初期，管理社会的模式不再是 20 世纪 50—60、70 年代的直接社会动员模式，而是以行政化的模式，按照组织结构将信息进行横向和纵向的传播，以获得有效的社会支持。随着 20 世纪 90 年代世界格局的变化和中国社会内部的阶层冲突和政治冲突，经济领域的改革催生着社会变革与政治

① 孙立平：《博弈：断裂社会的利益与冲突》，北京：社会科学文献出版社 2006 年版，第 34 页。
② 郑永年：《中国模式：经验与困局》，杭州：浙江人民出版社 2010 年版，第 66 页。

变革,而在政治变革中,执政党自身如何更好地建设自身以适应改革开放下社会环境的变迁与社会各阶层的需求便成为一个迫在眉睫的问题。

政治变革面临的首要社会任务便是意识形态的重建,或者说是社会核心价值观的重建问题。第一次转型中,将过分政治化的意识形态逐渐淡化,以一切从实际出发、实事求是作为主导意识形态的标准,但始终这种标准自身在管理变革中的社会过程中,逐渐导致政党理念、经济变革与思想自由之间的激烈冲突,这种冲突在 20 世纪 80 年代中后期呈现为中国共产党短暂的清除精神污染运动、反自由化运动以及 1989 年的政治风波,鉴于此,执政党决定转化思路,以缓解政党、政府与社会之间的紧张关系,因此"中国共产党决定用经济的方法来提高和巩固中国共产党的统治合法性。"①但是,随着经济方法与统治合法性之间的张力逐渐加大,经济因素与政党统治之间的负面效应越来越大。

首先,用发展的思路,淡化意识形态,将社会现实中的各种矛盾以更加多元化的形式呈现出来。例如,一些高校里的 80—90 后大学生,入学的时候要求全体上团课,并计入学分,积极分子要求上党课,大学毕业生中入党比例逐渐提升,但政党信仰和政党意识形态所传播的内容逐渐弱化为一种仪式,这些新生的党内力量对党的忠诚度和认同感也随之降低。执政党在对新进入的成员进行持续而完备的组织社会化方面组织力度不够,一些简单的组织社会化行为只是停留在表层上,没有持续而完备的组织化过程,即使是党员人数增加了,也只是具有统计学上的意义而已。

其次,在没有政治信仰和制度约束的状况下,意识形态的衰落或缺失使得社会大众茫然无从,原有的价值观已经解体,新的价值体系没有确立,一时间,腐败现象滋生、消费主义理念取代了人们内心对缺失的价值体系的渴求,物质追求到了一定层次,又会对缺失的价值理念有更为深厚的渴求,但

① 郑永年:《中国模式:经验与困局》,杭州:浙江人民出版社 2010 年版,第 71 页。

是腐败现象的普遍化、缺乏真挚的政治信仰都使得社会大众对执政党的信心开始减退。如果说，一方面，目前，至少市场化的模式对多元化生活方式的肯定还在支撑着人们改善生活质量的梦想；另一方面，文化理念的缺乏和价值观念的空虚演变出越来越多的社会问题。

再次，“现行的政治体制使得党和基层党员之间很难有有机联系；集权体制和行政方法治国很容易使得党本身成为一个追求利益、追求本身利益最大化的利益团体。因此在党和社会之间制造了距离。”[①]党的组织机构在社会中看起来很普遍，也很健全，加入党的仪式过程还在程序化地发挥着作用，但是作为高高在上的政党组织，与社会基础的利益主体之间的关系究竟如何，则是执政党需要充分调研评估的课题。

如前所述，在行政化管理中，作为执政党的中国共产党自身作为一个利益主体，在控制社会资源、协调社会利益团体之间关系的过程中，需要解决的迫在眉睫的问题主要有三个方面：其一，是执政党的阶级基础问题。2001年7月1日，在庆祝中国共产党成立80周年大会上的讲话中，江泽民首次使用了“新的社会阶层”的提法，以此概括这个不同于工人、农民、知识分子的新的社会群体。这一思想在2002年中国共产党第十六次全国代表大会上得到阐述，确认新的社会阶层中的广大人员都是中国特色社会主义事业的建设者。也正是在这次大会上，首次允许“其他社会阶层的先进分子”申请入党；此外，党章还第一次写入了非公有制企业党组织的职责。[②] 随着新的阶层的加入，如白领阶层、私营企业主、学生等，政党的原有基础阶层发生变化；其二，在新阶层加入的同时，党与基层党员之间的联系却没有得到显著的加强，尽管这些新阶层入党有各种各样的理由，毕竟已经成为这个组织的成员，就有必要利用组织本身对他们进行有效的组织社会化。其三，党与基

---

① 郑永年:《中国模式:经验与困局》,杭州:浙江人民出版社2010年版,第77页。

② 黄卫:新社会阶层:参与、关注与诉求,中国网,2007年12月6日,http://www.china.com.cn/book/zhuanti/qkjc/txt/2007-12/06/content_9355117.htm。

层社会群体之间的关系越来越远。作为改革开放中的利益主体，执政党在拥有垄断资源的同时，忽视了与社会各阶层之间的利益均衡关系，距离社会或者说民间力量越来越远。最后一点，也是最为重要的一点便是如何应对意识形态问题。

面对这种局面，中国共产党一方面开始进行政党自身的第二次转型，另一方面开始了重建意识形态格局、试图重新占领意识形态领域的努力。

(1)首先，从意识形态重建的视角来看，在喉舌论的基础上，就新闻媒体的舆论导向问题，进行了详尽的论述，舆论导向可以说成为中国共产党重建意识形态的第一重努力。

在十五大报告中，江泽民指出，有中国特色社会主义的“新闻宣传必须坚持党性原则，坚持实事求是，把握正确的舆论导向”。1995 年江泽民在全国中宣部部长会议上，提出了要“以科学的理论武装人，以正确的舆论引导人、以高尚的精神塑造人、以优秀的作品鼓舞人”，将其当作是新闻宣传报道的指南针。1996 年 9 月 26 日，江泽民在视察人民日报社时的讲话中再次指出：“舆论导向正确，是党和人民之福；舆论导向错误，是党和人民之祸。党的新闻事业与党休戚与共，是党的生命的一部分。可以说，舆论工作就是思想政治工作，是党和国家的前途和命运所系的工作。因此……要把新闻舆论的领导权牢牢掌握在忠于马克思主义、忠于党、忠于人民的人手里；新闻舆论单位一定要把坚定正确的政治方向放在一切工作的首位，坚持正确的舆论导向；新闻舆论工作要紧紧围绕经济建设这个中心，服从、服务于全党全国工作的大局。这在任何时候都不能模糊，不能动摇。”

如何坚持正确舆论导向呢？他认为：“坚持正确的舆论导向，就是要造成有利于进一步改革开放，建立社会主义市场经济体制，发展社会生产力的舆论；有利于加强社会主义精神文明建设和民主法制建设的舆论；有利于鼓舞和激励人们为国家富强、人民幸福和社会进步而艰苦创业、开拓创新的舆论；有利于人们分清是非，坚持真善美，抵制假恶丑的舆论；有利于国家统

一、民族团结、人民心情舒畅、社会政治稳定的舆论。”①

从上述的论述可以看出,在20世纪90年代中期,中国共产党主导意识形态的思想已经发生变化,在以经济统治实现国家统治模式所造成的意识形态衰落的情形下,开始以舆论导向的力量整合社会信息流向与流量,应该说这是对即将到来的信息时代的一种敏锐的洞察力的体现,但是仍然以领导人视察国家权威媒介加讲话的模式,只能引起媒介与社会各界在宏大叙事模式中再次进行短暂的沉迷,这种宏大叙事模式与媒介的日常经验与变革形态仍无直接关联,因而以舆论导向的模式来控制社会信息传播系统运行的方式对媒介从业人员的职业实践和报道理念而言,影响依然不大。

(2)其次,以人为本的理念,借助引导舆论导向促进社安定团结。

经过了几年的意识形态建设的试验之后,因为中国共产党管理社会的思路发生变化,以人为本成为一种新的视角,因而舆论导向便与以人为本的理念相结合,在稳定社会的终极目标中,继续担负着重建意识形态的使命。

1998年10月7日,朱镕基视察中央电视台和《焦点访谈》时指出,以“舆论监督,群众喉舌,政府镜鉴,改革尖兵”四句话赠予媒介工作的记者和编辑,这其中隐含的潜在前提是:舆论导向也要与监督相结合,与改革的进程相配套,与政府的工作转型相一致。继而在2001年,中宣部、全国记协在新闻战线开展马克思主义新闻观教育活动。2003年,中宣部、全国记协又联合在新闻界广泛开展“三个代表”重要思想、马克思主义新闻观、职业道德学习教育活动。以持续学习和培训的模式,加强原有的意识形态系统观念,希望由此对经济统治时代已经衰落的意识形态有所纠偏。

五年之后,2003年,温家宝总理视察中央电视台《焦点访谈》节目,强调指出媒体工作者要“与人民同行,与祖国同在,与世界同步,与时代同进。”其中的意识形态色彩明显淡化,开始以发展的视角、大众的视角、全球化的视

① 《十四大以来重要文献选编》(上),北京:人民出版社1996年版,第654页。

角对媒体在国家和社会建设中的作用提出了希望。

2008年6月20日胡锦涛视察人民日报社,并与人民网强国论坛网友进行在线交流。再次强调舆论导向与社会稳定之间的关系,指出:“新闻舆论处在意识形态领域的前沿,对社会精神生活和人们思想意识有着重大影响。新闻舆论的作用越来越突出。做好新闻宣传工作,关系党和国家工作全局,关系改革和经济社会发展大局,关系国家长治久安。”“新闻宣传工作坚持正确舆论导向,提高舆论引导能力,营造良好舆论环境,更好地发挥宣传党的主张、弘扬社会正气、通达社情民意、引导社会热点、疏导公众情绪、搞好舆论监督的重要作用。要把提高舆论引导能力放在突出位置,……第一,必须坚持党性原则,牢牢把握正确舆论导向;第二,必须坚持以人为本,增强新闻报道的亲和力、吸引力、感染力;第三,必须不断改革创新,增强舆论引导的针对性和实效性;第四,必须加强主流媒体建设和新兴媒体建设,形成舆论引导新格局;第五,必须切实抓好队伍建设,增强凝聚力和战斗力。”①

可以说,这段话完整地描述了执政党对舆论导向与政党自身、与改革开放的关系,希望媒介可以借助主流媒介和新兴媒介的力量,以人为本的原则,为执政党的舆论建设进行系统化的信息构建行为。

(3)以加强执政党自身建设的意识形态构建模式,提出三个代表、和谐社会、科学发展观等思路,力图缩小党与社会各阶层之间的距离。

以加强对执政党自身凝聚力和在社会中代表性力量的组织内学习与建设工作,重新树立执政党的形象,试图以这种方式凝聚执政党内部成员的向心力,恢复与扩大执政党在社会中的影响力,对重建意识形态进行思想上的指导。其实,早在20世纪80年代末期,执政党自身的建设一直在大力提倡中,如1989年6月,十三届四中全会提出了大力加强党的建设、坚决惩治腐败的要求;1989年8月,中国共产党发出了《关于加强党的建设的通知》;

① 胡锦涛:“在人民日报视察工作时的讲话”,《人民日报》2008年6月21日。

1989年12月，江泽民同志在党建研究班发表《为把党建设成为更加坚强的工人阶级先锋队而斗争》的讲话。1990年，中国共产党做出《关于加强党同人民群众联系的决定》；1992年10月，十四大系统论述了加强党的建设和改善党的领导问题。

2000年2月，江泽民在出席广东茂名高州市领导干部"三讲"教育会议时，首次提出了"三个代表"的思想，即党"总是代表着中国先进社会生产力的发展要求，代表着中国先进文化的前进方向，代表着中国最广大人民的根本利益"。5月，江泽民在江苏、浙江、上海考察工作时又指出，"三个代表"是我们党的"立党之本、执政之基、力量之源"。2005年开始结合三个代表与保持执政党的先进性教育，在全国党员中展开"保先"学习，这种方式无疑是一种改善的努力，同时2005年3月，全国人大三次会议，温家宝总理作了报告，围绕树立科学发展观与构建和谐社会，作了重点讲话。

这种种努力可以视为中国共产党第二次转型的一些正在呈现出的现象。三个代表、和谐社会、以人为本和科学发展观便是这种现象的表现。

综上所述，中国共产党的第二次转型集中在建设执政党自身、提升执政党在社会中的代表性、缩小执政党与社会之间的距离。

(4)增加信息透明度，提升舆论监督的作用成为近年来执政党试图改革形象的显著而有效的努力，较为成功缓解了政府与社会大众的紧张关系。

《中华人民共和国政府信息公开条例》于2007年1月17日国务院第165次常务会议通过，自2008年5月1日起施行。《条例》从基本原则、公开的范围、公开的方式和程序、监督和保障等方面进行明确的规定。是我国政府信息公开的基本法规。2010年6月30日国家11部委设立新闻发言人制度，这两种举措很显著地代表了执政党试图以党内建设与社会结合的方式，获取舆论导向的支持，建设良性舆论生态环境的努力。

综上所述，中国共产党的第二次转型试图以新的建设理念：三个代表、和谐社会、以人为本、科学发展观等观念建设党自身、改善党与社会之间的关系、拉近党与媒体、与基层百姓之间的关系,以重建意识形态的方式,以政府信息透明为依托,在逐步实现执政党转型的同时,完成对意识形态领域的重新统治。换言之,20 世纪 90 年代以来的意识形态重建对媒介而言,主要集中在如何利用舆论导向、建设舆论导向新格局、利用舆论监督的视点上,但这些视点如果没有相应的制度习惯规范做基础,没有相对宽容的言论自由和公民表达言论的自由机制,往往很难落在实处。以腐败案例而论,基本都不是由媒体披露出来的,往往是立案或结案之后才由媒体报道出来,作为社会皮肤的舆论,在中国当前的社会现实中,缺乏良好的生长和发育机制,仅仅将舆论监督停留在口号或政策上,是远远不够的。

二、媒介的第二次转型与媒介人员从业人员职业身份的混沌状态

随着社会的转型、政党的转型,媒介的发展也进入了变革时期,或者说媒介的第二次转型也开始发生了。在媒介转型中,随着媒介组织结构、治理模式的变化,媒介从业人员的角色、媒介从业人员与媒介行业之间的关系也发生了变化,原有的单一职业身份已经无法满足媒介从业人员的职业诉求,多元化与边缘化的职业生态现场开始形成。新技术的不断介入,政府在信息公开方面的承诺与改变、大众的利益表达权的确立等,都对这种生态现场形成了综合影响力,媒介从业人员的职业认知进入了专业化与多元化、核心化与边缘化的状态。

(一)媒介政策演变与媒介组织的探索

改革开放之后中国媒介组织变革主要是在政策解冻、媒介组织结构变

革和媒介从业人员自我探索三个层面展开，可以说，这三个层面几乎是同时进行的，其中所伴随的自然是社会经济变革的背景和人们思想观念的变革过程。在操作层面，主要依据以下两个路径展开：一是行政化路径，二是市场化路径。我们首先来看政策层面的解冻过程，继而从行政化和市场化两个视角进行分析，媒介组织结构变迁过程是穿插于其中的，媒介从业人员的自我探索部分将会在第四章和第五章进行详细论述。

1.媒介政策的演变

改革开放初期，主要是以经济改革为主，这一点也体现在媒介组织管理政策的变化上。

1978年前后财政部批准《人民日报》等北京8家报纸试行企业管理，其后形成的“事业单位，企业化管理”的传媒体制构成了当代中国大众传媒体制演变的基础，一直延续至今。

1979年4月，财政部颁发《关于报社试行企业基金的实施办法》，明确指出报社是党的宣传事业单位，在财务上实行企业管理办法，从而使报业经营管理的改革成为可能。

1983年中共中央《关于批转广播电视部党组〈关于广播电视工作的汇报提纲〉的通知》对广播电视宣传、事业建设、技术政策、管理体制进行了规定，指出：搞好广播电视必须坚持自己走路的方针，调整事业建设方针和政策，实行中央、省（自治区、直辖市）、市（地、州）、县四级办广播、四级办电视、四级混合覆盖，努力做到县县、乡乡、队队通广播电视，户户、人人能够听到看到广播电视。[①]

1983年，财政部对《经济日报》等大报实行利改税，税后利润全部留报社支配。

1985年国务院办公厅转发统计局《关于建立第三产业统计的报告》，教

① 魏永征，张鸿霞：《大众传播法学》，北京：法律出版社2007年版，第379页。

育、文化和广播电视事业均列入第三产业。

1988年前后,“纸荒”和邮局发行费的上涨让依靠政府拨款的报刊压力很大,出现亏损,在这种情况下,国家新闻出版署和国家工商行政管理局联合发布《关于报社、期刊开展有偿服务和经营活动的暂行办法》,使得以盈利为目的的媒介经营活动获得了政府资格认证,因此具有了进行市场化运作的合法性。

1992年中共十四大确立要建设社会主义市场经济体制,同年6月,中央和国务院发布了《关于加快发展第三产业的决定》,明确指出“广播电视”属于第三产业。

1993年国务院批转国家计委《关于全国第三产业发展规划基本思路》,把新闻业(报刊和广播电视)列为“文化、体育事业”,同时提出要遵照社会效益和经济效益并重原则,这事实上也等于承认了传媒是“生产性组织”,具备产业性质。[①]

1994年,上海东方明珠股份有限公司在上海证券交易所上市。这是我国第一家上市的传媒行业股份有限公司。

1996年1月15日,经由中共中央宣传部同意,国家新闻出版署正式批准《广州日报》作为报业集团试点单位,组建我国第一家报业集团。1996年4月,《广州日报》报业集团正式挂牌试点。《广州日报》报业集团在工商部门注册的全称是“广州日报报业集团有限公司”。

1996年12月中央中共中央办公厅、国务院办公厅发出《关于加强新闻出版广播电视业管理的通知》,要求本着“控制总量,调整结构,提高质量,增进效益”的原则,对全国报刊治散治滥,开始了3年左右的报刊结构治理。这标志着新一轮改革的起步。针对传媒业积累的内部矛盾和中国社会环境的变化要求,从1996年左右开始,中国传媒业终于自上而下、由外而内主动

① 林晖:《未完成的历史:中国新闻改革前沿》,上海:复旦大学出版社2004年版,第11-12页。

进行战略性的大调整，先是报业而后是广播电视业，从结构调整入手，以集团化为手段推进外部资源整合和内部制度创新。

2001年8月，中共中央办公厅发布了《中央宣传部、国家广电总局、新闻出版总署〈关于深化新闻出版广播影视业改革的若干意见〉的通知》（中办发[2001]17号）指出，集团建设要处理好点和面的关系，全面繁荣我国新闻出版事业。全国试点集团（以下简称“试点集团”）要立足于体制创新和机制创新，努力提高集团的核心竞争力，要利用好各种有利条件做大做强，为深化改革提供有益的经验，带动全行业整体推进；其他出版单位要根据各自实际，探索适合自身特点的改革发展的路子。

蹒跚前行中的媒介变革，由于政策规制与职业现实之间的差距，不断出现新的信息传播现象，而这些现象在原有的政策中是找不到依据的，因此媒介政策的颁布一方面与媒介组织管理模式的变迁相关联，另一方面不断在进行媒介整顿。

对媒介的第一次整顿始于1987年，这一年的1月13日，国务院决定撤销文化部所属国家出版局，设立直属国务院的新闻出版署负责全国新闻、出版的管理工作，保留国家版权局，继续保持一个机构、两块牌子的形式。也正是在这一年，1月28日中国共产党发出《关于当前反对资产阶级自由化若干问题的通知》，使得反对资产阶级自由化成为当年的思想基调。为了配合这一行动，3月29日，中国共产党发出《关于坚决妥善地做好报刊整顿工作的通知》，整顿的重点是根本解决政治原则、政治方向问题。落实在报刊管理上，则是要求加强主办主管部门责任的问题。并随后出台《期刊管理暂行办法》《报纸管理暂行办法》，将有无明确的、能切实担负领导责任的主办单位和上级主管单位作为审批办刊的条件。[①] 但这次整顿主要是针对政治问题，与1997年的报业整顿的出发点完全不同。

① 宋守山：《传媒30年》，广州：南方日报出版社2009年版，第89页。

1989年政治风波之后，1990年1月19日国务院颁布《外国记者和外国常驻新闻机构管理条例》，继而对国内的媒体进行相关规定，首先是针对纪实刊物，2月16日新闻出版署对期刊发表纪实作品加强管理发出了通知，指出纪实作品"要坚持社会主义的办刊方向，坚持正面宣传为主的方针，正确处理歌颂光明与暴露黑暗之间的关系，注意作品可能产生的社会效果……"，5月5日由中共中央宣传部、新闻出版署联合发布了《关于对描写党和国家主要领导人的出版物加强管理的规定》(以下简称《规定》)。《规定》界定了"党和国家主要领导人"的范围：现任或曾任党中央政治局的常委，国家主席、副主席，国务院总理，全国人大常务委员会委员长，中央顾问委员会主任，全国政协主席。《规定》要求专门描写、记述上述人物的专著、传记、回忆录、纪实文学、报告文学等必须符合《关于若干历史问题的决议》、《关于新中国成立以来党的若干历史问题的决议》等中央有关文件。有资格出版的单位仅限人民出版社、中央文献出版社、中共党史资料出版社、中共中央党校出版社、中国青年出版社、解放军出版社和各省、自治区、直辖市人民出版社，其他出版社一律不得参与。发行仅限新华书店。《规定》称，凡写健在的党和国家主要领导人的书稿，在报送新闻出版署之前，须先由出版单位征求本人意见。

其次是对报刊的记者站进行整顿，重新核发记者证，并在1990年12月25日发布了《报刊管理暂行规定》，对报社的审批、等级、出版、变更、经营做了详细的规定，其中总则第六条规定："凡经新闻出版行政管理部门审核批准，履行登记注册手续，领取'内部报刊准印证'(由省级新闻出版行政管理部门统一印制)，用于本系统本单位内指导工作、交流经验的报纸(不含文件性材料和简报)，称为'非正式报纸'．'非正式报纸'属非卖品，不编入'国内统一刊号'，不得公开征订、发行、陈列或销售，不得刊登广告和刊出定价，出版非正式报纸的报社不得进行任何经营活动。"第六章"报纸的经营"中第四十五条指出"凡出版正式报纸，且具有法人资格的报社开展有偿服务和多种经营活动，应持报纸主管部门的批准文件，向有关新闻出版行政管理部门和工商行政管理部门提出申请，获准并领取营业执照后，方可开展有偿服务和多种经营活动(经营项目凡涉及国家有特殊规定的，应事先获得有关部门批准)。”

1997 年开始的为期 3 年的报业整顿则是第二次整顿，其目标明确指向党报所属的行业报和法制报。根据 1996 年 12 月的 37 号文件，发行量不足 3 万份的行业报一律撤销，并计划每年砍掉 10%，“不再批办省部级以下的行业报、企事业报”。经过治理，截至 2000 年 6 月底，全国压缩了报纸 324 种，其中行业报 160 种，压缩掉厅局报的公款订报费约 1 亿元。然而，业内人士认为，此次报业整顿的成果并不算丰厚，由于部委和省市厅局的竭力保护，不少发行量 3 万份以下的行业报仍然保存了下来。

1999 年 8 月，中央中共中央办公厅、国务院办公厅再次发出《关于调整中央国家机关和省、自治区、直辖市厅局报刊结构的通知》，对中央国家机关和各地厅局的 635 种报纸，进行撤销和划转，提出“中央和国家机关各部门原则上不办机关报”、“中央和国家机关各部门所办报纸，内容重复的予以合并，发行量在 3 万份以下的予以撤销”，“中央和国家机关各司、局不办报刊，其主管主办的报刊一律停办或划转；参与主管、主办的一律退出”。①

2002 年 6 月，国家新闻出版总署在《关于新闻出版业集团化建设的若干意见》(以下简称《意见》)中指出：推进集团化建设，是新闻出版业调整结构，优化资源配置，提高产业集中度，形成规模优势的重要举措。各地区、各部门要解放思想，实事求是，积极主动，加大力度，深入创新，稳步推进，在试点的基础上，加快新闻出版业的集团化建设。同时，该《意见》还提出，各试点的报业集团、出版集团、期刊集团等可以试行多媒体兼营和跨地区经营，同

① 朱学东，高江川，喻乐：“ to B 行业媒体解决方案”世界媒体实验室网站，2003 年 11 月 19 日，http://media.icxo.com/htmlnews/2003/11/19/30657.htm。

时要实施"走出去"战略,即可选择部分试点集团与境外管理规范、技术先进、资信可靠、对我友好的知名传媒集团在发行和印刷方面进行合作,并采取与国外出版发行机构合作出版、区域代理或版权贸易等多种方式,使我国的优秀出版物更多更快地走向世界。同时《意见》还提出要加强对集团的宏观管理,要实行严格的报批程序。

2002 年 7 月 29 日中央中共中央办公厅、国务院办公厅又发了对于今后文化事业发展与改革将产生深远的影响的 16 号文件(《中央宣传部、新闻出版总署关于进一步加强和改进出版工作的若干意见》)。16 号文件的核心之一即强调加快政府职能转变。这一方面要体现于政府要从办文化转向管文化,另一方面明确指出政府的主要任务是集中力量加强市场监管。①

2003 年 8 月 1 日新闻出版总署颁布了《中办、国办关于治理报刊摊派实施细则》(以下简称《实施细则》)。《实施细则》规定:中央党政部门所办报刊,除公报、政报、文告外,要与部门实行管办分离,由读者自费订阅。省、自治区、直辖市党委统一主管主办 1 份党报和 1 份党刊,省、自治区、直辖市党政各部门所办报刊,原则上划转到省级党报集团、广电集团、出版集团。省级和省级以下政法、公安、财政、税务、工商、计生、交通、检验检疫、环保、消防等部门所属行业性协会、学会、研究会等不办报刊,已办的一律停办。《实施细则》还规定:市(地、州、盟)党委主管主办 1 份党报,主管主办的其他报刊一律划转给市(地、州、盟)党报。党报所办的子报子刊予以保留。市(地、州、盟)党政各部门所办的报刊一律停办。县(市、旗)和城市区不办报刊,已办的要停办。《实施细则》要求加大对报刊摊派行为的治理力度,并在这方面做出了相应的严格规定。②

《实施细则》是对于报刊摊派顽症、地方党报、地方行业报的一次力度

① "与国际接轨 出版业做出多项政策调整",中国网,2003 年 6 月 23 日 http://www.china.com.cn/chinese/zhuanti/wtobg2003/351850.htm。

② 丁柏铨:《加入 WTO 与中国新闻传播业》,北京:社会科学文献出版社 2005 年版,第 375 页。

最大的整治，对于现存的许多报刊动了"真格"，断了一部分靠摊派发行而存在的报刊的生路，使党报结构趋于合理，有利于规范报刊市场的竞争秩序。

新闻出版总署2003年7月25日发布的《关于规范新闻出版业融资活动的实施意见》规定"吸收国有企事业单位的资本，集团国有资本应不低于51%的股份。""吸收国有资本、非国有资本和境外资本，集团国有资本应不低于51%的股份。""经新闻出版总署批准，印刷集团可按现代企业制度的原则，设立有限责任公司或股份有限公司，吸收国有资本、非国有资本和境外资本，由集团国有资本控股。印刷集团设立的股份有限公司条件成熟时，可申请上市发行股票募集资金。"

2003年7月15日，中国媒体经历了新中国成立以来最大的整顿，也是改革开放以来的第三次整顿。中共中央办公厅、国务院办公厅颁布了《关于进一步治理党政部门报刊散滥和利用职权发行，减轻基层和农民负担的通知》(中办发[2003]19号)其主要的内容有"通过压缩党政部门报刊总量，调整结构，有效治理报刊散滥现象；报刊经营活动与部门权利分离，有效制止利用职权摊派发行""要停办一批，减少党政部门报刊数量；分离一批，切断部门权力与报刊经营之间的利益纽带；整合一批，解决党政部门报刊结构不合理、质量不高等散滥问题。""党政各部门所办报刊原则上划转到省级党报集团、广电集团、出版集团或有实力的报刊社。对质量低劣、主要靠摊派发行的报刊予以停办，对内容相近、交叉重复的报刊进行合并……"新闻出版总署于7月23日颁布《关于落实中办、国办〈关于进一步治理党政部门报刊散滥和利用职权发行，减轻基层和农民负担的通知〉的实施细则》(新出报刊[2003]745号)，将中央治理党政部门报刊散滥和利用职权发行工作协调领导小组办公室设在新闻出版总署。同年10月22日，中央报刊治理工作协调小组派出督查组，分赴全国20个省市自治区开始督查工作，11月22日，取得的成果是治理党政报刊1 452种，其中停办673种，划转302种，实行管办分离289种,改为免费赠阅的87种。[①]

2004年7月,新闻出版总署批准新华社所属中国证券报社整体转制为国有独资企业,批准中国再保险(集团)公司所属的中国保险报社进行股份制改造。[②]

在"2007年中国报刊经营模式创新论坛"上,国家新闻出版总署中国出版科学研究所发布了中国报刊经营管理模式"十大报业案例",五家报业集团和五家报纸跻身其中,分别是:广州日报报业集团、浙江日报报业集团、天津日报报业集团、深圳报业集团、宁波日报报业集团、《北京青年报》《潇湘晨报》《辽沈晚报》《华商报》《英语周报》。会议还同时发布了"七大期刊案例"和两家"特别推荐案例"。

至此,伴随着改革开放而进行的媒介政策与整顿基本落实下来,而没有完全落实下来的则是新媒体的相关政策,新技术对信息传播的挑战,因为始终一直处于变动状态,本文在此不做详细论述,在以后的章节中涉及到的地方会简要论述。

2.媒介自身的探索

随着媒介政策解冻,媒介行业的新气象层出不穷:

1979年10月1日,《人民日报》副总编辑安岗创办的《市场报》一上市,就立即在全国各地被抢购一空。这张由中共中央书记处批准办的报纸,在发刊词中率先使用了"市场经济"的概念。1981年新华社创办的《经济参考》问世,1982年9月《中国财贸报》改版而成的《经济日报》创刊,经济信息的收集与抢夺成为中国媒介变革的第一步,这一点与刚刚起步的经济变革几乎同步。

---

① 宋守山:《传媒30年》,广州:南方日报出版社2009年版,第249页。

② 武汉大学媒体发展研究中心:《发展研究报告.2003—2004年卷》,武汉:武汉大学出版社2005年版,第128页。

1985 年 1 月份起《洛阳日报》开始自办发行，效果显著，到 5 月份便超过了 1984 年的邮局发行水平，后来增加到 7.5 万份，以至于超过了纸张供应能力，不得不控制发行。由此开始，截止 1996 年全国 2 200 家报社中有 766 家报社搞起了自办发行，到 2005 年全国自办发行的报纸约 800 家，虽然只占全国报纸总数的 40%，但却创造了 80%以上的广告份额。①

1991 年崔恩卿全面改革《北京青年报》，以《青年周末》在北京市场迅速崛起。在 1992 年首届全国青年报刊经营管理研讨会上，他提出了报业大经营的观念和报纸三要素（即新闻、副刊和广告）观念。

1992 年在中国报协召开的全国报刊经营管理经验交流会上，首次提出了“报业经济”的概念，报纸进入了扩版、改版时期。第二年，即 1993 年 1 月 8 日，时尚类报纸《精品购物指南》面世，这是国内第一份生活服务类报纸，开始以朦胧的思路指导受众的时尚意识，“从创刊之日起，《精品购物指南》始终以倡导积极、健康、高品位的生活方式为己任，报道范围涵盖了时尚、旅游、家居、房产、健康、汽车、IT 等生活领域的方方面面，最前沿的国际流行先锋话题、最鲜活的时尚潮人品位之选，吸引着京城上百万主流人群，成为‘时尚北京人的消费参考和生活顾问’。目前，《精品购物指南》旗下已拥有一系列时尚生活媒体：中国第一完全时尚周刊《风尚志》、中国第一奢侈品刊物《优品》、中国唯一一本专注于出境旅游的杂志《世界》、精英人士财经生活读本《数字商业时代》、北京时尚消费门户精品网以及沈阳《时尚生活导报》、广州《精品生活》等。”②

1992 年媒介与资本合作的第一次探索在《现代人报》成为现实，该报创刊于 1985 年，1992 年改成日报，因缺乏资金便向外寻求资本，由香港智才集团属下的智慧传播有限公司与《现代人报》签署协议，合资成立广东现代人

① 宋守山：《传媒 30 年》广州：南方日报出版社 2009 年版，第 78 页。

② 资料来源于《精品购物指南》官网：http://www.lifestyle.com.cn/about/index.shtml。

报业经营有限公司,负责报社的发行、广告经营等企业业务,编辑由中方负责,港方不参与。1994年4月1日,中国第一份中外合资日报、第一份彩印日报《现代人报》出版。该报采用与内地完全不同的规章制度;引入、实施与现代报业接轨的采编手段和薪酬待遇;积极新颖的发行和推广方式;全电脑化流程(记者被要求必须交电稿,不得用手写稿);彩色印刷;人性化管理实现调节员工的凝聚力等,看得到的物化和看不见的,都是围绕着以影响采编思维方法从而达至该报的采编方向和定位而巧妙地结合着。但可惜的是日报出版不到3个月,1995年1月1日,在种种外在原因下,《现代人报》被迫停刊。①

1994年《都市报》初露端倪。《华西都市报》率先试刊。1995年正式创刊,同年3月30日创刊的还有《南方都市报》,这张报纸以独特的方式对未来的中国媒体发展演绎了重要的意义。《都市报》正式在中国传媒界舞台上登陆了。新兴起的都市报不但在发行模式上与原有的报业不同,一开始便自觉地将大众的知情权、参与权和监督权放在了职业理念中。张金柱案件便是一个很好的案例。

1996年广州日报报业集团成立,标志着一个新时代的开始。同一年的3月25日,卫星电视有限公司与今日亚洲有限公司、华颖国际有限公司成立了凤凰卫视有限公司,刘长乐成为董事局主席兼执行总裁。

这一年,文化色彩开始浓郁起来,民族情绪与文化情感相结合,导致了人们对已经逝去时代的一种记忆与怀念,一本《中国可以说不——冷战后时代的政治与情感抉择》热销,在引起一股新的民族主义热潮的同时,一本刊物《新周刊》也诞生了。该刊物在维持了一年的文人办报思路之后,开始面向市场,其中,1997年大盘点开媒介的先河,自此全国媒介开始了年终盘点

① 赵世龙:"新闻史未载之扫盲:中国首份合资、彩印日报",赵世龙的博客,http://blog.sina.com.cn/s/blog_48d24c56010003m9.html。

的议程,时至今日仍不衰退。

互联网在1996年开始接近大众,瀛海威首先扮演了一个启蒙者和领跑者的角色,并形成了公众品牌效应,遗憾的是因为没有找到盈利模式而宣告失败。同一年,张朝阳成为第一个利用海外风险投资在国内创业的人,他选择了互联网。1997年丁磊与周卓琳联合创办网易,张朝阳则推出了第一家中文的网上搜索引擎——搜狐。1998年12月,王志东的新浪网公司创办。网络作家开始出现了,老榕(陈俊涛)的2000字短文"大连金州没有眼泪"被《南方周末》全文刊登,一篇不过是描写自己与儿子看球经历的文章,吸引了网络和平面媒体的无数受众。而国内最早的网络三驾马车宁财神、李寻欢和安妮宝贝构成了20世纪末期最早的网络作家。

中国互联信息中心(CNNIC)开始颁布中国互联网用户报告,互联网时代在民间力量、社会大众、资本市场和大众媒介的共同作用下,登上大雅之堂,从此开始主宰信息时代的人们的生活,也深刻地改变了媒介变革的方向,和媒介与受众之间的关系。

1998年《财经》创刊,胡舒立从此以财经新闻开始影响中国媒介的发展路径和中国观众对媒介专业化的看法,以及媒介是如何影响国家政策和塑造中国记者形象的。2001年7月胡舒立被美国《新闻周刊》评为"亚洲之星"。

1999年1月13日《中华工商时报》公布了国内十大商业网站,分别是:新浪、163电子邮局、搜狐、网易、国中网、人民日报网站、上海热线、ChinaByte、首都在线和雅虎中国,但当时这些网站都是以新闻资讯类信息为主,与商业二字的唯一联系是访问量,因此评选的标准依次是:访问量、内容和美观,与盈利是否并无关系。这也在一定程度上反映了互联网在中国起步阶段对互联网媒体认知的观点。

2000年1月18日中国新闻社主办的《中国新闻周刊》面世,3月份《凤凰周刊》面世与此前出版的《三联生活周刊》一起,开始在当代中国媒介业塑造周刊时代,也形成了当前媒介变迁的特点之一。也是在这一年,国务院正式批复中国记协,将 11 月 8 日定为记者节。《南方周末》特意以"我们是记者"为题,做了新时期记者的宣言书:

"我们肩负着使命,那是什么样的使命?我们面临着竞争,那是什么样的竞争?在沟壑纵横的社会中,怎样坚持传媒的操守?怎样固守新闻的真实?在是非曲直的事件中,怎样调查新闻背后的新闻,怎样做出合乎价值的判断?行动吧,因为你是记者;思考吧,因为你要行动。当你作为一名记者在思索,你是在为自己而思索,同时也是在为所有同行而思索,为整个社会而思索。

从今天起,有过的骄傲,让我们继续;将有的骄傲,从我们开始。因为我们是记者。"①

与此同时,南方报业集团旗下的《21 世纪经济报道》于 2001 年正式创刊,山东的《经济观察报》也与 4 月 16 日创刊,中国财经类报纸《中国经营报》、《21 经济报道》《经济观察报》三驾马车的格局形成。《21 世纪经济报道》是"南方日报报业集团第一份在经营环节引进外部资本的报纸,也是第一个尝试建立相对公司治理的报纸。"②《经济观察报》是由山东新闻出版局、山东省委宣传部和山东三联集团联合投资创办,:"以中国社会拥有财富、拥有权力、拥有思想、拥有未来的实力阶层为读者对象。其宗旨便是为四有新人办报:有财富、有权力、有理想、有未来"。2001 年媒介合作的资本运作模式仍在继续,《京华时报》《北京娱乐信报》相继以这样的方式创刊。

随着中国加入 WTO,资本运作的力度和模式都有所改变。国外媒体与国内媒体之间的合作初露端倪,Tom 与《电脑报》的合作可以说是一个很好的开始,2001 年下半年双方就开始接触,2002 年 9 月签订了成立合资公司

① 评论员:《因为我们是记者》,南方周末,2000 年 11 月 9 日第 874 期。

② 宋守山:《传媒 30 年》,广州:南方日报出版社 2009 年版,第 224 页。

的初步协议,2004 年 1 月,新公司才获得国家新闻出版总署的批准。新公司注册资本为 3 000 万元人民币,Tom 公司 2.09 亿元获得双方合资公司 49%股权。电脑报集团将注入旗下《电脑报》、《电脑报合订本》、《电脑报配套光盘》、《神州商情》和电脑类图书的广告及发行业务、商标及品牌使用权、管理团队、客户资源以及相关固定和流动资产。在国家现行的传媒产业政策下,上述媒体的编辑业务仍由电脑报社负责,新公司只从事经营业务。双方的正式协议与 2002 年的初步协议有部分差异。在初步协议中,TOM 集团取得新公司 49%股份的代价高达 3.12 亿元人民币,其中 1.2 亿元以现金支付,剩余部分以 TOM 的股票支付。在正式协议中,TOM 付出的代价降低至约 2.09 亿元人民币,但均为现金。新公司的盈利承诺条款则显示:2004 年盈利不少于人民币 4 410 万元,2004 年及 2005 年累计不少于 9 040 万元。[①] 2002 年 8 月 30 日,香港上市公司泛华科技与人民日报社旗下的大地发行中心签署合资合同,共同斥资 2.5 亿元,成立大华媒体服务有限公司,人民日报控股 51%,经营报刊、图书发行分销,合作期 20 年,同年 10 月大华公司开展书报刊分销"试点"业务的申请获中国新闻出版总署的批准,大华公司成为中国内地第一家获得书报刊分销权的合资企业,并且拿到了书报刊发行权。[②] 9 月上旬,香港路讯社与人民日报旗下的大业影视传播公司组建合资公司,取得 30 年广告经营牌照,人民日报控制 51%。

2002 年另外一个新媒体事件就是博客中国开始因为一个叫木子美的前卫女子而进入大众视野。在余下来的几年内新媒体以各种形式改变着人们对信息内容、信息传播权、信息传播模式等的观念,博客、社区网站、网游、贴吧、BBS、手机以及微博等现象,至今仍在影响和改变着我们的生活方式和思维模式。

---

① 李若愚:"TOM 集团与电脑报成立合资企业,获 49%股权",eNet 论坛,2004 年 7 月 6 日,http://www.enet.com.cn/article/2004/0706/A20040706322301.shtml。

② 刘乃科:"出版物发行放开 邮政胜算几何",《中国邮政报》2003 年 8 月 29 日。

2003年对中国媒体而言,是一个特殊的年份,这是自1989年政治风波以来他们以独立的群体姿态所进行的一次职业的公开亮相。SARS这个幽灵在中国社会中游荡,这一游荡便开启了大众使用手机短信改变媒介信息获取渠道和传播模式的开端。最终以政府信息的被迫公开与国际社会的介入而告终。这一案件本身可以看作是自改革开放以来媒介与政府的一次公开较量,其社会影响力和媒介渗透力可以说亘古未有,对此后几年建构良性的社会信息传播机制提供了很好的参照作用。第五章中将会对此案例进行详细解读。

与非典报道同时,产生了更大影响力的则是《南方都市报》对孙志刚案的报道。这一事件的最终结果是2003年6月20日温家宝签署了第381号国务院令《城市生活无着的流浪乞讨人员救助管理办法》,8月1日正式施行。1982年5月国务院颁布的《城市流浪乞讨人员收容遣送办法》终于明确废止。以一份报纸的报道、以一个公民的生命,推动中国社会的法治进程,这一事件注定会被载入史册。

同一年,《新京报》创刊,这是中国媒体集团跨地区合作经营的第一份报纸,承载着太多人的希望和梦想,为了这张报纸,《南方都市报》派往北京165人,其中社委7名,采编44人,广告48人,发行4人,行政21人。[①] 该报纸宣称:负责报道一切。

《新京报》之后的2004年11月15日,《第一财经日报》的创刊更有意义。它的主管方是上海文广新闻传媒集团、广州日报报业集团、北京青年报社三家传媒业旗舰,而且还共享了已有的涵盖广播和电视的“第一财经”品牌。这份报纸的跨度更大,不仅跨地区而且跨媒体。这也意味着媒体经营的方法正日益多元化。媒体的产业特征随着经济、科技的发展得到深化。[②]

---

① 宋守山:《传媒30年》,广州:南方日报出版社2009年版,第247页。

② 参见赵世龙的博客 http://blog.sina.com.cn/u/1221741654。

2005年5月3日世界新闻自由日,《南方都市报》《新京报》前总编程益中获得联合国教科文组织官方颁发的2005年度"世界新闻自由奖",获得奖状、奖章和奖金;在授奖词中,联合国教科文组织评价:"程益中是中国新闻界的楷模和有良心的职业报人,他为中国政治文明的进步付出了代价。"

进入2005年之后,受众逐渐成为媒介消费市场的主角,大众开始以独特的姿态参与并影响了媒介发展趋势,新媒体的出现也对媒介从业人员的职业类别提出了另类的现实拷问。

2009年10月15日,《新记者证管理法》开始正式实行,与2004年版本相比,其修改内容主要包括:新闻记者指的是新闻机构编制内或者经正式聘用,专职从事新闻采编岗位工作,并持有新闻记者证的采编人员。办法规定,记者持新闻记者证依法从事新闻采访活动受法律保护。新闻记者不得从事与记者职务有关的有偿服务、中介活动或者兼职、取酬,不得借新闻采访工作从事广告、发行、赞助等经营活动,不得创办或者参股广告类公司,不得借新闻采访活动牟取不正当利益,不得借舆论监督进行敲诈勒索、打击报复等滥用新闻采访权利的行为。明确非新闻机构组织及人员不得以新闻采访为名开展活动。

2009年10月12日,《经济观察报》前执行总编辑仲伟志宣布成立由媒体人、投资家、企业高管、艺术家组成的商业文化传媒机构"远见传播",并将创办一本全新跨界商业类杂志。仲伟志表示,"远见传播"将是一个新型文化传播平台,它摆脱了传统营利模式的单一化与局限性。在期刊图书出版、商业价值开发、网络传媒运营、区域经济策划、商业旅行服务等领域将有明显的差异化表现。其目标是成为中国最具投资合作机制的传媒产业公司之一。此次加盟该杂志的业内人士还有著名投融资专家卞华舵、《观察家》主编孟雷、《中国新闻周刊》执行副主编陈海等。①

2009年下半年,电视媒体的竞争进入一个新阶段,湖南卫视并购青海卫视,改名青芒果,相亲类电视节目在湖南卫视《我们约会吧》和江苏卫视《非诚勿扰》的引导下,将网站资源、个人需求、媒体炒作和社会需求相结合,将电视台之间的竞争拉入白热化,浙江卫视、东方卫视等相继开办相亲类节目,2010年6月《人民日报》、新华社相继发文批评相亲类节目,"严禁伪造嘉宾身份,欺骗电视观众"、"不得以婚恋的名义对参与者进行羞辱或人身攻击,甚至讨论低俗涉性内容,不得展示和炒作拜金主义等不健康、不正确的婚恋观"。国家广电总局6月初正式下发的两份文件中,对相亲节目的整改提出了具体而明确的要求。

2009年9月,由于财讯传媒集团(香港上市公司)《财经》杂志与主办单位(内地主办单位)"联办"出现矛盾,主编胡舒立、总经理吴传晖及高层集体出走,《财经》总经理吴传晖及经营团队60多人辞职后,其采编队伍已于9月底递交辞呈,在完成11月9日出版杂志后集体离开,以财新传媒的形式,合作办《新世纪》周刊与《中国改革》杂志。

微博开始在言论自由和舆论引导中发挥作用,2009年7月28日《经济观察报》记者仇子明因为报道凯恩股份一事遭到浙江丽水市遂昌县公安局通缉,仇子明首先在个人微博上发文,继而引起微博博友的关注,《南方都市报》报道证实了此消息之后,凤凰网、财经网、《东莞日报》等媒体开始介入,律师周泽和《经济观察报》也发表声明,一场维护新闻自由、记者人身安全,对现有行政体制对媒体的粗暴行为的反击全面展开了。

同年7月28日,香港高峰论坛上,凤凰卫视董事长刘长乐发表演讲"全媒体时代的弄潮儿",提出全媒体(omnimedia)时代已经到来,"全媒体"的

---

① 肖昕:《商业周刊》、《落基山新闻》到《逃跑》、《远东经济评论》……他们为何关、停、并、转,停刊潮起,下一个是谁?《南方都市报》2009年11月20日。

"全"不仅包括报纸、杂志、广播、电视、音像、电影、出版、网路、电信、卫星通讯在内的各类传播工具,涵盖视、听、形象、触觉等人们接受资讯的全部感官,而且针对受众的不同需求,选择最适合的媒体形式和管道,深度融合,提供超细分的服务,实现对受众的全面覆盖及最佳传播效果。[①]

(二)受众消费意识的兴起与媒介从业人员职业身份的变迁

1981年1月8日《市场报》第七版刊登了一则征婚广告:"求婚人丁乃钧,男,未婚,四十岁,身高一米七,曾被错划为右派,已纠正。现在四川江津地区教师进修学院任数学教师。月薪四十三元五角。请应求着,来函联系和附一张近影。"这虽然是改革开放以来的第一则征婚启事,但是《市场报》上刊登之后并没有引起反响。3个月后被广州某文摘报摘录后,引起巨大反响,应征者有300多人。这一事件本身是一个信号:一是媒介内容与大众的日常生活可以对接,媒介可以成为大众消费的工具;二是媒介的影响力依靠大众,在这一点上,主流媒体与非主流媒体没有区别,这等于开启了以受众为导向认知媒介影响力的视角。

1982年6—8月进行的受众调查,则是这种认知的一种标志。这次受众调查由中国社科院新闻研究所发起,《人民日报》《工人日报》《中国青年报》和北京广播学院(现中国传媒大学)共同组织,以入户问卷访问的形式进行调查,调查结果由《中国日报》发布,新华社、香港《文汇报》和美联社都进行了转载。

1984年4月《中国日报》副总编冯锡良在密苏里大学新闻学院75周年校庆上,被授予新闻贡献勋章。这是为了表彰他30多年来贡献于国家的新闻事业以及通过报纸促进各国人民之间的文化交流所做出的贡献。

① 刘长乐:"作全媒体时代的弄潮儿",2010年7月28日 http://phtv.ifeng.com/lcl/detail_2010_07/28/1848162_0.shtml。

1996 年 2 月美国《福布斯》首次发表了中国内地亿万富豪榜。以一种另类的价值观改变了人们对社会精英阶层的看法,另一种价值评估模式开始成为中国社会的主流模式,至今未变。"从此开始,一个人拥有财富的多少逐渐成为是否成功的重要的价值标杆。一个物质化的商业时代,人们也许需要一个更为直接而易于计算的评价方式。"①这种计算方式对中国社会主流价值评价体系无疑是重重的一击,对媒介发展而言,则是进入了一个依靠经济利益发展职业化的时代,媒介行业在对自己品牌的传播价值有了明确认知之后,以对消费市场的占有优势开始了与企业之间的博弈。这一年的 11 月 8 日,中央电视台在梅地亚会议中心,将中央电视台的黄金时段面对全国企业公开招标,秦池当上了标王。这种以媒介资源来获取经济利益,将受众出售给广告商的方式此后逐渐成为媒介经营的一种模式,媒介对受众群体的自觉意识兴起了。

1998 年 11 月一种崭新的杂志形式进入人们的视野,DM 杂志,中国第一本直投式杂志《生活速递》诞生了。"《生活速递》作为一种新兴商业媒体,与传统媒体区别在于:传统媒体是以发行量取胜的,讲求人群的覆盖率,而 DM 方式则以质取胜,它追求的是传阅率、有效率、关注率以及影响率。《生活速递》北京版的发行量为 4.5 万份,上海版为 3 万份,它的读者不仅是一个强有力的消费群体,而且往往还是有影响力的大顾客。杂志创始人刘峻谷提出了一个新名词:影响力中心。他认为,作为一本广告杂志,最重要的是影响了社会中的核心人群,即影响力中心,由他们再进行二次传播。"②目前,国内 DM 杂志的特点主要在于:一是媒体和商品信息合一;二是定向发行,目标顾客比较明确;三是出刊形式具有灵活多样性;四是针对地域性的

① 吴晓波:《激荡 30 年》(下),北京:中信出版社 2008 年版,第 60 页。

② 刘闯的博客,中国直投广告杂志《生活速递》前景喜人,2008 年 12 月 20 日。http://blog.sina.com.cn/s/blog_510a72f00100bhtk.html。

广告主；五是完全放弃发行的盈利，而以广告客户为导向。[①]

随着另类价值观的兴起，对社会各阶层消费意识的关注几乎成为各个领域进入新世纪的焦点，媒介的关注点不单单是在受众的培育上，而开始与社会的主流价值观的培育、社会力量的增长和国家形象的建设结合起来了。首先是99财富全球论坛在上海召开，其次是一个名不见经传的安达信上海公司的会计师胡润开始做"中国内地富豪榜"。

可以说，1996年和1998年中国内地富豪榜单的出现，在客观上虽然是重塑了一种新的社会评价体系与人的社会身份之间的关系，但事实上却反映了改革开放20年来的一种社会后果。按照吴晓波的观点，如果以1998年为界把中国公司的变革按照主题划分的话，之前的主题是经营机制的转变，之后则是产权的重组和清晰化，前者虽然成效甚微，政策设计却是非常清晰，后者效果明显，但政策始终是混沌不清。因此"国退民进"尽管是从1997年开始试验，1998年大力推行，2003年进入尾声，令人感到惊奇的是，"国退民进"一直没有形成一个全国性的法制化改革方案。"国有资产的大释放在某种意义上确实成了一条制造千万富翁乃至亿万富翁的生产线，后来在各种财富榜单上出现的富豪们相当一部分都是这场改革的最大获利者。"[②]经济改革与财富榜单的关联、公共利益的获得者与个人社会身份的关系这两个问题很现实地被抛了出来，大众的消费意识或许还停留在逐渐培育的阶段，经济改革与个人财富的迅速联系使得消费意识与物质欲望的关联迅速升级，这种升级不仅体现在个体的消费意识上，也体现在企业家的消费意识上。《中国企业家》杂志是这样评价1999年财富上海论坛的："到上海出席论坛的500大巨头，很难理解中国企业家对跻身500强的那种宗教般的情怀。在美国，能否进入500强可能影响公司股票走向以及经理薪金，

① 李济滨：《新时期期刊出版研究》，郑州：中原农民出版社2006年版，第158页。

② 吴晓波：《激荡30年》(下)，北京：中信出版社2008年版，第114-115、117页。

对中国企业来说,500强情结包含了企业家的人生价值和民族责任。”①

人生价值和民族责任,这两个概念自1895年甲午战争之后就一直困扰着中国精英阶层,经历了晚清时期的第一次救赎,民国时期的新文化运动、民国期间企业家的首次崛起、抗日战争与国内战争,这两个概念在建国方略中才刚刚落实下来,就进入了另一个革命化的时代,这个持续了将近20年的时代将社会精英阶层的民族情绪和文化情结压抑到了最低点,因而才有了改革开放20年之后的再次昂扬前行。商业的冷静与理想在这一情结面前被淡化了,大跃进时期的热情与浪漫主义色彩再次弥漫上来,我们不得不说,中国精英在20世纪一直保持着这种民族情结和文化梦想,并将之与实现自己的人生价值结合在一起,进入21世纪,情况似乎有了变化。

而社会普通大众的消费意识则在这种轰轰烈烈的媒体报道中,一方面被极大地延伸着,1996年前后北京曾流行着顺口溜:“北京有三傻:逛赛特、吃龙虾、下班就回家。”后来改为逛燕莎,从一定程度上说明了大众消费意识在20世纪末期的转变,生活多元化,购物理性化了。

随着消费意识的复苏,消费市场开始成型,媒介的影响力为企业家所推崇,在媒体投放广告成为推动企业发展的一个重要举措。进入21世纪的第一年,2000年6月国家工商总局颁布了一个奇怪的政策:宣布国有企业如果要做广告,其投放金额必须控制在企业销售收入税前比例的2%。② 政府试图以颁布政策的性质限制媒体与企业广告投放的比例,以达到促进媒体经营多元化、企业经营理想化的方式在与市场的对抗中以失败告终。

2005年受众时代全面来临了!2005年湖南卫视的《超级女生》开启了国内受众、平民与媒介之间新型关系的时代。中国主流媒体报纸受到的挑战不仅来自于电视、还来自新媒体,人们开始来用新媒体的优势、借助受众

---

① 吴晓波:《激荡30年》(下),北京:中信出版社2008年版,第143页。

② 吴晓波:《激荡30年》(下),北京:中信出版社2008年版,第156页。

的舆论力量，推动媒介从业人员的职业化、独立化和专业化过程。

同时，随着互联网的普及，也以博客的形式开始进入全民的生活，随着方兴东的博客中国的启蒙运动，新浪也在 2005 年 9 月推出新浪博客公测版，名人博客一时兴起，徐静蕾的博客点击量冲破千万大关，成为第一博客。

2006 年“炒作”开始成为吸引大众眼球的一种手段，媒介、政府、企业和个人在博弈中纠纷逐渐增多。7 月 10 日富士康公司起诉《第一财经日报》记者翁宝和王佑，以名誉侵权纠纷为由，索赔名誉损失费 3 000 万元，最终以顺利和解告终，炒作与竞争之间的界限第一次变得模糊不清，到底是舆论的力量、还是资本的力量，亦或是二者在相互“勾结”中操纵大众，炒作的观念开始进入大众视野，从此一发不可收拾。

同时被拉入公众视野的还有记者被打死一事：值得质疑的两大问题浮出水面：一是记者证的办法和国家对记者的管理究竟由哪个部门来统一决定？又是如何决定的？二是黑煤矿主如何判断记者真假？又如何将人打死？2007 年 3 月 20 日山西大同警方召开新闻发布会，宣布《中国贸易报》山西记者站聘用人员兰成长被伤害致死案侦查终结，六名犯罪嫌疑人已移送大同市浑源县人民检察院提请起诉。[①] 原《中华工商时报》记者站站长孟还虎、原《财经时报》记者熊川分别因为对相关企业的敲诈勒索被判刑，经过改革开放 30 年的发展，媒介从业人员在毁誉参半的职业生涯中，不但遇到了来自职业本身的挑战、遇到了体制的约束，更是与 20 世纪 90 年代崛起的企业组织开始了博弈。对媒介从业人员的惩罚不仅仅是企业组织的反击，更是公众对媒介从业人员职业声誉的接纳与批判时期，媒介从业人员们将如何抉择，不仅是一个行业问题，而成为一个社会问题。

2007 年值得关注的媒介新现象：电子杂志开始出现。徐静蕾主编的电子杂志《开啦》创刊号上线，此前虽然有名人杨澜、陈鲁豫、高圆圆、秦岚等创

---

① 张恩，张墨：《中国贸易报》山西站兰成长被伤害致死案侦结，新华网，2007 年 3 月 20 日。

办过电子杂志,但是就影响力和经济利润而言,《开啦》理应首当其冲。2007年12月22日,《开啦》杂志的第一次读者见面会在北京"第六俱乐部"举行,7 000多名读者报名参加。这份电子双周刊成立仅八个月,投资回报率已有60%。杂志第一期的下载量是220万,第三期之后,几乎每期下载量都在300万以上,最高一期达到了570万;加上在线阅读,每期总阅读数号称有800万。同时,它还捧红了几名写作者——蓓蓓晃、罗点点等。中国人创办电子杂志且能获得成功者,在此之前尚无先例。[①]

同样是在这一年,大众开始借助新媒体手段进入公共舆论阵地。厦门PX化工事件,在"两会"期间的被政协委员赵玉芬联合104名委员写提案,建议将PX项目迁出厦门,媒体做了报道之后,网民开始利用发帖子和手机短信的形式,集合市民进行集体"散步"以表示不满,12月13日和14日厦门市召开市民座谈会,九成发言代表反对PX项目上马,官方承认,"反对复建、建议迁建的人士占绝大多数"。福建省一位主要领导说,"这么多群众反对,所以我们应该慎重考虑。"在这场运动中,新技术为民意的组织贡献了力量。网络和手机短信将信息广为传布,将素不相识的市民凝聚到一起,民意的力量由此不可阻挡。发生在厦门人身上的这一切昭示人们:在转型期的中国,所有利益的扩张都应该受到制约;在利益调整中,抗争的勇气无疑是值得赞赏的,而适时的克制和妥协的智慧更值得赞赏,而由此产生的民主议事和决策制度将是最了不起的成果。[②]

大众利用媒介来形成社会舆论并形成影响的社会事件不仅限于此,2007年10月12日媒体报道陕西省安康市镇坪县城关镇文采村村民周正龙在文采村神州湾拍摄到老虎照片,经陕西省林业厅组织有关专家对照片进行详细确认后最终认为,照片中的老虎是华南虎,这是43年以来,对陕西省

① 徐静蕾办电子杂志创富8个月投资回报达60%,中国出版网2008年3月28日 http://www.chuban.cc/。

② 苏永通:"厦门人:以勇气和理想烛照未来",《南方周末》2007年12月26日。

秦巴山区华南虎的首次记录。周正龙因此获得2万元奖金。

10月15日有网友把消息和图片都贴到国内著名的天涯论坛上，请求各位摄影同好鉴定一下照片是否被PS。受到网络媒体质疑之后，传统媒介相继展开调查，2008年6月29日，陕西省政府召开新闻发布会，通报周正龙拍摄的华南虎系列照片为假照片。陕西省林业局副厅长孙承骞、朱巨龙被免职，而陕西野生动植物保护处处长王万云、信息宣传中心主任关克被撤职。2008年9月27日，“周正龙案”将在陕西旬阳县法院开庭。合议庭评议认为，检察机关指控被告人周正龙所犯诈骗罪、非法持有弹药罪罪名成立。应数罪并罚，其诈骗所得应返还，军用子弹应予没收。周正龙被判有期徒刑2年6个月，并处罚金2 000元。[①]

2008年的汶川大地震和奥运会的报道，媒介从业人员以强有力的群体姿态展现了中国媒体在改革开放30年的职业能力、开放程度和信息的评判能力。

同时值得关注的是SNS类网站开始崛起，网游世界继续延展吸引力，开心农场成为在职职员的一种主要消遣方式，校内网则在盈利模式不太清晰的情形下，将受众从学校学生向社会各阶层转移，腾讯QQ不仅成为办公室职员的工作联系方式，也成为流行的一种交往模式，各种社会阶层或群体在网上形成了自己的圈子。

进入2009年，一种新的传播形式开始进入人们的生活，微型博客，简称微博。它以明星拉动的形式，以即时、迅疾、平等、自由的交流模式成为一种信息选择模式，人们开始利用它实现各种信息需求。而将手机与电脑结合起来的手机上网模式、手机飞信等形式逐渐普及化，从2005年开始出现端倪的网购形式，出现分众化和团购化的新形式。当技术引导市场、受众推动

① 周正龙案二审即将开庭“华南虎照”事件全记录，2008年11月16日，中国新闻网，http://www.chinanews.com.cn/gn/news/2008/11-16/1450924.shtml。

市场的社会信息传播趋势中,媒介从业人员越来越融合到社会大众信息传播网络中,媒介组织与网络公司相结合,共同促使着媒介融合的进程。

小 结

20 世纪 70 年代末期的改革开放尽管是以经济改革为主、社会改革和政治改革为辅进行的,但是经济改革的推行,必然需要思想解放运动为先导,经济改革的成果又反过来推动观念变革,观念的变革与社会大众对生活方式多元化的追求,不仅使得原有的意识形态生存的社会支撑不能不复存在,而且使得原有意识形态也渐渐失效了,新的物质欲望盘旋在社会各个层面,执政党的特点在经济推动和社会变革中不得不与社会转型同步进行,媒介政策与管理、受众市场的发育与成熟也是在这样的社会和政治背景下实现的。新技术增加了受众参与信息传播各个环节的可能性,新媒介技术对原有媒体的挑战日益迫切,媒介融合与受众融合在新的信息环境下逐渐走向一致,全媒体时代悄然抵达,媒介转型依然在继续,在这样的时代中,媒介从业人员如何在媒介变革中,坚守职业化的路径、维护社会大众的利益、与市场化的因素相融合,为中国媒介的发展创造出一个新的天地来,便是下一章节要探寻的问题。

第四章

媒介从业人员职业身份的确立与职业理想的探索

> 这应该是“新闻人”的黄金时代，一个十多亿人口的大国，由乌托邦梦想慢慢向常识回归，有资源和权力的高度集中慢慢向公民个体分散，宛如一艘大船，正在缓慢而又不可逆转地转向，驶向与她的历史、人口、生产力、民族抱负相称的镜子。这像一个也许是空前绝后的转型和变动的年代，应该诞生出伟大的思想家、伟大的政治家、伟大的企业家，也应该诞生出伟大的媒体、伟大的记者。
>
> ——《南方周末》邓科

尽管有大量的媒介从业人员为了财富、为了权力而工作，媒介资源也被垄断在特定群体手中，媒介产品的有偿性和媒介从业人员职业的有偿性在社会现实中也较为普遍地表现为红包、有偿新闻、软广告等形式，但依然有少量的媒介精英群体，他们怀抱着启蒙主义的理想，在媒介经营状况足以支撑媒介自身独立发展的时候，以多元化的姿态探寻媒介从业人员的职业理想，并以相同的职业行为实践，推动着中国社会信息公开化、透明化和监督化进程的同时，实践着自身的职业理想。本章节主要从职业理想的探寻脉络与职业想象两个层面，分析职业媒体人的职业理想的建构及其主要特征。

市场化所激起的人们对物质欲望的追求，以物质财富来衡量人们社会身份的社会氛围的形成，均导致社会大众从内心深处对原有价值体系的质疑。一方面是教育体系中原有意识形态的持续性教育，另一方面是社会转型和大众自身的亲身体验对原有意识形态话语体系的反驳，在二者冲突中，一种自经济力量中随之崛起的对财富的追求成为社会大众一时的主要诉求，随着20世纪90年代中期社会转型的发生，尤其是进入21世纪以来社会大众自我意识的复苏，社会变革的深入以及这种变革所造成对弱势群体的直接或间接抛弃，使得社会各界对个人能力的强调与评判，越来越与是否可以实现生活的富足与自在为标准，社会责任成为一种迷雾中的乌托邦，随着原有意识形态的衰落，个人主义价值理念的兴起，媒介从业人员作为在政府垄断资源和市场在利益之间徘徊的中介，将所生产的媒介产品越来越多地与经济利益联系在一起，有偿的媒介产品与有偿的职业诉求之间取得了前所未有的一致性。在这种状况下，媒介从业人员的职业认知发生了严重的冲突与偏离，在自我说服、职业默许和社会环境的多重影响下，媒介从业人员的职业认知呈现出前所未有的裂变与萌动态势。

一个职业的成熟度是与职业对该行业从业人员的职业行为的规范化联系在一起的，如果职业规范处于无序状态，该职业从业人员的职业伦理也基本处于瘫痪状态，职业诉求在职业内部无法达到满足的话，便与职业行为所形成的职业产品牵扯在一起，形成一种独特的职业现象。当代中国媒介从业人员的职业诉求从改革开放开始，便是从这样的职业理想慢慢退化，淡化为职业诉求的有偿性与媒介产品的有偿性逐渐趋向结合的状态，继而在市场经济的影响下逐渐获得经济上的独立，又开始尝试转而将职业诉求转向了职业理想的层面，这几种职业现象我们可以分为三个时期来论述。第一个时期为改革开放初期至1993年之前，为职业理想的萌动与迷失期；第二个时期为1993—2001年，为职业身份与市场经济的适应期；第三个时期为

2001至今，职业身份在市场资源、政治体制与职业伦理等的重重包围中，成熟的媒介精英开始凸显出独立的职业理想，媒介的职业化与独立化特征在政府信息公开、执政党转型、中央与地方政府的信息资源博弈中，渐渐以职业群体的形象，在社会信息传播系统中开始反思与行动，尽管经济利益对媒介的侵蚀现象依然存在，但媒介职业理想的旗帜开始在南北媒体的资源互动中飘扬。

一、职业身份与职业理想的开端(1978—1993)

德国社会学家马克斯·韦伯在“政治作为一种志业”的演讲中专门就新闻工作者的特殊地位进行了描述，对19世纪末期20世纪初期新闻工作者的职业状态做了描述：

“新闻工作者和所有的群众政治家一样，同时也和律师(以及艺术家)也差不多，有一项共同的命运：缺乏固定的社会分类……社交界总是根据他们之中品行最差的代表来评价他们。……很多人不了解，在新闻工作上一项真正优秀的成就所需要的才气(Geist)绝对不亚于任何学术上的成就所需者；特别我们需要考虑到新闻工作者必须随即当下交卷，也要考虑到，新闻工作者必须在显然和学者们完全不同的创作条件下立即见到效果。大家几乎从来没有承认，和学者比起来，新闻工作者的责任要大得多。而平均而言，任何一位有荣誉感的新闻工作者的责任，和学者比起来，非但不见逊色，反而(这次大)战时的情形已证明，要比学者来得高。”①

韦伯在这里所说的是第一次世界大战期间新闻工作者的社会地位和职

① [德]马克斯·韦伯著，钱永祥等译：《韦伯作品集：学术与政治》，南宁：广西师范大学出版社2004年版，第226页。

业角色。换言之,当时的新闻工作者并无固定的社会地位,也不隶属于固定的社会群体,就其职业角色而言,并没有得到社会认同,至少在一战前后的欧洲而言是这样的。在这里,韦伯指出了新闻工作者的职业特点,首先,这是一个复杂的工作群体,由于其中的人员构成比较复杂,社会大众基本是按照其中品行较差的新闻工作者来认知这个职业的;其次,新闻工作者这个职业是需要一定的才气的,这种才气比起学者这一职业的需求而言,并非容易;第三,新闻记者的社会责任比起其他职业来说要更为重大一些;第四,一战证明,大多数新闻工作者的职业荣誉感很强,因此他们在一战中的社会责任感显得比学者这一群体更为显著。但在韦伯看来,新闻工作者的政治前途并不坦荡,政治独立是他们难以选择又不得不进行的一个选择,商业对报纸的影响力、报纸又要负怎样的政治责任,都是有待观察的。

一定意义上,韦伯最早开创了新闻生产社会学的研究路径,并将新闻工作者看作是某类政治人物,20 世纪 40 年代美国社会学家罗伯特·帕克(Robert Park)在《移民报刊及其历史》中将新闻产品看作是知识产品,50 年代怀特(David Manning White)首次通过对一名白人电讯编辑工作流程的考察,提出了新闻信息选择过程中的把关人角色的概念,将新闻生产中的一个环节进行了描述和解读。此后研究者更是将新闻生产过程与媒介组织的宏观组织层面、中观层面和微观层面结合起来,较为详尽地分析了新闻生产过程中的复杂因素。巴斯(A. Z. Bass)在《使守门人概念更趋完善》(1969)的文中对以前的守门人研究提出了批评,认为最重要的守门行为出现在媒介组织内部,守门的过程应该分为新闻采集和新闻加工两个阶段。舒梅克(Pamela J. Shoemake)于 1992 年将前人关于守门人理论加以总结,从五个层面即:个体层面、传播常规层面、组织机构层面、超强媒体、社会机构层面和社会系统层面进行了分析。换言之,职业理想的探寻首先体现在媒介产品的生产与消费过程中,而这一过程则与该职业发展的成熟度有不可分割的关系。

但是，职业理想本身，不但与该职业的发展是否成熟有关，还与该职业所在社会系统中体制建设和社会背景相关联。中国媒介行业在20世纪50年代中期(1955年之前)处于新旧体制交接时期，媒介从业人员之间的职业传承性依然存在，职业使命感除了还保留革命年代的职业热情和革命浪漫主义情怀之外，还充满着对毛泽东与各民主党派所协商的建国方略蓝图的憧憬，希望以专业主义的职业精神，以媒介为武器，真诚地希望对新中国的建设凸显出媒介职业群体的社会力量来。遗憾的是，自1956年以后，这种职业理想被政治运动、阶级斗争所抛弃，而职业从业人员本身也失去原有的职业身份，成为政治斗争的工具和牺牲品。改革开放之后，媒介从业人员在思想解放、经济改革的社会现实，渐渐以新的职业群体崛起，也缓慢地在社会变迁中形成了自身的职业理想。

某种意义上而言，“新闻管理就是社会控制的一种方式。无论总统、广告商、报业竞争倡导者或任何其他人，只要他祈求操纵新闻就必然要设法在印刷文字中塑造有利于他的显示图像。……总之，新闻管理者都企图操纵新闻媒介使它为其目的服务，在这种情况下，新闻媒介充当了达到某种目的的一种工具，只是有时公开，有时隐秘罢了。”[①]这种媒介生产的客观矛盾也成为职业媒介人在信息选择、信息过滤、信息生产乃至于最后的媒介产品的消费中不得不面临的双重选择：究竟媒介产品所呈现出来的目的是什么？政治的目的？商业的目的？亦或是为了实现职业媒体人的个人理想呢？尤其是，当代中国媒介组织结构、媒介治理模式和媒介管理格局在20世纪90年代中期之后发生了根本的变化，在这种变化过程中，作为社会信息传播系统守门人的媒介从业人员如何面对这种挑战呢？他们在生产媒介产品的过程中，秉承了怎样的理念呢？

20世纪80年代的思想启蒙运动，不仅仅只是停留在官方主导的思想解

① [美]阿特休尔著，黄煜，裘志康译：《权力的媒介》，北京：华夏出版社1989年版，第81页。

放层面上(这一层面在上一章节中已作详细论述),而且也存在民间知识分子的思想启蒙运动中,也可以说一次文化复兴运动。其主要的目的是与中国共产党的政策相配合,试图推动中国社会从"文革"的专制主义的文化大一统中解放出来,人的尊严和身份的重新发现,也即人道主义观念不断超越原有的阶级斗争为纲的理念。随着90年代社会转型,物质主义价值观逐渐发育起来,个人能力在市场逐渐拓展的过程中、在自由竞争的氛围中凸显,利益关系成为90年代思想解放运动的出发点。在这其中,西方文化思潮的引进、相关文献著作的出版成为两次思想启蒙与解放的参照点,正是在这样的文化背景中,中国当代媒介从业人员开启了改革开放以来对职业身份的反思与职业理想的初步认知与再度迷失时期。

(一)职业身份确立与职业理想探索的媒介文化背景

20世纪80年代的文化热,一定程度上是由于将文化置于整个经济变革中"一个绝对中心地位、改革问题被化约为文化问题的时候",知识分子便产生了一种家国意识和精神认同。"在80年代后期,知识分子的确成为某种意义上的'文化英雄'"[①]。出版各种书籍成为一时之选。比较著名的有《走向未来》丛书以及它们所带来的文化热现象。《走向未来》丛书共出版74种,其主编金观涛指出:"80年代启蒙运动,之所以能够起来,我们知道是……特别是文化革命带来了巨大灾难的后果。其实如果我们讲中国近30年的发展,是整个'文革'的一个反思结果的话,那我们可以讲,80年代的启蒙运动正是在思想上来全面反思'文革'的灾难。""由于'五四新文化运动'的启蒙任务,并没有真正的完成。……我认为80年代正是完成中国'五四'启蒙运动没有完成的任务而发生的。"[②]换言之,20世纪80年代的启蒙运动

① 许纪霖:《新世纪的思想地图》,天津:天津人民出版社2002年版,第23页。

② 金观涛,邱震海:80年代:五四后的第二次启蒙运动,凤凰网,2010年7月20日,http://phtv.ifeng.com/program/zhtfl/200811/1120_1687_888106.shtml。

既是对“文革”的一种反思，也是对五四未完成的启蒙运动的一种延续，在这种可以称之为中国国家现代化思想探索的过程中，起到了关键作用的是一本杂志《读书》。一定意义上说，《读书》代表了那个时代媒介从业人员对职业理想的一种基本诉求。

《读书》创刊于1979年4月，在“编者的话”里声明：“我们这个刊物是以书为主题的思想评论刊物”：“我们主张改进文风，反对穿靴戴帽，反对空话，反对八股腔调，提倡实事求是，言之有物。”[①]其中，创刊号上发表了李洪林的文章《读书无禁区》，该文指出：

“历史是公正的。对人和书实行‘全面专政’的‘四人帮’，被愤怒的中国人民埋葬了。在中国的土地上，春天又来临了。被禁锢的图书，开始见到阳光。到了一九七八年春夏之交，一个不寻常的现象发生了。门庭冷落的书店，一下子压倒美味食品和时尚服装的店铺，成了最繁荣的市场。顾客的队伍从店内排到店外，排到交叉路口，又折入另一条街道。从《东周列国志》到《青春之歌》，从《悲惨世界》到《安娜·卡列尼娜》，几十种古今中外文学名著被解放，重新和读者见面了。那长长的队伍，就是欢迎这些精神食粮的行列。”

“但是，书的禁区还没有完全打开。因为有一个原则性的是非还没有弄清楚，‘四人帮’的文化专制主义的流毒还在作怪，我们一些同志也还心有余悸。”

“这个原则问题就是：人民有没有读书的自由？”

“我们并没有制定过限制人民读书自由的法律。相反，我们的宪法规定人民有言论出版自由，有从事文化活动的自由。”

“任何社会，都没有绝对的读书自由。自由总以一定的限制为前提，正如在马路上驾驶车辆的自由是以遵守交通规则为前提一样。就是在所谓西

① 编者的话，《读书》1979年第1期。

方自由世界，也不能容许败坏起码公共道德的黄色书籍自由传播，正如它不能容许自由抢劫、自由凶杀或自由强奸一样的。”

“在书的领域，当前主要的问题是好书奇缺，是一些同志思想还不够解放，是群众还缺乏看书的民主权利，而不是放任自流。为了适应四个现代化的需要，我们迫切希望看到更多更好的书。应当打开禁区，只要有益于我们吸收文化营养，有助于实现四化的图书，不管是中国的，外国的，古代的，现代的，都应当解放出来，让它在实践中经受检验。”

“打开书的禁区之后，肯定(不是可能，而是肯定)会有真正的坏书(不是假道学所说的‘坏书’)出现。这是我们完全可以预见也用不着害怕的。让人见识见识，也就知道应当怎样对待了。”①

与该篇文章相呼应的是张慈中、于麟的《解放思想，突破禁区——中国近代史著作中的问题漫谈之一》。文章就近代史研究的现状指出：“在‘四人帮’长期文化专制统治下，中国近代史的研究同其他社会科学的研究一样，禁区遍地，禁条林立。‘四人帮’被粉碎了，可是人们心有余悸，身有余毒，禁区还没有完全被突破。如果那些精神枷锁不砸碎，禁区不突破，中国近代史的研究要取得更丰硕的成果是不可能的。”

现在回顾而言，这两篇文章的意义在于：一是人民是有言论自由的，所以可以选择读任何书；二是书虽有优劣之分，但是如果不让人民自由地读书，他们是无法成长的；三是对待历史态度问题，应该突破一切束缚人们思想的枷锁，让人们自由地思想。此后，“读书无禁区”成为《读书》杂志的办刊理念也不足为怪。

《读书》创刊号第一版印刷 5 万册，几天内就发完了，马上加印 5 万册也一售而空。“杂志出来后，主管出版的机关找我谈话，批评《读书无禁区》不妥。有人说我们这不是在提倡看不好的书吗。我这人有一个癖好，好书、坏

① 李洪林：“读书无禁区”，《读书》1979 年第一期创刊号。

书都看，听说有什么不好的书，我就要找来看看。我相信，人们有自己的辨别能力。”范用回忆说。

“每个月，我们和编辑一起开一次讨论会，研究下期杂志的内容。我所负的最重要的责任是阅读每期杂志的清样，然后签字，才能付印。这样的情况一直到我退休。”1986 年，范用和陈原离开《读书》，范用的老部下沈昌文接任了《读书》主编和三联书店总经理的职位。“沈昌文时期的《读书》和之前的《读书》没有什么改变，基本上是延续。”（范用语）①沈昌文自己总结主编《读书》的十年，以“三无”定性：无能、无为、无我。“整个 80 年代英雄辈出，世多英雄，遂使无能者有效力之所。”②

20 世纪 80 年代的《读书》杂志不仅是一份杂志，可以说当时媒介行业的一面旗帜。作为一本期刊，其所起到的作用，远远不限于对办刊编辑的职业理想的影响力，更多的是对社会主流思想和大众行为的影响力，可以说《读书》本身就是当时文化热的一种代表。

在媒体类型中，期刊比其他媒体形式更重内容而轻信息，因此《读书》作的内容影响力往往超越了其作为信息的影响力，其实就职业理想而言，20 世纪 80 年代的《读书》编辑队伍可以说为以后媒介从业人员的职业理想的内涵作了潜在的伏笔。1996 年沈昌文卸任之后，笔者曾采访过他，他认为，做好一名编辑，必须达到与作者之间的感情的交互与信任，必须在补充自己的营养的同时，充分吸收作者们的智慧。更重要的是要有创造“资源的能力”。

所谓“资源”，沈先生将之定义为“介于历史与现实之间的，以文化、学术为基础的专题”，这种专题甚至可以是为配合宣传的需要。这样的文章看似远离现实，实则很近。当然，这对作者、编辑要求就更高了。但在中国做编辑又确实很难，沈先生说这主要靠感情、靠文化，靠编辑的文化信仰与自身

---

① 王巧伶：《读书》起了风波，《新世纪周刊》2007 年 8 月 1 日。

② 杨青：《读书》三十岁“成长”全回顾，《深圳商报》2009 年 4 月 9 日。

素质，即使写一封像样的约稿信、答复信，这种种，都可以说都是一种文化，是不同层次上的。[①] 沈昌文先生当时还进行着另一项工作，就是利用企业资本，将知识分子（包括《读书》的作者）、新闻记者与《读书》杂志社的编辑在一个茶馆聚合起来，在周末的时候进行充分的思想碰撞与交流。笔者曾经去过一次，具体地址忘记了，时间大约是1997年的冬天，地点是一个不起眼的茶馆的二楼，时间是一个周六的下午，我到的时候，已经有很多人了，那场景并不奢华，大家都围着矮矮的桌子，坐在同样矮小的板凳上，沈先生帮我介绍，记得有不少报社的记者，还有一些学者，能够记住的似乎有葛兆光先生、陈来先生等，很祥和的气氛，一壶清茶足以支撑几个小时的讨论，晚饭前各自散开，精神愉悦地离开。

这或者就是《读书》作为媒介在20世纪80年代乃至90年代中期之前所呈现出来的职业理念吧，在物质欲望、消费意识还未对知识阶层、媒介从业人员及社会大众普遍形成包围和充分侵蚀的情形下，这种职业理想以思想性和文化性弥漫在社会中，但随即这种弥漫在社会转型、制度变革、消费市场的冲击下，走向了混沌状态。

但期刊群却延续着一种20世纪80年代至90年代中期的辉煌。这一时期比较著名的期刊有：《读者》、《知音》等，它们依然以内容取胜的法宝，寻找社会大众在经济改革时期所面临的人生价值、生活态度、个人行为乃至家庭问题等内容，进行延展，以发行数量缔造着辉煌。1978年期刊品种为930种，1985年为5 000种，1989年则为6 000种，发行量也从1978年的7亿册增长到1988年的25册。这种辉煌一直延续到90年代中期。[②]

当20世纪80年代的文化激进主义者转变为90年代的文化保守主义者时，中国思想界的主价值理念出现了分野，《读书》亦如此。1996年，学者汪

---

① 李红艳："一个创造'资源'的人"，《人民政协报》1997年11月27日。

② 张伯海：新中国期刊50年，参见《中国出版史料·现代部分》（第三卷·下），第221页。

晖入主《读书》，与中国社会科学院学者黄平共同担任杂志主编。从此《读书》进入了另一个时代，文化热不再，职业理想的诉求不再相似，《读书》的风格随着中国社会思想的变迁也发生了转型。

同时发生变化的是思想界，20 世纪 80 年代的新启蒙主义思想开始瓦解，知识分子阵营开始分化，“1989 年的政治风波中断了新启蒙运动的进程，在 90 年代初，知识分子被迫进入冬眠状态，但精神和思想的自我反思却由此开始。这一反思实际是新启蒙运动的必然结果。[①]”如果说 80 年代参与启蒙运动的学者主要立足于对经济改革所带来的思想与文化领域变革的探讨，90 年代的学者则认为 80 年代那种以天下为使命的探讨过于宏大而显得有些空阔，因此希望将问题集中在学术层面上，从文化热转移到国学热与学术规范的重建上，他们在一定程度上放弃了作为公共知识分子的责任与使命，开始以专业化和专家化的姿态介入社会，这种选择姿态却使 80 年代处于社会思想文化中心的知识分子们，渐渐被社会边缘化了，他们追求体制内个人的发展意识取代了对社会发展的宏大理想的构建意识，人文关怀也渐渐淡漠了。

1992 年邓小平南方谈话将改革开放的力度大大加强，整个社会对精神领域的追求几乎完全让位于对物质财富的追求，社会的世俗化程度有大幅度的上升，原有的意识形态中心旁落，社会多元化、新阶层都使得社会的结构和形态发生了前所未有的变化。

这一时期知识分子开始从求治历史，反思自身。值得关注的文化现象有：陈寅恪热、顾准热和国学热。其中《国学大师丛书》影响力较大，该书是由百花洲文艺出版社出版，一套共 228 册，700 余万言，旨在“重写近代诸子春秋”。而这一时期，也是媒介对职业身份的再定位时期。报纸、电视、广播等试图重现构建媒介群体形象，20 世纪 80 年代所倡导的国家-个人二

---

① 许纪霖，罗岗：《启蒙的自我瓦解》，长春：吉林出版集团 2007 年版。

元模式，被90年代人们所渐渐意识到的“社会”概念所冲击，90年代中期《焦点访谈》和《中国青年报·冰点》成为媒介从业人员的职业身份重新探索的时期。

（二）舆论监督：职业理想的探寻与尝试（1978—1993）

1980年7月22日《人民日报》《工人日报》对渤海二号钻井船翻沉事故的报道，一方面开启了媒介舆论监督的先河，另一方面改革开放后中国记者的职业理想的萌芽初现。其后《光明日报》《解放军报》《中国青年报》等采用各种形式对事件进行报道。事件发生在1978年11月24日凌晨，船上74名职工，除两人获救之外，其余72人全部遇难，直接经济损失3 735万元，这是新中国成立30年来石油系统最为重大的死亡事故。北京几家新闻单位顶住巨大压力介入事故调查，以强烈的社会责任心和神圣的使命感，历经8个月的共同努力，终于得以将这一起重大责任事故的真相和石油部主要领导在这一事故上的错误态度和做法公之于众。将矛头直指官僚机制，在舆论影响下，国务院解除石油部长宋振明的职务，并给主管石油工业的副总理康世恩记大过处分，国务院公开向社会检讨，这是新中国成立后的第一次，中国新闻记者首次登上了中国改革开放的舞台，显示了这一职业的社会和政治力量。

也正是在同一年，《中国青年》杂志发起了人生大讨论。当时的青年中流行着一个口号：“一切向前看”，编辑部根据读者来信，打算展开一次人生观的讨论。其中以“潘晓”署名的文章刊登在5月11日，引起了读者的关注，其中主要的核心观点是：主观为自我，客观为别人。大量的读者来信使得讨论持续了到12月份，最热潮的时候为7月份，8月20日中央电视台采访了“潘晓”的原型之一黄晓菊，使得讨论的方向发生了逆转。媒体将视线集中在“潘晓”的原型上，把一个虚拟的讨论议题与现实中活生生的人本身联系起来，最终导致了对媒介自身产品本身的怀疑，中宣部及相关领导将媒介的这种行为进行了警示，使得这场讨论在缩小版面的前提下，最终在年底结束。

从上述两个事件中可以看到的核心问题有两点：其一，作为媒介，舆论监督是其职责，不值得大惊小怪，这种观点很清晰地反映出改革开放之前对媒介职能看法的影子；其二，媒介真实与职业诉求之间的关系该如何看待？例如“潘晓”事件，其实涉及到的职业问题是：是否应该保护参与者的隐私权？现在媒介从业人员已经将尊重被采访者、被调查者等的话语权、肖像权、姓名权等作为受众的一种理所当然的权力，但在当时一方面是政治因素的干预，另一方面是社会大众对媒介信息真实的理念与目前有很大的差异。因而社会效应类似的两个事件，一个称为舆论监督的典范，一个黯然退场。由此可以看出，不仅媒介从业人员的职业素养、专业程度需要培育、政府对信息的认知需要一个过程，而且受众的权利意识需要培育，只有这三方相互配合，媒介从业人员的职业化才有可能走向成熟化。

新闻法的出台也在这一时期具有了潜在的可能性。1983 年六届人大一次会议的代表王化成、王士贞与纪卓如同时提出“在条件成熟时制定中华人民共和国新闻法”的建议，建议由全国人大法制委员会和科教文卫委员会转中宣部，经过层层审批，开始了新闻法的起草工作，1985—1987 年间，先后出现了三部新闻法草案，分别由中国社会科学院新闻研究所、上新闻出版局成立的新闻法起草小组、新闻出版署先后完成。1989 年 3 月，邓小平指出，“特别要抓紧立法，包括集会、结社、游行、新闻、出版等方面的法律和法规。”但最终流产。[①]

而 1986 年浮出中国媒介行业水面的王志刚[②]，则无疑是中国改革开放

① 《邓小平文选》第三卷，人民出版社 1993 年版，第 286 页。

② 1955 年 8 月生于贵州省黔西县，1977 年考入兰州大学政治经济学系就读，毕业后分至甘肃省社会科学院，1985 年 10 月调任新华通讯社记者。1995 年 10 月出任北京某权威研究机构高级研究员，现为独立策划人、独立制片人、独立撰稿人。

以来依靠媒介职业来获得社会影响力的第一人，也可以说是中国媒介从业人员职业独立化的发端。王志刚毕业于兰州大学，其成为记者的经历就像是他后来的经常经历一样，充满了传奇色彩：由于参与《光明日报》关于传统经济体制理论基础的讨论而被内蒙古新华社社长亲自邀请到新华分社工作，又因为参加新华社原社长穆青组织的调查研究采访报道小组，以《对外开放八年，勇敢迎接挑战，广州经受冲击更有生气》在《人民日报》头版发表而被三十余家报刊转载而走红，从内蒙古分社调到广东分社工作，发表了一系列有影响力的新闻作品。1988 年他所写的《中国走势探访录》更是震动了中南海。普通记者王志刚被请进了李鹏总理的办公室……不久，中央工作会议在北京召开，会议提出了"治理经济环境，整顿经济秩序"的大政方针。这也正好实现了他当时的职业理想：当记者，就要写中国第一流新闻。此后他又开辟了对话新闻的先河，并介入电视片制作，应各地政府邀请对改革开放的发展趋势进行记录，《大潮涌珠江》、《北方躁动》《老板，你好》《南方的河》使他在当时的电视界创造出另一个奇迹。他说要做建立在独立人格基础上的独立撰稿人、独立制作人和独立策划人。可以说，他这时的职业理想已经转变为如何以影像的形式记录、如何以文化和历史的视角评述、如何以当代人的眼光观察中国正在发生的变革。当这些职业理想一一实现之后，1995 年他下海成立王志刚工作室，同样造就了中国策划界的奇迹。下海的原因，他说"我的梦想是成为一个'铁肩担道义，妙手著文章'的人，既然不行，那我为什么还要在这儿虚耗生命呢？我在体制内找不到我的能量释放的地方，我只能找体制之外的。"①

在王志刚博客上他这样写到："出生并成长于像电影《芙蓉镇》里那样的小镇；求学于西北；10 年记者生涯足迹遍及大江南北；商海 10 年，几乎每 3 天乘一次飞机，遍访中国和世界名城、名镇；由于城市阅历丰富，一不小心成

① 宋守山：《传媒 30 年》，广州：南方周末出版社 2009 年版，第 170-171 页。

了为城市‘找魂’的人。”①

就媒介从业人员在90年代初期的职业理想的清晰意识和专业精神而言，王志刚可以说是第一人，而就对中国社会信息传播发展趋势的评估与判断而言，他也具有独到的眼光，策划与媒介，原本就是一个事物的两面，当媒介策划越来越成为媒介产品生产过程中不可或缺的环节时，蓦然回首，王志刚的影子早就矗立在那里。因此，无论从哪个意义上看，王志刚可谓是改革开放初期具有明确职业理想和独立意识的记者第一人。

1990年，对媒介从业人员而言，还出现了一个令这一职业为之振奋的消息，代表中国青年记者最高荣誉的范长江新闻奖开始评选，媒介职业化从此开始了制度性的专业化时期，尽管这种奖项的评判标准与独立的专业主义意识之间有明显的差距，但以另一种符号化的行为给了从事这一职业的年轻人一种职业信心和职业荣誉感。这一点，在20世纪90年代表得尤为突出。

如果说王志刚事件还属于个案的话，1991年的媒介讨债则将媒介从业人员的职业理想完整地呈现出来，也是政府利用媒介促使企业还债的一种无奈之举。当时的三角债困扰着企业发展，还出现了一些有时代特色的讨债公司，这一点在影视剧里有直接的反应，如《亲兄热弟》中陈建斌扮演的角色从监狱出来之后，依靠自己的兄弟们开始替其他公司讨债。这种普遍的现象引起了媒介的关注，他们讨债的对象起初是上海宝钢。当时宝钢也承受着三角债的困扰，累计高达21亿元，占到流动资金的1/3。国家计委、国家清欠办公室以及上海市政府都出面替宝钢协调清欠，效果甚微，主要借助媒介，将那些欠账大户（共计113家国营企业和流动公司）的名单刊登在《中华工商时报》上。此后在媒介的追问和督促下，欠债大户才纷纷还债，记者

① 王志刚：王志刚的内心城市独白，王志刚的博客：策划就是生活，http://blog.sina.com.cn/s/blog_4827f39c010002ag.html。

张文学还跑去欠宝钢 4 400 万元的长春第一汽车厂，促使该厂还出了 800 万元。[①]

一定意义上可以说，媒体讨债行为是改革开放十余年来媒介从业人员职业理想的大爆炸现象，也正是在此刻，王志刚们怀抱着借助媒介力量变革中国社会的理想主义精神，将职业角色定位在社会良知层面上，自觉自愿地在社会中扮演着纠正社会时弊、替天行道的社会责任。

可以与这一事件相媲美的是 1992 年由《人民日报》经济部发起的"中国质量万里行"，这一行为将舆论监督假冒伪劣产品与媒介行业的集体行为相结合，财政部为此支持资金 30 万元。1991 年 12 月 24 日朱镕基为活动方案做了批示：第一，发挥新闻监督、群众监督的作用，政府部门不参加组织委员会；第二，不要组织声势浩大的集中采访活动，以分散私访，事先不做准备为好，这样才能发现问题。第三，正面报道真正好的典型是必要的，但更多的要揭露问题。第四，谢绝地方一切招待吃请，严格防止给企业摊派活动经费，不增加企业负担。1992 年 2 月 11 日，质量万里行报道开始，《人民日报》率先在头版显著位置刊出《抓质量促企业经营机制转换》的消息，表示要"造成重视质量的舆论。"十几家大报同意采用新华社稿件，从第二天开始，开始出现反面典型，截止 1992 年 5 月，活动开展了 3 个月，发通告稿 70 篇，发选用稿 10 多篇，中央报纸刊出了 400 多篇，加上地方报刊选用的稿件，一共有 1 000 多篇，广播电视播出 200 多次。对这次媒介行业的集体行动，活动组织者艾丰事后说他的压力主要有两个方面：一是批评不能发生偏差，如果发生偏差，损失会很大；二是这么多尖锐的批评报道集中发表，会不会被认为不符合"以正面宣传为主"的方针呢？[②] 这次集体行为由于受到中央领导的直接支持，又是中央媒介联合起来的，因此影响很大，此后的质量万里行，尽管每年都在常规性地进行，但影响力始终没有超过第一次。

---

① 吴晓波：《激荡三十年》(上)，北京：中信出版社 2007 年版，第 253 页。

② 宋守山：《传媒 30 年》，广州：南方日报出版社 2009 年版，第 140-142 页。

总体而言,改革开放至1993年前后,中国媒介从业人员的职业理想具有以下特征:

(1)将媒介看做是社会公器,他们则扮演着知识精英的角色。这种角色类似于欧洲启蒙运动时期法国知识分子充当媒体角色的状态,也与民国时期中国知识分子办报时对报纸的定位相关联,可以忽视政党的影响力,既将自身看作是社会大众的代言人,又将职业看作是社会的监督机构,他们在史无前例的思想自由和经济改革如火如荼的社会现场中,以充满理想色彩和浪漫主义精神的姿态,演绎着改革开放以来媒介从业人员群体浓郁的职业理想;

(2)将媒介职业看做是实现个人理想的途径。改革开放将媒介从政治化和象征化的色彩中解放出来,尽管媒介政策的引导是党的喉舌论,但是由于这一代媒介从业人员大多是从知识分子饱受磨难、媒介职业经受蹂躏的年代走过来的,有一种获得新生的感觉,这种新生的感觉与原有的对民族国家的感情结合在一起,强烈的忧患意识、紧迫意识和文化启蒙意识便伴随着他们对职业的基本解读,因此也使得他们的职业理想有一种指点江山、谁与争锋的味道;

(3)专业化、职业化的色彩淡漠。与浓郁的情感、强烈的忧患意识、社会良知这些因素相对应的事实便是:媒介从业人员职业精神和专业主义色彩的缺乏。政治意识形态根深蒂固地打印在他们的脑海中,文人爱国的热情驱使着他们去自愿而不计经济报酬地工作,缺乏对职业的冷静思考和对职业专业性的审视。

二、职业身份、职业理想与市场接轨时期(1993—2001)

随着市场化在中国社会各个层面的深入,媒介变革也在1996年开始发端，经济的崛起、消费意识的蔓延、泛功利主义的社会思潮、媒介组织垄断所形成的潜在商机，都给媒介业笼罩了既危险又充满机会的色彩。在这种背景下，媒介从业人员的职业身份尽管依然是以体制内为主，但已经有体制外的职员，在职业身份的变迁中，职业理想的色彩渐渐与个人职业背景和社会背景、家庭背景、性格、专业等因素逐渐融合在一起，究竟是以职业身份去揭露社会中的黑暗现象，还是以职业身份为自己获得与财富合谋的机会？媒介从人员面对的不仅仅是职业定位的选择，还是媒介产品的有偿与无偿的选择。

（一）职业身份：揭黑还是与财富合谋：亦或是二者兼而有之？

市场资源不仅给予了媒介发展一个很好的契机，同时也对 20 世纪 80 年代乃至 90 年代延续的媒介职业理想萌芽形成了一种现实的挑战。在这种挑战中，先是媒介管理者将经济利益放在第一位，将记者与其他的媒介从业人员，如广告经营者、管理者等同，认为每个人都有责任为组织的福利来贡献自己的力量，继而有少数的媒介组织开始抗争，形成了 90 年代中期之后媒介职业理想的两种选择：一种是经济利益至上的取向，一种是揭示社会黑暗面的取向。这种选择取向与 90 年代中期民营企业的崛起有不可分割的关系。

作为一个历史概念，社队企业的发展与农业合作化运动、人民公社制度的全面推行有不可分割的联系，随着农村改革开放的推行，社队企业的经营和发展再次站在了历史的转折点上，1984 年 1 号文件使得社队企业的发展方向成为农民离土不离乡的主要机构，发展至 1990 年成为获得法律身份的乡镇企业，并以异军突起的形象为中国乡镇经济的发展起到了不可估量的影响。

1987 年邓小平充分肯定“农村改革中，我们完全没有预料到的最大收获就是乡镇企业发展了，突然冒出搞多种行业，搞商品经济，搞各种小型企业，异军突起。”[①]而1990年《中华人民共和国乡村集体所有制企业条例》的颁发,不仅在我国历史上第一次确立了乡镇企业的法律地位,1992年春天,邓小平南方谈话的发表更是给乡镇企业带来了发展的春天,当年乡镇企业总产值就比上年增长54.7%,1993年又比1992年增长75.4%[②]。

随着20世纪90年代中期乡镇企业,也即后来的民营企业的崛起,媒介领域中以90年代后期的《中华工商时报》《中国经营报》为标志,经济类记者群体迅速崛起并壮大,他们对财富新贵的报道,对其背后的商业行为乃至传奇故事的采访报道,成为中国当代媒介与国际接轨的一个独特的视角。

因此究竟是作一名揭露社会黑暗现象的记者,或者称为扒粪者(Muckrakers),还是做一名与财富合谋的记者,或者称为“傍大款”者,成为2000年前后中国青年记者的两种选择。或者是将二者结合起来,实现“财富”与“监督”的合谋?这第三种选择往往模糊不清,在不同的境遇下,会有不同的情感倾向和职业角色。

揭黑的选择,也有人称之为中国的“扒粪”运动,改革开放以来的扒粪运动自20世纪80年代开始在媒介从业人员的职业意识中缓慢复苏,90年代以中央电视台的《焦点访谈》栏目为代表,将媒介的舆论监督拉入到了公众视野中,同一时期《中国青年报·冰点》也成为90年代舆论监督的代表,比起《焦点访谈》栏目而言,监督的力度和范围更大。

而傍大款的选择,则与中国民营经济的崛起与资本关系的变动有不可分割的关系。除了上述的《中华工商时报》《中国经营报》之外,《财经》杂志、《21世纪经济报道》、《财经时报》等专业的财经媒体在世纪末纷纷面世,但这些财经类、经济类杂志的立场却并不一定是傍大款的选择,而更多的是选择了揭黑的立场。也是他们将中国当代的扒粪运动在世纪之交的启蒙工作完

① 《邓小平文选》第三卷,人民出版社1993年版,第238页。

② 张道航:“异军突起的理论探因——毛泽东社队企业与邓小平乡镇企业经济思想评析”,中国党校系统纪念邓小平同志诞辰100周年理论研讨会论文。

成，才使得这种选择时至今日依然是青年记者一种职业理想的选择模式。

章敬平在《新闻人的江湖》中写道："对我们这些中国记者而言，中国也是笼统的'两个中国'。我们观察到或者表达出来的究竟是哪个中国，一定程度上取决于我们的认知水平和价值观。"[①]这里的认知水平和价值观取决于以下因素：记者来自于什么样的家庭？是体制内的还是体制外的职员？来自于城市还是农村？学习的专业是什么？等等。例如，来自于农村的记者，对弱势群体怀着极其浓厚的潜在情感倾向，比较容易加入到"扒粪者"行列中，而来自于城市中等家庭的记者，更容易与财富合谋，成为傍大款者。

从媒介发展史来看，"报纸从一开始就被那些与商业利益相关者作为监察环境的一个消息来源加以利用。……报纸不但是业主获利的源泉，而且也是新闻工作者获取收入的途径。"[②]我想，1989 年政治风波之后的媒介从业人员可能拥有的真是这样的潜在前提吧，红包成为灰色收入，开始步入媒介行业，并同时穿插于扒粪者与傍大款之间，成为媒介行业的一个特殊现象。

（二）有偿的媒介产品与有偿的职业代价

职业化永远无法消除新闻实践中的根本性冲突。

——丹尼尔·哈林

像任何一种商品一样，媒介产品的生产也与一定的商业价值联系在一起。更为关键的是：这种商业价值是很容易为媒介从业人员在职业生涯中遇到的，服从于商业利益还是坚守新闻理想，对不同类型的媒介从业人员而言，其意义显然是不尽相同的。在物质欲望与现实生活的多重压力下，20 世纪 90 年代的灰色收入已经成为一个普遍现象，这种职业现象一直延续至

---

① 章敬平：《新闻人的江湖》，杭州：浙江人民出版社 2009 年版，第 11 页。

② [美]阿特休尔著，黄煜，裘志康译：《权力的媒介》，北京：华夏出版社 1989 年版，第 68 页。

今，其最为突出的表现形式是各式各样的有偿新闻。其次是在社会各个层面的新闻发布会中所形成的职业补偿金，或者说红包。

1993年7月12日至8月9日，《新闻出版报》连续刊登了新闻部主任吴海民撰写的10篇系列报道《有偿新闻困扰新闻界》，对有偿新闻现象进行了宏观透视和深入剖析。7月31日，中宣部和新闻出版署联合发出《关于加强新闻职业道德建设，禁止"有偿新闻"的通知》。第二年，即1994年4月，《科技日报》记者孙树光因为受贿罪和行贿罪，被判处有期徒刑7年。1997年中央宣传部、广播电影电视部、新闻出版署、中华全国新闻工作者协会中宣发[1997]2号（1997年1月15日）关于禁止有偿新闻的若干规定指出，"新闻单位采集、编辑、发表新闻，不得以任何形式收取费用。新闻工作者不得以任何名义向采访报道对象索要钱物，不得接受采访报道对象以任何名义提供的钱物、有价证券、信用卡等。""新闻工作者不得以任何名义向采访报道对象借用、试用车辆、住房、家用电器、通讯工具等物品。""新闻工作者参加新闻发布会和企业开业、产品上市以及其他庆典活动，不得索取和接受各种形式的礼金。""新闻报道与广告必须严格区别，新闻报道不得收取任何费用，不得以新闻报道形式为企业或产品做广告。……新闻报道与赞助必须严格区分，不得利用采访和发表新闻报道拉赞助。"

但是这些规定很大程度上易流于形式，笔者1994那年刚开始做记者时，第一个工作便是参加在人民大会堂举办的文化部文华奖的颁奖典礼，一进门，就有人递过来一个袋子，里面装着类似车马费和新闻通稿这样的资料。更为奇怪的是，不仅是企业举办的新闻发布会有红包、礼品，所有政府机关、包括学校等事业单位在举行相关的新闻发布会或者论坛、研讨会时，都要给到会的媒介从业人员红包。这种现象至今早就成为一种惯例。而随着企业界的崛起，"扒粪者"的行为也往往与财富合谋，使得两种选择在明暗之间成为了一种选择。

作家王千马在小说《媒介这个圈》中，对这种司空见惯的现象作了描述：

“……我们毕竟不能直接和大企业品牌打交道，没办法从他们那里直接拉广告，也没办法让他们多订我们的报纸。但事实上，我们既没办法，也有办法。我们虽然比不上那些跑汽车的跑美食的跑服装的同事，他们可以有机会讨大企业大品牌的欢心，那好，我们就不讨这个欢心好了，我们可以恶心。恶心谁，当然是这些大企业大品牌啦。

我们不是擅长揭黑，做批评报道的吗？那我们就揭黑，做批评报道，尤其是那些不愿意给我们投放广告的，不愿意征订我们报纸的，我们就盯死他们，别看这些品牌表面上风光光红红火火，但私底下不知有多少不可告人的。……只要他们露出什么马脚，我们就要狠狠地报道，……要及时地引导舆论，对他们进行批判。再说，现在的读者就喜欢看这些东西，喜欢看凶杀的、强奸的、婚外恋的、揭黑的，我们何乐而不为呢！既满足了读者的求知欲望，又能让那些大企业品牌招架不住，最后不得不求着我们放过他们。但是要想放过他们，OK，先在我们报纸上做个整年的广告，或者征订我们多少份报纸……①”

在这里，媒介的职业选择与个体的背景、媒介的资源背景和资本背景深刻地结合起来了，但即使是中央级的媒体，媒介的资本关系很清晰，其职员依然是在各种场合心安理得地拿着红包，拿着礼品，拿着新闻稿(或者是电子版)，在粘贴与复制中稍加修改，便实现了媒介产品的自我增值性。但这种自我增殖性的危险性在于：财富为个人所得，该行为则是职业行为，因此媒介产品是否可以获得媒介组织的认可，进入消费领域或流通领域，个人无权决定；因此当媒介产品无法实现其应有的财富价值时，相关组织便会提出质疑，他们认为我们既然已经付费了，为何不能将相关信息公布于众呢？在这里，“有偿”的媒介产品与有偿的职业行为相结合，将媒介产品的生产拉入到一个恶性循环的怪圈中，越陷越深。

① 王千马：《媒体这个圈》，西安：陕西人民出版社 2009 年版，第 71 页。

自18世纪开始，就西方社会而言，私人媒介与政府的关系发生了巨大的变化，这种变化体现在两个层面，第一个层面是政治家、国家公务员越来越日常化地渗透到或者参与到影响私人媒介盈利的决策中了，第二层面是媒介组织也具有了更为坚实和广泛的经济利益诉求和实践，也越来越希望从政府那里获得支持。这些变化潜在地累积了两个世纪之后，终于演变为媒介的腐败化现象。这些腐败化现象体现在媒介组织更多地在某些重大问题上与政府形成战略性联盟，或者为了赢得更多的经济利益，不断地向政府妥协。①

西方媒介发展史证明，市场并没有带来为公共服务的媒介体系，而是催生了以利益为主的媒介集团，这些媒介集团在利益的驱动下，将媒介原有的批评监督性转化为私人的目的。在经济利益驱动下，媒介对官方和相关机构社会事件的负面报道，基本基于轻描淡写、避重就轻或者完全为利益所操控。

社会现实是"新闻媒介的内容直接关系到给新闻媒介提供资金来源者的利益。新闻媒介好比吹笛手，而给吹笛手乐曲定调的是那些付钱给吹笛手的人。即便付钱的主子身份不清，情况也是这样；实际上，'付钱主子'的目的在于控制事物的局面，因为把握局面有助于维持新闻独立的信念，吹笛手与其'付钱主子'的关系不外乎四种形式：官方形式、商业形式、利益关系形式和非正式形式。这四种关系通常是混合交叠出现的，没有纯粹单一关系，当然，排除某些例外。"②利益使得媒介的职业化变得越来越艰难，而个体的私人利益又往往是人性欲望在不受职业法规约束下会进行的选择，唯有制定法律条文、长期培育职业荣誉感，充分实现职业过程以及社会环境的改变等条件，才有可能在一定程度上消除职业媒介人在职业允许范围之外，利

---

① [英]詹姆斯·库兰："对媒介与民主的思考"，载于[英] 詹姆斯·库兰，[美]米切尔·古尔维奇著，杨击译：《大众媒介与社会》，北京：华夏出版社2006年版，第116页。

② [美]阿特休尔著，黄煜，裘志康译：《权力的媒介》北京：华夏出版社1989年版，第287页。

用职业获取个人财富或者个人声誉的职业行为。

(三)假新闻:职业规范与反规范

媒介产品是一种社会资源,这种社会资源既包含了信息流量与流向,也积淀了历史传统和文化价值因素。技术手段使得媒介产品的类型日益大众化和日常化,媒介从业人员将这种种媒介产品抛给消费者后,也隐隐约约地包含了各异的期望,也正在这种多元化的期望中,建构了媒介从业人员与媒介产品之间的关系。这种关系的建构虽然是由媒介从业人员单个人来完成的,但是媒介产品的延续性、媒介管理者的特性、媒介发展的历史积淀和特定的传播制度都对这种关系添加了不可忽视的砝码。从媒介产品的生产过程出发,可以为探寻职业媒体人的职业理想提供现实依据。

自 20 世纪 30—40 年代,德裔社会学家勒温(Kurt lewin)在研究食物流通渠道时提出了 Gatekeeper 概念以来,这一概念便随即被扩展到新闻信息传播过程中,继而扩展到所有信息的传播过程中,把关人这一概念也不仅仅停留在媒介从业人员群体上,随着新媒体技术手段的日常化,也演化到你、我、他身上了。换言之,芸芸大众中的每个人都是社会信息系统的把关人,时刻都在进行着信息的删选、解读和传播行为。把关人的概念经历了从食物信息的把关人、到新闻信息的把关人,继而到社会信息传播系统的把关人的螺旋式变迁过程。因此,就宏观意义而言,把关人在社会信息系统中的结构是金字塔式的。处在最高层的把关人(群体或组织)是最少的,随着信息的不断过滤,把关人的数量越来越多,最底层的把关人便是每个普通人。微观意义的把关人,指的则是作为社会组织的信息传播者,诸如媒介组织、政治组织、经济组织、文化组织以及其他一些组织。本文所说的把关人主要指微观意义上的把关人。我们先从一个媒介报道事件说起:

2005 年《河南商报》8 月 18 日报道题目:新闻工作者队伍的全面整顿任重道远。围绕河南汝州矿难记者的各种表现,提出了对新闻记者队伍整顿的行业诉求。

2005年7、8月间，河南省汝州市连续发生两起矿难。第一起矿难发生于7月31日，汝州市寄料镇一煤矿突发透水事故，部分井下作业工人得以逃生，但有人员伤亡。事件很快被知情人透露给多家媒体，而后这一信息又通过手机短信广泛传播开来。接到这一矿难信息者多达500多人。8月14日下午，得知这一信息的"记者"陆续来到汝州市。

8月15日，新华社河南分社主办的《河南商报》记者得知众多真假记者蜂拥而去汝州市领"封口费工资"的事后来到当地新闻主管部门，接着在汝州大厦正好遇上三位"同行"，他们正在与寄料镇企业委的杨主任讨价还价，商报记者在旁边听到了他们的对话：

杨主任：你们既然来了，我们也不好说啥，但钱真的让先来的人领走了。

"记者"：你们看着办，反正我们来一次也不容易，又开着车，就车这一项就花费不少。

杨主任：来的都是朋友，我们也不能说不欢迎，但要按规矩办事。

"记者"：这我们都知道，我们不是第一次出来，你们也不是第一次出事。

杨主任：既然知道就好，煤矿与你们媒体属于跨行业，你们一个单位又来了十几个，你们自己说咋办？我刚才说了，你们来了也不让你们空着手走，每人按规矩100块。

"记者"：这就是看不起我们！我们都这么大的年龄了，又这么高的个子，就是朝这儿一站也不能只给100块吧！

杨主任：要不照顾你们一下，每人300块咋样？

"记者"：不行！

杨主任感觉当着记者的面搞价有点不好意思，就让记者先到另一个房间等一下，待这边谈好后再过去接着谈。

10分钟后，杨主任过来对记者说，你们也来晚了，同上一拨人一样，也不会让你们白跑一趟。杨主任告诉记者，来的人太多了，昨天已发了20万元，今天发的是余下的钱。记者不相信一个下午就会发出近 20 万元，杨主任就讲述了 8 月 14 日集体发“工资”的详细情况。

杨主任说，发“工资”时由于人太多，很多人就站在汝州大厦的院子里，停车场停着 60 多辆挂着“新闻采访”牌子的车辆，二楼客房的走廊也挤满了人，看到人太多，他们只好租了最大的会议室。杨主任称，由于人太多，为了维持秩序，工业办的工作人员每人手拿小棍，不时地敲打那些不想排队往前挤的人。

据杨主任称，各个媒体分级别发钱：凡自称来自中央级媒体的每人 500～1 000 元；凡自称来自省内各大媒体的每人 200～500 元；其他市级媒体每人 200 元；跨行业、跨地区每人 100 元。记者看到那本稿纸上的签名写满了 20 多张，共有 480 多人。签名人员除没有新华社记者外，涉及到很多自称来自驻豫中央级媒体的“记者”，加上省级、市级、各跨行业报纸杂志等，竟多达 100 多家省内外媒体。

8 月 18 日，《河南商报》记者再次得知“众多记者要到汝州领工资”的信息，众“记者”这一次领工资的原因仍是一起瞒报的矿难事故。

8 月 18 日 14 时，记者再次来到汝州，据知情者透露，这次的“工资发放”安排在汝州市的天鹅宾馆。我告诉你们，刚才已发了 100 多人，今天发过钱后你们就不要再向(煤)矿上打电话了，此事到此为止！”

先是市委领导训话结束后，就开始了发放“工资”，每次 3 个人走到主席台，先进行登记，然后由一名工作人员负责发钱，综合性媒体每人 200 元，跨行业媒体每人 100 元，领到钱后就走出会议室。汝州市委的这位官员告诉记者，从上午到现在，共有 300 多人领走了近 10 万元。①

美联社 9 月 28 日报道，《河南商报》的一位职员本周三向媒体证实，这家报纸因为报道不久前的一次矿难善后处理过程中许多前来采访的新闻记

---

① 范友峰：“新闻工作者队伍的全面整顿任重而道远”，《河南商报》2005 年 8 月 18 日。

者接受矿主“封口费”的新闻，被当局勒令休刊，休刊日期从 2005 年 9 月 17 日至 10 月 16 日。

这种几乎是令人发指的场景描述，将记者这一身份背后的职业特性毁灭殆尽。但即使是这样的报道，也是不被允许的。红包潜规则这一职业行为已经弥漫到媒介职业的各个角落，甚至成为一种职业行规。

2006 年 10 月 26 日，中央电视台《经济半小时》播出《中华工商时报》记者以批评报道勒索企业近百万元，2006 年 10 月 17 日原《中华工商时报》浙江记者站站长孟怀虎由于涉嫌敲诈勒索和强迫交易，他被上城区检察院依法提起了公诉。公诉人指控孟怀虎在 2003 年 5—7 月间，利用自己的职务，以发表批评报道，曝光相要挟的手段，向企业索要共计 73 万人民币的钱款。

孟怀虎：“今天自己站在被告席上接受审判，这既是对人生的一次讽刺，也是作为被告人，我不学法不懂法的咎由自取，作为一名职业记者，走上今天犯罪的道路，是可悲的，其教训也是深刻的。”

就在对孟怀虎案进行调查的同时，《中国食品质量报》、《经济日报》、《中国工业报》三名记者汪启明、卜军、陈金良都因为存在以新闻报道为名，向基层单位和群众敲诈或诈骗财物的行径，被通报全国。

2008 年 11 月 28 日人民网报道：2008 年 9 月 20 日，山西霍宝干河煤矿发生一名矿工死亡事故，事故发生后该矿负责人为隐瞒事实真相、封锁消息而向媒体记者及相关人员发放“封口费”阻挠采访，引发了“封口费”事件。截至目前，山西霍宝干河煤矿“封口费”事件中有据可查的涉案人员 60 人(其中发“封口费”封锁消息、阻挠记者采访者 2 人，收受“封口费”的记者 4 人、媒体工作人员 26 人，假记者 28 人。)已由有关行政部门、媒体主管部门、公安机关依法做了处理。涉案金额 31.93 万元，绝大部分已经追回。有 28 名不法分子假冒电视台、报刊社、网站名义到山西省霍宝干河煤矿有限公司敲诈勒索，涉案金额达 15.16 万元。

新闻出版总署通报指出，发生在山西省霍宝干河煤矿的记者“封口费”

事件是该矿领导违反事故报告和信息公开制度、隐瞒事故真相，少数媒体记者、媒体从业人员违反新闻采访规则、丧失职业道德而造成的一起恶性事件。[①] 问题是：在媒介产业化过程中，原有的新闻管理制度还停留在行政化时代，商业化的盈利模式却不得不首当其冲，成为媒介行业“发家致富”的潜规则，当这种潜规则与行政化的管理之间出现裂缝，而这种裂缝又恰好落地的时候，问题便格外显著地凸显出来了。

(1)记者证：谁有权派发？

2007 年 1 月 10 日《中国贸易报》记者兰成长在山西大同浑源县一煤矿采访，被矿主发现其所持记者证并非新闻出版总署核发的《新闻记者证》，于是判断其为假记者，将其打死。1 月 13 日，天涯网友发帖《山西浑源：记者被黑心矿主暴打致死》。1 月 16 日，南都记者谭人玮发出了第一篇报道，同时掀开了 2007 年第一场网络风暴和媒体风暴。事件的争论焦点不是有煤矿打死了人，而是被打死的是真记者还是假记者。兰成长被打死后，当地最急着做的事情不是破案追凶、不是慰问家属，而是迫不及待出台《打击假报假刊假记者专项行动通告》，通告称，“凡不持有新闻出版总署核发的《新闻记者证》，从事采访活动的人员均为假记者。假记者的新闻采访系非法活动。”

6 月 27 日，山西临汾中级法院宣判，矿主侯振润被判无期徒刑，其他罪犯分别被判处 5～15 年有期徒刑。法庭取信了公诉人的证据，认定兰成长是真记者。[②]

南方都市报报道：1 月 9 日，中国贸易报山西站记者兰成长在大同市浑源县一煤矿被不明身份暴徒打成重伤，送院第二天不治身亡。此事在网上记者圈内广为流传，经记者多方核实，证实了兰成长被打后死亡的消息，但兰本人是不是记者，报社和山西方面有不同的说法。《中国贸易报社》表示

① 新闻出版总署关于山西霍宝干河煤矿“封口费”事件处理情况通报，人民网，2008 年 11 月 28 日。

② 王风：南都 2007 网络年鉴：谁都别想蒙网民，《南方都市报》2008 年 1 月 13 日。

兰成长是该报社临时聘用记者，要为其维权，而大同方面却否认兰是记者。该起事件发生后不久，1月12日，大同市发布了《大同市打击假报假刊假记者专项行动通告》，通告称，“凡未经国家批准的出版单位在社会上公开发行的报纸、期刊均为假报假刊；凡不持有新闻出版总署核发的《新闻记者证》，从事采访活动的人员均为假记者。假记者的新闻采访系非法活动，被采访对象有权拒绝。”

其行动重点是：“以采访名义拉广告、搞经营、搞创收的行为；以宣传报道为名义收取版面费、搞有偿新闻的行为；以批评报道相要挟进行新闻敲诈，索要钱财，收取有价证券、信用卡等行为；以设立新闻分支机构为名收取承包费、挂名费、好处费等行为；以招聘采编人员为名，收取报名费、办证费等；内部资料性出版物从事采访、征订发行活动等。对《新闻记者证》持有者充当假记者后盾的，一经查实严肃处理。”

(2)记者在政府与企业之间如何博弈？

在接受《中国经济周刊》采访时，山西某产煤市新闻办主任形象描述了其亲历的三任市委书记对待记者的态度：“第一任书记时，有记者到市里采访，书记要专门安排时间会见，并亲自陪记者就餐；第二任书记，但凡有记者到市里，书记都安排宣传部长接待，书记视媒体大小与个别记者礼节性照个面；到了第三任书记，书记专门定下规矩，由宣传部下属的新闻办负责审核记者身份，如果是正常报道就由新闻办接待，如果涉及费用则一律不接待，想见书记几乎不可能。”“自称是记者的人太多了！我们是惹不起，只能躲。过去我们乡镇一年来不了三个记者，现在一天要来三拨，其中还不乏自称是中央级的。”山西临县一位乡镇书记感叹。[①] 马克斯·韦伯指出：“和别的职业比起来，新闻工作这个职业，其最庞大的诱惑与之俱来；在今天，新闻工作又有其他的特殊条件与环境，这些因素所造成的结果，使得公众习于以一种

① 韩文：山西封口费事件频发凸显媒体环境恶化，《中国经济周刊》，2009年4月20日。

由鄙夷和可悯的卑怯交织而成的态度，去看新闻工作”。[①]

职业自身的诱惑、职业自律机制的欠缺与媒介变革的畸形状态，造就了职业记者在政府与企业之间的艰难选择。首先是中央政府与地方政府之间的权力分配机制，导致了媒介管理的分割状态，导致媒介与政府之间的关系变得十分微妙，当地媒介与当地政府之间的关系似乎一直理得很顺，异地媒介与当地政府之间的关系则变得十分微妙；其次是企业与媒介的关系，一方面企业需要媒介的宣传，另一方面媒介从业人员可以利用职业的优越性对企业的内幕进行曝光，企业与媒介职业之间的资源交换在缺乏职业自律、职业管理和宏观社会背景下变得极为自然。无论是同谋、合流还是站在企业的对立面，其本质上都呈现出这个职业自身的困境：没有制度对职业者权益的全方位保护，在与政府和企业的博弈中，职业记者注定会成为制度的牺牲品。

我们可以引用《儒林外史》中的一段话来说明媒介组织中群体对此现象的态度：

“话说万历二十三年，那南京的名士都已渐渐消磨尽了。此时虞博士那一辈人，也有老了的，也有死了的，也有四散去了的，也有闭门不闻世事的。花坛酒社，都没有那些才俊之人；礼乐之章，也不见那些贤人讲究。论出处，不过得手的就是才能，失意的就是愚拙；论豪侠，不过有余的就会奢华，不足的就见萧索。凭你有李、杜的文章，颜、曾的品行，确实也没有一个人来问你。”

物质欲望、消费意识就像是一种巨大的名利场，将人性的欲望、生活的现实、职业的非规范性与社会价值系统的旁落全部吸纳进入，使得每个人的抉择在世纪之交既无可奈何又心安理得，在这种纠结的状态中，媒介的职业

① 马克斯·韦伯著，钱永祥等译：《韦伯作品集：学术与政治》，南宁：广西师范大学出版社 2004 年版，第 226 页。

化路径在荆棘丛生中向着市场化蹒跚前行。

三、职业身份与市场资源交互时期(2001—2010)

2001年中国加入WTO。这个标志性的事件,对媒介发展而言,展现的或者更多的是市场机会。如何在垄断资源、市场空隙、政策模糊和区域化中实现媒介的市场化发展路径,成为媒介组织所要面对的媒介现实与社会现实。中国媒介在21世纪前十年的发展,也恰好是进入WTO后中国经济飞速发展的十年,对媒介从业人员而言,其职业身份除了继续延续在20世纪最后十年的基本特征,即在打黑、财富合谋的灰色地带纠结于自身对媒介职业的反思时,出现了一些新的职业现象:(1)随着市场化的全部推定,媒介自世纪之交所进行的市场化探索路径渐渐趋向成熟,媒介影响力格局发生了根本的变化,如果说20世纪80年代的《焦点访谈》、90年代的《中国青年报》和《南方周末》的影响力还显得势单力薄的话,21世纪头十年或新办或变革的报刊、电视、网络则以另一种群体的姿态展现着媒介与资本市场之间、与市场运作逻辑之间的理性合谋,这些媒体打破了中央与地方之间的行政划分,以市场运作赢得了社会大众。(2)与媒介相关的行业相对成熟,公关业、广告业、文化传播公司对记者的职业化进程起到了推动作用,首席记者、主笔、专栏作家等这些在民国时期兴起、新中国成立之后消失的职业名词重新恢复,并得到了新一代新闻记者的一致认可,将之作为职业地位的一种象征。(3)随着娱乐制度的成熟,明星、大众与媒介之间的关系变得微妙又脆弱,炒作、策划等逐渐成为日常化的信息运作模式。(4)企业与媒体之间的关系也发生了变化,如何更好地利用媒体资源成为企业家所必须面对的问题。(5)政府与媒介之间的关系,开始在中央与地方的分权制上体现出来,舆论监督呈现出异地监督、跨行业、跨领域监督的现象。(6)20世纪后十年加入的媒介从业人员队伍,尤其是记者队伍进入分化期,行政化的媒介管理模式,使得这些不再年轻的记者们开始进入转型期,寻找各自的出路。而新进入的媒介从业人员,则是在媒介多元化和市场化中成长起来的,则呈现出另一种职业风貌。(7)公共知识分子成为媒介职业化中一道鲜明的风景线。公共话语权、媒介话语权与政府话语权在国家-社会-个人三元分立中,尝试着为公民社会的雏形奠定基础。(8)最后一个值得关注的现象是:假新闻事件层出不穷。这一时期,出现了新中国成立以来的第三次虚假新闻的高潮,前两次分别是大跃进和文化大革命。如果说,前两次的虚假新闻更多地与政治体制因素联系在一起的话,第三次的虚假新闻则主要与市场资源的占有、记者成名的想象以及媒介组织变革中的诉求联系在一起了。

(一)媒介影响力格局:去区域化、去行政化、市场化趋势渐渐凸显

世纪之交的中国媒介发生了一些潜在的变化,一些新的刊物、报纸纷纷创办,报刊改版、电视台改制、媒介合作、媒体公司开始上市,资本与市场成为媒介业必然而自然的选择。

1997年1月1日《南方都市报》改为日报。

1998年4月《财经》创刊。

1998年4月《时尚》杂志创刊。消费时代的到来,使得消费刊物成为媒介业的选择。

1999年11月《南方周末》再次改版。

2001年1月1日《21世纪经济报道》创刊。

2001年4月16日《经济观察报》创刊。

2001年5月28日《京华时报》创刊。

2003年11月11日《新京报》创刊。

2004年10月26日《新周刊》创刊。

2005 年湖南卫视以超级女声的形式，实现了频道市场化的一种尝试，创下了 2005 年度国内最高的收视率。

笔者在这里选择的媒体或者不是很全面的，但可以说在一定意义上代表了媒介变革的趋势。就媒介类型而言，报刊的变革是走在其他媒介类型前面的。就内容而言，随着消费市场的来临，消费类、时尚类、都市类的报刊成为一种市场选择，如《南方都市报》《时尚》等；而随着财经类、经济类的专业报刊则在市场处于空白的状态下，缓慢起步，从《财经》一直到《21 世纪经济报道》《经济观察报》；2000 年《南方周末》开始转型，将周末版的报刊特色与理性、启蒙相结合，并在经营管理理念上实现了采编分类的新格局。《新京报》则是南方报人与北方报人对市场化中媒介影响力寄予深厚期望的创举，自然也得到了体制内的支持与合作，“负责报道一切”的理念将《新京报》从都市类、消费类、时尚类、经济类等专业化或者分众化的状况中分离出来，试图证明中国当代媒介人的另一种职业理想，不是揭黑、不是与财富合谋，而是以理性的立场，将信息客观公正地报道出来。

这种现象至少说明了两个层面的问题。

首先，媒介的中央与地方属性、行政级别与行政区划在市场化运作中，开始分离，与市场接轨。

在这种分离中，随着人才市场的开放，一些年轻的记者，从其他各地奔向上述这些媒体，以体制外的身份与朝圣的心理，开始为自己的职业理想寻求立足点。如果这种职业理想与自己的想象之间存在差距，则会选择辞职。也有体制内的媒介从业人员，如广告人员、发行人员、市场策划人员、记者等辞职跳槽到其他媒体的情形。

2005 年的《经济观察报》记者集体辞职事件：辞职人员包括许知远、于威、史彦、邵颖波、黄继新、张帆等，多数是评论部成员。其中，许知远是《经济观察报》的主编及主笔。他们对自己辞职行为的解读各不相同，却道出了媒介职业人力资源的现实状态：

许知远："我从来没有正经辞职过，从前的工作最多不过持续半年，所以离开时毫无感觉。这份工作，我的天哪，从 2001 年 4 月起，已经 4 年 3 个月了，我离开的主要原因，是因为这个机构正义感的彻底消失，尽管它对我没有直接影响，但我想在一些时候，总是要捍卫一点基本的立场吧。当身陷一个组织中时，我们很容易就以为这个组织就是整个世界，我们担心一旦离开，是否就意味着安全网的消失，就意味着很多麻烦。但如果我的朋友中、尤其是那些年轻人，这样想的话，我会理解却有那么一点疑虑，因为对于一个青年来说，没有什么比勇敢更重要的品质了，那种安全感的消失，往往也意味着新世界的浮现。"

黄继新"我热爱新闻工作，我仍然希望做记者做到 50 岁。在达到这一点之前，我远不够资格说自己正在被这张报纸毁掉。我没有厌倦这个职业，不过我鼓励自己多尝试一些东西。我是一个容易移情的人，而记者这个身份提供了合法性……"

于威："我知道足够世故的人会嘲笑我们这群不知天高地厚的人，但我始终相信文明的创造者永远都会是那些足够天真的人。我们之所以在明知这个孩子已经被毁掉了之后还继续留下来，是因为我们想要在一起. 我没有想到我会成为第一个离开的人，但无论这个决定如何仓促，我知道自己是对的，因为自由地流浪也要好过猪圈里的平庸。"

邵颖波："我不能，让于老师一个人孤孤单单地离开，我扪心自问，这能算道德吗？这能算朋友吗？你们这些说起过去时光幸福就洋溢在脸上的人，难道真的一点不感觉羞耻吗？还是别再给自己的冷漠和世俗盖遮羞布了吧，假的朋友比真的敌人还可恶十倍。已经有一堆好心人来劝我了，道理讲得都头头是道，或许明天会吃个大亏，但是今天这口恶气我非不往下咽，我一向如此[①]。”

我们再来看《南方周末》记者的辞职信：

南方周末编委会：

谨辞去南方周末记者一职。近三年来，我没有利用南方周末四字赚取一分钱私利，也未将周末当作晋职升官的基石。我为新闻而来，为新闻而去。

翟明磊

2003年8月17日[②]

上述两种辞职的情形，都是基于对原有媒介组织新闻理念的不认同而发生的。但是也有因为收入原因、地域原因、媒介体制问题而产生人才流动的情形。章敬平则以“江湖散了”来称谓他原来工作过的媒体：“1999年底我离开《合肥晚报》的时候，社长非常地愤怒。我猜想，他的愤怒，可能是因为我的离去，伤了他所代表的一家新闻机构的尊严。……2000年我步入其中的《中国新闻周刊》，短短三五年，物非人亦非，前几年，路过北京西城区百万庄，我已没有兴趣走进那幢大楼，因为我认识的人，实在太少了。……散，在新闻江湖上，有时候是流动的别称。只有流动成了江湖的常态，散，才能成为一种江湖生态。从北方的北京，到东部沿海的上海，再到南方的广州，新闻人像候鸟人一样，在这些标志性的地点，没有规律地飞来飞去。”“就在我们感叹江湖散了的时候，有时候惋惜的是一种精神的丧失，20世纪90年代以来，市场化改革创造了新的新闻生态，也创造了一个个新的江湖山寨。”[③]

当流动成为媒介行业的常态化，区域化、行政化的色彩便慢慢淡去，尽管只是淡去，但毕竟给了使媒介成长的一种机会。

---

① 许知远:《经济观察报》记者编辑集体大辞职，2005年8月3日，http://bbs.szhome.com/commentdetail.asp×? id=11867554。

② 天涯时空:http://www.tianya.cn/publicforum/Content/news/1/53278.shtml。

③ 章敬平:《新闻人的江湖》，杭州：浙江人民出版社2009年，第319-320页。

其次，媒介的职业化与独立化获得了市场支撑的空间。

原《财经》杂志常务副主编，现《新世纪》周刊主编、《中国改革》杂志主编、财新网主编王烁认为，在不同人的视野中，由于所处的位置不同，对中国媒介环境的看法就有很大差异，有人乐观，有人悲观。他将目前中国的媒体分为几种:第一种像中央电视台、《人民日报》之类的媒体，是党报体系的核心，需要刊号、需要人、需要钱。这三个要素均需要从政府手中获得，因此这一类媒体的小环境受政府影响就比较大。因此常常会遇到想做什么而不成的状况，因而悲观情绪较重。第二类是不需要政府出钱，但需要人，如《南方周末》《南方都市报》等隶属于《南方日报》报业集团，比起上述的媒体环境相对自由些。第三类媒体，既不需要从政府获得钱的资助，也不需要从政府获得人，只需要刊号，例如《财经》杂志便是其中之一。①

其实，除了这三类之外，还有一类媒体介入第一类与第二类之间，他们可以自己雇佣人，但是为了满足一种媒介组织身份的需要，象征性地从政府那里获得补助。这类媒体在中国应该是最多的，而供职于这些媒体的人员也是最多的。

市场化对上述几类媒体的影响并不相同，对第一类媒介从业人员而言，他们严格保守着行政性的垄断资源，依然以喉舌的姿态和政党资源的优越性，实施舆论监督，但是由于对信息来源渠道掌控的落伍和制度的限制，往往滞后于其他媒体;第二类媒介从业人员在制度规范、市场机制与职业理想之间盘桓，较好地将社会效益和经济效益相结合。介于第二类与第三类之间的媒介从业人员而言，一方面他们拥有政府的行政资源，另一方面也拥有市场所赋予的机会，因此，在经济利益方面的考量会更多一些，媒介从业人员的职业定位相对而言较为混乱，职业内容基本是与经济创收联系在一起

① 熊蕾，[美]朱迪·波罗鲍姆著:《变脸:中国新一代职业人口述实录》，北京:新华出版社 2009 年版，第 131 页。

的，有的职员面对创收的压力，只有选择调换部门，或者辞职；第三类媒介从业人员是媒介专业主义的实践者，这种实践以《财经》杂志十年来的职业实践与社会影响力为代表。但最终还是由于采编权和持股权的问题而分道扬镳，主编胡舒立与所率团队集体辞职，另行成立财新传媒集团，并与相关单位合作，主编《新世纪》周刊与《中国改革》杂志，实现媒介运作市场化中另一种实验，也可以说，开启了财经媒体在中国的一个新时代。

（二）从职称评定到职业荣誉：主笔、首席、专栏作家与公共知识分子的兴起

随着媒介影响力格局的变迁，社会大众对媒介信息的需求不仅仅是停留在信息的报道上，而希望获得更多的观点，同时，媒介职业化的进程也促使媒体从言论的自由市场向观点的自由市场转变，信息的综合报道成为媒介职业化的一种标志，深度报道、调查报道等类型的记者出现了，娱乐记者、IT记者群体也相继出现，这些新的方向不仅是媒介职业化与专业化的一种标志，也为媒介从业人员职业身份的多元化提供了前提。

因此一些“新”的职业名词，如主笔、首席记者、首席编辑、专栏作家等开始出现，无论是财经类、经济类、综合新闻类还是娱乐类、IT业、体育产业等，这种职业标记随处可见。我曾经问过一位在央视某报社工作的老编辑，首席编辑和首席记者在他们报社是什么意思，他说：就是多了一个职位而已，比如说一个周刊的话，有一个主编，为了鼓励大家的积极性，就再选一个首席编辑，其实相当于副主编，给个待遇而已，所以有的部门，本来就两三个人，一个主编，一个首席编辑，再设一个类似于副主编的职位，就是这么回事。他的这种说法在传统媒体中比较普遍，但新创办的媒体，却希望借此来为媒体吸引来更多的人才，有的记者自己也认为如果说是主笔的话，显得职业身份很高，并没有客观的评判标准，只是一个名分而已。

首席记者或者首席编辑设立的目的是鼓励媒介从业人员，尤其是新闻记者或编辑向专业化、专家型方向发展，以职业荣誉感吸引从业人员对职业

的尊重和深度理解。某种程度也是对原有媒介行业中的职称化的一种挑战,原有的助理记者、记者、主任记者、高级记者系列,或者是助理编辑、编辑、主任编辑、高级编辑;或者是助理编辑、编辑、副编审、编审职称系列渐渐在市场化和媒介组织的变革中失去效力了,媒介行业薪酬制度的变革也对此起到了瓦解作用。工业化的稿件计件工作制将媒介行业的发展推向商业化的同时,也消解了职业化中媒介从业人员对职业的敬意,为了获得更多的报酬,必须不断努力工作,但为了媒介产品本身和职业诉求,却又不得不将信息做得更为全面、客观和准确。于是有越来越多的媒介从业人员投身到出版行业中,专栏作家或者博客等形式成为他们的一种选择,而他们生产媒介产品背后的经历,则成为一种社会现场的另类记录,在媒介经营管理的产业链越来越延展的时候,成为一种新闻产品的活动记录簿。

新媒体与民营性质的媒介组织的兴起,提供了一种以另一种形式抒发胸臆的方式,专栏作家成为职业记者的另一种选择。与此同时,专栏作家这一职业名词的重新兴起,也为公共知识分子在中国的初步形成起到了促进作用。有人将成为公共知识分子身份的人做了分类:第一类是勤奋正直型;第二类是位高权重型;第三类是传奇独特型;第四类是搏出位,善于将专业领域的研究成果娱乐化,擅长用前卫、尖锐的话语方式予公众以颠覆性的印象。[①] 或者这里的公共知识分子伴随着信息市场化、媒介组织市场化过程而出现的,其身份的最终标准是与劳务费或者出场费来衡量的。笔者有次去外地开会,遇到的都是所谓的大腕,一名大腕说,劳务费这么低,真是不像话!另一名大腕则说,没想到劳务费这么高,很不容易!我的一个学生在某家对外传播中心工作,他说:我们每个月总要找些专家开会谈谈如何对外建构国家形象等问题,每个专家的出场费都在万元以上,却总是听着没用的一些话。更有甚者,前不久有家媒体找笔者,说办一个农业论坛,据说是一个

① 章敬平:《新闻人的江湖》,杭州:浙江人民出版社 2009 年版,第 86 页。

广告商出了100万元做资助，直接问我，你们价码是多少，找几个专家需要多少钱。对于越来越多元化的媒介市场而言，几乎所有的人以及人的资源都被贴上了商业标签。

笔者想，参与其中的公共知识分子，他们就像是商业化中的畸形产儿，与媒体、大众合谋，形成了自我的产业链，为了维持这种产业链，又不得不以各种形式吸引大众和媒介的关注。这种现象发端于21世纪初期，始于财经类报刊《经济观察报》《财经》杂志，他们对媒介日常的内容生产起到了促进和改善作用，使得媒介的发展在另一个平台上专业化和独立化了。

(三)职业记者的出路

随着媒介组织的变革，商业利益与社会效益之间的冲突日益频繁地反映在媒介产品的生产和消费过程中。尽管职业化过程依然在持续，但是力量依然很微弱，这也使得媒介行业的生态环境日益恶劣，职业声誉大不如从前。深度报道、调查报道、娱乐报道、IT行业或者综合新闻类的媒介从业人员，在无奈中，为自己选择了或者打算选择出路，这些出路与职业理想无缘、与职业诉求无关，只与制度压力和职业现状有关。网易曾采访过南方周末一名记者傅剑锋，问他打算做记者多长时间？他回答说："我觉得我可以做一辈子，但是从现有的制度来说，不可能的。因为有很多压力，到了30多岁以后，身体不允许了，不像国外，他们可以做到70岁、80岁，他们有很宽裕的生活环境，所以我说了，我以后可能按照我们中国职业记者走的一般路径，我做到一定的时候，去做管理层，或者去做老师、教授，去做学术研究。"[①]我们这里对职业记者的一般出路做一个梳理。

1.媒介精英转型:从国营媒体到民营媒体、从传统媒体到新媒体

媒介组织变革中，原本在国营媒体工作的职员，或出于酬薪缘故、或出

① 南方周末记者傅剑锋作客网易访谈实录，2005年11月8日网易新闻，http://news.163.com/05/1108/11/221IM8A20001124T.html。

于对体制的失望、或被迫离开，陆续加入民营媒体中，这些民营媒体多以新媒体为主要形式，这与中国媒介制度的变迁相联系。这些从传统媒体中转入新媒体或民营媒体中的媒介精英们，在商业化的泛媒介组织中，更容易避开体制设计和资本关系的制约，也与新媒体对传统媒体的挑战有关。我们来看两个比较有代表性的媒介精英人物，看看他们的职业变迁路径。

程益中：1965 年生，安徽人。2011 年起任香港亚视执行副总裁，2009 年 3 月起任现代传播集团副总裁、《东方企业家》杂志及《汽车生活》杂志执行出版人。曾任中国证券市场研究设计中心媒体事业管理部副总经理、财讯传媒集团副总裁、《SPORTS ILLUSTRATED》（体育画报）中文版执行出版人、《TimeOut》中国版执行出版人。中国当代著名报人、媒体资源整合和管理专家，中国目前最有影响力和最成功的两张日报——《南方都市报》和《新京报》创办人之一、前总编辑。联合国教科文组织 2005 年度世界新闻自由奖获得者。

朱德付：2010 年 3 月起担任阿里巴巴副总裁，担任阿里巴巴集团多媒体事业部总经理。同时出任阿里巴巴集团与浙江报业集团共同打造的全新媒体《淘宝天下》的董事总经理，和阿里巴巴集团与浙江出版集团共同发行的《天下网商》杂志董事总经理兼总编辑，另外朱德付还兼任中国雅虎总编辑。曾先后担任《中国周刊》执行社长兼总编辑，北京《京华时报》副社长兼总编辑，《广州日报》集团《信息时报》总编辑，《南方日报》出版社副总编辑，《南方日报》新闻采编中心副主任兼机动记者组组长，《南方都市报》副总编辑，《南方周末》编委兼记者部主任等职务，对《南方周末》的新闻理念和采访风格的确立，起到了关键作用。

2. 媒体人从政：一种传统选择

自 20 世纪 50 年代以来，随着中国媒体在新中国成立后的变革，媒介从业人员的身份被纳入行政系统以来，行政身份似乎成为体制内媒介从人员的一种必然选择。这种选择一方面反映了中国媒介行政化和政治化色彩在群体意识中难以消弭的痕迹，也映射出媒介制度变革的艰难程度：制度变迁与人的意识转变需要同步进行，市场化模式与人的意识难以对称。事实上，媒体人从政国内外均很常见，民国时期的中国就有这样的案例。自新中国成立以来媒体人从政则更多地与政治体制对职业的诉求紧密关联，或者是内部提升，或者是平级调动，媒介的行政级别与官场的联系自然是毫无缝隙的。如由普通记者而至省部级以上官员的人数并不少，如：

刘云山：曾任职于《新华社内蒙古分社》，历任中共中央政治局委员、中央书记处书记，中央宣传部部长。

王晨：曾任职于《光明日报》、《人民日报》等，历任中央对外宣传办公室、国务院新闻办公室主任。

徐光春：曾任职于新华社，《光明日报》社等报刊，历任河南省委书记、河南省人大常委会主任、全国人大财政经济委员会副主任委员。

杨振武：曾任职于《人民日报》，现任上海市委宣传部部长。

张宝顺：曾任职于新华社，历任山西省委书记、山西省人大常委会主任。

刘奇葆：曾任职于《人民日报》，现任四川省委书记。

王殊：曾任职于新华社，原外交部副部长。

蔡赴朝：曾任职于《北京日报》，历任北京市委常委、宣传部长 副市长，现任中宣部副部长。

龙新民：曾任职于北京人民广播电台，北京电视台，原中共中央党史研究室副主任。

魏传忠：曾任职于《中国商检报》，现任国家质检总局副局长。

潘岳：曾任职《中国青年报》等，现任国家环保部副部长。

乌云其木格：曾任职于《包头日报》，现任全国人大常委会副委员长。[①]

---

① “杨振武易职报道续：‘新闻人从政’成官场新气象”，《南方日报》2009 年 11 月 9 日。

还有一部分媒介从人员，只是转化为公务员身份，将自己的职业身份与媒介组织变革的大趋势分离，实现个人的生活和社会保障。

3.书写文字:记录时代与书写胸臆

在媒介组织中，以南方日报出版社的系列丛书影响力较大，其中《南方传媒研究》(由南方传媒集团新闻研究所主编)《南方周末:后台》为代表，解密了在媒介运作背后的故事。职业记者们，尤其是参与深度报道、调查报道、IT 业或者体育产业报道的记者们，以报告文学的形式，或者利用职业治理获得采访他人的机会，或者将采访中遇到的种种社会现象进行描述，形成了另一种职业风景线。比较著名的有:凌志军、吴晓波、秦朔、许知远、章敬平等。

凌志军:《人民日报》高级记者，出版作品有《1978 历史不再徘徊》《交锋:当代中国第三次思想解放实录》(与马立城合作)、《追随智慧:中国人在微软》、《变化:1990—2002 年中国实录》《联想风云》《中国的新革命:1980—2006 年:从中关村到中国社会》《沉浮:中国经济改革备忘录》《呼喊:当代中国的五种声音》(与马立城合作)等。

吴晓波:曾任职于新华社浙江分社，现任《东方早报》副总编，“蓝狮子”财经图书出版人，主要著作有《大败局》(2001 年)、《穿越玉米地》(2002 年)、《非常营销》(2003 年)、《被夸大的使命》(2004 年)、《大败局 2》(2007 年)、《激荡三十年》(2007 年)、《跌荡一百年》(2008 年)、《吴敬琏传》(2010 年)。

秦朔:先后担任《南风窗》主编、《第一财经日报》主编。主要著作有《大脑风暴——文化工业探寻》、《传播成功学》,《感动中国》、《美国秀》、《大变局》、《告别 GDP 崇拜》等。

许知远:现任职于《生活》杂志。自 1998 年起为《三联生活周刊》、《新周刊》、《书城》、《21 世纪经济报道》等报刊撰稿，文风犀利。曾任《PC Life》执行主编、中国先生网主编、e 龙网内容总监，他是单向街图书馆的创办人之一，曾任《经济观察报》主笔。英国《金融时报》中文网专栏作家，出版《那些忧伤的年轻人》、《中国纪事》、《我要成为世界的一部分》、《转折年代》、《纳斯达克的一代》、《昨日与明日》、《思想的冒险》、《新闻业的怀乡病》、《这一代人的中国意识》《中国纪事》等。

胡泳：北京大学新闻与传播学院副教授，兼任《北大商业评论》副主编，中央电视台《我们》总策划，价值中国网总编辑，作为媒体人的影响力很大。其主要的经历与中国数字化的发展关系密切，不仅翻译了与此相关的书籍，还出版了如《网络为王》、《时代英雄》、《黑客：电脑时代的牛仔》、《海尔中国造》、《企业文化与素质管理》、《竞争战略与核心能力》、《跨国攻略与领导之道》、《张瑞敏如是说：中国第一 CEO 的智慧》、《电信赢家：一个前沿市场的战略标本》、《张瑞敏谈管理》、《海尔的高度》、《张瑞敏管理日志》、《众声喧哗：网络时代的个人表达与公共讨论》等。

章敬平：先后出任过中国《新闻周刊》采访部副主任、《经济观察报》特稿部主任、《南风窗》主笔，《南方周末》首席记者。出版著作有《向上的痛：目击2000 年以来中国转型之痛》、《权变：从官员下海到商人从政》、《新闻人的江湖》、《今天，我们怎样评论中国》等书籍。

也有一些记者开始步入写作这一行列，不是以专栏作家的形式，而是以报告文学的形式，如李海鹏，曾任《南方周末》高级记者，现任：康泰纳仕广告有限公司《GQ》杂志专题总监，出版作品有《佛祖在一号线》、罗昌平，历任《中国商报》首席记者，《新京报》深度报道部主编，现为《财经》杂志副主编，著有《递罪：政商博弈的郴州样本》。刘国民，任职于《哈尔滨报业集团》，著有《首席记者》，另有匿名记者写的《暗访十年》等。

他们以纪实文学、报告文学、政论等形式书写对历史的感悟、社会的观察，这些作品共同构成中国当代媒介行业变革的现实图像和真实的历史资料。

4.教书岁月:沉积后的另类选择

中国媒介组织变革的同时,高等院校新闻传播类专业、影视编导类专业也在不断的扩展,但由于原有的新闻专业在社会中的声誉无法与市场化的发展相对应,原有的师资力量和教材建设与媒介变革的现实脱节(目前这种状况也没有完全解决),进入21世纪媒介从业人员到高校教书的人数不断增加。世纪之交便有部分媒介从业人员由于年龄关系、学位关系、个人兴趣、体制等因素,到高校教书,如展江教授,先在《扬州晚报》工作,在中国人民大学获得博士学位后,任教于在中国青年政治学院,目前在北京外国语学院任职;钱刚,先后担任《解放军报》记者、《中国减灾报》执行编委、《三联生活周刊》执行主编、中央电视台《新闻调查》栏目总策划、《南方周末》常务副主编,2000年任教于上海大学,并担任香港大学新闻及传媒研究中心研究员。

类似这样经历的学者还有:北京大学新闻传播学院的徐弘、武汉大学新闻传播学院的罗以澄、清华大学新闻传播学院的李希光、刘建明等、中国人民大学新闻学院的高钢等。很多高校在成立新闻传播学院的时候,专门聘请著名的媒介人担任一定的职务,如复旦大学新闻学院的宋超、赵凯、清华大学新闻传播学院的范敬宜、暨南大学新闻传播学院的范以锦、中山大学新闻传播学院的胡舒立、汕头大学长江新闻与传播学院的陈婉莹、范东升等等,进入高校新闻传播学院工作的教师,具有媒介工作背景的人数越来越多。对于新闻传播学与媒介现实的结合提供了很好的结合点,但是业界实践与学界思路之间的差异,仍然是困扰这一研究领域的主要问题之一。

5.经商

在市场化逐渐赋予信息以巨大的潜在经济价值的时候,媒介从业人员辞职或兼职经商也成为出路的选择。20世纪90年代记者下海,最出名的便是原新华社记者王志刚,他成功地利用自身在媒介行业积累的信息视角和策划能力，成立了工作室，在策划概念还没有为大众普遍认知的情形下，以策划理念、策划形式、策划模式等视角将媒介策划、媒介宣传、产品有效、活动策划、甚至是城市策划等结合起来，他认为一名优秀的策划人必须首先像一名合格的记者，对生活保持好奇心，具有避免垃圾信息的干扰，获取有价值的信息和情报的能力。必须有哲学的头脑，经济学的眼光、史学的知识、社会学的背景，必须关注时代走势，探寻人生哲理。其次，还要像一位合格的记者那样，不但要有良好的口才，还要有优美的文笔；再次，优秀的策划人应该像一位严谨的学者，对资料要坚持史学家的严谨与冷峻；最后还要有不断学习的能力。①

仲大军同样也是原新华社记者，后在《中国经济时报》担任记者，是国内目前知名的经济观察家、社会评论家、批评家、专栏作家、政府和企业顾问。2000 年创办北京大军经济观察研究中心，现任中心主任，是一个股份制的民营研究机构，也兼顾咨询顾问等业务。

其实，以他们二人为例主要是想说明，随着媒介概念的泛化，原有的媒介职业类型与职业内容也发生了巨大的变化，他们从传统媒介中走出来，依靠对媒介职业思路的了解，无论是咨询、策划、营销、销售等，其实质都是被扩大化的媒介职业类型。

上述这些出路的选择，并不是唯一的，他们会同时兼任多种角色，如作家、记者、教书。如赵世龙，1967 年生，湖南长沙人。1993 年入行做新闻，曾担任《南方周末》(1997—1998 年)、《羊城晚报》(1998—2003)记者、中央电视台《社会记录》栏目编委(2003 年底)。2003 年被央视评为当年度中国“八大风云记者”之一。2004 年任知音集团《新周报》总编，《新周报》发行 7 期后辞职，被称为“中国最短命的总编”。现在《羊城晚报》总编室深度报道组工作，

① 王志纲：如何成为优秀的策划人，王志刚的博客，2010 年月 9 日，http://blog.sina.com.cn/s/blog_4827f39c0100i9ix.html。

兼任中山大学传播与设计学院客座教授。出版著作:《闯荡广东》《探险怒江》《丛林密境》《解毒金三角——中国记者跨境采访手记》《调查中国——新闻背后的故事》。王志刚尽管经商也是一名作家,出版了《谋生》《财智时代》《城市中国》《王志刚社会经济观察实录》等著作。

小 结

媒介从人员的职业理想的探寻始于20世纪80年代末期,是以思想解放、舆论监督的形式为标志的。90年代中期之后由于社会转型、大众消费意识的形成和民营企业的崛起,经济类、财经类、民生类、政论类的报道开始在世纪之交成为媒介报道的新领域,并产生了深度报道记者、调查报道记者、娱乐新闻记者、IT记者等新的职业类别,主笔、首席、专栏作家这样的字眼开始回归媒介职业本身。21世纪是中国当代媒介从业人员职业化的发端期,与此同时,也是新技术、新媒介形式、新的信息获取模式不断被更新的时期,一方面媒介职业化过程受限于现有的传播制度和媒介体制,这便驱使着部分媒介从业人员从传统媒体、国营媒体到新媒体、民营媒体发展;另一方面泛媒介化为媒介从业人员的职业视野开辟了新的路径,以咨询、策划、营销、销售等手段开始拓展媒介发展的市场化新领域;与此同时,媒介从业人员的特殊身份也在信息时代形成了一种潜在的力量,使得他们有可能出于职业的缘故而成为作家、商人和学者,或者从政,或者成为公务员。

第五章

当代职业媒体人的职业理想特征

新闻本身是易碎的，但新闻记者对于永恒性的追求是始终不渝的。

——胡舒立

20世纪90年代中期到21世纪前十年，是当代职业媒体人对职业理想展开多元化实践的开端，这种实践分为三个层面：第一个层面首先体现在舆论监督的层面上，其次体现在职业底线的守卫上：记录时代，再次体现在对社会良知和正义的呼唤，启蒙社会的职业理想上。第二个层面则体现在媒介专业主义的实践中。第三个层面是在市场化中新崛起的职业理念，通过对大众全方位需求的迎合与建设，试图在职业层面和文化层面上形成一种新的特征，即对媒介专业主义的维护与有意无意间对大众文化价值观的重塑。而这种特征的形成与媒介从业人员对职业身份的认知、对自身成名的想象是联系在一起。

一、从舆论监督、记录时代到社会启蒙

（一）职业理想形成的历史前提：成名想象与职业认知的变化

成名想象是指媒介从业人员在职业行为中所拥有的潜在职业荣誉感，这种职业荣誉感是媒介从业人员的内在渴求，而成名想象则是这种内在渴求的外化。尽管每种职业都会使人有潜在的职业荣誉感，但是唯有媒介行业提供了从业人员在大众面前以显性或隐性显示自身的机会，也在一定程度上演绎了职业特性，因此更容易造成从业人员对该职业的憧憬与想象。媒介从业人员的职业认知是指媒介从业人员对媒介行业的自我定位和社会主流群体对媒介行业的定位。媒介从业人员的职业行为主要是指媒介从业人员在媒介产品的选择标准、生产流程和传播流程中，所体现出来的职业特征。

随着各种媒介形式的日常化、大众化，多元化的媒介形态俨然构成了一个新的信息传播现场。无论是报刊、电视、广播还是互联网、手机媒体都成为了构建社会信息系统的场域。在这种场域中，媒介从业人员选择信息的标准尽管很复杂，却依然体现出一致性，这种一致性左右着媒介叙事的话语模式、建构形式和内容取向，同时伴随着媒介从业人员群体潜在的职业期许。在这种职业期许中，包含了媒介从业人员对职业的荣誉感和使命感，因此才有了这一职业群体对该职业的成名想象与自我认知；同时，这种职业想象又不得不与社会现实的需求相一致，不能停留在理想状态中，职业实践中经济选择与伦理选择便成为一个不得不时常面对的抉择；除此之外，媒介从业人员又局限于中国当代传播制度、传播规范以及这一制度规范下所形成的新闻理念的束缚，不得不在想象、现实和制度中时常妥协，一方面是对职业理想和职业荣誉感的潜在诉求，另一方面是制度规范下职业内容的限制，最后是制度所赋予的资源中的垄断利益，这三方力量相互角逐中逐渐形成了具有中国当代特色的媒介产品生产模式，也潜在地培育了他们对职业的认知和对通过职业获得社会身份和地位的成名想象。

马克斯·韦伯指出："成功的新闻工作者，相应于外在的试探，而必须具备的内在力量，才是最难企及者。的确，在一种看来平起平坐的姿态下，出入豪门的沙龙中当座上客，常常因为被人所惧，所以受到大家的阿谀奉承，但自己心里却清楚得很，只要自己一离开，背后的门甫关上，主人就必须向他的贵宾们解释，为什么他会和'那个报界挖人隐私的低级作家'有关系。……同样地你必须随'市场'的需求对任何一件事、对生活中任何可以想象到的问题，迅速而言之成理地表达自己的意见：你的意见不能完全肤浅，尤其不能因为暴露了自己的底盘而丧失尊严……因此，许多新闻工作者，到头来在人性方面完全失败，丧失了一切价值，也就不足为异。值得吃惊的是，在这些情况之下，这个阶层中居然还有许多可贵的、到底的人存在；这个事实，不是外人能轻易想象得到的。"[①]马克斯·韦伯描述的尽管是20世纪初期他对媒介从业人员的观察，一定程度上也说明了成功的媒介从业者在职业需求方面对个人素质的基本要求。这种基本要求与进入这一职业的媒介从业人员的成名想象相结合，构成了媒介从业人员职业理想形成的框架，在这种框架中，既包含了媒介从业者自身的个人特征：教育背景、年龄、性别、家庭出身、个人兴趣等，也包括了当下社会现实中对媒介职业的普遍看法，二者组成了媒介从业者群体的职业理想形成的历史前提。

新中国成立初期，随着媒介公私合营历程的实现，媒介所有权单一化之

---

① [德]马克斯·韦伯著，钱永祥等译：《韦伯作品集：学术与政治》，南宁：广西师范大学出版社2004年版，第229页。

后，政党话语模式占据了媒介实践的主导地位，合法性和权威性的双重作用使得媒介从人员对本职业的想象始终与执政党的话语表达和思维模式联系在一起。所谓成名想象，首先是与对作为执政党的中国共产党的想象联系在一起，对执政党的全面想象：如从概念到发展历程，从历史到政治实践，从日常政治生活到政治机构的约束，从自身的政治身份到职业行为模式等等，很多程度上决定了媒介从业人员对职业的想象。而他们对职业的想象又与自身对职业的诉求联系在一起。这种职业诉求便是政党对职业的要求，社会大众对职业的期许和自身通过组织社会化对职业的认知。在通过对政党想象和职业想象中，媒介从业人员在新中国成立初期获得了对职业认知的自我满足感，这种满足感同时也伴随着对自己成名的一种想象欲望。遗憾的是，由于这种想象欲望是与知识分子在中国社会中的阶层和社会身份及地位联系在一起的，到了60年代，这种想象便幻化为一种虚拟的乌托邦，成名想象在接下来的政治斗争中不再是与职业荣誉感结合在一起，而成了个体"获罪"的证据！

基于对职业自身的一种想象，自然导致媒介从业人员为了以职业获取更大的满足感而"制造假新闻"，这种现象在20世纪50年代的大跃进时期可以说得到了极致。以1958年6月8日《人民日报》上对河南省遂平县卫星农业社5亩小麦创丰产新纪录的消息为例，新闻标题为：卫星社坐上了卫星，五亩小麦亩产2 105斤[①]，继而报道全国各地粮食卫星的消息可以说是前面开花：

"'红光'赶过'卫星'。小麦亩产3 605斤；'永胜'胜过'红光'亩产，达到3 663斤。"（6月16日）

"卓头村社小麦生产创更新奇迹，亩产破五千大关。"（6月30日）

"和平社亩产小麦平均亩产7 320斤，这是河南省今年麦收中放出的小

① 1斤＝0.5千克，全书同。

麦亩产 3 000 斤以上的第二十九颗‘卫星’。”(7 月 12 日)。

“和平社创最新记录,早稻亩产 7 745 斤。”(7 月 25 日)

“春光社早稻田亩产超过万斤。”(7 月 31 日)

“长风社乘长风破万里浪,早稻田亩产一万五千斤。”(8 月 1 日)

“湖北建国一社出现天下第一田,早稻田三万六千九百多斤。”(8 月 13 日)

“开镰大吉,中稻田初现万斤田。”(8 月 20 日)

“东方红,红遍天,一亩中稻田四万三千斤。”(8 月 22 日)

“广东琼山出奇迹,一亩中稻田六万斤。”(9 月 5 日)[①]

看着这些惊人的数字变化,就像是在看一出政治滑稽剧,而导演这出滑稽剧的人,正是媒介从业人员,尽管可以用特殊年代的政治环境为媒介开脱责任,但是尽管如此,为了政治想象可能潜在地蕴含的职业成名的可能,或者说是明哲保身的可能性,导致媒介从业人员完全忽视职业的诉求,不仅把职业当成了政治工具,而且还当成了政治斗争和职业身份的一种想象,这不仅仅与假新闻的制造有关,更多地与职业的诚信度有关。基于职业诚信度的原因,改革开放之后的媒介从业人员,并没有在这一点上深刻反思,尽管改革初期主导意识形态的原则实事求是,依然是他们职业培训学习的材料,但是在职业实践中,在对成名的渴望中,假新闻产品依然没有杜绝,而且随着市场经济的发展和受众市场的发育,反而是愈演愈烈了。

1985 年发生的新闻官司,是中国公民首次以法律方式寻求名誉保护的先例。1983 年第一期《民主与法制》杂志刊登了《二十年“疯女”之谜》一文,署名为沈涯夫、牟春霖。文章中写道,主人公(化名为“廖勇”)为了从武汉调回上海,唆使其妻子装疯,后又毒打妻子逼迫其装疯,随后因为私生活曝光,又逼迫妻子装疯,并将其送往精神病院。文章在结尾写道:

---

① 叶德本:《中外假新闻大曝光》,北京:中国国际广播出版社 1992 年版,第 94-96 页。

“如果说她嫁错了人，还可以说‘咎由自取’；如果说她确有冤屈长期得不到澄清，那就不能不说是有关的部门有责任了。弄清问题并不难：了解情况的人还健在；档案材料基本完整；事件全部过程都发生在上海；更重要的是，活生生的标本——田珍珠本人还活着。可供专家和有关方面观察、坚定，就她是否有精神病一事不难做出结论。这样的事，却拖了几乎十年之久。到今天仍然是个谜，这不能不使人联想万千。我们多么希望有关部门和有关同志，用十二大的精神对照检查一下自己的工作，把手边的堆积案认真清理一下，让田珍珠那样的当事人和我们都从不解之谜中解放出来吧！让那些该受到制裁的人不能再逍遥分外吧！”[①]

在1983年第四期的《民主与法制》上刊登了关于该新闻报道的读者来信综述，综述中指出：“从来信的地区看，由内地到边疆，由城市到乡村，遍及全国各地。虽然通过‘疯女’事件暴露出来的问题是那么令人愤慨、痛心，但体现于大量来信中的那种人文关怀和气氛，却令人感动、振奋。上海某个角落里一个普通女子的不幸命运，几乎在朝夕之间，就受到全国各地的关注，这清清楚楚地告诉我们，今天的中国，确确实实民风已有明显的好转，这怎么不叫人欢欣鼓舞呢！”[②]1983年12期，两名作者又撰写了《“疯女”之谜的悬念……》一文，同时发表在《妇女》杂志上。

从这种对读者来信的评述中可以看出，媒介从业人员对职业的自信度和职业影响力的自豪感。这其中自然隐含着对以职业获得成名可能性的欲望，这原本也无可厚非，但是遗憾的是，文章中所涉及到的主人公，于1985年将这两位作者告到上海长宁区法院，经过四次开庭审理，1987年判处被告人沈涯夫犯诽谤罪，剥夺政治权力1年6个月；被告人牟春霖犯诽谤罪，判处剥夺政治权力1年，二人分别上诉至中级、高级人民法院，1990年最高人

---

① 沈涯夫，牟春霖：《二十年“疯女”之谜》，《民主与法制》1983(1)。

② 沈涯夫，牟春霖：“社会主义国家绝对不是虐待妇女的自由世界——二十年疯女之谜来信综述”，《民主与法制》1983(4)。

民法院(1986 刑他字第 269 号)维持原判。1988 年 8 月至 1989 年 2 月期间《民主与法制》编辑部连续 6 期反驳法院判决,[①]开创了中国新中国成立以来媒介与政府机关公开论战的先河,至今类似的事件似乎是越来越多,却总是以难以找到法律依据不了了之,难道说现在的法制建设还不如 20 世纪 80 年代初期吗?这件事情本身直到现在也值得我们思考!

但就总体而言,这样的事件 1989 年之前少之又少,因此这个案例才格外引人注意。主要原因在于经历了"文革"中对个体和群体原有价值体系的冲击之后,成名现象对社会大众而言,在一段时间内似乎成为一种禁忌。记得 20 世纪 90 年代中期笔者作为记者采访"两会"的时候,曾经碰到过一个著名学者,因为比较熟悉的关系,聊了很多与他的专业相关的话题,笔者说要不写个专访给你发在报纸上,对你从事研究或者有用,他一听如惊弓之鸟,说我们的前辈出名大多在"文革"中都没有好下场,我要远离媒体,安静地做学问。但同时也有某大学的教授,试图以一种非学术的方式获得采访机会,并希望以合资的方式来办报纸的某个版面。对这两种观念,笔者当时刚参加工作不久,还有些讶异,现在想来,却恰好是对中国人经历文革之后对成名想象的差异性认知。前一位学者是从事文史研究工作的,是典型的传统知识分子,也是自 20 世纪 50 年代以来受冲击最大的知识分子,他的同仁们甚至有因此而丧命的,眼看着自己的师长同仁在眼前倒下,使得传统知识分子对媒体有了深深的惊恐之心,因此宁愿避开媒体,安静的生活。而后一位知识分子,从事的是国家宏观政策研究,年级较轻,是典型的文革后知识分子,在原有的价值体系崩溃之后,他所从事的职业与中国传统知识教育体系和理念之间的联系被砍断了,没有深厚的历史积淀,也没有传统价值观念的束缚,更没有惨烈的政治记忆为积淀,他们与媒介之间的关系更像是媒介变革中媒介从业人员与市场的关系。

---

① 宋守山:《传媒 30 年》,广州:南方日报出版社 2009 年,第 78-79 页。

改革开放之后的媒介从业人员所拥有的成名想象是与年轻的知识分子一样的，职业诉求的泛政治化和泛行政化虽然也困惑着他们，但是市场所能提供给他们的职业荣誉也变得日益丰富和多元化起来。如果说，传统媒介从业人员的成名想象更多的是与政治话语权和政治荣誉感联系在一起的话，当代媒介从业人员的成名想象更多地与市场、与社会关系、与信息内容、与职业责任、甚至是与个人的独立性联系在一起了。职业荣誉对他们意味着更多的社会地位、社会财富、令人愉悦的生活境况、多元化的社交圈子、相对自由的职业环境和社会知名度。原有的职业标签，如：职称、职位、工资标准等与他们之间的关联已经渐渐弱化了。这种新的成名想象空间所带来的职业荣誉感，随着市场化在中国的深入也不断发生着变迁。社会知名度意味着更好的收入、意味着更多的受众粉丝、意味着更多的职业机会、意味着更为自在的生活，因此媒介从业人员对受众与广告市场的竞争便与对职业的基本诉求结合在一起了。

总之，作为媒介从业人员的从业者是以极其浓厚的个人身份与色彩进入职业领域，这种个人身份具体体现在：年龄、性别、专业培训背景、家庭背景、地域特色、个人兴趣、价值观等。进入职业领域之后获取了职业身份的从业者，同样有着诸种具体的职业身份。在他们对各自职业身份的认知中，充满了对职业的憧憬与想象，在想象中与社会环境、体制关联相互影响，形成了职业群体的职业认知与对职业的期待：成名想象中的职业诉求。

(二)从媒体的舆论监督到记录时代：职业理想的初步形成

在这样的职业认知和对职业的成名想象中，经历了 20 世纪 50 年代至 90 年代的中国媒体，开始在中国共产党的第一次转型中，探索与此转型相匹配的发展模式。舆论监督这一宏大的概念化模式在政治话语、体制诉求与媒介呼应中，开始在 20 世纪 90 年代中期进入媒介视野。当代中国政治话语中的监督，一开始是党内批评与自我批评的阵地，也即是政治运动与政治斗争的工具。随着改革开放的深入，媒介变革过程的推进，如何保持执政党在社会大众中的威信、如何更好地利用媒介实现执政党的转型、以推进政治变革和社会变革的继续深入，便成为一个无法逃避的问题。从1987年的十三大报告开始，中国共产党持续强调舆论监督的重要性：十三大报告指出，要"发挥舆论监督的作用，支持群众批评工作中的缺点错误"；十四大报告指出，要"重视传播媒介的舆论监督，逐步完善监督机制，使各级国家机关及其工作人员置于有效的监督之下"；十五大报告指出，要"把党内监督、法律监督、群众监督结合起来，发挥舆论监督的作用"；十六大报告强调，要"加强组织监督和民主监督，发挥舆论监督的作用"。在2003年、2004年两届政府工作报告中明确标明："增强工作透明度，支持人民群众和新闻媒体对政府工作进行监督""自觉接受人民监督。政府的一切权力都是人民赋予的，必须对人民负责，为人民谋利益，接受人民监督。只有人民监督政府，政府才不会懈怠。"

胡锦涛同志在2004年1月和4月的中纪委第三次全会和中央政治局第十二次集体学习时都强调要综合运用党内监督、专门机关监督、群众监督和舆论监督等多种形式，形成有效的权力运行机制；把舆论监督作为权力运行机制的重要建设内容，作为依法行政、从严治政的重要保障，作为建立市场监管体系、金融监督体系的重要内容；特别是将舆论监督作为党内监督的法规正式列入《党内监督条例》。胡锦涛在2007年党的十七大报告《坚定不移发展社会主义民主政治》的一节中指出，"完善制约和监督机制，保证人民赋予的权力始终用来为人民谋利益。确保权力正确行使，必须让权力在阳光下运行。要坚持用制度管权、管事、管人，建立健全决策权、执行权、监督权既相互制约又相互协调的权力结构和运行机制"，"落实党内监督条例，加强民主监督，发挥好舆论监督作用，增强监督合力和实效"。①

① 任贤良："舆论监督的现状、问题与解决方法思考"，《中国记者》2005(8)。

什么是媒体的舆论监督呢？1989 年 11 月 25 日，李瑞环同志在新闻工作研讨班上关于《坚持正面宣传为主的方针》的讲话中指出："新闻舆论的监督，实质上是人民的监督，是人民群众通过新闻工具对党和政府的工作及其工作人员进行的监督；是党和人民通过新闻工具对社会进行的监督，不应仅仅看成是新闻工作者个人或是新闻单位的监督。"换言之，媒体的舆论监督是人民通过媒体监督执政党、是执政党和人民通过媒体监督社会。媒体始终不是独立的力量，而是执政党管理社会的工具。媒体的舆论监督便是在执政党制定的框架下的监督。这种监督一旦超越了框架，便不被允许。

就媒体而言，以舆论监督为目标肇始于《焦点访谈》栏目。《焦点访谈》创办于 1994 年 4 月 1 日，创办人孙玉胜只是把内容设定与热点、焦点、难点等新闻事件，并没有上升到对社会进行舆论监督的地步。开办初期创下了三个第一：

第一个舆论监督节目；《焦点访谈》播出的第一期舆论监督节目，是开播的第三天，也就是 1994 年 4 月 3 日播出的《北京郊区：耕地上建起一座坟茔》，节目反映了北京顺义县一个村，违反政策，毁坏耕地建陵园，向外出售赚钱的情况。而节目线索来自于观众的电话举报。制作这期节目时，《焦点访谈》还没有开播，这名观众是向《观察思考》提供线索的，不曾想他成就了《焦点访谈》的第一期批评报道。

第一个敏感话题的介入：1994 年 4 月 23 日，在《焦点访谈》开播的第 23 天晚上，《回家的路有多长（上）——对流浪儿童的追踪采访》播出了。节目的编导是《焦点访谈》的主持人肖晓琳、记者陈新红、康锐。摄制组在湖南、贵州、广东等省进行了深入采访，肖晓琳和陈新红以女性特有的细腻，捕捉到了这群孩子流浪生活的一个个震撼人心的细节：沿街乞讨，拣拾垃圾；聚集在一口破锅前，"品尝"没有油星的"美餐"；倒躺在荒芜的野地里，"享受"夜风里的"美梦"。当这群流浪儿中的"孩子王"搓着生满冻疮的手，对着镜头说："我也不知道什么时候，就会倒在地上死去"时，几乎所有观众的心灵都被震撼了:救救孩子!

第一个报道内容以社会新闻类题材为主:真正意义上的舆论监督类节目,在开播初期所占的比例并不大,与今日《焦点访谈》的同类节目相比,无论从报道数量、题材把握、内容表现、节目力度,还是采编技巧、制作水平上,差距都很大。而当时占份额较大的社会新闻类题材,现在已不多见。①

栏目组本身制定的职业规则有:

"六个绿灯信号",也叫"六个要":要坚持导向;要心系大局;要坚持真理;要出于公心;要以理服人;要严明纪律。

"六个红灯信号",又叫"六个不要":不要当法官;不要把个人的好恶带进节目中;不要陷入局部利益的纷争,被人当枪使;不要超越事实做出判断;不要以偏概全;不要在动态事实中只交代阶段性事实。

其《工作手册》规定:

你应当对你从事的工作感兴趣,而且一直感兴趣;同样地,你应当对与工作相关的事物有欲望,而且一直有欲望;如果你只对工作之外的事情感兴趣,我们就不对你感兴趣。②

从上述的论述中,透露出的信息包括两个层面:一是对报道内容的要求,即对媒介产品生产所提出的要求,即要客观全面、不要带有个人情绪;把握报道的主流方向;不能牵涉到局部利益纷争中去等,其中比较有特色的是:对局部利益纷争报道的要求,这一点与目前中央政府与地方政府之间的博弈现实有关联。二是对职业媒体人的基本要求:有好奇心,对工作保持续兴趣,关注一切社会现象。

综合起来,其最基本的报道理念是:用事实说话。因为这种事实总是会涉及到不同的群体,因此"在《焦点访谈》,从领导、制片人到记者,都承受过

---

① 梁建增:"焦点访谈开办初期的三个第一",《新闻记者》2006(7)。

② 责任在肩:《焦点访谈》十年历程,央视网站 2004 年 11 月 26 日。http://www.cctv.com/news/special/C12198/20041126/102678.shtml。

一种'情骚扰',也就是被社会广泛关注的'说情风'所困扰。"[①]

如果说《焦点访谈》开启了舆论监督的可能性的话,90年代中期的《中国青年报·冰点》栏目和《南方周末》则以更为明确的职业责任将职业媒体人的职业理想清晰地表述了出来,并进行了初步的职业实践,二者的职业理想不尽相同,发展的环境和趋势也有差异,这种差异本身也代表了中国媒体在改革开放中市场化与媒介组织变革的区域性差异,因此本文将《中国青年报·冰点》(主要是指90年代)作为与《焦点访谈》相同区域的北方地域的媒介典型进行论述,而将《南方周末》(主要是指90年代)作为南方地域的媒介典型进行论述。

1995年《冰点》作为《中国青年报》专题特写版诞生,1996年被评为"中央主要新闻媒介名专栏",1998年《冰点时评》问世,1999年即被评为"中国新闻名专栏",2004年《冰点》拓展为周刊,其成长过程以独特的视角展现了一个时代的变迁与新闻记者的职业认知之间的互动关系。主编李大同曾在《冰点》《周刊纪事》两本著作以及自己的个人博客、媒体采访中阐述了自己的职业理想,主要有以下特征:

第一,理想主义、英雄主义的烙印与对社会现象的反思相结合,构成了其对当代中国及其当代中国社会和政治史的一种迷恋,并以此建构了他所界定的新闻概念。

"如果公众关注这个信息,那它就是新闻,它就有新闻价值,你可以打上引号。在各个方面都符合新闻的要素,但是读者不关心它,不看它,它照样不是新闻,这就是我的理念。……我们这代人,总的说来是具有50年代那种荒谬的理想主义和英雄主义的锻造的。这种锻造可能是虚妄的,但是他一定留下痕迹。这种痕迹,给了我们很大的底气,无非是坐牢吗。我们愿意

① 责任在肩:《焦点访谈》十年历程,央视网站2004年11月26日。http://www.cctv.com/news/special/C12198/20041126/102678.shtml。

把牢底坐穿呀，我们是看《红岩》长大的，那有什么呢？这是一种很自然的反射。"[①]

这段话带有很强烈的个人性格和成长背景的色彩，带有一种豪迈、一种悲壮，一种不甘心、一种试图与历史、体制抗争的豪情。

第二，其职业底线是要记录时代。

"我的使命是要告知，如果我没有做到告知，就是失职……记录是中国新闻界退而求其次的追求，这个追求不错，也不是不好。这个追求坚持了底线。"但并不应该仅仅如此，记录是一种无奈的选择，"只有想影响今天的记者才是好记者，一时影响不了没有关系，如果他能坚持记录，他仍然是好记者。相反，真正可怕的是犬儒主义、玩世不恭。我报了也没用，我报它干吗？有危险、做无用功，我就不报了。这才是对这个职业真正的危害。"[②]

对职业媒体人而言，要具有我不入地狱谁入地狱的精神，或者报道本身一时难以影响社会，但是记录真实的事件，遵守职业对大众的信息传播责任，是职业底线。即使这种记录或者是悲情的、无奈的、孤独的，也需要一往无前的勇气，依然要坚持，唯有这样，才有可能在历史发展中，为后来留下珍贵的资料，为当代人提供全面观察和理解社会的信息。

第三，以平衡、客观的报道技巧来努力改变新闻管制的潜规则。

媒体体制的变革不是一朝一夕的事情，改革中的媒介转型与媒介管理部门的转型并不同步。因此媒介管理机制中有很多潜规则，要利用这些潜规则，利用一定的平衡和客观技巧，来扩大媒介报道的深度与广度，以试探的方式逐渐促使媒介体制的变革。"我一直有一个看法，并且努力付诸《冰点》的实践：中国主流媒体的新闻工作者，除报道允许他们报道的新闻外，还要有意识地努力去改变新闻管制的潜规则，这是指要敢于接触那些虽无禁

① 石岩："李大同访谈实录"，2007 年 2 月 18 日，http: // www. blogms. com/StBlogPageMain/Efp_BlogLogSee. aspx? cBlogLog=1001746490。

② 石岩：《冰点故事》：用新闻影响今天，《南方周末》，2005 年 12 月 15 日。

令却按经验判断具有重大风险的新闻题材，能否报道出来，在相当程度上取决于'技术'。这类报道有一个特定的附加功能，那就是可以逐渐提高新闻管制官员的敏感度阈值。这些官员也是人，也受过良好教育，第一次看到'犯规'的报道，他们也许会跳起来，但是两次、三次……不断地看到在禁区边缘游走的报道，他们的敏感阈值就会逐渐提高。俗话说：见惯不怪。在目前体制下，新闻报道的广度和深度，只能这样一步一步、一篇一篇地'挤'出来。"①

第四，主流媒体要肩负起自己的社会责任，这种责任是与国家命运、民族未来联系在一起的。

无论这条路多么艰难，也不能放弃自身的责任："一份负责任的主流大报对所有这些关乎国家命运、民族未来的大事，原本都应该及时报道，但现行体制使我们尚难以做到这一点。我们往往难以在第一时间以报道的方式来干预现实，来推动社会的进步。但是，中国社会毕竟在进步，即便我们不能完全按照职业准则来达到理想的境界，我们至少应该有所记录。我们应该记录下后人必须审视的那些'大事'，做不到这一点，我们就是失职。"②

李大同不仅仅是要关乎现实，还要反思历史，希望将更多的历史事实还原于社会。这一点也导致了《冰点周刊》的停刊整顿，尽管后来复刊，但是他本人和副主编卢跃刚也从此离开了《冰点》周刊。这次《冰点》周刊事件的直接起因是刊发了一篇袁伟时的文章《现代化与历史教科书》的文章而于 2006 年 1 月 25 日被停刊，3 月 1 日复刊。被停职后李大同和卢跃刚发表联合声明写道：

"我们两个人，李大同在中国青年报供职二十八年，卢跃刚在中国青年

---

① 李大同：用新闻影响今天：《冰点》周刊纪事，香港：泰德时代出版有限公司 2006 年版，第19 页。

② 李大同：《冰点十年后记》，参见李大同的博客 2005 年 12 月 26 日，http://blog.chinabbs.com/article/5766.html。

报供职二十年，算是老报人了。在这里，我们要引用《冰点》纪念中国青年报令人尊敬的总编辑王石先生文章《报人王石》的一句话：'老报人永远不死，他只会飘然而去'。"

《冰点》事件可以说是李大同所说的以报道视角和报道内容拓展媒体体制的约束，以《冰点》周刊停刊，尽管国内传统媒体没有报道，但是新媒体却以迅疾的方式将这一信息传播到国外，李大同、卢跃刚也利用个人博客、MSN、内部网站等申明自己的观点，还利用中国共产党的党内监督机制提出申诉，海外媒体对此事件也很关注。《冰点》周刊复刊了，但是他们作为正副主编被调离了。某种意义上，这是李大同和卢跃刚等为主导的《冰点》周刊所体现的职业理想的一次与权力体制、媒介体制的交锋，复刊本身便是体制的一种妥协，但是《冰点》周刊灵魂人物的离去，也随即改变了周刊所呈现的职业理想。

（三）启蒙与理性：职业理想的精神呼唤

当李大同在北京创办《冰点》周刊同时，《南方日报》的一个"周末"早已起航。"前南方周末记者，后来成为国内著名报纸发行人的谭军波以其职业经理人的思维，将 2001 年前的《南方周末》分为清晰的三个阶段。第一阶段，左方时代，北大毕业的左方是有着理想主义、自由主义与启蒙主义思想意识的领导。他奠定了《南方周末》的精神基调。第二阶段，游雁凌时代，即转型期。从一份文化生活报转型为综合性大型新闻周报。发行突破 100 万，广告收入几千万。在全国形成了真正的影响力。第三阶段，江艺平时代，即鼎盛期。时间为 20 世纪 90 年代后期至 21 世纪初，产品最成熟，广告过亿。《南方周末》成为南方报业乃至全国报业的'黄埔军校'。"[①]就其实质而言,职业理想的积淀与实现是在左方先生和江艺平女士的共同努力中完成,这才使得《南方周末》在1995—2001年间达到鼎盛时期。

《南方周末》创刊于1984年,首任主编为左方先生,直至1994年退休,于1994—1998年返聘。左方先生的经历与李大同的相似之处在于都有军人经历,因此在个人性格中多有豪迈之气。他如此评价自己"三分文人七份匪气,儒释道都有一点,七分是匪气,打江山的都是有匪气。"[②]他1950年参军,在军队服役7年;1957年考入北京大学中文系;1962年毕业分配到《南方日报》,长期任文艺编辑;1983年开始筹办《南方周末》。第二任主编为江艺平女士。1995年秋,江艺平被任命为社委,由于社委会分工的缘故,与任主编的左方先生等一起为《南方周末》工作。1996年,左方先生退休后,江艺平接任《南方周末》主编,2000年1月,卸任主编一职。江艺平女士担任《南方周末》主编期间,将《南方周末》的影响力确立下来,并缔造了《南方周末》在20世纪后10年的辉煌。后先后主管《21世纪环球报道》(被停刊),担任《南方都市报》主编,2008年12月3日离任,主管《南方农村报》和南方新闻研究所。《南方周末》在左方主编和江艺平主编期间所形成的职业理想可以分为以下几点:

第一,以启蒙为办报的灵魂。启蒙一方面是对民众的启蒙,另一方面使知识分子精神回归。

在2004年接受《南方人物周刊》采访时,左方先生说:"1983年广东第一批民工潮,我悄悄到火车站去看,那个时候我还在《南方日报》资料室工作。

---

① 田间,吴鹏,黄大赛,杨冰:"一群记者和他们的时代——寻访南方《周末黄金》一代",《重庆时代信报》2007年11月8日。

② 左方:我如何创办《南方周末》?(上),本文根据香港大学新闻及传媒研究中心卓丽凤博士和中心访问学者翟明磊先生访问左方先生的记录整理。2009年1月18日,http://www.my1510.cn/article.php?b04660a5643072a2。

潮水一般的民工，让我感觉到一场经济的大革命正在产生。我当时想他们的命运会怎样。他们中的绝大多数人将伤痕累累地离开，极少数人将留在城市里成为小老板，还会有一两个人成为李嘉诚、霍英东。但是不管怎样，他们不会再是原来的那些人了。我听到了这个板块的断裂和撞击声。我觉得中国的现代化进程再也不需要革命和暴力，而是经济发展和对民众的启蒙。我想，中国要实现现代文明是漫长的，要靠两个东西，一个是经济的发展，一个是靠民主素质的提高——就是启蒙。我们过去走的弯路就是中断了启蒙。所以中国要走上现代文明，必须要发展经济，同时要重新恢复启蒙工作。这个启蒙是双向的，不仅要对老百姓进行启蒙，而且要让知识分子的精神回归。所以在我主持《南方周末》的十几年时间里，一直是将启蒙作为办报的灵魂。"①

从这段陈述可以看出，《南方周末》的创办发端于中国经济改革的大背景下，可以说与改革开放的路径大致相同，尽管是启蒙的理念，但是创刊于前两年的报纸主要还是娱乐性的，1986 年开始向社会性转变，试图成为综合性周刊。左方指出"南方周末最想要影响的人是谁呢？启蒙要影响的是普通老百姓。我写道：南方周末的读者是具有初中以上文化、关心社会、热爱知识的人。初中文化就是能够粗粗看懂我报纸的人，但是只要关心社会热爱知识，就是我们民族的栋梁，今后中国的希望在这些人，而不是少数的精英身上。我心目中的南方周末是一个默默耕耘的启蒙老师。"民众的启蒙有报刊创办者来实现，似乎是一种时代背景的反应，也是 20 世纪 80 年代中国社会文化热、国学热与思想解放的一种体现。这种宏大的启蒙叙事模式体现在具体的办报实践中，需要的则是对职业记者意识的培育与新闻自由精神的探索。

第二，重建报纸与民众之间的关系，以平民视角为民众的生存境遇

① 赵慧："左方：沉默的智者也是有声的"，《南方人物周刊》2004 年 12 月 24 日。

呼吁。

左方先生说“我们要重新建立报纸与民众的脐带。为他们鸣不平，呐喊，抚慰他们的心灵。”①江艺平女士则以个人的行为模式，实践着这种职业理想。“她不喜欢张扬。但在她负责《南方周末》期间，却极度地张扬着关爱和平等，张扬着正义和尊严，挖掘着一个民族的良知。……她的同事说：‘我常常想起江艺平，她用了自己一生中最睿智的中年时光，撑起了一份100多万份的报纸，其间，她经受了多少次艰难的思索，承受了多少次来自各方的压力，但是她尝试着尽最大的能力去做，这是一种多么不易的勇气。’”②她以感性而人文的话语模式，描述报纸与民众之间的关联，这些话语至今仍使一个时代的人们感动不已：

“阳光打在你的脸上，温暖留在我们心里。有一种力量，正从你的指尖悄悄袭来，有一种关怀，正从你的眼中轻轻放出。在这个时刻，我们无言以对，唯有祝福：让无力者有力，让悲观者前行，让往前走的继续走，让幸福的人儿更幸福；而我们，则不停地为你加油。”

“总有一种力量它让我们泪流满面，总有一种力量它让我们精神抖擞，总有一种力量它驱使我们不断寻求‘正义、爱心、良知’。这种力量来自于你，来自于你们中间的每一个人。”

“阳光打在你的脸上，温暖留在我们心里。为什么我们总是眼含泪水，因为我们爱的深沉；为什么我们总是精神抖擞，因为我们爱的深沉；为什么我们总在不断寻求，因为我们爱的深沉。爱这个国家，还有她的人民，他们善良，他们正直，他们懂得相互关怀。”

“人们有理想但也有幻象，人们得到过安慰也蒙受过羞辱，人们曾经不

---

① 左方：我如何创办南方周末？，（上）本文根据香港大学新闻及传媒研究中心卓丽凤博士和中心访问学者翟明磊先生访问左方先生的记录整理。2009年1月18日，http://www.my1510.cn/article.php?b04660a5643072a2。

② 张劫：“江艺平：南方周末 人性关怀”，《中国人物周刊》。

再相信别人也不再相信自己。好在岁月让我们深知'真'的宝贵——真实、真情、真理,它让我们离开凌空蹈虚的乌托邦险境,认清了虚伪和欺骗。尽管,真实有时让人难堪,但直面真实的民族是成熟的民族,直面真实的人群是成熟的人群。"①

"当弱者努力摆脱无助让自己站得更直时,我们的心又何止充满温情。我们把永远的尊敬留给他们。我们无法想象没有理想没有希望的日子,就如同我们无法想象没有阳光的日子一样。正因为有了阳光赋予生命的作用,地球才没有变成石头。希望从来也不抛弃弱者。希望就是我们自己。"②

了解民众、体会他们的甘苦就意味着理解中国,江艺平以这种方式使《南方周末》达到巅峰时期,并身体力行于这种职业理想。《南方周末》时代的记者余刘文回忆说"江艺平非常有才华,她和丈夫用文言文探讨国学问题,其文采和思想让我们看得目瞪口呆。但是她很低调,无为而治,每一个编辑记者都可以和她当面讨论稿件得失,甚至忙的时候她可以去当编辑的校对。"李玉霄则说"我们一般叫她江艺平老师,提起江老师,想到的不是宏大叙事,而是她那种人格魅力,那种'桃李不言,下自成蹊'的感染力。"③在跟总编江艺平谈话的时候,翟明磊觉得自己的心会特别安静,她的那种平等的、没有功利的态度出自内心深处对人的关注。她关心你、关注你,不是因为你是好记者、好编辑,不是因为你能为报社做多大贡献,而是因为你是一个人。"她的这种态度影响了很多人,这种团体形成的爱心再投射到采访对象身上,才使得报纸能够有了真正的平民视角、社会关注。在他们眼里没有权势,没有官位,可以冒巨大风险做报道。当然我不排除这里面有市场性的因素,这样写了老百姓爱看、有市场。但最根本的还是能够抛开了个人得失

---

① "总有一种力量让我们泪流满面",《南方周末》2000年发刊词。

② "让无力者有力,让悲观者前行",《南方周末》1999年发刊词。

③ 田间,吴鹏,黄大赛,杨冰:"一群记者和他们的时代——寻访南方周末黄金一代",《重庆时代信报》2004年11月8日。

去关注人。"①

简言之,《南方周末》经历了1996年的扩版之后,发展方向基本定型了。转型前的南方周末的宗旨是"关注民生,彰显爱心,维护正义,坚守良知。"转型后提出"以服务改革、贴近生活、激浊扬清为特点,以正义、爱心、良知为诉求,坚持讲真话,坚持公信力。"的办报理念。此后在历年的发刊词中继续彰显办报理念,1999年度再次改版,报纸以理性为导向,以启蒙为责任,从而使20世纪90年代中期至世纪之交成为《南方周末》的黄金时期。

第三,以突破体制的潜规则推动新闻自由在中国社会中的进步。

这一观点与李大同所倡导的实践模式有异曲同工之妙,以逐步打破潜规则的方式来突破媒体管制的边界,在守护政府底线的前提下,实现对新闻自由的追求。正如左方所说:"《南方周末》是通过不断地打破真理报模式各种各样的潜规则,……实际上是为中国扩大新闻自由了。尽管我讲先做瓶、后酿酒,酒是新闻自由、瓶是新闻形式,但实际上我还是不断地在酿酒。但是,我不把新闻自由作为正式的办报诉求,因为这样的话很容易跟政府冲突。所以我给编辑部提出来先做瓶先搞新闻形式的改革,不要提出要向政府要新闻自由,但是不公开地做,打破它的潜规则本身就是新闻自由了。""如果说真话有两种,一种是可说的,一种是不可说的。如果我们仅仅是根据政府认为可以说的说,我认为阿猫阿狗都会办报。把不可说的有一部分变成可说的才是办报人的本领。"即如何借助潜规则,来突破对媒介报道的管制。

如何将一种观点表述清楚,而不触及政府的底线是一种技巧,这种技巧使得媒体报道要在写作风格、话语使用、结构、选择视角等方面进行全盘考虑,这种技巧中国历史上发生的很多,文人对这种技巧的掌握是用血的代价

① "人物专访:翟明磊——说出了真话的孩子",参见寇延丁著《一切从改变自己开始》,海南出版社2007年版。

换来的，新中国成立后50年代中期之后的人们，在经历了各种政治运动之后，不但在书面文字上尽量小心翼翼，在口头表述上也是谨小慎微。新中国成立后的媒体报道沿袭了延安精神的报道特色，以正面宣传报道为主，直接酿造了媒介报道的大跃进时代、文革时代。改革之后的媒体报道想要摆脱原有的话语模式，在媒体体制没有进行根本变革的前提下，实在是步履维艰。

第四，以职业理想培育记者的职业公民意识，成为20世纪90年代中期之后记者的一种渐渐明晰的职业思路，1995年之后黄金时期的记者称自己为"雅典公民"。"面对世俗的力量，尽管生命有时也会显得脆弱，尽管我们也不都总是那么坚强，但是，我们决不苟且于虚伪和庸俗，决不。因为我们深深懂得，尊严是人类灵魂中不可糟蹋的东西。"[①]这一时期的记者有：钱钢、长平、沈灏、迟宇宙、罗长禄、赵世龙、秦立德、谢方伟、余刘文、孙保罗、陈明扬、刘洲伟、连清川、方迎忠、李绒、李勇、刘天时、陈涛、李玉霄等。

对《南方周末》的整顿始于1993年，1993年发行量达到100万分，10月《南方周末》受到中宣部处分，要求停业整顿。但由于当时的省委书记谢非有批示才没有停刊。1998年，中宣部以未经同意、私自接受外电记者采访为名，点名要求当时《南方周末》总编江艺平、新闻部主任沈灏出局离任。2000年1月广东省宣传部将江艺平调离《南方周末》，继而在2001年5月对《南方周末》进行大规模整肃，代理总编钱钢调离，副主编陈明洋撤职，记者部正副主任撤职，几位主要骨干记者除名，从主管单位《南方日报》社调来一位"政治上可靠的人"任新总编；其他记者留报社察看半年，视其表现决定是否留用。2002年，近十名骨干辞职出走。2001年10月，谢方伟辞职。2002年6月陈菊红离开，去哈佛留学。2002年7月中旬《南方周末》报社在珠海召开采编人员业务会议后，曹西弘、杜卫东、杨海鹏、甄茜离职。2002年9月，方

① 江艺平："让无力者有力，让悲观者前行"，1999年《南方周末》新年献词。

三文、李玉霄、周浩调到《21世纪经济报道》。2003年3月贾明辞职，2003年9月翟明磊辞职。2003年广东省委宣传部新闻处处长张东明出任主编。原主编向熹退任常务副主编。2004年4月，江华到《南方人物周刊》。2004年7月，郭国松离开。（自然其中也包含一些因素：体制内记者和体制外记者）《南方周末》的巅峰时期和黄金一代渐渐散去。

曾在《南方周末》经济部工作的陈涛在《泡沫的盛宴》一书中写道：

《南方周末》的模式是“用比较体面的待遇和清晰的新闻理想来吸引成熟的新闻人，然后给大家比较宽松的空间，使记者和编辑能够比较自由地发挥。”因此，“一个典型的南方周末人是这样的：出生在农村或者中小城镇，有一个谈不上幸福的童年，曾经做过文学青年，通过个人努力而获得接受好的高等教育的机会。这样的人，有一点骄傲、有一点清高、有一点排斥庸俗、有一点显得有理想的样子；这样的人，有的社会责任，他无法忘记，虽然自己通过高考改变了命运，但是小时候和他一起玩尿泥的小伙伴们现在还在社会的底层挣扎着；这样的人，是新闻人中的儒家——千百年来，儒家的理想就是‘为天地立心，为生民立命，为往圣继绝学，为万世开太平’。对于这些人来说，新闻是他们谋生的手段，更是他们参与社会的途径。”①

这种描述虽然是一种勾勒式的，但却暗合了《南方周末》黄金时代的职业理想：平民视角、儒家理想、底层意识、精英心态。也可以说在一定程度上印证了世纪之交中国社会各阶层在社会转型中对文化价值体系的渴求，改革开放前期以经济改革为主要意识形态所产生的社会后果渐渐凸显，这种社会背景也是缔造《南方周末》辉煌的重要条件。随着进入21世纪社会全面世俗化进程的展开，文化价值渐渐让位为物质诉求、娱乐至上，简单而日常的幸福等理念成为社会思潮。回望世纪之交的《南方周末》，就像是回望一段改革开放经济与文化、经济与社会、经济与大众、乃是与经济与政治博

---

① 陈涛：《泡沫的盛宴》，北京：中国计划出版社2002年版。

弈背后的社会心理，不由得让人唏嘘不已，注定这张周刊会进入中国当代史。因为在一代人甚至是两代人的“整个成长期，从80年代的青年时代走到90年代的职业人生，江艺平和《南方周末》一直在为我们制造一个神话和天方夜谭，并且让我们始终无法摆脱那些由于道德良知和人文关怀深深植于肌肤和心灵的桎梏。这是一个心结，缠绕了我们很多年，到最后甚至阻碍了我们的前行。现在看来，这种人文关怀的诉求和道德良知的呼唤依然是我们这个时代的稀缺资源。”①

二、媒介专业主义的实践与探索

媒介专业主义是于19世纪中期后西方世界形成的媒介从业人员的职业理念，其根本的核心是要求从业人员客观、独立于政府、以公共服务委导向。从业人员应接受过专业的教育与培训，并成为媒介专业组织的成员，遵守该职业的道德规范和职业规则。换言之，在职业实践中，媒介从业人员主要应做到的是客观、公正、独立等原则，但在媒介产品生产和运作过程中，这些原则关乎的因素很多：媒介体制问题、媒介从人员的职业化程度、媒介组织的专业化程度、社会制度问题、社会历史传统和文化积淀等因素。因而这些观念或理论在职业实践中的运作往往存在很大的社会困境、个人困境和职业困境。随着全球化在各个层面的拓展，媒介专业主义的理念也在第三世界国家和地区产生了一定的影响力，职业媒体人的职业理想在客观全面、独立公正等原则指导下，试图打破政治制度与传媒体制的局限性，开始了多样化的媒介专业实践的探索。

① 杨不悔：“江艺平：盛典之后的孤独英雄”，http：//newxiaode. vip. sina. com/8. 1. 23. 27. index. html。

在《焦点访谈》、《冰点》周刊和《南方周末》从舆论监督、影响今天、记录时代到启蒙民众的职业理想进行探索的同时，一个专业周刊《财经》以另一种路径，同样在实践着中国当代职业媒介人的职业理想，这种路径即媒介专业主义，在当代中国以一己之力推行媒介专业主义职业理想的人当推原《财经》周刊主编、现任财新传媒总编辑胡舒立女士及其她所领导的团队。

胡舒立女士于 1998 年创办《财经》杂志，并担任主编 11 年。她曾于 2001 年担任香港凤凰卫视财经新闻节目总监，1992—1998 年曾在《中华工商时报》任国际新闻部主任和首席记者，1982—1992 年在《工人日报》担任国际新闻编辑和记者 2001 年，她被美国《商业周刊》选为当年的五十名“亚洲之星”之一。2003 年，她被《世界新闻评论》授予“年度国际编辑”的称号。2006 年，英国《金融时报》和《华尔街日报》分别将她列入“中国最具影响力的专栏作家”和“亚洲最值得关注的十位女性”之一。[①] 这是胡舒立离开《财经》周刊后在新成立的财新网上开设个人博客时的介绍，这种只言片语的介绍至少透露出三重信息：(1)胡舒立是伴随着中国媒介改革的进程而逐渐成为一名具有职业理想的传媒人，这种职业理想是与国际接轨的。(2)相比其他传媒人，胡舒立既有深厚的历史情怀、文人情怀，还有着浓厚的社会资本资源和人力资本资源，“胡舒立生于一连串共产党记者和知识分子之后。她外公胡仲持是知名的翻译家，也是《申报》的编辑。而胡仲持的哥哥胡愈之创建的出版社则出版了《鲁迅全集》以及埃德加·斯诺和约翰·斯坦贝克作品的中文版。鲁迅是现代中国最优秀的作家之一，也是胡愈之家族的好友。……胡舒立对于中国对待知识分子变幻无常的态度有着敏锐的理解。”(3)因为胡舒立是在中央级的媒体中开始记者生涯的，并且有在民营媒体工作的经历，她有更为直接的职业体验，充分理解在媒介变革与媒介从业人员的职业规范的建立之间、资本市场与媒介产品的生产之间的艰难博弈过程，

① 胡舒立的博客博主简介，财新网，http://blog.caing.com/hushuli/。

"大学毕业后，胡舒立加入了《工人日报》。在进行了一些早期的调查报道之后，1985 年，她被派往东南沿海城市厦门的记者站。这个地区被指定为发展市场经济的试点。在那里，她发展了自己建立关系网的能力，她与市政府的每一个人见面——包括和市长打桥牌。……1987 年，胡舒立获得了前往位于明尼苏达的世界新闻研究所(World Press Institute)进行五个月研究的机会。她利用这段时间写作了《美国报海见闻录》，这是第一本审视美国媒体与民主关系的中文图书。"[①]也正是由于上述原因，她于 2009 年 11 月 9 日辞去主编一职，与其采编团队中 174 人中的 147 人一起离开《财经》杂志，成立财新传媒，开办财新网、出版财新图书，12 月 19 日就任中山大学传播与设计学院院长、教授、博士生导师，财新传媒总发行人兼总编辑，12 月 30 日就任《新世纪》周刊总编辑，2010 年 1 月 14 日出任《中国改革》杂志执行主编。一次小小的人事纠葛，历史将会证明这将会是中国媒体从业人员职业定义的实践者和定义者胡舒立以及其团队的职业理想核心如下：

第一，改良主义的社会立场，坚守政府底线，"承认体制权威，然后谨慎地追求它的改进，这种策略决定了《财经》的过人之处，也决定了它的局限性。胡舒立说：《财经》是一只啄木鸟，永远在敲打一棵树，不是为了把树击倒，而是为了让它长得更直。"[②]这种啄木鸟精神需要的不是热情或者愤怒等激烈的情感或情绪，而需要理性与冷静，唯有在这样的前提下，才能即坚守政府底线，有保证媒介报道的社会立场。

因此，胡舒立并不像地下出版物的编辑那样生活在社会边缘，也不在异见分子的宣言上签字。她充满怀疑精神并饱含激情，但她的文章却引人瞩目地很少带有义愤。当她在专栏和社论中进行批评的时候，她使用的是忠

① EVAN OSNOS，方可成译：禁区(The Forbidden Zone)《纽约客》2009 年 7 月 20 日，http://www.fangkc.cn。

② EVAN OSNOS，方可成译：禁区(The Forbidden Zone)《纽约客》2009 年 7 月 20 日，http://www.fangkc.cn。

实反对派(loyal opposition)的语言。在2006年的社保案之后,她并没有质疑一党政府的道德险境,而是强调中国脆弱的财产公开法律致使官员们的亲属和同僚获利。在2007年一篇题为“中共十七大之公众期待”的文章中,她表示:“当前民间积怨最大者莫过于官场腐败蔓延,权力缺乏制衡。”她继续写道:“有些论者总是担心推进政治体制改革将导致社会不稳定,殊不知政改裹足不前才会成为动荡的温床。”“换句话说,政治体制改革带来的是巩固权力,而不是丢失权力。”“我们从不用非常感性或者不正式的语言说话,比如‘你说谎了’,我们尽力分析体制,谈论一个好的设想或愿景为什么无法变为现实。”①

因此,可以说,“胡舒立主持《财经》的十年,重新定义了中国媒体的形象,对文本写作与现实关怀的结合进行了创造性的尝试,延展了通过新闻报道进行言说与思想的空间,亦不断修复或重建公民社会的价值根基。”由于了解中国社会运作的逻辑和变迁的轨迹,她清醒地知道边界所在,总是冷静而理性地进行着职业实践,“一个最直接的证明是,即便是评述最敏感的政经事件或体制性问题,胡舒立在每一期《财经》杂志上的个人署名文章几乎总是冷静自持。”②

媒介报道边界的确立、政府底线的认知与职业实践行为,这些因素之间时常会产生各种冲突,除了较为圆润而丰满的人际关系之外,理性与冷静可以说是其职业理念得以持续贯彻的原因之一。

第二,关注社会公正规则的建立,关注社会各个群体的生存状况,将视角集中在历史、现实与未来的结合滞洪,注重公民社会基础的培育,这是其职业理想的根基。而报道理念:独立立场、独家报道、独到见解则是这种根基的具体体现。这三句话貌似平常,实则包含着现实之困境与理想追求之

① EVAN OSNOS,方可成译:禁区(The Forbidden Zone)《纽约客》2009年7月20日,http://www.fangkc.cn。

② 刘敏:“《财经》十年:中国媒体定义者”,《长江日报》2009年11月11日。

间的相互博弈。1998 年 4 月 18 日《财经》杂志的发刊词这样写道：

“当经济列车隆隆向前的时候，我们将关注在车头里的人们，我们深知，他们的思想、策略和手法，将深刻地影响到前进的速度和方向；

我们将关注车厢里的人们，不管他们坐的是软卧还是硬座，哪怕只是手持一张站票，我们知道经济成就的意义，就在于绝大多数人福祉的进步；

我们将眺望前进的方向，也将审视向远方逝去的轨道。我们相信，反省过去是通向未来的桥梁；

我们为诚实的成功者鼓掌，我们也向经济生活中的被损害者伸出手掌。我们认为，转型的欢乐与痛苦应有公正的规则来衡量。”

因为这样的报道立场，他们关注社会各个阶层，不只关注现状，更要反思历史，探究未来。试图公正地对待各个群体，无论转型社会如何之艰辛，但职业理想会将各个群体联合在一起。这种理念，不仅仅是对独立、独到和独家的阐释，更是对建立更为理想社会的一种期望与责任的界定。“对于一个社会的发展而言，具有伟大精神和理想主义的精英固然是非常重要的，但建立一个基本框架，使得并不具备所谓‘伟大精神’和‘理想主义’的一般人从其自身利益出发，也能够参与到社会发展的探索中，并能对社会的发展有所贡献，这一点更为重要。作为新闻媒体，《财经》以其自主、独立的方式积极参与了这个过程。这个评价诚恳而又公允。”①

第三，要办蕴含新闻专业主义精神的媒体。

胡舒立曾经说过“新闻业作为一个行业，新闻人作为一个群体，应该有足够的自信和能力去应对所谓的压力。每一项工作都有由于承担的社会角色所赋予的压力。记者和警察、法官、医生一样都会面对压力。但是，新闻工作是社会良心的守护者，是小心社会撞上冰山的瞭望者，没有什么借口不

① 林毅夫：“转型中的探索力量”，《转型中国》跋，北京：社科文献出版社 2003 年版，第 418 页。

去做得好一点，更不能以压力为借口放弃原则。”[①]在这样的职业理念下，她确立了《财经》杂志所主张的职业道德：(1)倾听不同的声音，(2)批判现实主义。但在职业实践中很难做到，因为“有时候，立场和激情会蒙蔽了自己的眼睛和耳朵。有时候，生存危机和求生的本能会迫使人们沉默，拒绝弱者的呼唤。《财经》深知，在当代中国社会里，保护每个人自由表达的权利意味着什么。《财经》努力要把自由表达的愿望告诉所有的人类，告诉‘沉默的多数’以及有意无意间迫使他们沉默的少数，告诉那些打算知道真理的‘散户’和权贵。《财经》深知，理想，只有对长期奉持着它的人，是宝贵的。有时候，《财经》也会厌倦了‘牛虻’的命运，自嘲‘螳臂当车’，甚至怀疑生活的品格，疯狂地要卸去那份自许的历史感。”[②]

从创刊号开始，《财经》杂志便开始对这种职业理想的实践，《财经》原执行主编，现财新网主编、《新世纪周刊》和《中国改革》执行主编王烁指出：“《财经》给人的印象是经济中杂志，但我们从一开始给自己的定位，首先是新闻工作者，然后才是做经济新闻报道。……从1998年到2001年，《财经》杂志的独家新闻是很多的，因为没有什么别的媒体在做同样的事情，2001年以后，越来越多的经济类报纸开始出现，确实使竞争格局发生了变化。”中国社会的变迁超出了几乎所有人的预测，身处于变迁中的各个社会阶层，管理者、决策者、领导者、普通百姓、媒体工作者面对的都是一个新的社会形态，或者说是社会转型，转型中对出现的新现象“在挑战所有人的智慧。一方面它对你客观如实地把信完整地传达出来提出了更高的要求，另一方面它也要求每一个媒体除了客观报道之外，还要正确报道有所追求。……在中国媒体现阶段，大多数经济媒体在可靠性和时效这两个变量之间，选择时效优于可靠性，《财经》非常清楚地选择可靠性优于时效，我宁可花点时间去证

① 《财经》杂志主编胡舒立访谈：财经报刊的发展逻辑，慧聪网，2005年8月2日，http://info.media.hc360.com/2005/08/0211244422.shtml。

② 汪丁丁：“真理与社会”，《黑幕与陷阱》跋，北京：社科文献出版社2003年版，第294-297页。

实，宁可错过首发，这是一个清楚的价值判断。”[①]

因为要准确，因为要反应多元化的声音；因为要批判现实，因此职业实践往往与职业理念之间出现博弈，这既是职业压力，也是职业道德的基本诉求，或者也常常在挑战政府的底线，《财经》杂志中是以业务为中心的，胡舒立自己就采访写稿。她有激情，热爱新闻，富于行动能力，做过很多困难的采访。SARS 期间她亲自带着两个记者去山西采访，那时还是很有危险的。[②] 正是秉承着这样的职业理想和职业实践精神，1998 年《财经》创刊之时，第一期即以揭露上市公司黑洞的《琼民源》为开端，创刊号卖了 5 万册。此后又推出《庄家吕梁》等调查报道，揭露中国股市的种种劣迹。在 2000 年 10 月，《财经》杂志刊登《基金黑幕》一文后，沪深股市大跌；而 2001 年 8 月份的《银广夏陷阱》，则使银广夏停牌，买进大把 0557 的上海金陵、基金景宏、轻纺城、和光商务等瞬间缩水几十亿元。2003 年的 SRAS 事件报道将《财经》杂志的社会影响力进一步向社会、政治、文化领域延伸，作为一本专业类杂志，在其他媒体尚未对此进行关注的时候，以独立而专业的职业精神，较早地进行了系列报道，将触角首次伸向了公共领域。2007 年对鲁能集团的报道，则导致了对杂志本身的处罚。2008 年汶川大地震中对学校坍塌情况的报道，引起社会的关注等。

正如《财经》杂志顾问汪丁丁所说、胡舒立转述的那样“我们不打算流于时下常见的无病呻吟之论，亦不打算迎合市场口味，成为名副其实的‘大众’传媒。我们自认‘理想’未泯，自认足够‘狂狷’，自认‘天下’为己任。我们的评论直接了当就是要针砭时弊，考问良心，鞭笞邪恶。我们相信非如此而不能实现更美的人生，非如此而无法创造更好的社会。……

① 熊蕾，[美]朱迪·波罗鲍姆：《变脸：中国新一代职业媒体人口述实录》，北京：新华出版社 2009 年版，第 132-134 页。

② 熊蕾，[美]朱迪·波罗鲍姆：《变脸：中国新一代职业媒体人口述实录》，北京：新华出版社 2009 年版，第 133 页。

如果我们听任权力制造真理，那么我们就只好满足于温馨的谎言和意义缺失的生活。或者，我们只好等待少数权力精英的良心发现，把真理和生活的意义还给我们。”①

第四，成功媒体的发展逻辑。

在坚守职业理念的前提下，他们并没有放弃对媒介自身的经营。胡舒立曾说过：“独立性是一种理念，也是一种现实可能。新闻人要有理想和独立意识，但其从业的媒体，也一定要有比较充分的投入，然后，追求经营的成功。成功的媒体应该有这样的发展逻辑：投入是充分的，内容是有质量的，经营是有效率的，稳定发展是可以预期的。经营成功，必须是明确目标。”②《财经》原总经理，现任财新传媒总经理吴稚晖女士指出，好媒体是能创造价值的媒体，既要有品牌延伸，又要有内容建设与经营。即对媒介的品格进行建设。媒体坚持自己的品格，正是保障自己的品质和品牌，也是为媒体和企业和消费者三方共同创造价值。媒体和企业的关系是共生的关系，媒体必须对品质做投入，对品格做投入，专注做投入。而企业影响消费者不是一种成本，企业包容媒体的报道也不是一种成本，而是一种投资。在长期看来，是具有高回报的投资。③

第五，职业人才培养和职业记者培训。

一个良性循环已经产生，《财经》用自己的经验和价值观，塑造行业标准，影响舆论与政策，培养人才。胡舒立开创的《财经》奖学金，已成为中国记者最重要的专业培训项目。数位曾在《财经》工作的资深记者的共同记忆：“行事像阵风，说话像阵风，英文相当流利，非常干练，对新事物接收快，是个工作狂人。”“当时内部流行一句话，主编到《财经》来做资深编辑，主任

---

① 汪丁丁：“真理与社会”，《黑幕与陷阱》跋，北京：社科文献出版社 2003 年版，第 294-297 页。

② 胡舒立：“财经报刊的发展逻辑”，慧聪网，2005 年 8 月 2 日。

③ 吴传晖：“好媒体是能创造价值的媒体”，传媒领袖网，2007 年 4 月 29 日 http://www.medialeader.com.cn/leader/200704/20070429095950_8170.html。

到《财经》来做普通记者，所有来的人都降一或两级。”《财经》由上到下都注重培养人才。胡舒立对自己的人脉关系从不吝啬。一位曾经在《21世纪经济报道》和《财经》做过的记者，对《财经》的集体氛围感触最深：“《21世纪经济报道》里是个人多劳多得，但只有你单打独斗；《财经》讲究群体协同，我一来，编辑就把我所跑的线相关的上千个联络电话打包发给我；每做一个选题，还会至少再帮你找十几个采访对象。这种资源上的分享对记者提升非常重要。”一篇稿件下来，往往由最初的2万字至5万字采访汇总和资料，浓缩到3千字至5千字的终稿，而这终稿还常由职业素养深厚、文笔精准的编辑来重新修改一遍。①

《财经》学术顾问汪丁丁在为《财经》十年所著文章中写道：“《财经》乃民间社会一株小草，它与民间力量一起成长。它相信，只有民间力量的成长，能够有效地遏制‘大政府’与‘大公司’的垄断倾向。也是基于对民间力量的信任和对公共空间的渴求。”②

离开《财经》的胡舒立团队依然坚守着原有的职业理想，2010年3月25日，胡舒立携团队在北京举行了财新传媒启幕仪式，并宣布中国首个媒体公信力委员会——财新传媒公信力委员会成立。为了保护“新闻为公”的原则不受权力与商业利益的侵蚀，财新传媒特别建立了民间监督机构——财新传媒公信力委员会。财新传媒公信力委员会由拥有崇高声望的政商学界人士组成，独立于董事会和管理委员会，对于编辑方针和总编辑的任免拥有决策权。财新传媒总编辑胡舒立表示：“我们过去和现在想做的都是一样的事情，就是坚守新闻专业主义的理念和操作，提供有深度、高质量、可靠的新闻内容。作为职业新闻人，我们一如既往地相信，这种努力在转型期的中国是可能和可行的，有价值更有需求，而其进展关乎中国的未来。”“我们深信，新

① 陈炯：“胡舒立与《财经》传奇”，《时代周报》第53期。

② 汪丁丁：“与民间力量一起成长”，《财经》2008年4月28日。

闻独立性、公正性是现代社会中媒体生命力之重要源泉及必要保障。财新传媒独创的公信力委员会将作为我们媒体公信力的长城。”①

江艺平女士称她“素以景仰之心注视胡舒立,注视《财经》。尤其在经历了‘南都案’以后,这种景仰不仅仅基于对其坚定的新闻理想和精湛的新闻专业的钦佩,更是被其侠肝义胆所折服。《财经》是第一个公开呼吁公正处理‘南都案’的媒体。”②我想不仅仅是由于《南都案》本身,而是由于其对职业理想和实践的始终如一的坚守,这其中,不仅有对建设公民社会理念的坚持,有对社会公正公平理想的坚守,有对职业理想的持续维护,对职业实践的行为认知,更有其独特的人格魅力在彰显着力量。在胡舒立及其团队离开《财经》另立门户之际,许知远在《2010:中国纪事》中以刘宾雁与胡舒立之间的历史遥望这样评价道:

“1987 年的刘宾雁与 2009 年的胡舒立,或许都标志着各自年代改革的停滞。刘宾雁直接来自于政治的压力和宣告,而胡舒立在 11 月 9 日的辞职,则来自于一些更隐晦的力量,你可以将它理解成一名主编和资本方的矛盾,或是两个个性都过分突出的人的个人雄心的冲突,更可以把它理解成独立意志的媒体理想和日益稳固的利益集团之间的矛盾,解雇她的资本方不过是这个更大的利益集团的一部分。这个利益集团成功地将市场力量与政治权力裹在一起。在媒体理想能够帮助它赢得更大的市场回报、赢得国际上的赞誉时,它可以暂时容忍它的存在。但当这种理想日益强大,要触及到它的防线时,合作的机制瓦解了。”

依然是底线守卫,底线从刘宾雁的不能回归到胡舒立团队的辞职,已经从意识形态领域的冲突转移到资本市场与职业理想的矛盾、政府底线与职业实践之间的冲突,这种矛盾与冲突始终呼唤着体制的变革、言论的开放,

① “胡舒立团队重装上阵 首推媒体公信力委员会”,财新网,2010 年 3 月 25 日,http://www.caing.com/2010-03-25/100129434.html。

② 陈炯:“胡舒立与《财经》传奇”,《时代周报》第 53 期。

在历史回望中,我们无语而热切的观望着依然倔强而富有激情的职业媒体人,他们正在记录中国并将改变中国。

三、职业理想与市场呼唤:一种新的职业责任理念的兴起

随着市场化过程的不断深入,改革将中国社会的世俗化程度引入了史无前例的境地:物质生活、人性欲望、消费意识、精神贫困、生活无底线等状态弥漫在社会中,媒介的变革也反映了这种变化。职业媒体人的理想开始转型,在原有的职业化基础上,一种的新的职业责任理念凸显。这种职业责任理念体现在各个不同类型的媒体上,一种是持续突破政府底线,力图促使公民社会的培育与发展,一种是以不自觉的文化建设的形式,将快乐、幸福、单纯等理念传输到媒体报道内容中去,其中既体现了市场化过程中媒介人自觉寻觅与市场吻合的受众群的思路,也在建设着改革开放之后一直欠缺的文化市场,在建设文化市场过程中,娱乐制度的形成、IT工业的崛起,汽车业的兴起等也培育了不同的受众群体,而娱乐制度本身也成为了文化市场的一道风景线。

1.市场化中的职业理想与体制的冲突

进入21世纪,媒介业的变化不单单体现在体制的一元体制二元运作上,还体现在民营媒介业的兴起、资本市场与媒介市场之间的合谋不仅体现在媒体的运作中,还呈现在媒介精英群体的流动中。就市场化与社会责任而论,都市报在主流化转型中逐渐成为在市场和受众中均受重视的媒体,而就21世纪前十年而言,在社会责任与职业责任之间同时紧紧推行市场化、并形成了巨大社会影响力的当推《南方都市报》以及由他们主力创办的《新

京报》。其职业理想的形成，也体现了市场化运作职业媒介人对媒介产品策划、营销理念的概念。主要有以下特点：

第一，职业理念的形成与市场化的有效策略有深厚的关系。经营人员与采编人员共同建构了《南方都市报》职业理念和品牌价值，概念营销是建构职业理念的第一步。

1997 年 1 月 1 日《南方都市报》正式改为日报，主要的变化是将报纸定位为“大众的声音”，由 8 版改为 16 版。与上述的《冰点》周刊、《南方周末》、《财经》不同的是，《南方都市报》一开始便被推入了市场。南方日报社委会给南方都市报编委会的任务是：第一年亏损，第二年保本，第三年赢利。在这种情形下，经营是首要任务，当时的总经理喻华峰刚从《南方周末》广告部调过来，认为“大众的声音”定位模糊，“我们要给客户传递概念清晰的南方都市报，是编委会心目中的南方都市报，而不是每个人自己想象的南方都市报”。因此建议将其定位于：都市人，都市报。概念营销的策略自此植根于《南方都市报》发展轨迹中，1999 年他们将竞争对手设定为《羊城晚报》，并以策划形式进入广告市场，公共策划部门开始承担采编部的工作，将产品的创意、策划、市场预测、大众需求与企业的发展相结合，这种预告性资讯服务和广告策划服务，将广告产业链的前端与媒介的市场化发展轨迹紧密结合起来。概念营销的内容转化为：“南方都市报，你要我也要”，2000 年则转换为更有气势更容易被读者记住的“我来了，我看见，我征服。”

第二，报人办报与重建报业秩序，职业理想开始萌芽，新主流媒体理论、新主流市场理论呈现。

1999 年，《南方都市报》企业家办报的思路开始自上而下推行，采编内容试图以专刊为突破口，将作者和读者都定位为市民，并创办与市民生活相关的栏目，将广告经营与采编业务结合起来，使得 1999 年《南方都市报》真正实现了盈利。2000 年的献词中，可以看到这种由经营而获得自信对职业理想的影响力：“丢掉小米加步枪，我们告别游击时代。拔剑四顾，平原如海。

命运对我们说，去做一点事情吧，现在是重建秩序的时候了。”广告则从1997年的800万元上升到2000年的2.6亿元。2000年报纸的定位从概念营销开始转向新主流媒体，所谓新主流媒体是相对于20世纪50—80年代末期的主流媒体而言的，以贴近市民、贴近读者的晚报较受欢迎，以《新民晚报》和《羊城晚报》为代表，自20世纪90年代之后出现了以注重经济报告和广告市场培育为主的新兴媒体，如《北京青年报》《南方都市报》。1998年《南方都市报》扩展为24版，1999年扩展为32版，报纸开始分叠化，2000年报纸扩展为72版，根据新主流媒体理论，将读者分为传统读者和新主流读者，与新主流媒体理论相配合的概念如新主流内容、新主流形式、新主流读者一起，再加上市场营销中的新主流市场、新主流客户理论，将“办中国最好的报纸”的经营思路和采编路径明确地构建出来。

第三，从在野者到在朝者：影响社会的职业理想浮现。

主编程益中带着激情和青春张扬的气息，提出将2001年广告收入提升到5亿元，发行量100万份，2002年提升到12亿元，五年计划出炉，报纸的组织结构开始调整，新提拔的干部将这张报纸带入了青春期，事实证明，青春期的报纸创下了5.73亿元广告收入。采编理念和经营理念再次发生变化：“在报业市场上，从前我们学会了如何去做一个在野者，现在我们要学会如何去做一个在朝者了。”但是如何做一个在朝者，却是需要从头思考的了，“我们必须有清算过去的勇气，我们必须有建设未来的信心；但更重要的是，我们必须有把握现在的智慧。我们必须有从头来过的壮烈情怀。我们必须抛开过去所有成绩和失误的包袱，轻装上阵，义无反顾地把自己放逐到创业初始的状态，意气风发地站在新的起点上开始新的征程。此时此刻，我们应该坐下来，静下来，好好地想一想：我们从哪里来？我们要到哪里去？我们现在怎么办？……我们的口号是‘办中国最好的报纸’。在这句口号中，我们没有滥用偏正结构，我们没有使用静态的名词，我们非常节制地使用了一个动宾结构，一个以动为主的词组。我们想说，我们要做，要动。是的，南方都市报要做，要动；南方都市报就是一部动作大片。”①

第四，职业理想的改变。

1997年《南方都市报》诞生前拟定好的《南方都市报管理大纲》指出，承认有不可以讲的真话，但不可以讲假话，承认有不可报道的真新闻，但不可以报道假新闻；承认媒体的独立性需要时间，但公正性刻不容缓。尽管在市场化运作中，经营在创立之处的几年之内成为报纸的导向和核心，但如前所述，经营理念与办报的职业理念是相辅相成的，当从一个市场中的都市报转向新主流媒体，是从市场信息系统向社会信息系统的转变，这一转变无疑是一种进步，而这种改变的职业实践在2003年的孙志刚事件和SARS事件报道中得到凸显和张扬。2003年《南方都市报》社论清晰地将主流的含义做了解读：“主流是责任，是敏感，是勇气，是及时地知道这个时代的最大命题，而且为迎接这个命题做出在这个时代里所能做出的最大努力——哪怕它往往要为先察觉到真相而首先焦虑、躁动，甚至付出代价。所以主流从来不是回避，不是迎合，不是讨巧。”②这一刻，《南方都市报》人的职业媒体人的职业理想得到了极大的呈现和张扬。

也正是在2003年，他们与光明日报一起合办《新京报》，程益中和喻华峰担任总编辑和总经理。程益中在《新京报》成立大会上激情昂扬地说：

“知识分子的良心，从来就是奠定报业大厦的基石；知识分子的风骨，从来就是支撑报业大厦的脊梁。纽约时报如此，历史上的京报如此，新京报也理应如此。对国家和人民利益的看护，对理性的呼唤，对行政的制衡，对本真的逼近，对美好的追求，对公义的捍卫，对丑恶的暴露——这是超越国别和不同社会制度的媒体的普世价值和终极价值，这也是我国执政党一贯倡

---

① 程益中：“南方都市报 我们从哪里来？我们要到哪里去？我们现在怎么办？”，在南方日报报业集团人力资源中心培训班上的演讲，2002年10月9日。西祠胡同《兰州纸老虎传媒论坛》2002年11月5日，http://www.xici.net/u1453570/d7451163.htm。

② 社论：南方自有方向，主流最有力量，《南方都市报》2004年10月24日。

导的价值，那就是‘权为民所用，情为民所系，利为民所谋’。”

“新京报的口号是：‘负责报道一切’。新京报致力于对报道的新闻负责，一切新闻和一切责任。有责任报道一切新闻，追求新闻的终极价值和普世价值；更有责任对报道的新闻负一切责任，包括政治责任、经济责任、文化责任和社会责任。”①《新京报》的发刊词则写道“《新京报》以独立的立场和客观的报道为基本准则，追求新闻的真实性和可读性，追求言论的稳健性和建设性。”②

但在接下来2004年的《南方都市报》案件发生之后，青春涌动的激情为成熟的责任所替代，尽管报社增加了言论栏目，但并没有将原有的激情与梦想展现出来。这一时期的“时评版体现了南方都市报的性格和立场——公允而不中庸，包容而不纵容，智慧而不势利，成熟而不迟暮，内敛而不怯懦，开放而不狂放，深透而不尖刻，认真而不较真，幽默而不滑稽，一种成熟负责的性格特征自此日益清晰。”③这种成熟与责任具体的含义很难解读，也不是很明晰，或许度过了青春期的《南方都市报》希望以睿智的言论来重新定位报纸，并改变了报社的组织结构，但是显然其定位出现了迷糊性，职业理想也呈现出不清晰的状态。或者是经过了制度改良和自我反省，进入了报纸的成年期。

2.娱乐制度与职业媒体人的文化自觉意识的兴起

娱乐制度是指随着20世纪90年代中后期文化消费的多样化、个人生活的多元化和各类明星的系统化而出现的、广泛社会大众参与的一种以兴趣爱好、情绪驱动为根据的信息传播制度。在娱乐制度中，信息传播永远是

---

① 程益中：“我们到底要办一张什么样的报纸”，程益中在新京报成立大会上的演讲，人民网 http://www.people.com.cn/GB/14677/21965/22070/2187213.html。

② 《新京报》发刊词：责任感使我们出类拔萃（2003年11月11日），参见《新京报》网站，http://info.bjnews.com.cn/news/2009/0801/35.shtml#。

③ 王瑾：“南都正传之2004：成熟源自责任”，南方新闻网2006年12月26日。

互动的，有各类明星，便有明星的粉丝；有媒体系统中的明星，便有媒体的广告市场；媒体可以制造明星，也可以摧毁明星；个体可以与媒体合谋成为明星，也可以抗拒媒体成为娱乐制度的批判者等，信息的真与假，客观与公正，自由与平等等理念似乎在娱乐制度面前似乎都潜伏下来，可以说市场化、媒介策划与明星制度的合谋是形成娱乐制度的主要原因。与娱乐制度相关的一个核心概念便是娱乐精神，拥有娱乐精神的媒体在当代中国广播电视电影及时尚杂志中是成功的媒体，不但赢得了很好的受众口碑，也获得巨大的商业利益。自2008年以来，媒体人渐渐地以娱乐的态度参与策划、制作了一些新型的媒介产品，显示了职业媒体人文化自觉意识。这里以电视节目为例来进行分析。

例如湖南卫视的理念是“快乐中国”，以“全民娱乐”的精神将娱乐制度中消费群体的各个因素几乎都囊括在其中了。综合娱乐节目，如快乐大本营、天天向上、背后的故事、选秀节目等为核心进行娱乐化的媒介生产与运作，2009年推出的以一敌百、我爱拍电影、我爱大美人以及收购青海卫视之后推出的百万梦想等栏目，逐渐在市场化运作中将青年人张扬的个性、对梦想的追求与价值观的培育等因素架构起来，潜在地促使着当代中国青年文化价值观的形成；而江苏卫视在2010年倡导的“幸福中国”理念，将友情、爱情和亲情作为核心元素，将轻松、快乐的气氛灌输到节目中，尤其是以相亲类节目非诚勿扰最为火爆，地方卫视相继开办了类似的节目；浙江卫视则以其旗下的我爱记歌词、麦霸英雄会、爱唱才会赢等综合娱乐类节目展现与民同乐的氛围；东方卫视、北京卫视的职场类节目则凸显了当代中国社会转型的一个特征：去行政化、去体制化之后人们如何学会在职场中获取更多的机会。民生类电视节目、谈话类电视节目也风起云涌，……这些栏目在构建与市场关联的同时，正在共同构建了当代中国大众文化的核心价值观，这种大众文化的核心价值观体现在：

第一，将娱乐精神与社会责任相结合。在市场化中培育受众的商业意识与社会责任，将个体成长、市场意识与社会成长结合起来。以娱乐中的参与模式，给每个社会成员提供了参与社会信息系统传播活动的机会与认知社会责任的意识。

为了获得社会各界的关注，媒介从业人员对职业本身有潜在的成名想象，市场化过程中受众的信息需求与市场的紧密结合，又迫使媒体不得不评估受众的需求，以便获得更好的社会影响力从而实现经济效益与社会效益的双保证，在这种过程中，随着娱乐制度中明星群体的自我成长和媒体专业意识的复苏，潜在的社会责任意识成为社会各界共同关注的命题，因而媒体中常常会有明星带头做慈善活动的报道和宣传，在建构明星形象的同时，客观上传播了个体对社会的责任，营造了社会成员服务社会的氛围，从而在娱乐层面上为消费文化的形成添加了责任的因素。

第二，培育对社会弱势群体的关爱意识，营造了社会受众具有平等权利实现梦想的氛围。大量的选秀节目为不同背景的群体提供了展示自我的舞台，而不同的相亲类节目也为弱势群体提供了专场，一些运动类的参与节目，在励志的同时，与企业资助结合，为偏远山区的教育等其他方面的建设提供经济帮助；谈话类节目则以日常生活中的场景陈述为背景，为社会大众提供了解决日常生活中家庭冲突的方式；职场类的节目则将企业的需求与个体的求职导向相结合，解读职场内外的关系，为人们实现自身的职场梦想提供可能性。

第三，以企业与媒体相结合的形式，为个体提供实现自身梦想的机会。如选秀类节目、展示类节目、励志类节目。比较典型的两档节目是“我爱拍电影”与“一百万梦想”，其中“我爱拍电影”将振兴民族电影文化的背景、新技术的背景、企业需求、广告文化的发展和电影业导演的支持等因素结合起来，以选拔的方式，充分展现了青年人对电影的创意与追求，在渲染他们电影梦想的同时，也将电影业界的专业人士与年轻人的交流相结合，促进民族电影的发展，实现商业、专业与青年人实现梦想的结合。而“一百万梦想”则是为平凡的人提供实现梦想的基金，如民间艺人的梦想、农民购买农用车的梦想、大学生服务公益的梦想等，请从事教育培训方面的企业管理人员对他们的梦想策划界可行性、现实性进行评估，从而决定是否资助。或许资助的资金并不多，但是这种行为为社会大众梳理自己的梦想意识，出现找回生活的价值与意义，提供了一个很好的途径。

每一个时代有自身的文化，每个社会形态也孕育着各自的文化价值观，自改革开放来，随着世俗化过程的进展，尤其是20世纪90年代以来以经济发展主导意识形态，将文化发展置于“不管不顾”的状态，物质欲望和消费意识逐渐消解了原有的社会价值观，或者说是主流文化与主流价值观，在这样的状态下，尽管中国共产党自21世纪初期开始致力于文产业与文化建设，并试图构建核心价值观，但无论是国学复兴、文化遗产的继承、科学发展观、先进文化、和谐社会等都不足以支撑已经消解了的价值观，笔者认为媒体在近三年来文化自觉意识的兴起，对文化价值观的培育未尝不是一种手段，而新媒体在大众信息传播系统中的巨大影响力，又将使得大众在信息互动的层面上，缓慢建设自身的个体意识，从而与媒体的文化自觉意识的建设相呼应，或许在未来的10年内会呈现社会的核心价值观，或者是主流文化价值系统。这也是娱乐制度对中国当代文化建设的一种独特的贡献吧。

小　结

当代中国职业媒介人的职业理想的探寻与批评性报道联系在一起，从试图突破正面宣传的模式开始，20世纪90年代的代表性媒体为《中国青年报·冰点周刊》和《南方周末》，前者体现了记录时代，影响今天的职业实践，并在不断与政府的底线抗争中争取更多的职业理想空间；后者则以启蒙和理性为基本宗旨,试图弥合知识分子、民众之间的沟壑,以人文主义的理念,平民视角,关注社会大众,培育公民意识。《财经》杂志则以媒介专业主义的职业理想,虽是专业期刊,却将视角延展到社会公共领域,以独到、独家、独立的报道立场成为中国媒介发展中的职业理想典范,也获得了很高的国际声誉。《南方都市报》以及《新京报》的创办与发展可以说是市场化传统媒体在体制内的一种前沿性的实践,生存第一的目标使得其职业理想的建构与经营导向结合在一起,新闻与策划、广告与策划、新闻与广告之间的 经历史无前例地被拉近,其职业理想也在经营状况稳定之后,逐渐确立下来:办好中国最好的报纸,表现最为突出的是孙志刚事件与SARS事件的报道,但也由此受牵连,南都案之后该报逐渐从激情中平稳,定位开始模糊,职业理想也不再情绪,进入了宏大叙事阶段。

第六章

当代中国媒介从业人员的职业态度与行为

——来自北京市媒介从业人员的调查报告

> 如果我们听任权力制造真理，那么我们就只好满足于温馨的谎言和意义缺失的生活。或者，我们只好等待少数权力精英的良心发现，把真理和生活的意义还给我们。
>
> ——胡舒立

本次调查主要集中在职业认知、信息选择行为、经济选择行为、职业化特征、信息来源、职业自律等几个方面。

一、职业认知

对职业认知这一变量，本次调查从对职业的忠诚度、对媒介工作的评价、对媒介领导者的评价、对社会的责任意识以及职业升迁机会等几个方面进行描述和分析。

1. 职业忠诚度

本次调查显示，有37%的被调查者表示不会离开媒介工作，其中有9.4%的被调查者非常不同意离开媒介工作的观点。但也有31%的被调查者选择无所谓，而认为会离开媒介工作的占被调查者的20%。这体现了社会变迁过程中个人职业的多元化选择。市场化和商业化给人们提供了可以自由选择职业的机会，新生代的媒介从业人员已经抛弃了原有的择业观念。

65%的被调查者认为新闻工作是值得终生从事的工作。相关调查显示，新闻工作的稳定性较高：上海新闻从业者从事新闻工作的平均年限为10年，其中从业时间最长的为38年，最短的为半年。有63.3%的被访者没有从事过新闻以外的其他行业，这当中，电台从业者当中半路出家的最多，将近半数，而电视台最少，不到1/3，在那些一直从事新闻工作的人当中，74.6%一直在目前的单位工作。由此可见新闻工作的稳定性是比较高的。[①]但是这种职业的稳定性并不局限于在某一媒介中工作很长时间，而是指对这一职业现场的基本认知。

JW是一名在中央电视台工作的编导，父母都是在媒介行业工作，他自己在国外留学，学的也是影视专业，但是他认为，所有的工作在本质上是维持生计的工具，本身没有任何性质，是一个完全中性的东西，可以以不同的态度来对待它，但是如果能从某一方面来稍微热爱它的话，那可能它能让你的生活相对来讲积极一些。“我现在每天的工作应该还是比较开心的，因为还算比较自由，想干点啥还是有一定的时间的。工作的动力就是为了以后无所事事。”

可以看出，JW并不认为媒介工业行业枯燥，但是对这一职业也没有特

① 陆晔，俞卫东：“新闻教育与新闻专业化——2002上海新闻从业者调查报告之五”，《新闻记者》，2003(5)。

殊的热情，自由和兴趣是其选择这一职业的主要原因之一。

ML 本身学的专业是工程学专业，据他自己说，毕业的时候很茫然，有一天醒来，觉得自己应该当记者，就打算考新闻学专业的研究生，经过一年的复习研究生没有考上，回到自己的家乡，他依靠大胆敢闯的精神获得了去地方电视台工作的机会，他说："我去电视台的时候招聘已经结束了，我想不能白来呀，就穿得很正式的服装混了进去，一路摸索找到了分管人事的副台长办公室，副台长被我的介绍弄烦了，就把我领到了总编办公室，总编以为我和台长有关系呢，就直接给制片人打电话，我便获得了进入电视台工作的机会。"

ML 后来离开自己的家乡到北京某报社工作，据他自己说也是依靠自己的闯进，后来觉得传统媒介意思不大，就到公关公司工作了。

笔者再追问他为什么选择这个职业，他说："我那时是愤青，那时朱镕基当总理，舆论很公开，朱镕基退休时南方周末用了 40 版报道他，那时的焦点访谈、南方周末都很有思想，我也是比较有自己想法的人，根据我对社会的理解做基础，我想从事记者的行业。'铁肩担道义，妙笔著文章'，'救国救民'是最初的想法，其次是爱好，再有就是赚钱了。"

他还拿出了那时在某报社工作的记者证，说是自己偷着留的，他说，因为现在的大环境不像以前，所以他不做记者了，如果有机会还愿意接着做，但心情和原来一定不一样了。

尽管上述两个个案对媒介这一职业的忠诚度不完全相同，但是可以看出这个工作吸引他们的主要是兴趣、自由和不错的报酬，其次才是责任。从这一点可以看出，新生代的媒介从业人员对职业的认知是与人的基本生存状态联系在一起的，与对职业的兴趣和职业自身的自由度有不可分割的关系。

2. 对媒介工作的评价

调查显示，有 58％的被调查者表示不同意媒体工作单调缺乏变化的观点，并有57%的被调查者对自己的工作充满成就感，有53%的被调查者认为在新闻媒体工作使自己有极大的自豪感。同时有66%的被调查者认为自己的工作受到社会的重视，能够体现出自己的社会价值，而对此项持否定态度的被调查者仅占15%。62%的被调查者认为在媒体任职是一件相当好的工作。由此可见，在被调查者眼中，媒体行业仍是一份非常不错的工作。

80%的被调查者表示在单位中做任何事情都会全力以赴。仅有4.2%的被调查者明确反对。由此可见新生代媒体从业人员在激烈的社会竞争中所拥有的积极上进的工作态度。

68%的被调查者认为目前的工作可以发挥所学与专长，与此相关的是，48%的被调查者所学专业为新闻专业，另有28%的被调查者尽管为非新闻专业，但接受过相关的培训。这两部分相加的比例为70%，与上述68%的被调查者认为目前的工作可以发挥所学与专长的比例基本相一致。

MZQ是某电视台的编导，他认为"媒介这个行业和金融界都是暴利行业，传媒行业发展速度相当惊人，而且各个行业都离不开技术，暴利行业再加上技术，就结合了我的专业和兴趣以及谋财之道。"

ZWP是一家网站的编辑，她觉得网站工作与自己的专业比较吻合，经济收入也不错，她主要是负责旅游信息方面的编辑，因为信息板块基本是固定的，她只是负责收集信息并发布就可以了。"工作压力不大，但是很累，也比较枯燥，总是人与机交流，没有意思。"

随着新媒体的网站的兴起，网站编辑逐渐成为有志于媒介行业的新生代的选择，但是鉴于网站收集信息的模式，使他们失去了正常的人际交往的可能性，更多地出于生计考虑，对工作的兴趣与热情会逐渐下降。

3.对上级的评价

有82%的被调查者表示上级会拟定工作计划与目标，同时，有68%的被调查者同意上级会指派特定的人做特定的工作，仅有12%的被调查者表示反对。55%的被调查者认为上级让部属有充分的决定权去完成工作，但也有27%的被调查者表示反对，在不同的媒介单位中，下属完成工作的决定权并不相同，这与媒介组织的性质有关。

68%的被调查者认为若在工作中遇到困难，上级会尽力提供解决问题的办法，但有14%的被访者不同意这一观点。65%的被调查者认为上级支持使用高新技术。从新闻发展的角度，提高生产效率，降低新闻的成本是必然的趋势。

从管理的角度分析，媒体组织基本上采取科层制的管理结构。即采用层级节制的结构，并按照一整套规定的途径和程序来实现组织目的，组织内的每一职位都被赋予相应的权力，领导者的权威建立在职位的基础上，在组织内部进行明确的分工，根据学识和能力选用合格人员，使其与工作相称。在这个结构中，领导处于更为关键的位置。

GWQ是手机报编辑，他说上级总是规定好任务，也不与他们进行交流，只要按照规定完成任务就行了。至于新技术方面，他们之间的工作联系主要是通过腾讯QQ，人与人之间即使只隔了一个过道，也是通过网络联系，这种工作环境让人很寂寞。

WJ是电视台编导，他认为人际关系在工作很重要，新技术的采用他的上级虽然支持，但是实施起来总是很慢，上级交给他的工作，他一般没有异议，完成就行了，“不就是一个饭碗吗?”他很无所谓地说。

鉴于传统媒介与新媒体之间的差异，传统媒体的工作人员之间更重视交流，上级对下属的管理更为严格；而新媒体的工作人员之间更习惯于网络交流，上级对下属的管理更为散漫。新技术对媒体的影响力已经日益凸显，如何更好地实现技术更新中，媒介从业人员工作属性的适应性，是媒介管理人员必须应对的命题。

4.社会责任感

本调查显示，对于只要从事的工作能为大众服务，即使媒介机构名气不大也没有关系的问题，有35%的被调查者持肯定态度，但也有相同数量的被调查者持否定态度(39%)，而认为无所谓的被调查者比例也达到了26%，由上述分散的数据可见，媒介从业人员并没有形成统一的认识。而从新闻专业主义角度来看，服务大众、进行公正、客观的报道是其最为核心的理念。与此相关的，“只要所从事的工作能为大众服务，即使没有升迁机会也没有关系”的问题有35%的被调查者认同这一观点，持否定观点的占34%。在这一问题上，被调查者也没有形成相对统一的意见。由此可见，从新闻专业主义的角度，服务大众是新闻从业者的最终目的，但是在实际操作过程中，媒介从业者不可能不考虑供职机构、升迁机会等更现实性的问题。其实质仍是公众利益和个人利益之间的博弈。

78%的被调查者认为同事大部分具有责任心，只有8%的被调查者表示不同意，在此问题中没有选择“非常不同意”的被调查者。这在一定程度上也与80%的被调查者表示自己会在媒介工作过程中全力以赴相吻合。

YJ认为电视编导这个行业的门槛是比较低的，不出3个星期普通人都能掌握编辑的技术，因此在技术上面没有更多的竞争性。主要竞争是在节目策划和创意上。

WZ是某传媒公司的职员，他觉得工作强度很大，正常的作业时间也被打乱，经常熬夜加班，以前离开单位的很多人都不是对这里的薪金不满意，而是觉得工作强度太大，工作压力大。他自己也表示，尽管规定的工作时间是9时到18时，中午1个小时的吃饭、休息时间，但是为了赶项目有时会一直加班到凌晨四点，这样基本上没有个人的时间。

MZQ说，从事媒介工作的人们对新闻信息一般不太相信，“就说地震这事吧，就是传媒的巨大力量和作用的体现。我刚到公司上班，然后地震了，没出5分钟，新闻就出来了在网上:中国出现大地震。这传播的速度比电视，报纸快多了，是啊，我当时就被震撼了，一件事是媒体的传播的速度，一件事地震事件本身。但是，现在媒体存在的很多假象。所以我们这些看新闻的人只能相信 50％。地震后的 15 分钟,媒体报道说,晚上零时北京有地震,当时我以为真有这事,可后来,得知财经网说,这消息是假的后,很多人彷徨了。所以我觉得现在媒体,其中很大一部分是有商业的目的。”

QJ 在某电视栏目做编导,他觉得媒介组织的名气大的话,可以提供更好的机会,因为他之前也在别的媒介组织工作过,名气小的话,压力不大,工作也不累,也不错。

从上述描述可以看出,对社会的责任或者说服务大众的意识,是新生代媒介从业人员在工作过程中不得不面对的一个现实,无论他们选择这一职业的动机如何,在选择信息的过程中,做好把关人的角色本身便是对职业责任的一种权衡过程。这就是成为最基本的职业诉求。

5.升迁机会

调查显示,45％的被调查者认为升迁机会取决于个人能力,而有 30％的被调查者否认这一观点,另有 14％和 11％的被调查者回答“无所谓”和“不知道”。37％的被调查者认为自己的工作很少有升迁机会,同时 34％的被调查者持否定观点。回答“无所谓”和“不知道”的被调查者比例均为 14％。

在这项调查中,观点截然相反的两个选项的比例如此接近,可以认为,在不同的媒体组织中,升迁机会和升迁制度并不完全一致。但可以肯定的是,媒体工作的升迁机会绝不仅仅取决于个人的能力,有更为复杂的背景和原因。

YY 是依靠自己家人的关系进入国家级报社工作的,她觉得升迁机会虽然与自己的努力有关系,但是还是要依靠一些关系网络。LKT 则认为,他们报社的升迁与经济利益之间关系更为密切一些,尤其是经营部门的升迁,基本是依靠金钱而实现的。编辑部门的升迁表面上看是依靠竞聘的形式,本质上还是内定的,只有一个无关紧要的部门,才是自由竞聘的。

由此可见,这些复杂的原因和背景包括:媒介所在的区域、媒介自身的性质、媒介管理的模式、媒介市场化的程度等。由于媒介组织自身正处于变革过程中,对新生代而言,如何找到一个适合自己兴趣又能满足生存需求的媒介职位,就目前而言,比升迁更为现实。

由此可见,20世纪90年代开始的中国媒介的渐进式改革,在改变媒介的经营模式的同时,对媒介从业人员的职业性、专业性和商业性提出了严峻的考验,尤其是新生代的媒介从业人员,他们面临的是一个变动中的社会、变革中的媒介,与原有媒介制度之间的空隙使得他们更容易接受媒介变革的社会现实。同时,随着新媒体技术的日常化和普及化,拥有传播信息技能的群体迅速扩大,无论是通过手机上网,还是通过互联网进行视频、文字的传播,原有的媒介从业人员的概念遭到了前所未有的冲击。你、我、他掌握了最为普遍的传播技术,在网络上、手机上传播者个体化的信息,这些信息的传播业已影响到大众传播媒介原有的获取信息的渠道、产品内容的选择、乃至于产品生产的过程。新媒介技术的运用也衍生出了大量新型的媒介从业人员的职位,这些职位的出现更多的是出于社会市场的需求,与学校的教育和培训并无直接的关系,因此,这些职业的职业化和专业化问题在对原有媒介从业人员职业化和专业化进程形成冲击的同时,对新生代媒介从业人员如何进入媒介职业现场提供了可以解读的社会背景和技术现实,处于市场化中的媒介职场与正在发生的社会变迁同步,媒介技术的迅疾变化引导着大众对媒介职业认知的变化,新生代的媒介从业人员对这一职业不再是一种朝圣的心态,而是一种生计手段,这种生计手段或者与兴趣相关或者与职业的特性有关,因而他们对职业的认知出现了较为迷茫的特征。这种迷茫的特征体现对社会责任、职业升迁、与上级之间的关系等问题上,便凸显出来。笔者认为,这种状态与中国各个行业正在进行的职业化密切相关,也是这种职业化过程的一个组成部分。

二、信息选择行为分析

媒介产品的生产是一个链条结构，通过各种渠道获取信息之后，对信息的选择是媒介产品生产中一个重要的环节。20世纪40年代初期，勒温就注意到在社会生活中人们对信息的选择有一个过滤的过程，这种过滤的过程中有一个关键的人或组织，即把关人(gatekeeper)起着关键作用，并将这一过程称为把关过程(gatekeeping)(Kurt Lewin,1943,1947)，1950年怀特(David M. White)将这一过程在报纸中的呈现勾画为一个简单的模式(White,1950)。后来的学者将这一信息选择过程描述得越来越详尽，几乎将微观层面、中观层面和宏观层面的信息选择过程中包括进去了(Macnelly,1959;Bass,1969;McCombs & Shaw,1988;Shoemake,1992)。随着新技术对社会信息传播系统的冲击，人人参与信息传播活动的门槛大大降低，尤其是互联网和手机媒体的普及更是为每个人都提供了这种可能性。几乎每个人都可以借助媒介形式，参与到信息生产、消费的过程中，因此构成媒介产品信息的来源逐渐走向多元化。与此同时，媒介组织的变革、媒介行业产业化的过程以及中国社会经济改革和社会变革的影响力，都促使媒介从业人员对"前"媒介产品的选择呈现出一种新的标准，这种新的选择标准是以个人的选择行为为表征，因此本次调查将媒介从业人员对构成媒介产品的要素的选择过程为研究对象，描述当代中国媒介从业人员的产品选择标准，以及构成这种选择标准的因素和动机，进而探讨当代中国媒介从业人员与媒介产品生产与消费之间的关系。

首先，媒介从业人员在媒介信息处理中对各要素的重要性的态度评价，我们设计了十个方面的问题：(1)争抢时效；(2)报道客观；(3)挖掘深入；(4)独家报道；(5)引人入胜；(6)保持公正；(7)报道平衡；(8)事实准确；(9)报道新颖；(10)报道全面。被访者需要根据在新闻媒介的工作经验以及个人看法对十个问题进行重要性的评价，并用1～6的数字表示自己的意见倾向——(1)非常重要；(2)重要；(3)无所谓；(4)不重要；(5)非常不重要；(6)不知道。

调查结果表明，媒介从业人员在处理媒介信息处理过程中认为最重要的要素依次是：争抢时效、事实准确、报道客观、挖掘深入、保持公正、引人入胜、报道新颖、独家报道、报道平衡和报道全面。这十个要素的均数都小于3，排名前八的要素分数都在1～2之间，表示媒介从业人员对这八个要素相当重视；而报道平衡和报道全面的分数在2～3之间，表示媒介从业人员对这两个要素的重视程度稍差。其中的原因可能是因为在时效性的要求下，报道平衡和报道全面这两个要素在实践操作中较难达到。而且追求趣味性的同时，不可避免地会对报道的全面和平衡产生影响，而目前媒体之间的竞争比起以往更为激烈，媒介组织都希望通过增强趣味性来吸引受众，所以会对报道之间的平衡和报道的全面有所忽视。

这十个因素的排序，与媒介从业人员的专业背景和职业训练关系密切。如果将不同专业的媒介从业人员对这些要素重要性的评价进行比较，我们发现具有相关训练的从业者对于这十个要素的重要性认可度要比没有接受过职业相关训练的从业者高，而与是否属于新闻专业的媒介从业人员则没有显著的相关性(表【6-1】)。

其次，我们将媒介从业人员的职业追求与被访者的年龄、服务媒介行业时间、服务现单位时间、职称、教育背景、每周收看/收听新闻节目平均时数、每年接受新闻专业在职训练时间和工资收入等因素进行了相关性分析。结果显示，报道客观和报道全面与受访者的年龄、服务媒介时间以及服务现单位时间呈现明显的负相关，这表明媒介从业人员的资历越深，他们对于事件报道客观和全面的追求越高，这也就是说在媒介产品生产流程中，报道的客观和全面是媒介从业人员整个职业生涯里最为重视的要素。值得注意的是，虽然对报道全面这个因素重要性的整体评价较低，但随着从业者年龄和职业生涯的发展，报道全面将是一个更加重要的追求要素。同时，我们还发现挖掘深入这个要素与年龄和服务媒介时间呈现负相关(相关系数分别为－0.188** 和－0.172*)(表【6-2】)。

表【6-1】 媒介从业人员对各要素重要性的评价

选项	总体	新闻相关	非新闻类,接受新闻相关训练	非新闻类,未接受相关训练
1. 争抢时效	1.63	1.59	1.58	1.76
8. 事实准确	1.63	1.68	1.42	1.77
2. 报道客观	1.69	1.73	1.40	1.91
3. 挖掘深入	1.75	1.70	1.82	1.77
6. 保持公正	1.80	1.86	1.73	1.77
5. 引人入胜	1.95	1.86	2.00	2.09
9. 报道新颖	1.95	1.94	1.88	2.04
4. 独家报道	1.96	1.92	2.02	1.96
7. 报道平衡	2.14	2.07	2.18	2.23
10. 报道全面	2.21	2.24	2.00	2.36

1.非常重要;2.重要;3.无所谓;4.不重要;5.非常不重要

表【6-2】 媒介从业人员年龄与职业追求各要素重要性的相关性

项目	2. 报道客观 (1.69)	3. 挖掘深入 (1.75)	10. 报道全面 (2.21)
年龄	－0.301**	－0.188**	－0.167*
	0.000	0.010	0.022
	187	188	188

*:在0.05水平上相关;**:在0.01水平上相关。

表【6-3】 媒介从业人员服务媒介时间与职业追求各要素重要性的相关性

项目	2. 报道客观 (1.69)	3. 挖掘深入 (1.75)	9. 报道新颖 (1.95)	10. 报道全面 (2.21)
服务媒介时间	－0.339**	－0.172*	－0.174*	－0.345**
	0.000	0.018	0.017	0.000
	188	189	189	189

*:在0.05水平上相关,**:在0.01水平上相关。

表【6-4】 媒介从业人员服务现单位时间与职业追求各要素重要性的相关性

项目	2. 报道客观(1.69)	10. 报道全面(2.21)
服务现单位时间	－0.262**	－0.218**
	0.000	0.003
	186	187

**:在 0.01 水平上相关。

在其他的相关性分析中还表明,媒介从业人员的职称与报道客观、深入挖掘两个因素呈现负相关(相关系数分别为－0.163* 和－0.172*);教育背景与挖掘深入、保持公正两个因素呈现负相关(相关系数分别为－0.198** 和－0.159*);工资收入与报道客观、报道新颖、报道全面三个因素呈现负相关(相关系数分别为－0.280**、－0.209** 和－0.276**);每周收看/收听新闻节目时间与争抢时效、报道客观、报道全面三个因素呈现负相关(相关系数分别为－0.164*、－0.167* 和－0.192**)。值得注意的是,媒介从业人员每周收看/收听新闻节目时间与引人入胜这个要素呈现正相关(相关系数为 0.170*),这有可能是因为目前的新闻节目可能已经走入盲目追求趣味性这个要素的误区,所以才会导致收看/收听节目越多的人对引人入胜这个要素的追求下降。

表【6-5】 媒介从业人员职称与职业追求各要素重要性的相关性

项目	2. 报道客观(1.69)	3. 挖掘深入(1.75)
职称	－0.163*	－0.172*
	0.033	0.024
	171	172

表【6-6】 媒介从业人员教育背景与职业追求各要素重要性的相关性

项目	3. 挖掘深入(1.75)	6. 保持公正(1.80)
教育背景	－0.198**	－0.159*
	0.009	0.036
	174	175

表【6-7】 媒介从业人员工资收入与职业追求各要素重要性的相关性

项目	2. 报道客观(1.69)	9. 报道新颖(1.95)	10. 报道全面(2.21)
工资收入	−0.280	−0.209	−0.276
	0.000	0.005	0.000
	179	180	180

表【6-8】 媒介从业人员每周收看/收听新闻节目时间与职业追求各要素重要性的相关性

项目	1. 争抢时效(1.63)	2. 报道客观(1.69)	5. 引人入胜(1.95)	10. 报道全面(2.21)
每周收看/收听新闻节目时间	−0.164	−0.167	0.170	−0.192
	0.025	0.022	0.020	0.008
	188	188	189	189

从个案访谈的资料表明，除了上述各要素之间的关系外，媒介类型、在媒介中的工作性质、媒介的所有权、媒介组织的专业化倾向对媒介从业人员的媒介产品选择过程有很大的影响力。

PP毕业于某大学的农业推广专业，做过摄影记者、新闻记者，现在是网络编辑，他觉得媒介信息的要素构成时效性无意是最关键的，如果错失了报道时机，消息的价值度就减弱了。ZS的专业是数字媒体，主要为一家中央级网站做编辑，他觉得网站主题的策划一是为了配合网站的一些活动，二是为了配合广告商的一些要求，因此无论如何对信息编辑加工，上述这些因素似乎都不是很重要，关键是如何吸引受众的眼球，所以他们需要经常策划一些事件，进行报道。

WXN毕业于中文系，先是在中华遗产杂志社工作，主要从事编辑工作，之后来到《知心姐姐》杂志社做编辑。她说，因为杂志社的新闻时效性不强，所以出去采访的机会比较少，个别纪实栏目，如一些校园事件，小作者写不清楚，就要边询问边引导，或是教他们去采访，我们不直接参与采访，因此对她来说，客观性是首要的因素，因为杂志是针对青少年群体的，要对他们的成长有适当的引导，不能为了时效性而出现一些模棱两可的内容。“再说，杂志社对稿件的要求，时效性不强，因为我们提前一个月就做好版了。会开选题会，集体讨论，每年年初会提交12个选题给总社审核，但是顺序和内容可以少做改动。我们每月一个主题，上面就是看看我们内容有没有大问题，讨论会上会确定，几个大栏目围绕主题做，其他不用和主题相关。”

MZQ是学技术类专业的，毕业后在财经网工作，主要侧重技术方面的工作，由于是专业网站的原因，主要是侧重财经方面的新闻。例如，像QQ，SINA就会对娱乐这方面做得很详细，CCTV就会对政治方面做得详细。我们网站对财经类的信息报道得更全面一些。

ML学的是工程专业，曾在电视台、报社工作过，目前在公关公司工作。因此他的看法更为多元化些。他认为，“记者都是精力旺盛，制造舆论啊，精力不旺盛干不了记者，个人、领导、单位、同性、异性什么都谈，在这干了三年，做过暗访，跟人打过架，那时就一个单反相机让我拿着呢，我照的图片都能上头条。”ML说他很喜欢做深度报道，后来电视台、报社对记者的管理太死板了，不愿意干了，就换到公关公司工作了，他觉得一个好的媒介产品，应该“说实话、有明确的证据，力求找到旁证，一般新闻都很少有旁证的。记者都很傻很天真，有思想的记者太少，都是没有立场的报道，发生的事件报道，国家的政策报道，稳定压倒一切，外国的记者是小骂大帮忙，中国现在都给和谐掉了。”记者在与公关公司打交道中获取的信息，就争抢时效、事实准确、报道客观、挖掘深入、保持公正、引人入胜、报道新颖、独家报道、报道平衡和报道全面而言，基本无关，就是一个商业行为。

就上述案例可以看出，由于媒介类型的差异性，对媒介产品的要素构成及其这些要素之间的重要性的观点有很大的差异，更为关键的因素在于，由于在公关公司和广告公司的参与过程中，媒介产品的构成要素并不仅仅限于上述的要素，而是与媒介产品所隶属的社会信息系统有不可分割的关系，媒介产品的生产过程已经不仅仅是一个孤立而静态的过程，而演变而一个系统而动态的社会生产过程。

从上述的数字统计及其各要素之间的相关关系分析，以及个案访谈的资料，对媒介从业人员的产品选择行为可以构建如图【6-1】的示意图。

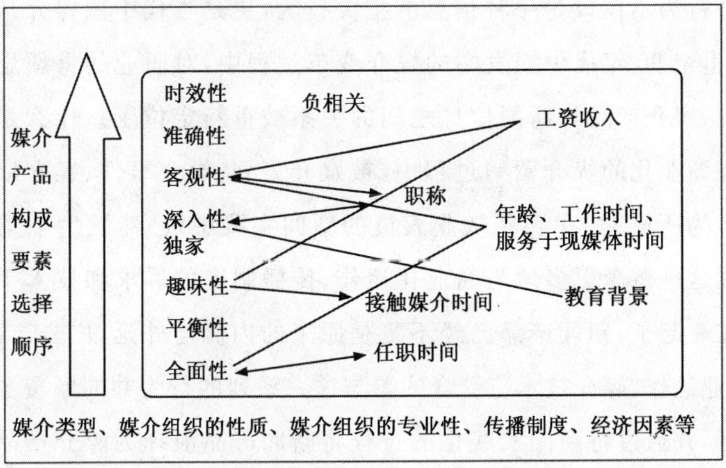

图【6-1】 媒介从业人员的产品选择行为

对某一媒介产品而言，媒介从业人员对其选择就信息的可用性而言，会按照图【6-1】所描述的信息特征进行选择，时效性为第一，准确性、客观性和深入性其次，平衡性和全面性则排在最后。由于对媒介产品的构成要素的这一选择行为是在社会信息传播系统中实施的，因此社会传播制度、媒介经济的发展状况、媒介组织的专业化程度、媒介组织的性质以及不同的媒介类型对这一过程都会产生影响力。在这些综合因素作用下，对媒介产品的构成要素的认知行为呈现出复杂的特征。随着媒介从业人员任职时间的长短、任职资历的提升，对构成媒介产品要素中的客观性、全面性和深入性的要求便随之提升，他们的教育背景则与产品的深入性相关联，学历较高的人比学历低的从业者更看重对产品深度的挖掘，而从业者的收入水平则决定他们对客观性和趣味性的追求。

从图【6-1】的描述可以看出，媒介从业人员在构成产品要素的选择过程中，微观因素（个人的职称、工资、学历等）、中观因素（供职的媒介组织的性质、媒介类型、媒介的专业性程度等）及宏观因素（传播制度、经济因素等）之间相互作用，形成了媒介从业人员对产品构成要素的综合选择行为。这种综合选择行为不仅仅是一种信息的把关行为，更是当代中国媒介从业人员在自20世纪90年代中期发端的媒介变革过程中，对职业的重新思考与定位。首先，媒介产品与新闻信息之间的关系被重新定位了。什么是新闻这一概念在商业化的媒介营销过程中，被媒介策划、媒介事件、媒介融合等信息传播行为所影响，在媒介从业人员的新闻实践中，已然发生了重大的变化。新闻这一概念更多地与商业化运作、传播制度的诉求和技术手段的革新联系在一起了，新闻产品已经不复是原来的内涵与外延，广告产品、公关策划、商业运作、媒介技术与受众的参与这一系列的行为共同颠覆了新闻原有的内涵，并通过将新闻实践化的过程将新闻产品演绎为媒介产品，记者、公关人员、编辑、市场营销人员与媒介管理人员之间的距离在这种新的新闻实践过程中黏合得越来越紧密，从而在媒介产品的实践运作层面，衍生出新的一个职业概念：媒介从业人员（media communicators），媒介从业人员对媒介产品的选择行为，与社会信息产品的生产过程与消费过程几乎是融为一体的，原有的对新闻产品要素的认可，如时效性、准确性、客观性、全面性、公正性、平衡性、深入性等的诉求也在媒介产品的构成体系中发生了变化，时效性的事件发生可以是设计出来的，新闻时间不再是现实事件的发生时间，也可以不是现实事件发生的空间，而是策划出来的时间和空间；准确性与客观性的认知原本就是一个很难界定和实现的指标，在媒介产品时代，准确性和客观性在技术日常化、媒介类型多元化、受众参与普遍化的信息传播现实中，遭遇到挑战越来越大，主要体现在：信息流量的增大使得媒介从业人员无法进行客观而准确的信息选择和加工；受众参与度的提升使得客观性和准确性的标准难以指标化；技术手段的普及使得人人成为媒介从业人员的现实逐渐在新媒体和传统媒体上凸显，如何通过适当的手段进行制度化、专业化的媒介产品规范,已经成为一个复杂的系统工程,与此同时,这种复杂的信息状况却导致公正性的问题受到重视,处于信息弱势群体的受众,一方面获得了参与信息生产和消费的权利,另一方面对专业媒介从业人员的信息选择的客观性、准确性等问题有可能提出质疑,从而推进舆论监督这一软力量的影响力。趣味性或者说引人入胜和深入性原本是一种理想的要素构成,但是在媒介运作中,随着社会生活中压力的增大,受众更愿意从媒介产品的娱乐性中获得满足,并不关注其深度如何,以及其背后的价值观念如何。

在这种复杂的信息传播状况中,媒介融合是一剂新的影响力量,随着融合度的提升,媒介产品的构成要素的选择过程更像一个模拟的戏剧演出,随着剧情的展开,媒介产品的要素一一被呈现出来,重要与不重要之间的排序已经变得无足轻重,如何找到吸引受众的眼球、引起受众的关注,最好是引起社会热议——无论是正面的还是负面,成为媒介产品的第一构成要素。如果媒介产品在市场上没有引起任何关注,或者说没有引起受众的关注,在当代中国的媒介产品生产与消费中就可能是不成功的。在这种意义上,我们面对的媒介产品有:传统的新闻信息、广告信息、媒介策划信息、受众设计的信息等,媒介融合下的媒介从业人员一方面需要专业化,另一方面却需要多元化,以适应不同媒介产品的要求。

综上所述,媒介从业人员与媒介产品构成要素之间的关系不再是线性的关系,而是呈现出曲线的关系,在一般意义上,一个媒介产品的构成要素中,越能吸引受众的眼球,进入媒介产品生产和消费过程中的可能性就越大,其他一些程序化的信息,则与传播制度有很大的关系,无法用上述的模式来解读。

三、经济选择行为分析

本次调查设计了11个问题来对媒介从业人员的经济行为进行解读，分别为：

(1)接受招待用餐；

(2)联系广告业务；

(3)联系单位赞助；

(4)接受免费旅游；

(5)接受礼品赠送；

(6)接受现金馈赠；

(7)担任企业公关；

(8)参与制作广告；

(9)身为新闻媒介工作人员，对政府不利的消息，我会淡化处理，以免伤害政府形象；

(10)主动淡化不利于客户的新闻；

(11)在政府或非盈利性团体兼职。

被访者需要根据个人在新闻媒介服务的工作经验以及看法，对这些经济行为的认可程度进行评价，并用1～6的数字表示自己的意见倾向——(1)非常同意；(2)同意；(3)无所谓；(4)不同意；(5)非常不同意；(6)不知道。

统计后的结果显示，媒介从业人员除了对接受现金馈赠和担任企业公共的态度较为模糊，介于无所谓和不同意之间，对其余9种行为都不同程度的接受，最能接受的行为依次是：对政府不利的消息淡化处理，以免伤害政府形象、接受招待用餐、联系单位赞助、联系广告业务、在政府或非盈利性团体兼职、参与制作广告、主动淡化不利于客户的新闻、接受免费旅游、接受礼品赠送。其中,淡化对政府不利的消息这种做法的总体得分达到了2.52,是被调查者普遍认为最为接受的一种做法。另外,通过对不同性质媒介从业人员的分析,我们还发现省级媒介的从业人员对这些经济行为的8项的认可程度远远高于其他媒介。我们认为主要有两方面的原因:一方面是省级媒体相较于地级市媒体和区域性媒体都面对着更多的经济诱惑,而另一方面他们相较于全国性媒体缺乏较强的约束力和自制力,所以省级媒体从业人员的经济伦理问题最为严重(表【6-9】)。

表【6-9】 媒介从业人员对相关经济行为认可度的评价

(1. 非常同意;2. 同意;3. 无所谓;4. 不同意;5. 非常不同意)

	总体	全国性媒介	区域性媒介	省级媒介	地市级媒介	其他
9. 对政府不利的消息,我会淡化处理,以免伤害政府形象	2.52	2.51	2.38	3.14	2.75	2.78
1. 接受招待用餐	2.54	2.39	2.61	3.14	2.63	2.82
3. 联系单位赞助	2.55	2.49	2.56	3.71	2.88	2.33
2. 联系广告业务	2.65	2.57	2.71	3.71	2.75	2.38
11. 在政府或非盈利性团体兼职	2.82	2.68	2.82	3.71	3.63	2.83
8. 参与制作广告	2.83	2.86	2.83	3.14	2.38	2.72
10. 主动淡化不利于客户的新闻	2.84	2.69	3.02	3.43	3.13	2.83
4. 接受免费旅游	2.95	2.71	3.23	3.14	3.25	3.11
5. 接受礼品赠送	2.95	2.71	3.23	3.14	3.25	3.11
7. 担任企业公关	3.14	3.17	3.14	3.14	3.25	3.13
6. 接受现金馈赠	3.43	3.33	3.59	3.71	3.71	3.56

注:媒介性质为通讯社和港澳台媒介的样本量较少,没有单独列出均数,但已计入总体中。

首先,有偿新闻与媒体的性质有关,YY是一家中央级报纸的编辑,她说在他们报社有偿新闻是明确被禁止的,在采访的过程中采访对象的新闻价值是摆在记者是否决定采写新闻首位的，并且记者在采访的过程中是不会要求被采访者担负任何的费用的，并且也不会根据经济方面的因素来平定是否该进行相关新闻信息的搜集，但是她透露在其他媒体同行的身上确实存在着采写有偿新闻的现象，她觉得原因可能是因为她所服务的报社是由国务院直接拨款。而像一些都市报需要自负盈亏，记者本身的采访行为可能也要与经济利益相挂钩，这在一定程度上也导致了有偿新闻的出现。

但即使是在她们报社，软广告的现象却是很普遍的。所谓软广告就是通过采写新闻稿件的方式对企业或者是政府单位进行变相的宣传，并且明码标价，基本上价位都是统一的。但是软广告的首要原则就是不能是虚假的，不能违背新闻稿件选取的新闻职业道德规范和标准，并且也要相对于选取有利于社会和公众的有益信息进行刊登。

其次，媒介从业人员的职业化程度与此也有不可分割的关系，参加工作时间较短的媒介从业人员，觉得劳务费、红包都是理所应当的。NYH 是一家 IT 网站的编辑，今年 30 岁，参加工作 3 年，她认为在参加新闻发布会的时候有劳务费是很正常的事情，在北京这样一个大都市，生活工作的竞争压力很大，交通状况也不是十分乐观，比如在炎炎夏日如果没有交通补助或者是餐费补助是没有任何媒体会愿意派编辑和记者参加新闻发布会的，所以参加新闻发布会提供一定数额的劳务费是合理的。如果一个新闻发布会不会给他们提供相应的劳务费，那就证明这个企业并没有很重视这家媒体，相应的，媒体对于这家企业的重视程度或者说对于是否可以获得有价值信息也呈保留态度，一个刚刚毕业到电视台工作的年轻记者 MZ 说，“没想到拿红包都拿得手软！新闻发布会的稿件都是弄好的，修改一下就行了，我觉得记者去主要是为了拿红包，否则把稿件传给各媒体不就行了吗？可能企业也有宣传的意图吧。”NYH 指出，媒介从业人员是否会根据劳务费的多少来决定是否要参加新闻发布会则是个人的选择，也许一个刚从事媒体行业的新手，由于薪水较低的缘故，工作能力也有待提高，但是生活压力又很大，因此在选择是否新闻发布会时候所考虑的因素可能较多地和劳务费的数额相挂钩。这一点与后面的数据分析相一致。

课题组通过将媒介从业人员的这些经济行为与被访者的年龄、服务媒介行业时间、服务现单位时间、职称、教育背景、每周收看/收听新闻节目平均时数、每年接受新闻专业在职训练时间和工资收入等因素进行相关性分析。结果显示，被访者的年龄与服务媒介时间与其中大部分经济行为都呈现正相关。这有可能表明，媒介从业人员的经济道德素质呈现下降的趋势（表【6-10】）。

表【6-10】 媒介从业人员年龄与各种经济行为认可度的相关性

项目	1.接受招待用餐	2.联系广告业务	3.联系单位赞助	4.接受免费旅游	5.接受礼品赠送	7.担任企业公关	8.参与制作广告	11.在政府或非盈利性团体兼职
年龄	0.246**	0.184*	0.207**	0.218**	0.213**	0.295**	0.380**	0.203**
	0.001	0.012	0.004	0.003	0.004	0.000	0.000	0.006
	184	184	189	185	185	181	184	180

*：在 0.05 水平上相关， **：在 0.01 水平上相关。

表【6-11】 媒介从业人员服务媒介时间与各种经济行为认可度的相关性

项目	1.接受招待用餐	2.联系广告业务	4.接受免费旅游	5.接受礼品赠送	6.接受现金馈赠	7.担任企业公关	8.参与制作广告	11.在政府或非盈利性团体兼职
服务媒介时间	0.220**	0.188*	0.195**	0.228**	0.150*	0.340**	0.277**	0.284*
	0.003	0.010	0.008	0.002	0.042	0.000	0.000	0.000
	185	185	186	186	184	182	185	181

*：在 0.05 水平上相关， **：在 0.01 水平上相关。

为了验证这个假设，我们以媒介从业人员服务媒介的时间 7 年为界，将受访者分为两组，分别是从业 1～7 年的 A 组和从业 8 年及以上的 B 组，分别统计两组被访者对这些经济行为的认可程度均数。结果显示 A 组认可程度的均数无一不低于B组，也就是说，A组对这些经济行为的认可程度均明显超过B组。另外的一个佐证是，我们将本次调查的数据与“2002年上海新闻从业者调查报告”和“1997年全国新闻工作者调查”[①]对比后，吃惊的发现，这些本应在道德上认知非常清晰的经济行为，被访者的接受程度均超过2002年和1997年的调查，这种退步实在是让人吃惊(表【6-12】)。

表【6-12】 媒介从业人员服务媒介时间与各种经济行为认可度的差异比较

项目	1～7年	8年及以上
1. 接受招待用餐	2.44	3.17
2. 联系广告业务	2.56	3.28
3. 联系单位赞助	2.44	3.23
4. 接受免费旅游	2.90	3.54
5. 接受礼品赠送	2.89	3.40
6. 接受现金馈赠	3.37	3.88
7. 担任企业公关	3.01	3.92
8. 参与制作广告	2.71	3.58
9. 对政府不利的消息，我会淡化处理，以免伤害政府形象	2.45	2.96
10. 主动淡化不利于客户的新闻	2.76	3.28
11. 在政府或非盈利性团体兼职	2.71	3.52

1.非常同意；2.同意；3.无所谓；4.不同意；5.非常不同意。

此外，媒介从业人员的教育程度与接受招待用餐、对政府不利的消息，淡化处理，以免伤害政府形象、在政府或非盈利性团体兼职这三种行为呈现负相关(相关系数分别为-0.186^{*}、-0.216^{**}和-0.198^{**})。而媒介从业人员的工资收入与接收现金馈赠这种行为呈现负相关(相关系数为-0.153^{*})，

① 陆晔，俞卫东：“传媒人的媒介观与伦理观——二〇〇二上海新闻从业者调查报告之四.”《新闻记者》，2003(4)。

这说明现金馈赠有可能已经成为媒介从业人员收入的一个主要来源(表【6-13】和表【6-14】)。

表【6-13】 媒介从业人员教育背景与各种经济行为认可度的相关性

项目	1. 接受招待用餐	9. 对政府不利的消息,我会淡化处理,以免伤害政府形象	11. 在政府或非盈利性团体兼职
教育背景	−0.186*	−0.216**	−0.198**
	0.015	0.005	0.010
	171	169	167

*:在 0.05 水平上相关, **:在 0.01 水平上相关。

表【6-14】 媒介从业人员工资收入与各种经济行为认可度的相关性

项目	6. 接受现金馈赠
工资收入	−0.153*
	0.044
	175

比较令人不解的是,对于有偿新闻采访报道,国家相关的管理部门和媒体内部都有明确的规定和条例,JAH 是北京一家广播电台的部门经理,她说,电台的主持人、编辑在为其他媒体单位进行主持、编辑等活动时,必须先向电台申请,获得批准后方可参加其他节目的录制,并承诺不影响本职工作。同时,电台内部也加强对采编播人员的教育,对于新加入工作的年轻同志,教育他们树立"为人民服务"的工作意识,有意将他们送到艰苦地区接受教育,去年加入工作的年轻人员就集体到新疆和田电台实习、工作三个月时间。但是实际状况却大相径庭,同家电台的记者 MZ 却说,每次参加各种活动,都可以拿到红包,无论是新闻发布会还是其他组织的一些宣传活动,这在媒体行业是公开的,记者去参加这些活动,目的很明确的。也是一种行规。CJ 在电视台、网站、杂志社和报社都工作过,目前在网站的策划和宣传

部门工作，她说原来是别人给她红包，现在是她发红包给别人，已经成为一种惯例。

如果已经成为一种职业的惯例或行规的话，有偿新闻或者是有偿媒介信息的报道就不仅仅是一个管理部门或者是媒介内部的规定可以有效遏制的了，缺乏相应的国家性的监管机制，恐怕是这种惯例蔓延的主要原因之一。更为关键的是，这种惯例或行规还以隐形的形式存在着。NYH 说，"我们网站经常有记者采写隐形的有偿新闻稿件，网站应对这样的行为一般有两种方式首先是在新闻采访和编辑流程中由明确的层级把关制度，并且每一层都不是由某一个人可以独自控制和决定的，都要通过几个决策者的共同审查，同时应有严格的惩罚制度，前不久有一个记者在稿件编发的过程中出现了这种情况，处以 1 000 元罚款，并且永远不能再从事编辑工作。我认为对于有偿新闻信息这个话题所抱有的态度只有一种就是完全的抵制。因为这是关系到基本的职业道德和行业操守的基本准则，如果任何一家企业和媒体连这个问题也不能正确坚持和对待的话，那么就没有生存下去的基本能力，没有承担起相关的社会责任。"

QJ 是一家电视台的编导，她说我们节目组严禁有偿采访，严禁向被采访者收取费用，同时严禁编导、摄像收取费用，并已经将相关的声明公布在节目的官方网站上。但是她也表示，有偿采访的情况还是会发生，在她外出采访的过程中，也遇到地方性媒体进行有偿新闻的采集。对如何杜绝这一现象，她也表示很无奈，除了媒体组织的管理之外，媒介从业人员的职业培训应该也很重要的。

ZS 在一家电视台下属的网站工作，她说有偿采访现象经常发生，比如主持人大赛时就有选手希望通过网络渠道增加对她的报道。至于说如何解决这种现象，她说，"只能依靠媒介从业人员自身来解决了。

ML 先后在地方电视台、北京的一家报社工作，现在公关公司工作，他说有偿新闻信息是一个"'取舍之间，彰显智慧'(这是利郎商务男装的广告语，他告诉笔者的）的过程，有些新闻是可以收钱的：（1）对任何一方都无害；（2）给钱的一方比做广告省钱；（3）有一定的新闻性，这样能实现双赢，何乐而不为呢？以前有个招空姐的工程专业，在学校招人，让我做报道，给了红包，我就给报道了，这种报道对谁都没有害处，对学生也有好处，就可以做。”

“但像有一次有个火灾，当时那里的人就把一个别家报社的记者给打了，还给我红包不让我报道，红包还真挺大，但我说不行，这不能收，这是政治问题，工作问题，这么大火灾大家都看着呢，我不报道别人也会报道，我没报就是我漏稿，是我失职，还有我这同行受欺负了，我跟他的关系肯定比跟你们亲，这个事情也有很大的负面影响，于公于私都得报道，这个红包就不能收。”

从上面的资料可以看出，媒介从业人员对有偿新闻的看法并不为完全相同，尽管他们都认为这样做是不对的，行规中也有明确的规定的，但是在行业实践中，这些规定几乎是一纸空文。经济因素（如果排除政治因素的话）成为压倒一切的决定性力量，甚至有记者认为这是理所应当的，他们既然要出门采访、总是要车马费和午餐费的，他们还觉得，有的组织为了宣传，也是自愿出的钱，这样也是为了炒作，似乎与他们的职业道德也不矛盾。

结合上述资料，从图【6-2】和图【6-3】可以看出，媒介从业人员对有偿新闻信息的认知主要受两个中观层面的影响，一个层面是媒介从业人员的职业道德，另一个层面是媒介从业人员自身的因素和组织因素，如工作时间长短、职业性质、传播制度、媒介变迁、信息类型、社会主流价值观念及其他因素（如年龄因素、家庭因素、成长背景、性格特征、相别特征、教育背景等）。职业道德的构建则是这些因素综合作用的结果。随着媒介从业人员对有偿新闻信息认知的多元化，势必会影响到他们对媒介这一职业的认知，从而重新构建媒介行业的职业道德。这种新的职业道德是在社会信息传播系统的大环境下形成的，必然会受到社会结构变迁和阶层变动的影响。

媒介从业人员在面对具体而微的职业事件时，要考量的首要因素并非

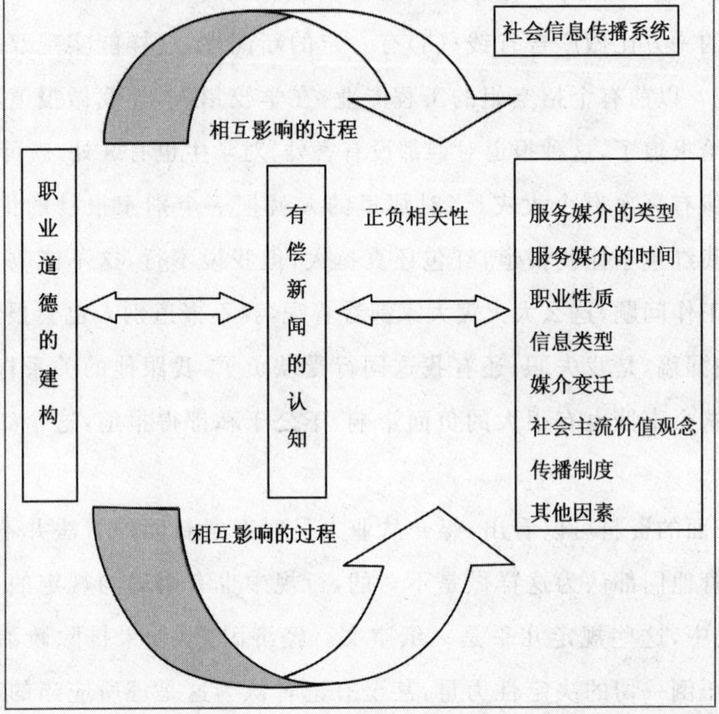

图【6-2】 媒介从业人员对有偿新闻信息的认知过程

是否可以为他所服务的媒介带来巨大的经济利益，而是一种极其复杂的选择行为。并不是所有的人都要在公众的眼光下做出经济行为选择，也并非是所有的职业都需要在大庭广众之下进行职业道德选择，不同职业者或者会在一些特定情形下，不得不进行经济行为选择，但是这种选择即使是为人所知，也只是在有限的范围之内，并不会成为公众讨论的话题。只有媒介从业人员的经济选择选择不得不面对公众的审视，例如在报道某些事件时候的角度选择、话语表述方式、对事件判断，甚至是话语中所隐含的情绪因素或者是选择报道事件的时机（即使这种时机是媒介从业者的职业要求之一）等等，都有可能隐含着经济选择，也有可能隐含着公众认为的选择失误，这些失误不得不在公众的视野中被无情地放大出来。

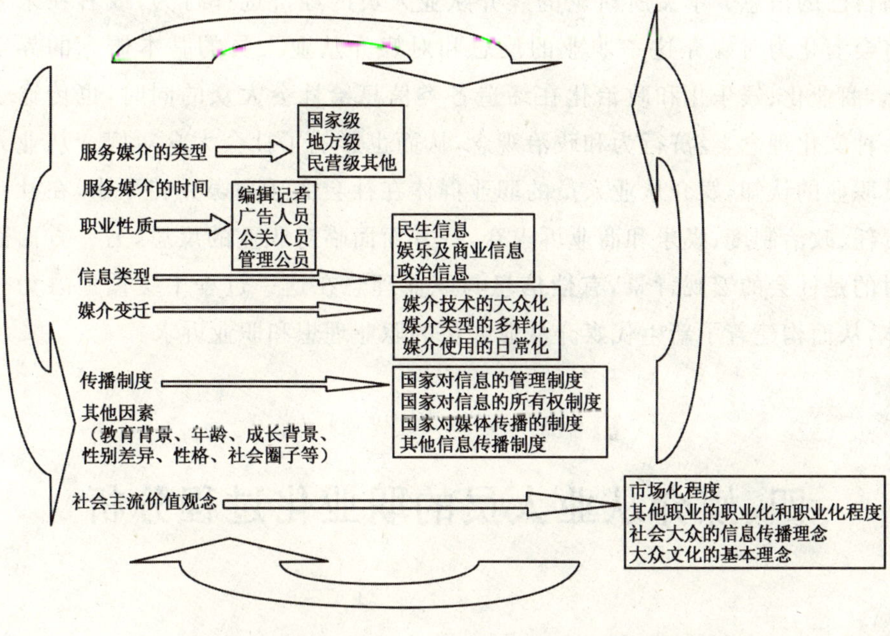

图【6-3】 影响媒介从业人员对有偿新闻信息认知的因素

这是职业诉求，似乎无可奈何，媒介产品的生产和销售原本就是要得到公众（消费者）的认可或者批判，公众的漠视是媒介这一职业无法容忍的。那么，在这种引起公众关注的职业诉求中，媒介从业人员的社会责任被郑重地重新提了出来。尤其在当代中国媒介产业化和市场化同步进行的过程中，媒介从业人员在信息选择中的职业行为显得更为复杂和困窘。正是在这样的社会现场中、在职业道德、社会责任、经济因素和职业诉求的重重矛盾中，媒介从业人员极为窘迫又理所当然地进行着有偿媒介产品的信息选择，这种选择行为背后所隐含的观念已经不再局限于传统的新闻概念，更不仅仅停留在有偿新闻层面上，而是一种综合信息在各种复杂因素作用下的选择行为。这种选择过程既是一种复杂的经济信息选择行为，也是一种混杂的职业变迁过程。

随着媒介技术的日常化、信息的大众化和多元化，社会大众既是信息的受众，也可能成为信息的传播者，在广泛意义上他们都可以成为潜在的媒介从业者，利用新的媒介形式如个人或组织网站、论坛、博客或微博等形式，传播自己的信息。本文所讨论的媒介从业人员的经济选择行为，或者在未来将会演化为对媒介这一职业的反思和对媒介从业人员的基本概念的界定上，商业化、娱乐化和政治化在缔造各类信息给社会大众的同时，也传输了一种文化理念、经济行为和政治观念，从而也影响了社会大众对媒介从业人员职业的认知，媒介从业人员的职业群体在社会变迁和媒介转型中，在社会责任、政治制度、娱乐和商业诉求众，一方面面临对职业的反思，另一方面面对的是社会的宏观背景，有偿信息与职业理念在这一过程中缓慢地融为一体，从而构建着了新生代媒介从业人员的职业理想和职业诉求。

四、媒介从业人员的职业化过程分析

（一）个体接受层面的职业化状态

媒介从业人员在获取信息的过程中，经常要遇到的现实场景是相关单位会为提供他们用餐。本次调查显示，有 44.5％的被调查者同意接受招待用餐，非常同意的占被调查者的 9.4％，同时有 43.5％的被调查者认为无所谓，而持否定态度的被调查者的仅占 8.9％。非常明显，对接受用餐持同意及无所谓态度的被调查者占总数的 88％。可见，接受招待用餐已经成为媒介从业者比较认可或“隐性认可”的一种行为（图【6-4】）。

如果相关单位要提供其他免费项目呢？如旅游、赠品和现金。就调查数据来看，30％的被调查者同意接受免费旅游，认为无所谓的被调查者占35％，其余则持否定态度（图【6-5】）。31％的被调查者同意接受礼品赠送，认为无所谓的被调查者占 40％，持否定态度的被调查者占 29％（图【6-6】）。在这两项调查中，持赞成或否定态度的被调查者比例相近，调查数据分散，并未形成比较统一的认识，可见在这一方面，媒介从业者在道德自律方面的认识还比较模糊。特别是对于“隐蔽”方式馈赠的接受，显示我国媒介从业者职业意识缺失的问题仍不容乐观。

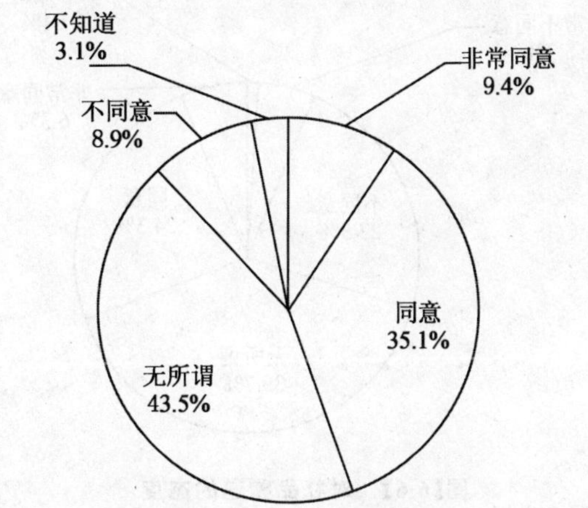

图【6-4】 对招待用餐的态度

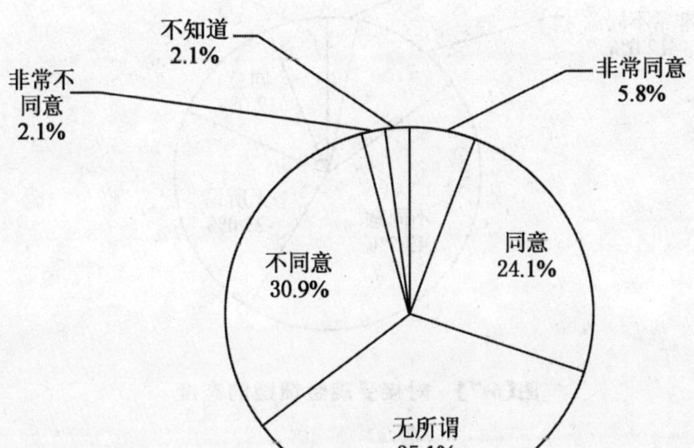

图【6-5】 对免费旅游的态度

与接收用餐、免费旅游和礼品赠送态度成反差的是，在接受现金馈赠的调查中，仅18%的被访者同意接受现金馈赠，23%的被调查者认为无所谓，56%的被调查者持否定态度。18%的赞同率也是本部分中数值最低的（图

【6-7】)。

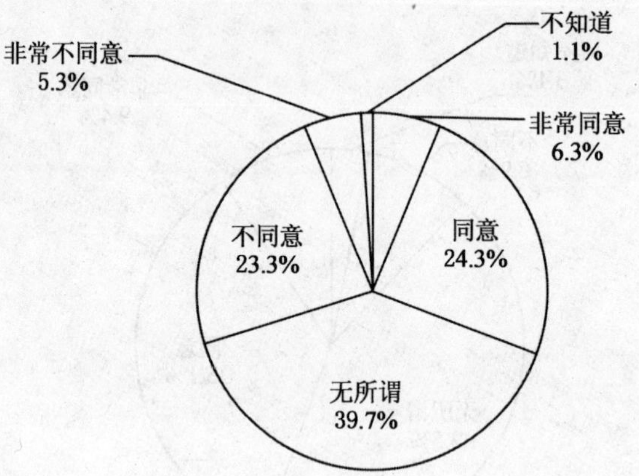

图【6-6】 对礼品赠送的态度

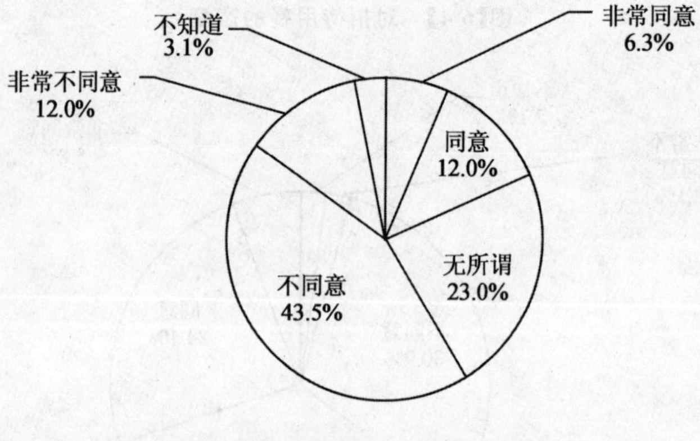

图【6-7】 对接受现金馈赠的态度

这其中的原因可能是,与其他几项相比,接收"现金"过于直接,是赤裸的金钱和报道之间的交换;另一方面,已被披露的"有偿新闻"所造成的恶劣影响及对当事人的严厉处罚,使得媒介从业者不能不从自身利益角度进行权衡;第三,与相关主管部门和各媒介机构制定的严厉杜绝"有偿新闻"的规章制度有关。综合以上三点原因,使得大多数媒介从业者对"现金馈赠"持否定态度。

YY是一家杂志社的编辑部主任，他说，记者出去采访，吃饭、礼品或者旅游往往司空见惯，很正常的。虽然媒体总在说要整顿，但是有时候记者采访回来的新闻不错，你也不知道他是否从中拿了什么东西。因此有些媒体会打政策的擦边球，把有偿新闻和普通的新闻分开，比如利用做地方专版的办法，其实有些地方专版的内容是收费的，但是新闻法中又没有明确规定这种收费的问题，那如果被查到，就可以用地方专版的名头来解决问题。对媒体来说，严格意义上的有偿新闻是收别人的钱，并把这个内容做在新闻版上，也叫软广告，这种现象一方面和记者自身的素质有关，另外，现在的社会风气也不好，市场经济的发展也对这种现象起了些推波助澜的作用，特别是一些企业，总是千方百计找人送钱……就目前来看，这种现象禁止不了。"说着就无奈地摇摇头。

这一调查结果，也与陆晔等学者2002年对上海报纸、电视、广播从业人员进行的调查，吴飞、吴风2004年所进行的"新闻专业主义理念的建构及影响"课题的调查，以及李金铨对香港媒介工作团体的调查结果基本相同。香港新闻工作者认为最不能接受的行为是接受采访对象的现金馈赠(71%)。[①]上述调查显示，接受现金馈赠的做法是受到采编人员评价同意度最低的变量，而且显著低于其他所有变量，并且显著低于其他所有变量。这说明，目前过于直接的新闻有偿服务是受到采编人员摒弃的。但是从本质上，接受单位招待用餐和接受现金其实并没有区别，但采编人员对此的态度却大不相同。主要是由于现金馈赠方式过于明显公开，使得从业者会产生较强的道德负疚感或产生对于其法律后果的顾虑恐惧感，因此大多不愿接受这样的方式。相比较而言，接受招待或接受礼品、免费旅行方式较为隐蔽，尽管涉及的金额可能比直接的现金馈赠更大，但是由于从业者在这样隐蔽的方式下道德认知也会变得模糊，因此相当一部分人倾向于中立或勉强接受这

① 李金铨："香港媒体专业主义与政治过渡"，《新闻与传播研究》，1997(2)。

样的方式。[①]

（二）与企业相关联的职业化状态

本次调查显示，有55%的被调查者同意联系单位赞助，同时有29%的被调查者认为无所谓，而持否定态度的被调查者仅占16%。对该问题同意及认为无所谓的被调查者占调查总人数的84%，可见，联系单位赞助已经成为比较普遍的媒介活动之一（图【6-8】）。

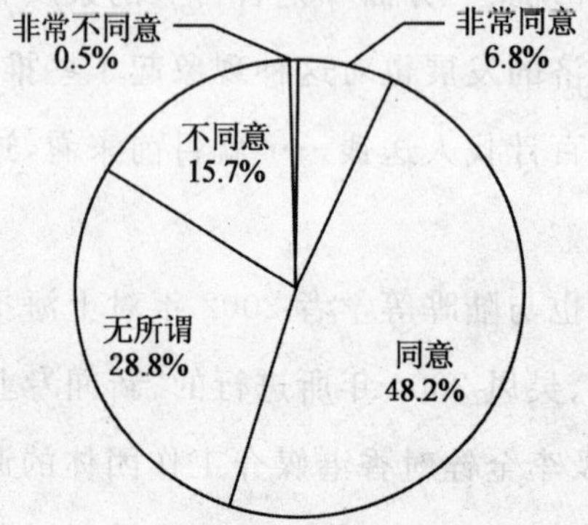

图【6-8】 联系单位资助

GL是一家私营网站的编辑，她说："这个网站属于商业网站，一般情况下合伙人的新闻给钱就发，只要不触犯别的商家就行，有利益都会发的。因为网站没有自己的新闻采访权，所以都是转载的新闻，没有太大的关系。"

LLQ是电视台汽车栏目的编导，他说：他们所做的电视节目选题的因素主要就是根据汽车厂商的赞助经费。由于这个节目并不是电视台直接制作的，而是委托广告公司性质的媒介公司进行制作，因此电视台内部针对严禁有偿采访、有偿新闻的制度并不起作用。而收取汽车厂商的宣传费用和节

① 陆晔，俞卫东："社会转型过程中新闻生产的影响因素"，《新闻记者》，2003(3)；吴飞，吴风："新闻专业主义理念的建构"，《中国人民大学学报》，2004(6)。

目广告也是一种主要营销方式。例如，在车展之前，都会受到相关厂商的邀请信，邀请栏目组到时进行拍摄，公司会根据赞助金额的多少，决定其品牌的节目时间长短，而其他没有邀请，或者没有赞助的品牌是不可能出现在节目中的。由于每期节目的实际时长只有 16 分钟，而且又不乏节目素材，厂商都会主动联系报道，因此在选题上没有困难。在这个领域中，人脉是很重要的。大家都希望和老客户进行合作。如果没有厂商的支持，是很难生存的。

有 48.7%的被调查者同意在工作过程中联系广告业务，其中 30%的被调查者认为无所谓，而持否定态度的被调查者的占 20%。本调查的其他题目显示，40%的被调查者同意参与制作广告，35%的被调查者认为无所谓，而持否定态度的被调查者的占 23%(图【6-9】)。

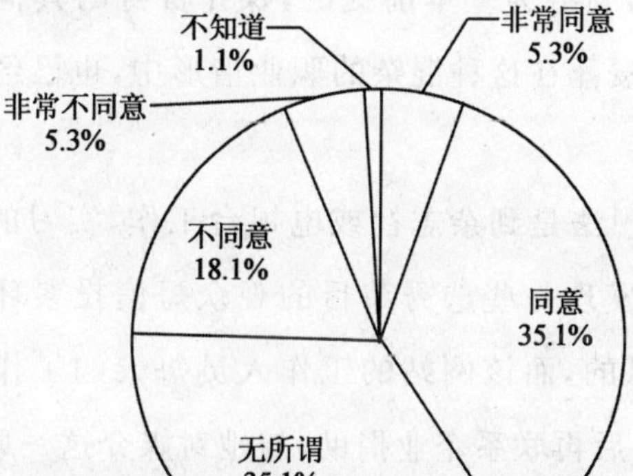

图【6-9】 参与制作广告

LKT 是一家报社周刊的编辑，他说：现在的编辑部门与广告部门之间的关系很微妙，每个周刊在正常出版报纸的同时，都是有经营任务的，因此，他们要想办法把自己可以支配的版面转换化为各种形式的广告，拉广告早已是一种司空见惯的模式，因为报纸上现在都公开编辑部的电话，有的企业组织或者是个人，经常会打电话来，希望出钱来宣传自己，但是又觉得广告的形式大众不信任，就希望通过新闻的形式，或者是其他的专题报道形式来做。无论是硬性广告还是软性广告，编辑部的回扣都很诱人，这已经成为一种公开的媒介经营形式了。

早在2003年就有学者指出，传媒的编辑部门与广告、发行或经营部门混行现象较为普遍。特别是拉广告，丰厚的回扣对于记者的诱惑力很大，于是记者的正面采访就可能变成一种发稿权与广告的交换，这种制度上的要求将使新闻价值和政治宣传价值，受到利益的诱惑而扭曲。[①] 但时至今日，这种现象不仅没有消退，而转化一种制度化的经营模式，这种制度化的经营模式，将信息、广告与社会组织（如经济组织、文化组织及其他组织和个人）混合起来，将媒介内容的选择、生产和消费过程首先放置在互动的层面上，这种互动是以商业的利益为基本前提的，媒介自身的其他社会功能都渐渐隐退，媒介从业人员浸淫在这种混杂的职业情形中，也已经不再回头反思从事这一职业的初衷了。

CJ说她原来的想法是到杂志社或电视台工作，实习的时候去的是一家电视台下属的网站，发现一些选秀节目的观众短信投票环节基本上都是被网站的工作人员操纵的，而该网站的工作人员每天的工作似乎都在想着如何策划一些活动，然后再联系企业捐助，与她对媒介这一职业的认知相距甚远，毕业后她选择去了一家专业性的网站，也时常要做一些策划，但由于她现在工作的网站是私营的，员工经常没有什么发言权，老板有时候明明不懂，说得也是不对的，但是还是会按照他的想法办。

这一案例从另一个层面说明，随着中国媒介变革的步伐，私营资本的新型媒体中的介入必然会改变中国媒介职业化的过程。如果说，国家所有的媒介因为其最初的财政来源是国家拨款，不考虑生计，而在被国家逐渐推到

① 陈力丹："健全有效的传媒自律机制"，《新闻界》，2003(6)。

市场化的过程中之后，处于两难处境，一方面要实现政府规定的报道任务，另一方面要到市场上赚钱，便不得不寻找更多的合作者、广告主，利用媒介的垄断性和政治上的影响力，来获得更好的生存机会，这种种行为其实是传媒的职业角色与利益的冲突，即作为社会公器的角色与作为市场竞争主体角色之间的冲突。[①]

(三)与政府相关联的职业化状况

调查显示，有63%的被调查者同意淡化处理对政府不利的信息，其中同意的比例为55%，有15%的被调查者认为无所谓，而持否定态度的被调查者的占19%(图【6-10】)。媒介和企业商业行为的过多联系，势必会影响媒介作为“社会公器”的职能。特别是媒体刻意淡化或丧失对某些利益相关团体的监督，从而导致公众权利受到侵害。调查显示，44%的被调查者同意主动淡化不利于客户的新闻，而持否定态度的被调查者的占31%。值得注意的是，同意淡化政府不利信息的比例(63%)高于同意淡化客户不利信息的比例(44%)(图【6-11】)。

淡化不利于政府的信息与中国的传播制度和新闻教育有关系。喉舌论与正面宣传为主的新闻报道原则，这使得媒介从业人员在工作过程中，在无人监督的情况下，形成一种自监督现象，而这种自监督现象的背后则是这一群体已经形成的对职业行政化和政治化的集体认知。而淡化不利于客户的信息则是生存的需要，也是市场化过程中一个不可避免的现象，在商业信息和政府信息面前，被调查者还是更考虑政治因素和行政因素，商业因素与媒介性质关系甚大，私营媒体更看重商业因素，而国家所有的媒体更看重政治因素。

调查数据还显示，有39%的被调查者同意在政府或非盈利团体兼职，有

① 陈力丹，“健全有效的传媒自律机制”，《新闻界》，2003(6)。

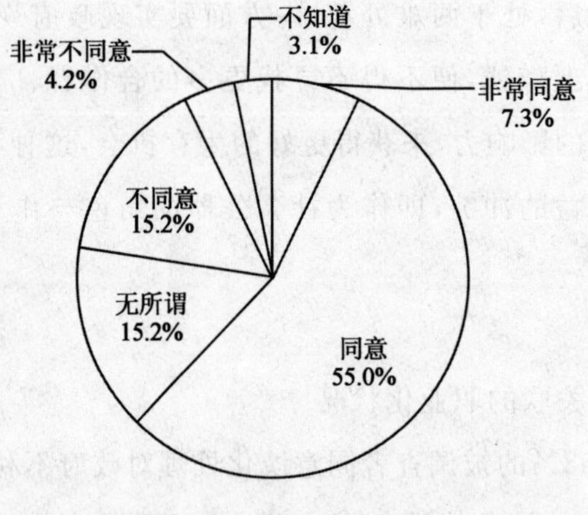

图【6-10】 是否会淡化不利于政府的信息

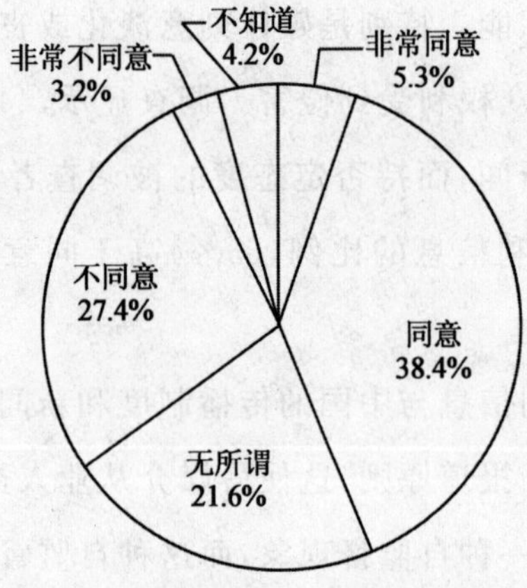

图【6-11】 是否会淡化不利于客户的信息

34%的被调查者认为无所谓，而持否定态度的被调查者的占24%（图【6-12】）。

媒介专业主义认为，媒介必须对政府、对政党、对政客采取一种独立的、批判的态度，否则便不可能保持它树立的公众"保护者"形象，便不可能拥有公众的信任。[①] 在中国，由于大部分的传统媒体都归国家所有，只有少量的

① 郭镇之："舆论监督与西方新闻工作者的专业主义"，《国际新闻界》1999(5)。

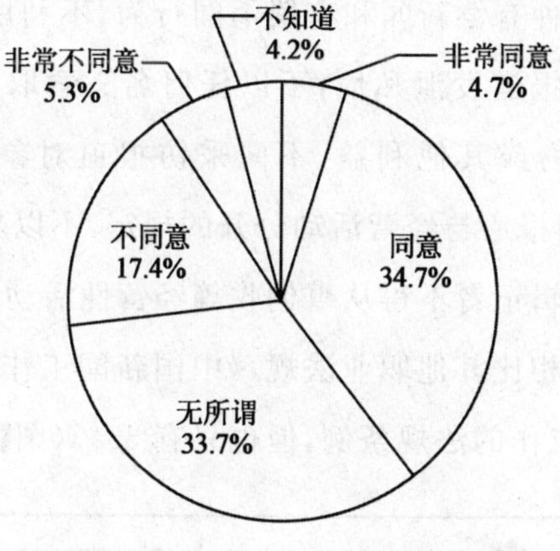

图【6-12】 在政府或非盈利团体任职

新媒体属于私营企业，如果媒介从业人员在政府非盈利团体任职，无形中会影响自身对事件的选择和报道视角，从而影响报道的客观性和真实性。"客观性"则要求新闻报道者抛弃个人的任何偏见、情感和观点，这种客观性新闻学理论要求事实和意见的分离，要求事实的准确和报道方式的冷静。[①] 苏钥机等学者针对香港媒体所做的调查显示，香港的媒介可信度与其专业程度成正比，与其党派认同或挂钩的程度成反比，这一点从香港中文大学的两次调查中可看得非常清楚，而且结果相当稳定。被香港记者认为可信度最高的媒介，无一不是以市场为依归、奉行媒介专业主义精神的。[②]

讨论我国的媒介专业主义，必须从我国国情的实际状况出发。为了保证对新闻客观、及时、准确的报道，恪守新闻从业者的职业道德，在 1991 年中国就通过了《中国新闻工作者职业道德准则》。1997 年进行了修订，2009 年 11 月则进行了第三次修订，修订版指出："坚持新闻真实性原则。要把真实作为新闻的生命，坚持深入调查研究，报道做到真实、准确、全面、客观。"

① 徐锋："新闻专业主义对我国新闻业的参照意义"，《新闻记者》2003(5)。
② 苏钥机："李金铨，冯应谦，新闻工作者如何看报纸可信度"，《明报》1996 年 12 月 5 日。

“坚决反对和抵制各种有偿新闻和有偿不闻行为，不利用职业之便谋取不正当利益，不利用新闻报道发泄私愤，不以任何名义索取、接受采访报道对象或利害关系人的财物或其他利益，不向采访报道对象提出工作以外的要求；”“严格执行新闻报道与经营活动分开的规定，不以新闻报道形式做任何广告性质的宣传，编辑记者不得从事创收等经营性活动.”①

在本次调查中，相比其他职业法规，《中国新闻工作者职业道德准则》是知晓率最高的新闻工作的法规条例，但也只有55％(图【6-13】)。

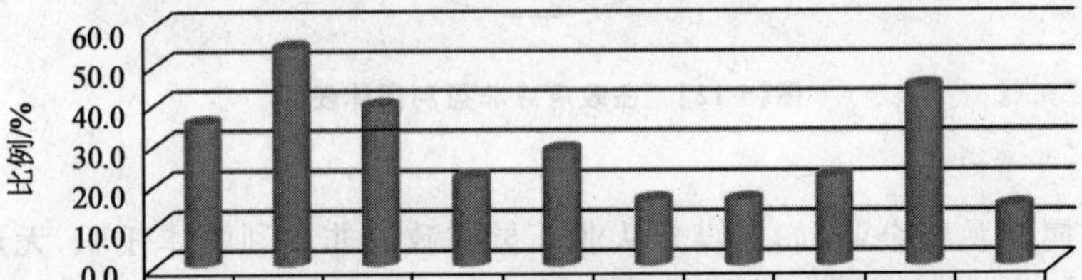

《记者守则》	《中国新闻工作者职业道德准…》	《中国广播电视编辑记者职业…》	《中国广播电视播音员主持人…》	《出版管理条例》	《报社出版管理规定》	《报社记者站管理办法》	《新闻记者证管理办法》	《关于新闻采编从业人员管理…》	《其他条例或法规》
35.8	54.7	40.0	22.1	28.9	16.3	16.3	22.1	44.7	14.7

图【6-13】 新闻工作法规条例知晓度分布图

造成结果的主要原因在于：首先，接受新闻专业的在职培训的媒介从业人员比例少，调查显示，42％的被调查者全年没有职业培训，16％的被调查的职业培训时间少于7天，32％的被调查者的全年培训时间在一两周。媒介专业主义中所倡导的专业培训、专业技能在我国当前的媒体状况下仍很不理想。其次，目前进入媒体工作的门槛已降低，调查显示有25％的被访者

① 《中国新闻工作者职业道德准则》修订版，中新网2009年11月27日，http：//www.chinanews.com.cn/gn/news/2009/11-27/1988722.shtml。

是非新闻专业也没有接受相关的培训，28%的被访者接受相关培训，但是非新闻专业；再有，媒体类型的数量正在发生变化。最后，被调查者服务入职时间短，在媒体中工作的时间也较短，68%的被调查者在新闻媒体中的工作时间为1～3年，其中工作时间为1年及1年以下的被调查者占到31%。总体看来，媒介从业者年专业培训偏少甚至没有，从事媒体时间段，入职时间短是直接影响新闻工作法规条例知晓率的重要原因。

综上所述，我们可以看出，无论是个体层面、企业层面还是政府层面，新生代媒介从业人员面对的媒介职业化状况与原有研究者的调查状况，就数据而言，基本一致。这也在一定意义上说明，媒介从业人员职业的类别虽然在发生着分化，媒介所有权的关系也在发生着变化，传统媒介的国有性质、新型媒介的私营性质对职业类别和新生代媒介从业人员的职业认知都有着重大的影响。调查中，一些年轻记者抱怨说，在小的私营媒体工作，老板不懂还要指挥，因为他是出资人；在外企工作，感觉国际化程度很难与国内的媒介现状很好地吻合；还是在国有媒体工作好，起码不用想太多，还可以有红包拿，也不担心有问题，反正大家都一样。换言之，中国媒介组织的变革、媒介技术的更新、新媒体所有权的变革、外媒的介入等均对媒介从人员的职业认知产生了不同层面的影响。

一种职业能够称得上专业，必须符合一些基本统计：必须以系统的、理论化的知识体系和专门技术为基础组织一种职业、这一职业成员必须具有实践其职业责任或义务的广阔空间，即专业自治或权力；这一职业必须强调对公众的服务，以抵制经济获利；这一职业必须建立起一种专业文化，以促进其成员的价值、规范和象征符号的共识；这一职业成员的产品必须是标准化的；对其成员来说，这一职业是值得终身奉献的。[①] 就调查的资料和数据来看，一方面，媒介这一行业的职业化过程才刚刚起步，行政化、政治化和资

① 谢静："20世纪初美国的媒介批评与新闻专业主义的确立"，《新闻与传播研究》，2004(2)。

源化者三重因素左右着这一职业的独立化和专业化过程。另一方面，新生代媒介从业人员并未将媒介这一行业当作是一个值得奉献的职业，他们在资源配置、个人选择和社会环境等多重因素作用下，以极为复杂和矛盾的心态，接受着职业的现状又在思考着如何选择更好的职业。

职业化本身是社会发展到一定阶段的产物，职业化过程与专业化过程密不可分。当术业有专攻在媒介行业一方面成为发展趋势，另一方面这种专业化过程又越来越被消解的同时，如何更好地对媒介从业人员的职业类别、职业性质、职业伦理、职业素养等进行全方位地认知与解读，或者是中国当代媒介行业职业化过程一个必不可少的步骤吧。

五、信息来源与媒介从业人员的价值观

对媒介从业人员的价值观与信息来源之间的关系进行解读。本次调查问卷中设置了13个主要的命题，分别是：

(1)用钱获取机密消息；

(2)未经允许使用被访者机密；

(3)假扮他人获取资料；

(4)纠缠消息来源获取新闻；

(5)未经许可使用私人文件；

(6)与同行交换采访资料；

(7)引用别的报道不注明出处；

(8)为别的新闻媒介写稿；

(9)直接采用受访单位的稿件；

(10)未经对方同意录音或拍摄；

(11)允诺保密来源但不执行；

(12)暗访对方不愿公开的信息；

(13)以煽情手法处理新闻稿件。

被访者需要根据个人在新闻媒介服务的工作经验以及看法，对这13种获取新闻方法的接受程度进行评价，并用1～6的数字表示自己的意见倾向——(1)非常同意；(2)同意；(3)无所谓；(4)不同意；(5)非常不同意；(6)不知道。

经过问卷调查和统计之后，我们对这13个方面的意见进行了均数的比较(为保证均数比较的意义，我们剔除了选择“6、不知道”的数据，下同)。结果表明，比较能够被媒介从业人员接受的做法是与同行交换采访资料；而其他各种获取新闻的方式都不被媒介从业人员所接受，最不为接受的方法依次为：未经许可使用私人文件、未经允许使用被访者机密、允诺保密来源但不执行。这也就是说，媒介从业人员对于个人隐私、公司机密等严格受法律保护的信息较为尊重，很难接受使用其他手段去获取这些信息的做法。但对于纠缠消息来源获取新闻、用钱获取机密消息、暗访对方不愿公开的信息、直接采用受访单位的稿件以及以煽情手法处理新闻稿件这些介于法律与道德界限上的问题，媒介从业人员的态度比较暧昧，他们虽然对于这种行为的接受程度不高，但不排除在特殊情况下使用的可能。

表【6-15】 媒介从业人员对各种获取新闻方法接受程度的评价

项目	总体	报纸	杂志	广播	电视	互联网	其他
6. 与同行交换采访资料	2.67	3.08	2.82	2.25	2.40	2.66	2.61
8. 为别的新闻媒介写稿	3.09	2.88	3.26	3.25	3.39	3.09	2.81
4. 纠缠消息来源获取新闻	3.14	2.73	3.36	4.00	2.94	3.22	3.07
1. 用钱获取机密消息	3.17	3.19	3.59	4.00	3.19	3.02	2.79

续表【6-15】

项目	总体	报纸	杂志	广播	电视	互联网	其他
12. 暗访对方不愿公开的信息	3.19	3.04	3.61	4.00	3.35	2.84	3.23
9. 直接采用受访单位的稿件	3.24	2.96	3.22	3.75	3.61	3.22	3.04
13. 以煽情手法处理新闻稿件	3.49	3.65	3.36	3.75	3.74	3.40	3.33
3. 假扮他人获取资料	3.63	4.00	3.89	4.00	3.38	3.45	3.64
10. 未经对方同意录音或拍摄	3.64	3.44	3.93	4.00	3.55	3.53	3.78
7. 引用别的报道不注明出处	3.74	3.73	3.89	4.00	3.84	3.65	3.61
11. 允诺保密来源但不执行	3.96	3.54	3.93	4.00	4.16	4.03	3.96
2. 未经允许使用被访者机密	4.02	4.12	4.11	4.00	4.03	3.89	4.11
5. 未经许可使用私人文件	4.03	3.73	4.04	4.00	4.19	4.00	4.15

1.非常同意;2.同意;3.无所谓;4.不同意;5.非常不同意。
(媒介类型为通讯社的样本量较少,没有单独列出通讯社的均数,但已计入总体中)

通过对本次调查的均数与“2002年上海新闻从业者调查报告”[①]的对比,我们发现,总体看来,媒介从业人员对于获取新闻的这些方法的接受程度,都有所下降。这可能有两方面的原因——一是由于社会和政治的原因,媒介从业人员获取新闻的渠道较之前大大拓展,他们不再需要为了获取新闻而承受道德和法律的考量,所以对这些方式的接受程度有所下降;另一方面也可能是因为近些年来,政府、行业协会以及媒介组织内部对媒介从业人员的纪律要求更加严格形成的结果。

另外,我们将这些问题的选择与被访者的年龄、服务媒介行业时间、服务现单位时间、职称、教育背景、每周收看/收听新闻节目平均时数、每年接

① 陆晔,俞卫东:“传媒人的媒介观与伦理观——二○○二上海新闻从业者调查报告之四”.《新闻记者》,2003(4)。

受新闻专业在职训练时间和工资收入进行了相关性分析。结果发现用钱获取机密消息、与同行交换采访资料、为别的新闻媒介写稿、暗访对方不愿公开的信息和以煽情手法处理新闻稿件这五种获取新闻的方式的评分与被访者的年龄和服务媒介时间呈现正相关，其中，用钱获取机密消息和以煽情手法处理新闻稿件这两种方式还与服务现单位时间呈现正相关（相关系数分别为 0.147* 和 0.239**）。值得注意的是，与年龄（服务媒介时间）这个因素相关性较强的方式均数较低，这也就是说，年龄越小的媒介从业人员，越容易接受这些方式，因为这些方式是媒介从业人员较能接受的方式。而另一方面，媒介行业是一个平均年龄较低的行业，所以这五种获取新闻的方式有可能是在媒介内部是最经常使用的方法，而这些方式也有可能成为了媒介内部的一种“潜规则”（表【6-16】与表【6-17】）。

表【6-16】 媒介从业人员年龄与各种获取新闻方法的接受程度的相关性

项目	1. 用钱获取机密消息(3.17)	6. 与同行交换采访资料(2.67)	8. 为别的新闻媒介写稿(3.09)	12. 暗访对方不愿公开的信息(3.19)	13. 以煽情手法处理新闻稿件(3.49)
年龄	0.252**	0.148*	0.225**	0.234**	0.189*
	0.001	0.045	0.002	0.002	0.01
	185	184	185	181	184

*：在 0.05 水平上相关，**：在 0.01 水平上相关，下同。

表【6-17】 媒介从业人员服务媒介时间与各种获取新闻方法的接受程度的相关性

项目	1. 用钱获取机密消息(3.17)	6. 与同行交换采访资料(2.67)	8. 为别的新闻媒介写稿(3.09)	12. 暗访对方不愿公开的信息(3.19)	13. 以煽情手法处理新闻稿件(3.49)
服务媒介时间	0.265**	0.159*	0.157*	0.282**	0.211**
	0.000	0.031	0.032	0.000	0.004
	186	185	186	182	185

*：在 0.05 水平上相关，**：在 0.01 水平上相关，下同。

通过对相关性的分析，我们还发现媒介从业人员的职称与未经允许使用被访者机密、未经许可使用私人文件、引用别的报道不注明出处和允诺保密来源但不执行这四种获取方式的相关性较高，且均为负相关。这也就是说，媒介从业人员的职称越高，越有可能采用不为行业内部人员接受的方式去获取新闻。这有可能是因为职称较高的媒介从业人员多为媒介内部的管理者，他们更多的受到社会舆论、同业竞争、广告客户等方方面面的压力，为了提升媒介的竞争力以及个人的业绩选择了这些不为行业内部接受的方式获取新闻。而这种影响的负面效果，远远超过了前者。美国社会学家布里德通过对编辑部内部工作流程的研究证明了这个观点——在编辑部内部，编辑进行把关的权力远远超过记者，他们是媒介内部主要的把关人。作为新闻组织的最后一个把关人，编辑对把关作用起着更大的作用，他们在媒体的立场、风格、宗旨带有倾向性，同时对媒体的具体工作进行指导并且保持媒体报道的稳定和一致①。换言之，编辑对新闻获取方式的认知会影响媒介内的底层从业者，从而使这种不当的方式成为媒介组织内部的一种范例。

此外，结果还显示媒介从业人员每周收看/收听新闻节目的时间长度与对"未经对方同意录音或拍摄"这种获取新闻方式的态度呈现负相关（相关系数为－0.169*），这可能与目前媒介上充斥的各种使用偷拍等方式的节目有关。

表【6-18】 媒介从业人员职称与各种获取新闻方法的接受程度的相关性

项目	2. 未经允许使用被访者机密 (4.02)	5. 未经许可使用私人文件 (4.03)	7. 引用别的报道不注明出处 (3.74)	11. 允诺保密来源但不执行 (3.96)
职称	－0.199**	－0.179*	－0.191*	－0.315**
	0.009	0.020	0.013	0.000
	171	170	170	170

① 李红艳："守门人理论研究的新视角"，《新闻界》，2005(2)：第86-87页。

表【6-19】 媒介从业人员服务现单位时间与各种获取新闻方法的接受程度的相关性

项目	5. 未经许可使用私人文件(4.03)	11. 允诺保密来源但不执行(3.96)
服务现单位时间	－0.174*	－0.162*
	0.018	0.027
	185	185

表【6-20】 媒介从业人员教育背景与各种获取新闻方法的接受程度的相关性

项目	1. 用钱获取机密消息(3.17)	8. 为别的新闻媒介写稿(3.09)	11. 允诺保密来源但不执行(3.96)
教育背景	－0.180*	－0.186*	0.152*
	0.019	0.015	0.046
	171	171	172

这里需要说明的，不同的媒介从业人员由于其供职的媒介组织的差异，其获取信息的渠道是不同的，例如从事广告营销的媒介从业人员，侧重的是进行市场策划、获取广告客户和活动赞助商；从事编辑工作的人员，主要是对记者和广告人员等所提供的信息进行过滤、删选和编辑，他们在媒介组织内部扮演着最后一道把关人的角色；从事新闻采写的记者，其获取信息的渠道主要分为两种，一种是固定的消息来源，即记者所对应的新闻采写领域上的信息提供者，另一种是根据新闻采写的需求而获取相关素材的消息来源，后一种消息来源是作为职业记者必备的一种职业素质，这种职业素质与记者所在的媒介性质、媒介类型、媒介管理模式、媒介内部编辑模式、媒介形象等有密切的关系。

2004 年《新闻记者》第 11 期刊登了一组有关新闻记者职业道德选择的文章，起因是《新民晚报》国内部记者李宁源在采访在阿富汗的中国工地遇袭中死难者家属时所遭遇到的情形，写了《一名新记者的困惑》一文，发在该报的内部业务交流刊物上，后《新闻晚报》副主编胡廷楣撰写了《记者是否还是一个受人尊敬的职业？》一文，回答这个两难的问题。以后，资深编辑沈全梅觉得意犹未尽,又写了《也说记者的两难》一文。其核心的论点在于:第一,新闻是一个积累的职业,在丰富的感想中积累便日益增加,积累到一定程度,就会明白,对记者而言重要的不是写什么,而是怎么写;第二,"低端"只是办报的一个姿态,其目的是为了让受众更好地接受新闻理念和新闻思想,决定一张报纸走向的,是这张报纸员工文化的总和;第三,记者没有两难,关键是如何领悟新闻,了解读者的需求,审视记者的良心。[①]

2006年《南方周末》编辑部关于2006年2月23日的报道《平时是天使,周末是魔鬼》进行了内部辩论,辩论涉及到新闻职业原则有:在中国的政治语境和新闻语境下,如何在保持新闻要素和保护当事人隐私间达到两全呢?如何在遵守新闻伦理与满足读者对真实感的追求上达到完满呢?如何解决坚守新闻理念与新闻把关之间的冲突?一片新闻报道的基本要素的边界是什么?有记者指出,一方面要对受访者的处境表示同情,另一方面又要思考揭示该事件可能会带来的社会进步,因此要先做新闻再谈伦理,坚持伦理不能以放弃新闻原则为代价。如果在顾及新闻伦理的情形下导致新闻失实,这便是职业道德上的问题。[②]

这两次争论涉及到的职业道德问题,与如何选择信息来源亦有不可分割的关联。在职业道德与信息选择出现争执的时候,在媒介实践中该如何操作是一个两难的选择。QJ是某电视台的编导,他获取素材的来源主要是互联网和其他媒体的报道,选择主题的原则是一定要有故事性,节目组规定,从北京出发开始计算时间,到最终的一期节目制作完成的周期不得超过35天,若35天后还不能提供完整、可直接播出的节目,视为自动作废。目前他所在的节目组实行的是"编导负责制",并有一套评分标准进行制度上的

---

① 沪廷楣:"记者是否还是一个受人尊敬的职业?",沈全梅:"也说记者的两难",《新闻记者》,2004(11)。

② 傅建锋:"天使·魔鬼之争",参见《南方周末》编辑部:《后台》(第一辑),广州:南方日报出版社2006年版,第182-209页。

控制，就是根据收视率以及节目的质量进行打分，分为A、B、C、D四个等级，分别定为10分到2分，节目组要求，每位编导每月至少达到12分，若没达到，则自动扣除5分，每三个月必须到30分，而一直排在末尾的编导则面临淘汰的危险。QJ表示，这些分数都是和每位编导的利益之间挂钩的，因为工资是由基本工资、制作费和绩效工资三部分组成的，基本工资是固定的，制作费就是每个月制作并播出的节目数量的薪金。但是他们到地方采访的话，有偿新闻尽管有明文禁止，但是还是会经常发生。ZS是一家大型网站的编辑，经常与电视台合作策划对象活动，他认为有偿新闻应该由个人处理，媒介组织最好不要插手，否则这个行业不太好干。ZJN原在一家公关策划公司工作，他觉得目前公司的策划案并无什么创意，基本是流程式的，与商业化模式的策划，后来他转到出版社做图书策划编辑，他认为个人的创意依然没有太多，主要还是要与市场对接的。

从上述案例可以看出，无论是电视台、网站还是公关公司的从业人员在进行信息来源渠道选择的时候，利益相关者的影响较大，这里说的利益相关者包括媒介从业人员本身、相关信息来源机构、媒介事件的主角及其相关人。不同的媒介组织在获取相关信息的过程中，形成了自身的一套约定俗成的来源渠道，这种常规性的信息来源渠道，一方面对媒介组织成员的价值观形成影响，另一方面又可能与媒介组织成员之间实现利益关系，双方在信息来源的互动中，逐渐形成了同化关系，这种同化关系是相互同化关系，其中不存在强势与弱势的一方。而媒介组织的成员，即媒介从业人员根据自己的职位，对所获得信息进行阐释，其中便涉及到一个利益相关关系问题，这种关系具体体现在：媒介从业人员潜在的成名想象、信息来源者潜在的成名欲望、受众对信息来源潜在的需求心态、社会信息系统对媒介组织的潜在期待，在这种种关系中，媒介从业人员有时会依靠自己对信息来源的判断，来制造或策划媒介事件(Media Events)。

媒介事件最早在1992年由丹尼尔·戴扬(Daniel Dayan)和伊莱休·卡

兹(Elihu Katz)提出,主要是指"那些令国人乃至世人屏息驻足的电视直播的历史事件——主要是国家级的事件"。主要分为三类竞赛(contest),征服(conquest)和加冕(coronation)。2008年则将其拓展为"表达性事件"①,以适应新媒体时代的发展需求。本文所说的媒介事件是指由媒介机构、政府组织、其他社会组织、包括新媒体时代的个人,利用媒介手段有意策划或无意建构的事件,这些事件与社会现实中发生的客观事件没有必然关联,具有对现实社会中发生的事件的一种建构性、解释性和消解性作用。

纸馅包子事件可以说是一个有意制造的媒介事件。2007年7月8日,北京电视台《透明度》栏目以"纸做的包子"为题,披露因为国内猪肉价格近期不断飙升,北京东四环附近的一个加工点为降低成本,竟"创造性"地将废纸箱搅碎连同肥猪肉一起制成"肉包馅"。为此,有关部门展开拉网式专项检查行动,重点检查有形市场内的小餐饮摊点、小吃店等。检测结果全部合格,没有发现包子馅中含有纸纤维及其他违禁成分。7月15日,北京市公安局刑侦总队成立专案组对此进行立案侦查。侦查发现,此节目内容是北京电视台2007年新聘用人员訾北佳一手策划、编造的虚假新闻报道。一度被媒体炒得沸沸扬扬的京城"纸馅包子"事件最终以"虚假新闻"收场,导演这起"闹剧"的北京电视台聘用记者訾北佳等6人已被公安机关刑事拘留。7月18日晚,北京电视台为此在"北京新闻"中公开向社会道歉。② 就这一媒介事件而言,我们可以有以下几种设想:一是记者自身的成名想象,希望借这一事件而获得职业的成功想象;二是信息来源的假定性。每个记者都有自已的消息来源渠道,或者是观众、听众和读者等提供的,或者是相关组织提供的或者是政府相关部门提供的,在这些消息来源中,记者的身份已经不再是一个单纯的采写问题,而是需要进行策划、设计和判断的问题,一个已

① 丹尼尔·戴扬,邱林川,陈韬文:"'媒介事件'概念的演变",《传播与社会学刊》,2009年总第9期,第4页。

② 林蔚:"纸馅包子"假新闻敲警钟——该怎样管住记者,《瞭望》,2007年7月23日。

经发生的事件，如果记者没有在适当的时机将其采写下来而是在事后进行策划或设计的话，如何判断该事件的客观性和真实性？换言之，媒介事件本身也包括新闻“假”事件在内的。

类似的事件每年都在发生，自2004年开始每年都有关于中国十大假新闻的叙述，似乎假新闻已经成为一种社会现实，在这十大假新闻之后，大大小小的假新闻层出不穷。随着网络媒体的兴起、媒介事件的参与者不再局限在媒介从业人员手中，受众也可能成为媒介事件的主要设计者和参与者。

换言之，媒介从业人员在进行消息来源渠道的选择过程中，不但受到其职业地位、职业级别（职称）、年龄、工作时间长短的影响，还与所供职的媒介组织的特点有关系。随着新媒体的兴起，网络、手机等媒体形式使得受众参与的程度越来越高，媒介从业人员在某些特定的情况下，也可能成为受众所设计、策划的某些事件的“旁观者”，其所起的作用不再是选择、判断而是进行带有倾向性的报道。

俞靖媛、臧国仁曾就新闻记者与消息来源之间的互动关系进行了三个层面的分析：第一个层面是经常提供新闻线索的消息来源，记者与这些消息来源之间是同化关系，二者在相互影响中实现对新闻消息的选择；第二个层面上新闻事件的诠释者，记者自身虽然可以成为新闻事件的诠释者，但是记者进行诠释之前，会受到个人或特定组织结构对新闻事件诠释倾向的影响，还会受到记者所在的媒介组织长期形成的组织理念和组织文化的影响，二者之间的关系是利益相关关系或者是利益对立关系；第三个层面是新闻事件的主角或相关人，与记者之间是表面接触的关系，因为其背后的社会背景、事件的原貌等已经在记者对信息来源的选择中大致确定了下来（图【6-14】）。

笔者认为这三个层面的分析，一定程度上揭示了新闻记者与消息来源之间的关系，但是主要的缺陷在于：首先，由于媒介组织的变革，新闻记者的工作越来越多地与广告、公关等部门的工作混杂在一起了。在采访中，LKT

指出，他所在的报社打着记者旗号出去的往往是公关和广告人员，真正的记者却又时常出于经济利益的考量从事着广告和公关策划的工作，因此，应该不仅仅要考量新闻记者与消息来源之间的互动关系，更要考察媒介从业人员与消息来源之间的关系；其次，新媒体的日常化和技术的普及化使得受众参与、设计和策划事件成为可能，在这种媒介类型发生变迁、并对社会信息传播系统造成冲击的社会背景中，应该更好的注重受众作为特殊的"媒介从业人员"的角色和地位。因此，笔者构想了如下模式来解读新媒体背景下消息来源与媒介从业人员价值观之间的关系（图【6-15】）。

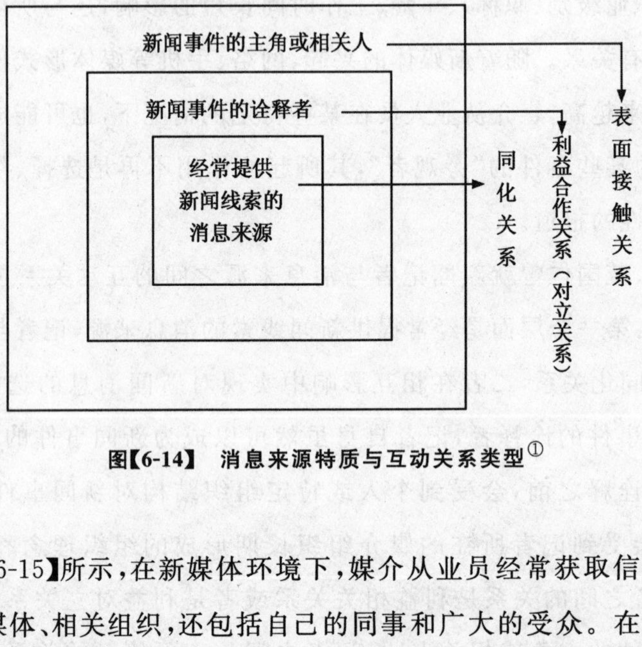

图【6-14】 消息来源特质与互动关系类型[①]

如图【6-15】所示，在新媒体环境下，媒介从业员经常获取信息的来源既包括其他媒体、相关组织，还包括自己的同事和广大的受众。在选择这些消息来源的过程中，媒介从业人员所在组织的管理模式、组织文化和个人的因素起到了关键的作用。个人因素包括：个人的专业背景、从事媒介工作的时间长短、在媒介组织中的职位高低、年龄因素和社会关系网络等。组织的管

① 俞靖媛，臧国仁："记者及消息来源互动关系与新闻处理方式之关系"，参见臧国仁主编：《新闻工作者与消息来源》，台北：台湾三民书局 1995 年版，第 226 页。

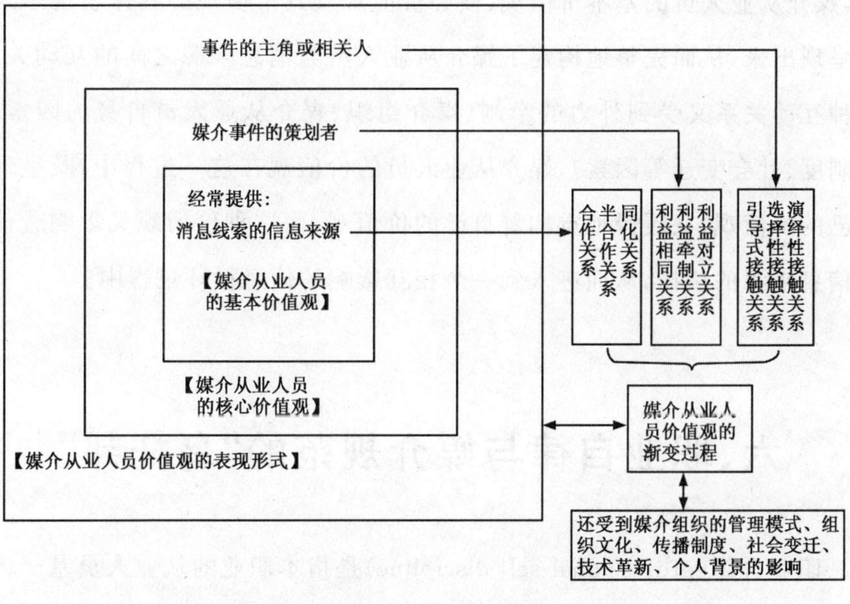

图【6-15】 消息来源与媒介从业人员价值观之间的关系示意图

理模式是指媒介组织在变革过程中组织结构的变化、管理风格的变化、管理者自身的变化等。组织文化是指媒介组织在该组织形成、发展中所积淀下来的职业规范、职业理念等的具体表现形式。媒介从业人员与这些常规性的信息来源之间主要有三种关系形式:合作关系、半合作关系和同化关系。表中的媒介事件的策划者既是对事件的解释者、也是对事件的误读者,媒介从业人员、相关组织、受众均可以是媒介事件的策划者,有的策划是有意为之,有的策划是无意为之。媒介事件的策划者与媒介从业人员之间的关系变得较为复杂,利益完全一致者,成为利益相同关系;利益诉求不完全一致但相互有所求者,成为利益牵制关系;而利益诉求完全不同者,自然形成利益对立关系。而对于事件的主角或相关人而言,媒介从业人员根据自身的信息需求和价值取向,对他们采取引导式的、选择性的和演绎性的接触方式来实现对信息的加工、搜集和整理过程。在这三个层面的信息诉求的行为中，媒介从业人员的基本价值观、核心价值观及其价值观的具体表现形式逐渐呈现出来，从而完整地构建了媒介从业人员与消息来源之间的互动关系，这种互动关系又受到外力的牵制（媒介组织、媒介从业人员自身的因素、传播制度、社会变迁等因素），媒介从业人员的价值观在这一过程中，既呈现着自己的价值观，又缓慢地重构着自己的价值观，而这种价值观又影响着他们对信息来源的抉择，从而进入到一个相互影响的信息循环过程中。

六、职业自律与媒介规范的“乌托邦”

职业自律（professional-self-discipline）是指本职业的从业人员基于内在良知的自觉性而在职业实践中自觉践行的道德准则。这种道德准则分为两个层面，第一个层面相关的职业组织制定的自律准则，这种自律准则主要是在宏观视角对本职业内部进行职业行为的道德约束；第二个层面是从事该职业的个体在职业实践中逐渐形成的一些职业规范。对媒介而言，职业自律则具体体现在相关媒介管理机构所设立的系列媒介规则对从业人员的约束力、体现在媒介从人员的职业实践中，如信息获取过程、信息选择过程、信息消费过程等具体行为中。由于任何职业在形成过程中，都存在着对职业的规范化过程，这种规范化的过程体现在制度层面的规范、约定俗成的规制以及职业协会的规范。本文侧重于第三个层面：即职业协会的媒介规范。职业协会的媒介规范是指除了宏观的制度层面和职业内在的潜规则之外，为了职业的正常运作和社会声誉，职业内部组成相关的机构，这一机构对该职业从业人员的职业行为进行法规性规范。

对当代中国媒介从业人员的职业规范，一方面是由其所在的媒介组织来对其职员进行组织社会化的培训，另一方面是职业协会或组织针对媒介职业发展过程中出现的一些现实问题，不断出台新的职业规范，以使得媒介职业能够良性运作和发展。由于中国目前尚没有新闻法、媒介法等类似的法律，而传统媒介多归国家所有，在行政化和政治化色彩浓郁的背景中试图市场化，新型的新媒体或者广告、公关和文化传播等公司已有私营的倾向，商业化和娱乐化态势显著，在这种复杂的社会现场中，新进入媒介领域工作的从业人员，职业协会或机构的职业规范对他们的影响力如何呢？本文通过对北京市媒介从业人员对职业法规认知状况的调查，试图分析职业自律与职业规范、媒介制度之间的关系。

调查中，我们共设计了10条媒介法规让被调查者选择，这十条法规如下：

(1)《记者守则》(试行草案)；

(2)《中国新闻工作者职业道德准则》；

(3)《中国广播电视编辑记者职业道德准则》；

(4)《中国广播电视播音员主持人职业道德准则》；

(5)《出版管理条例》；

(6)《报社出版管理规定》；

(7)《报社记者站管理办法》；

(8)《新闻记者证管理办法》；

(9)《关于新闻采编从业人员管理的规定(试行)》；

(10)其他条例或法规。

调查的结果显示，平均每名受访者了解2.97部法规。这些法规中，知晓度从高到低依次是：《中国新闻工作者职业道德准则》、《关于新闻采编从业人员管理的规定(试行)》、《中国广播电视编辑记者职业道德准则》、《记者守则》(试行草案)、《出版管理条例》、《中国广播电视播音员主持人职业道德准则》、《新闻记者证管理办法》、《报社出版管理规定》、《报社记者站管理办法》、其他条例或法规。其中，知晓率最高的一部法规是《中国新闻工作者职业道德准则》，而其知晓率也没有超过 60%。另一个值得注意的问题是，在调查中有 9.38%的受访者对媒介法规一部都不知道，这更凸显了目前媒介工作法规的局限性和立法的迫切性（图【6-16】）。也同时说明了当代中国媒介职业化、市场化与传播制度之间的两难处境。一方面，媒介需要满足经济效益，实现社会效益；另一方面，媒介又必须服从于国家行政化和政治化的管理路径，在这种两难处境中，制定媒介法规的部门，如中国记协、全国新闻工作者协会、中宣部新闻局等，对具体的媒介职业实践的过程影响力十分有限。

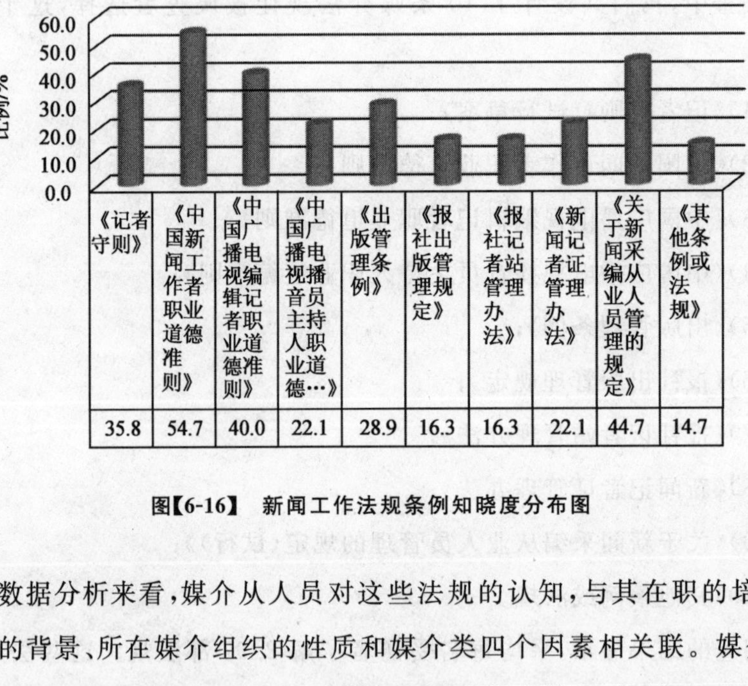

图【6-16】 新闻工作法规条例知晓度分布图

从数据分析来看，媒介从人员对这些法规的认知，与其在职的培训、所学专业的背景、所在媒介组织的性质和媒介类四个因素相关联。媒介从业人员在职训练的长短明显影响了对媒介法规的知晓情况，统计显示，每年接受媒介专业在职训练一个月的从业者对媒介法规的执行情况好于每年接受 15～21 天训练的从业者，而后者又高于每年接受 8～14 天的从业者，以此类推。没有接受在职训练的从业者对法规的了解情况最差，平均每人了解 2.62 部。通过对从业者了解法规数量和在职训练时长的相关性分析表明二者具有正相关性，相关系数为 0.248**（表【6-21】）。

表【6-21】 接受在职训练时间长短与媒介从业人员对媒介法规知晓情况

了解的法规数量	每年接受新闻专业在职训练						合计
	无	7 天以下	8～14 天	15～21 天	22～32 天	32 天以上	
了解 0 部法规的人数	13	3	1	0	0	0	17
了解 1 部法规的人数	13	5	6	0	0	0	24
了解 2 部法规的人数	18	7	21	0	0	3	49
了解 3 部法规的人数	10	5	8	2	1	1	27
了解 4 部法规的人数	9	3	13	1	0	3	29
了解 5 部法规的人数	10	4	9	0	0	0	23
了解 6 部法规的人数	1	2	2	3	0	2	10
了解 7 部法规的人数	1	1	0	0	2	0	4
了解 8 部法规的人数	2	0	0	0	0	1	3
了解 10 部法规的人数	1	0	0	0	0	0	1
平均每名媒介从业人员了解的法规数量	2.62	2.83	3.02	4.67	5.67	4.10	2.97

ML 是一个从外地到北京媒体工作的年轻人，他说，面试的时候，根本没有人问这些，进去之后，直接就进行业务工作了，即使是培训也是与工作相关的，这些法规没有培训过。

DD 目前在网站工作，主要是做影视策划工作，她说，嗨！哪有人管什么法规啊！我们老板只关心工作有没有做完，我们单位有自己的规定，但是好像与这些规定没有太大关系。这些法规我大多不知道，也用不着知道，没有用啊！

JW 是从海外留学回来的，她说：刚去电视台工作的时候，年龄小，组里的同事都照顾她，说的都是业务上的事情，台里的规定我好像都不清楚啊！

首先,职业培训逐渐成为每一个新进入者必须经历的过程,这个过程即是组织社会化过程的开端,所谓组织社会化是指进入某一组织的新成员,需要对组织的机构设置,组织文化、组织理念和组织管理等方面了解和认知的过程,这个过程需要的时间也许很长,但是岗前培训则是组织社会化过程的第一步骤。对于媒介组织而言,对新进入的媒介从业人员的全方位培训是组织社会化的第一步,大多媒介组织采用的方法是以老带新的方式,在这种传帮带的媒介实践中,逐渐将该组织的规范传输出去。职业协会颁布的媒介法规,虽然名义上存在,但是与媒介组织的管理和实践的相关关系不大。

其次,学科背景不同的媒介从业人员对媒介法规的知晓情况也有明显的差别,新闻相关学科的从业者高于非新闻相关专业但接受过新闻训练的从业者,后者又高于未接受过相关训练的非新闻类专业从业者(表【6-22】)。

表【6-22】 所学科系不同的媒介从业人员对新闻工作法规条例知晓情况

了解的法规数量	所学科系			合计
	新闻相关	非新闻类,接受新闻相关训练	非新闻类,未接受相关训练	
了解0部法规的人数	6	6	6	18
了解1部法规的人数	9	6	9	24
了解2部法规的人数	22	14	13	49
了解3部法规的人数	15	8	4	27
了解4部法规的人数	14	11	5	30
了解5部法规的人数	12	5	6	23
了解6部法规的人数	6	1	3	10
了解7部法规的人数	3	0	1	4
了解8部法规的人数	3	0	0	3
了解10部法规的人数	0	1	0	1
平均每名媒介从业人员了解的法规数量	3.28	2.75	2.60	2.96

ZS的专业是新闻学，毕业后在电视台工作，她说，上述这些法规有的在学校时学过，但当时是为了应付考试，看完了只有一个大概的印象，到了单位，好像也没有人提到过应该学习这些法规什么的。

LKT的专业是历史学，毕业后在报社工作，他说，制定法规的部门是哪些部门我也不知道，学校里没有学过。报社原来是没有职员培训的，现在开始请一些人来进行讲座，但是请的人好像与媒介实践关系不是很大，所以这些法规似乎用处不大。

YYY在某经济类报社工作，他学的专业是文学，她说，我是依靠关系进的报社，没有人培训我，一进来就被派了工作，这些媒介法规与我的工作没有什么直接关系。

从上述数据和资料可以看出两种有趣的现象，一是这些媒介法规在学校的新闻学等相关专业的教育中，都得到了一定程度的普及；二是这些媒介法规与媒介实践之间完全不对应，因此法规自身的权威性与合法性也受到了现实的拷问，因为在媒介实践中，行业已经形成的潜在职业规则，已经在无形中将这些媒介法规部分地消解掉了。换言之，新闻学等专业的相关教育，制定媒介法规的相关单位对当代中国媒介的职业实践而言，影响力十分有限。法规可以颁布，法规可以被学习，但是法规如何执行、如何被媒介从业人员自觉自愿地去执行，却是更应该被关注的问题。

再次，分析表明，不同性质媒体的从业者对媒介法规的了解情况没有明显的差别，如表【6-23】所示，而不同类型的媒体从业者对法规的了解情况有明显差别，在报社工作的媒介从业人员平均了解的法规数量最多，为4.04部，其次是电视台工作人员——3.59部，除了报纸和电视这两种类型的媒体之外，其他类型的媒体从业者对法规的了解情况无明显差异，在2～3部之间。报纸和电视这两种媒体的从业者对法规了解情况较好的原因可能是由于报纸与电视的受众面最广，自身媒介的制度较为健全，而在这两种媒体的从业者也多为新闻专业相关的毕业生。

表【6-23】 服务于不同类型媒介的从业者对媒介法规知晓情况

了解的法规数量	供职媒介类型							合计
	通讯社	报纸	杂志	广播	电视	互联网	其他	
了解 0 部法规的人数	0	1	3	0	2	11	1	18
了解 1 部法规的人数	1	0	4	2	3	7	7	24
了解 2 部法规的人数	0	1	8	4	6	23	7	49
了解 3 部法规的人数	0	6	5	0	5	7	4	27
了解 4 部法规的人数	0	9	5	0	5	8	3	30
了解 5 部法规的人数	0	7	3	2	4	5	2	23
了解 6 部法规的人数	0	0	0	0	5	2	3	10
了解 7 部法规的人数	0	2	0	0	1	1	0	4
了解 8 部法规的人数	0	0	0	0	1	1	1	3
了解 10 部法规的人数	0	0	0	0	0	1	0	1
平均每名媒介从业人员了解的法规数量	1.00	4.04	2.50	2.50	3.59	2.55	2.89	2.96

从上述的数据和资料可以看出，总体而言，作为中国当代媒介职业自律的法规，在媒介从业人员中间知晓率并不高，即使是受过新闻学等相关专业教育的从业人员，也仅仅停留在对这些法规的表层认知层面。深层的原因主要集中在两个层面，一个层面是媒介制度问题，另外一个层面是媒介管理问题。

就媒介制度而言，20 世纪 70—80 年代，政府对媒介的管理大多停留在内容管制上，20 世纪 90 年代期间则以内容管理的再度强调为主。自 20 世纪 90 年代中期开始的媒介组织变革，逐渐在意识形态层面、观念层面开始消解原有的媒介制度规范。媒介的职能向其他领域拓展，媒介从业人员手持有的采访权，尽管依然是喉舌论之下的权利，但是在实践中，放任自流地与媒介的经济利益结合在一起了。LYB 原本是北京附近一家小报的记者，1997 年到北京某报社新闻部任职，他说，刚开始跑新闻的时候，还觉得很有成就感。但看着广告部和策划部那些人，明明不如自己，每年能拿那么多回扣，凭什么呢？1999 年报社开始周刊竞标，他参加了并成为一家周刊的主编，但是是有经营任务的，刚开始每年向报社上交 300 万元，其余的归自己，他于是开始将民营企业家这个圈子与周刊报道内容相结合，以报社的政治资源为诱饵，策划各种活动，确实赚了不少钱，但还得给主编上供，觉得很心疼，后来想想，既然是送钱，不如与主编进行条件交换。说到这里，LYB 笑着说，“你现在可以猜出来我在报社时间不长，又不是正式编制，为什么能当副社长了吧，花钱吧。没办法，这是现实”。LYB 所说的现实，便是媒介组织如何在利用自身垄断资源的前提下，满足政治报道的需求，在远离政治报道的领域，充分实现媒介的利益最大化，而在这种利益最大化的过程中，原有的媒介制度的影响力越来越小，经济的驱动力越来越大。在这种职业现实下，媒介组织无暇顾及到职业协会的规定，媒介制度中并没有对职业协会与媒介组织之间的具体影响力合法化，缺乏合法化的媒介职业协会，在媒介制度、经济利益和社会现实的驱动下，尽管试图以相关的法规来对媒介从业人员的职业进行规范和修正，但往往无济于事。

而就媒介管理而言，20 世纪 90 年代中期以来，部分媒介被迫走向了市场化。随着市场化制度的完善，商业意识的普及，娱乐制度逐渐形成，并以此来消解原有的媒介制度与媒介管理模式，在经济与娱乐双重因素的作用下，原有的媒介相关职业协会的影响力也在逐渐消解。这种消解的原因主要有二，一是这些职业协会并没有在媒介技术更新、媒介管理方式改变的过程中进行组织革新，如《记者守则》是 1981 年由中宣部新闻局制定的，这些内容至今也没有更新。1991 年中宣部新闻局和中国记协联合制订了《中国新闻工作者职业道德准则》，并于 1997 年、2009 年进行了三次修订，力图不断地与媒介这一职业的发展过程相一致，如 2009 年 11 月份的修订版指出，“新闻工作者要严格执行新闻报道与经营活动分开的规定，不以新闻报道形式做任何广告性质的宣传，编辑记者不得从事创收等经营性活动；坚决反对和抵制各种有偿新闻和有偿不闻行为，不利用职业之便谋取不正当利益，不利用新闻报道发泄私愤，不以任何名义索取、接受采访报道对象或利害关系人的财物或其他利益，不向采访报道对象提出工作以外的要求；维护采访报道对象的合法权益，尊重采访报道对象的正当要求，不揭个人隐私，不诽谤他人。"，便是很有针对性地指出了当前媒介组织变革中存在的核心问题。很显然，这些规定对媒介组织而言，还只是一纸空文。

WDS原来是在一家地方报社当新闻部主任，后来到北京某报社任主编，他说，"外边的法规对我们单位没有约束力，我们报社自己制定的法规，在执行中也往往受到经济因素的制约，总要赚更多的广告费，一方面大家可以拿提成，经营部分提成比较高，是50%，编辑部门比较低，是20%，另一方面还可以给大家发奖金，在经济面前什么都让路了。留一个周刊打打品牌就行了，干我们这一行的，都知道其中的问题，但是没有钱的话，一些有分量的报道也没办法去做啊！到底怎么办，只能根据情况再说。唉！不容易啊！"这位总编的话，无疑道出了国有媒介组织在运作中的矛盾。对一些新型的民营媒介组织而言，如广告公司、公关公司、网站及其他一些文化传播。影视制作公司等，他们在运作中基本脱离了原有的媒介管理模式，以公司的形式经营媒介，经济利益成为首要选择，更为关键是，由于他们与传统的国有媒体没有直接关联，因此职业协会与他们之间的关系更加疏离，而这些媒介组织内部在运作中，可以以该组织自己制定的组织规范进行管理，与上述所说的国有媒介组织内部的管理状况差异甚大。ZT说，"我们公司的主要工作是影视制作和手机报，就是生产和销售信息，都是商业行为，与行政啊、政治啊没有关系。信息都是有偿的，这是公司运作的基本要求。"

因此，这些由职业协会制定的法规在媒介从业人员中间不仅知晓率低，而且没有合法性和权威性便是不争的事实了。对媒介从业人员而言，在职业实践中，并没有制度化的规定性来强制他们遵守这些规则，即使是媒介从人员对这些规则了如指掌也无济于事，因为这些规则并无明确的权威性和约束力，也没有制定相应的惩罚措施、法律制度以及监督机构来配合执行，因而便出现了上述所说的"你做你的工作,颁布你的法规,我做我的工作,要赚钱,只要不违法,什么都无所谓。"

本文所论述的职业自律的第三个层面职业协会的规范,在中国当代媒介职业化过程中的作用,基本是虚幻的乌托邦状态。所谓乌托邦状态是说,职业协会本身就是脱离了媒介制度与媒介实践的社会现实、自说自话地完成着该组织的职责,开会、讨论、颁布法规,然后过几年再根据实际情况,再开会、讨论、在修订或颁布法规。更何况,这些职业协会本身并不具有独立的特征,大多是政府机构的一个组成部分,或者是政府授权成立的机构。媒介组织自身在媒介实践中行政化、政治化和商业化之间的困境他们也了如指掌,甚至是深陷其中。这种状况也使得制定媒介法规的群体,成为消解这些法规的群体之一。

在这种乌托邦状态中,职业自律的实现不得不寄托于媒介组织自身的规范和媒介制度的制约。媒介组织的自我规范包括两个层面:社会监督和媒介的自我批评。社会监督是指媒介组织为了使该行业获得更好的公信力,将自己公开并自愿地置于社会监督的现场中,如 2003 年 11 月 5 日,《人民日报》、新华社、《求是》杂志、《光明日报》、《经济日报》、中央人民广播电台、中央电视台联合发布《"弘扬职业精神、恪守职业道德、维护队伍形象"自律公约》,并公布监督电话。而媒介的自我批评是指媒介对自身的职业实践和媒介产品的评价与反思。媒介制度的制约是指政府对媒介行业在内容生产、社会功能、消费模式、管理理念等层面的监督。但无论是社会监督、媒介的自我批评还是媒介制度的制约,除非是借助行政力量,否则在媒介组织二元现实的发展现状中,媒介职业在这两个层面的自律与职业协会对媒介职业的规范一样,依旧是一种乌托邦的现实。

因此在这种混杂的情形下,如何使得媒介这一职业逐渐走向专业化和独立化,并在此过程既获得诚信度和公信力,同时又可以维持媒介组织运作过程中的商业利润和社会效益,也要逐渐摆脱行政化和政治化的束缚,便成为各类传统媒介组织不得不面对的困境，也成为媒介从业人员面对媒介这一职场时，不得不解决的职业困惑。而新型媒介组织的困惑则更多在于如何在追求信息生产、信息消费娱乐化、商业化的同时，维护职业规范，构建良好的职业道德。尽管二者的困境有差异，但如何处理商业化和职业自律之间的关系却是一致的，对职业协会而言，如何实现第三方立场视角下对媒介从业人员的职业行为起到具有合法性和权威性的规范，便成为当代中国媒介职业协会需要面对的现实命题之一，如果继续停留在一纸空文的文牍主义的形式中，与媒介发展的现实、媒介组织的变革、媒介技术的更新、媒介商业化的趋势以及新媒介组织的性质变迁等等职业背景之间不建立必要的联系，职业自律在职业协会层面的实现在未来则持续保持乌托邦状态。这种尴尬的职业现实，必定会影响到媒介行业的宏观发展。

第七章

公众表达、体制表达与媒介表达中的文化建设如何可能？

> 没有相对自由的言论，建议一种正常的政务公开和信息透明是不可能的。建立一种正常的言论和舆论生态，是政治体制改革的一项重要内容。
>
> ——孙立平

媒介从业人员的职业化的萌芽虽然始于20世纪90年代初期，但是职业化的过程则真正开始于20—21世纪之交，时间有10年左右，职业媒体人与媒介的职业化发展过程并不完全对应，以社会影响力、职业理念和市场影响力而论，平面媒体的职业理想更为突出，广电媒体的体制化色彩更为浓厚，由于其媒介产品更为多元化，因而职业理想的定位较为模式，随着民营资本对媒体市场的介入，民营媒体以市场化的运作，开始在追求经济效益的同时，对社会效益加以关注，出生于60—70年代的职业媒体人或来自于南方的媒体，或者是胡舒立的财经在职，后在奔向北京、上海等地，或独自创办媒体公司，或受邀创办媒体，或者加盟民营媒体公司，职业媒体人的职业化与市场之间的结合、与体制之间的游离状况开始显著。35岁之后的媒体人不再关注于传统的媒介行业，为了获得更好而稳定的生活，职业媒体人选择了各种各样的出路：作家、媒介管理者、教书、市场营销、经商等。就其实质而言，这些出路虽然不是原有的媒介职业类型，但是在泛媒介意义上，市场营销、媒介管理者等也可以划归为媒介职业类型中。但是仍有大量的体制内媒体人，他们是当代中国媒介的主流群体，依然在体制约束和行政化中运作，因此尽管十年的媒介职业化过程，形成了一些职业理想与职业理念，在启蒙民众、告知信息、记录时代、影响社会等方面有一定的成效，但是公众表达、体制表达、媒介表达之间的关系却变得越来越混沌不清了：一方面是新技术带来的信息传播自由度的提升和内容的多元化，另一方面是政府信息公开制度的实行，第三方面是媒介职业化和市场化的力度在延展，那么，在三方面都努力建设信息传播的良性机制的时候，需要思考的问题是什么？这些问题在什么意义上与媒介表、体制表达相关联、与社会转型、政府转型与媒介转型的关系如何呢？笔者从公众表达、媒介表达和体制表达三个视角就社会中发生的案例提出问题，希冀可以引起社会各界的关注与思考。

1. 公众表达的话语边界是否存在？这种边界的规则是如何制定的？如果有，是由什么机构制定的？依据是什么？在信息传播现实中实施的可能性如何？

我们从2007年的一起案例说起：2007年7月24日《南方都市报》报道济南市因暴雨受灾后，一名网友“红钻帝国”被警方治安拘留。2007年8月4日该报再次发表了题为“红钻帝国何在，警方无权沉默”的文章，提出三个问题：红钻帝国到底有没有造谣？假如她造谣了，应该受到什么惩罚？假如惩罚错了，警方应该干什么？我认为该问题的关键是：谣言如何界定？谣言的惩罚依据什么标准？公民的言论自由如何保证？社会各个阶层如何看待舆论本身？这里涉及的核心问题是：有没有相关的法律条款？目前可以使用的有关法律条文是《治安管理处罚法》第二十五条：

“有下列行为之一的，处五日以上十日以下拘留，可以并处五百元以下罚款；情节较轻的，处五日以下拘留或者五百元以下罚款：

（一）散布谣言，谎报险情、疫情、警情或者以其他方法故意扰乱公共秩序的；

（二）投放虚假的爆炸性、毒害性、放射性、腐蚀性物质或者传染病病原体等危险物质扰乱公共秩序的；

（三）扬言实施放火、爆炸、投放危险物质扰乱公共秩序的。”

其中的关键词在于：什么是谣言的概念依然是模糊不清，二是什么是“故意”扰乱公共秩序，边界不清晰，涉及到的主动动机和客观效果的问题，难以界定。这样，在红钻帝国案件中，所采用的标准难以成立，在模糊不清的法律条文和行政意志之间，公民的自由表达行为就这样被剥夺了。孙立平指出：“当社会取缔了不完全真实的舆论的时候，也就取消了舆论本身。因此，一个社会在用法律的手段制止谣言的时候，如何通过法律保护正常的舆论，包括含有某些不真实成分的舆论。就是一个必须解决的问题。”①

换言之，公民表达的话语边界如何界定？由谁来界定的？公民只是一个社会信息传播系统中普通的一员，他可以道听途说，可以发表看法，哪怕这种看法是错误的，只要其动机只是为了发表自己的看法，这种正常的言论行为是应该受到法律保护的。中国社会长期形成的一种维稳思维使得体制表达与媒体表达倾向于首先是将与政府或媒体言论不一致的话语模式以各种方式消解，消解的方式有很多：一是公众表达权的隐性剥夺，如删除网上发的帖子，屏蔽网站、个人博客、空间、微博等形式；二是以行政力量对公众表达权直接干预，以内部信息传播的方式，将话语主题利用主流媒体向某一方向引导。但是这两种方式，并不能促使社会信息系统的稳定传播，而只会固化信息传播的内容，削弱社会信息系统内部传播与外部传播之间的反击力。正如孙立平所说：“社会对谣言会有一种免疫力，这种免疫力是由一种

① 孙立平：《重建社会：转型社会的秩序再造》，北京：社科文献出版社 2009 年版，第 111 页。

正常的舆论生态提供的,在正常的舆论生态中,由于对一件事情可以有多种消息来源,其中一些消息来源,人们根据日常的经验,就知道其具有权威性。…… 在我们的社会中。谣言之所以成为一个敏感的话题,或许就在于缺少一个正常的舆论生态。权力神秘运作导致的信息匮乏,信息来源单一导致的对信息进行比较的困难,权威性信息来源公信力的下降又是甚至会引起本能的逆反,都在损害着这种正常的舆论生态。从而使得谣言能够具有杀伤力,并由此在社会生活中处于一种敏感地位。"[①]正常的舆论生态是指在社会信息传播过程中,信息的传播唯有依靠一种信息多元化、视角多元化、观点多元化的方式才有可能培育大众对各种信息的分辨力,在分辨力建设的过程中,信息内容不再变得强大,而成为大众理性思考的依据,一旦信息多元化的传播过程与大众的理性思考相结合,一个自由而言说的舆论平台才有可能建立,各种的表达权才可能得到保证,公民意识的培育才有希望得到完善,公民社会的理想才能浮出水面。

如果信息多元化、观点自由化是保证公民表达权的基本前提,而技术的发展则促使这种前提具有了潜在地实现的可能性。随着新媒体形式的日常化,技术使得信息传播的模式容易大众化和日常化,同时也使得控制信息传播的路径变得日益艰难。因此,公众的话语表达在新媒体的技术空间中成为现实,这也在一定程度对传统的媒介话语与政府话语模式形成了冲击。自 2005 年开始各种社交类网站、个人空间类型如博客、播客、微博等形式,都给公众提供了表达自己的各种空间和相互交流意见的场所,尤其是手机媒体的普及,将社会信息传播系统中组织与组织之间、个体与组织之间、个体与个体之间、区域与区域之间的信息阻隔形成了破解力,信息数量和类别在天天冲击着人们的视野,信息垃圾、信息污染、虚假信息等概念也相继产生,也造成了人们在信息压力下的一些心理问题,上述这些问题在公众表达

---

① 孙立平:《重建社会:转型社会的秩序再造》,北京:社科文献出版社 2009 年版,第 111-112 页。

的话语空间中都有所呈现。正如梁文道指出的："这是一个人人都想当作者，但找不到一个读者的年代；几乎每一个人都在大声吆喝，可是没有人想听也听不见别人到底在说什么。很快地，我们居然就找到了一个解决问题的妙策，那就是干脆什么都不讲，只要集中精力地吆喝；你不必知道我想说的内容（因为我可能根本没有内容），你只需要听到我那一声嘶吼就够了（因为被人听到才是我心所求）。"①

因此，理性地认知大众在繁杂而丰盛的信息面前的态度与行为，在观点市场的自由化与建设大众理性对待信息的态度两个方面如何更好地结合起来，才可能使得技术一方面成为突破信息传播阻碍和隔阂的工具，另一方面在建构大众信息传播与接受的理性态度有所贡献，也才有可能在当下中国社会信息传播现实中，一定程度上保证各种表达权不会受到压制。

随着制度变革的逐步推行，中共十七大报告对公民的表达权、参与权、监督权、知情权做了明确规定："要健全民主制度，丰富民主形式，拓宽民主渠道，依法实行民主选举、民主决策、民主管理、民主监督，保障人民的知情权、参与权、表达权、监督权。……推进决策科学化、民主化，完善决策信息和智力支持系统，增强决策透明度和公众参与度，制定与群众利益密切相关的法律法规和公共政策原则上要公开听取意见。"②其主要的意义在于：公众的表达权得到了制度确认，这样公众利用新媒体的形式发表各种言论的行为得到了保证。尽管网民的某些帖子有可能被屏蔽、删除等，但是技术和制度毕竟部分保障了公众的表达权、知情权、参与权与监督权。

2.体制表达的机制如何建设？政府信息公开的内容与信息有效性如何实现？中央与地方之间的体制表达的隔阂性与非对称性如何消解？

公众表达权如何不受到压制？边界在哪里？如何界定？除了在技术层

① 梁文道："标题党的快乐岁月"，《新世纪》，2010 年 7 月 26 日，第 30 期。

② 胡锦涛在党的十七大上的报告，新华网，2007 年 10 月 24 日，http://news.xinhuanet.com/newscenter/2007-10/24/content_6938568_5.htm。

面和各种理性建设以外，体制表达对公众表达权的控制起着决定性的作用。所谓体制表达是指现有的社会传播制度，尤其是政府信息传播制度如何运行？原有的政府信息传播是以组织结构中权力的层级制为特征的，信息内容的传播范围与传播深度也与此个体在组织结构中的身份有关，“不在其位，不谋其政”，因此有些信息既然与谋其政无关，就没有让其他人知道的必要了。换言之，权力等级制导致信息传播的神秘化与私密化，获取信息与传播信息也成为一种权力意识和社会身份的象征。这种状况随着政府信息公开条例的颁布和政府新闻发言人制度的实施，有一定的改善迹象。

新闻发言人制度发端于20世纪80年代初期。1982年初，中央对外宣传领导小组起草了《关于设立新闻发言人制度的请示》，1983年，外交部决定正式建立外交部新闻发布制度。同年6月，六届全国人大和全国政协的一词会议首次举行了“两会”新闻发布会。上海是我国第一个实行新闻发言人制度的地方政府，时间为2003年6月3日。2010年6月30日国家11部委设立新闻发言人制度，新闻发言人制度在一定意义上，将政府形象建设与政府官员的体制想象结合起来，无形中可以提高体制表达的合法性和有效性。本文以中宣部新闻发言人的话语表述来进行分析。例如中宣部新闻发言人之李伟指出：中宣部的定位是中共中央主管意识形态工作的综合职能部门。中宣部的具体职能有八条：第一，负责指导全国马克思主义理论的研究、学习和宣传。第二，负责引导社会舆论，指导协调中央的各新闻媒体做好新闻宣传工作，搞好舆论引导。第三，从宏观上指导精神文化产品的创作和生产。第四，规划和部署全局性的思想政治工作的任务。第五，受中央的委托，协同和会同有关部门对我们宣传文化系统的重要岗位的领导干部进行管理。联系宣传文化系统的知识分子，协助有关部门做好知识分子的工作。第六，负责提出宣传文化事业发展的指导方针。指导宣传文化系统制定政策和法规；同时还要按照中央的统一工作部署，做好宣传文化系统各有关部门之间的协调工作。第七，为中央领导和中宣部领导的决策和指导全局工作提供舆情信息的服务，并且要负责组织协调和指导宣传文化系统的舆情信息工作。第八，负责文化体制改革，包括新闻出版、广播电视业的改革和发展的调研，提出政策性的建议。这是中宣部主要的八项职能。结合以上八项职能，中宣部设立了相应的局、厅、室，主要的业务局有八个，这个在我们中国文明网上可以查得到。① 先不论这样的话语表述如何，起码可以在一定程度上对公众提供了明晰体制部门的一种机会，建设各个部门在公众心中的新形象，从而构建一个新的政府形象。②

与新闻发言人制度类似，政府信息公开则从政府自身出发，以主动让公众参与的视角，试图重建体制表达的合法性和权威性。2004 年，上海市政府率先提出实施政府信息公开的相关规定。2004 年 5 月 1 日起，《上海市政府信息公开规定》正式施行，根据《规定》，除属于国家机密、商业秘密、个人隐私等六类信息依法免予公开外，凡与经济社会管理和公共服务相关的政府信息都应当予以公开。其中，要求政府部门必须主动公开的内容涉及管理规范和发展计划、与公众密切相关的重大事项、公共资金使用和监督、政府机构和人事四个方面，包括市政府规章和各级规范性文件、经济社会发展计划、各类城市规划、疫情灾情、突发事件、教育、社会保障、房屋拆迁安置、公开招投标、财政预算决算审计、公务员招考录用等 11 项内容。除此之外，公民、法人和其他组织也可以提出申请，要求政府机关提供相关信息，并提供了公众获得政府信息的途径：登录相应政府网站查询；从市档案馆得到部分政府信息公开服务；拨打政府部门设立的咨询热线电话；向有关政府部门发

---

① 李伟："中宣部职能有八条 高度重视新闻发言人制度建设"，新华网，2010 年 6 月 30 日，http://news.xhby.net/system/2010/06/30/010783259.shtml。

② 2011 年的 7 月 23 日的动车事故之后，7 月 25 日铁道部新闻发言人王勇平在被问到："为何救援宣告结束后仍发现一名生还儿童"时，他称："这只能说是生命的奇迹"。之后，被问到为何要掩埋车头时，王勇平又说出："至于你信不信，我反正信了"。"这只能说是生命的奇迹"，"至于你信不信，我反正信了"，这两句话被网友称为"高铁体"反复造句，这一事件一定程度上可以说明，新闻发言人制度或许是制度或许是体制表达试图与公众对接的一个渠道，但是当这种渠道只是流于形式，而不注重对发言人本身自身素质培训的话，他们的话语表达则会将这种对接渠道的反效果放到最大。

送电子邮件;到相关政府部门设立的查询室、受理点现场咨询。[1]

2007年中华人民共和国国务院令492颁布的《中华人民共和国政府信息公开条例》,自2008年5月1日起正式施行。就体制表达而言,政府信息公开制度是对以自上而下的方式,将与社会、公众相关的政府信息公开,满足社会与公众对相关信息的知情权和参与权。其核心影响力在于:一是消解了体制内部信息运作的神秘性,从而部分上消解了权力的神秘性运作,"政府信息的公开,可以根本上缩小暗箱操作的制度空间"[2]二是提供了公众对政府部分决策质疑的可能性,在相关信息公开的前提下,公众会依据公开的信息对其决策的可行性提出自己的观点;三是信息公开的实施,使得政府部门在权力运作中有所顾忌,不得不在至少表面上公开的前提下,实施政府行为,这在一定程度上削弱了政府体制行为的垄断性和专制性。

但是信息公开制度还可以提出的问题有:一是谁来保证信息的质量,即信息的可信度、公正性及全面性如何保证?政府公开的信息包括各个方面,往往使用数据话语模式或大而化之的话语进行简要概述,由于难以得知统计数据标准的前后一致性,使得公众难以对信息进行客观的评估,同时也在这一层面上使信息公开沦为一种形式;二是信息公开的责任制度如何实现?《中华人民共和国政府信息公开条例》第三十五条规定:行政机关违反本条例的规定,有下列情形之一的,由监察机关、上一级行政机关责令改正;情节严重的,对行政机关直接负责的主管人员和其他直接责任人员依法给予处分;构成犯罪的,依法追究刑事责任:(一)不依法履行政府信息公开义务的;(二)不及时更新公开的政府信息内容、政府信息公开指南和政府信息公开目录的;(三)违反规定收取费用的;(四)通过其他组织、个人以有偿服务方式提供政府信息的;(五)公开不应当公开的政府信息的;(六)违反本条例规

① 缪毅容:"5月1日起《上海政府信息公开规定》将正式施行",《解放日报》2004年4月23日。

② 孙立平:《重建社会:转型社会的秩序再造》,北京:社科文献出版社2009年版,第89页。

定的其他行为。首先，不依法履行政府信息公开义务规定不明确，依照的是什么法律条文也没有清楚表达出来；其次，及时更新与不及时更新的界限如何确定，相当模糊，很多政府网站，往往是几个月才更新一次，对这一部分的惩罚也无明确规定；第三，收取费用虽然相对明确，但是哪些收费哪些不收费，收费标准如何，也无明确规定；第四，依然是有偿信息服务，只是限定在以个人身份出售政府信息的，体制运作中，这种情形最为常见，却很难有约束力；第五，什么是不应该公开的信息，规定不是很明确，第十四条规定，行政机关在公开政府信息前，应当依照《中华人民共和国保守国家秘密法》以及其他法律、法规和国家有关规定对拟公开的政府信息进行审查。行政机关对政府信息不能确定是否可以公开时，应当依照法律、法规和国家有关规定报有关主管部门或者同级保密工作部门确定。行政机关不得公开涉及国家秘密、商业秘密、个人隐私的政府信息。但是，经权利人同意公开或者行政机关认为不公开可能对公共利益造成重大影响的涉及商业秘密、个人隐私的政府信息，可以予以公开。国家秘密、商业秘密和个人隐私的相关信息，与社会变迁与公众观念的变革有不可分割的关系，不做明确界定的话，不但无法适应社会变迁的需要，对培育公众维护自身信息权利的意识也有削弱作用。第三十三条规定：公民、法人或者其他组织认为行政机关不依法履行政府信息公开义务的，可以向上级行政机关、监察机关或者政府信息公开工作主管部门举报。收到举报的机关应当予以调查处理。公民、法人或者其他组织认为行政机关在政府信息公开工作中的具体行政行为侵犯其合法权益的，可以依法申请行政复议或者提起行政诉讼。[①] 鉴于上述关于信息公开的质量、有效性、内容等方面的不对称，问责制度便成为一种空谈，以个人、社会组织或其他部门的身份与政府体制抗争，在中国目前的体制内，几

---

① 中华人民共和国政府信息公开条例，中华人民共和国人民政府网站，2007 年 4 月 27 日，http://www.gov.cn/zwgk/2007－04/24/content_592937.htm。

乎是一种不可能完成之任务。

以 2009 年发生的“杞人忧钴”事件为例，2009 年 6 月 7 日，河南省开封市杞县 1 间辐照厂发生钴 60 被卡住而无法回到储存装置的事故，但当地环保部门以“不属于辐射事故”为由，没有对外公布事件，结果坊间传出大量“钴 60 泄漏”、“放射源将爆炸”等谣言。至 7 月 10 日，一个题为《开封杞县钴 60 泄漏》的帖子现于网络，更是一下引爆了民众的情绪。当地数十万民众纷纷逃离杞县，一时间汽车、三轮车等各种车辆堵满杞县通往周边县市的道路，由于传统媒体表达与体制表达在前期的集体噤声，导致了公众难以对某一社会事件做出正确的判断，而只能在公众表达的范围内进行选择，所以才导致了现代版事件“杞人忧钴”。

虽然 2009 年 7 月 12 日，政府召开新闻发布会，但为时已晚，谣言已经流传至杞县人耳里。7 月 17 日，因为惧怕“辐射”、“爆炸”，杞县数万名居民出走，杞县光天化日下上演一出“空城闹剧”。当地官方不得不使用了干部拦劝、贴发告示、电视播放、短信劝阻等手段才阻止了恐慌蔓延，这一案例中，政府有责任对于公众生活信息、社会秩序信息等进行及时颁布的责任，但是开封市政府并没有如此做，导致大的社会躁动之后，才不得召开新闻发布会，采用各种方法阻止恐慌，那么，根据《政府信息公开条例》，政府是不是应该受到应有的惩罚？但是事情过去就过去了，公众不可能去追求政府的责任，政府也不会自己追究自己的责任。其中有一点值得关注的是：新媒体与手机的普及使得公共信息传播的迅疾成为可能，随着人与人之间、群体与群体之间的信息传播的随意性和常规性提供了可能性，这种随意性的信息传播如果没有得到体制表达的及时回应，会形成一定的社会骚乱，政府信息公开的及时性和准确性变得格外重要。但“关键的问题是：当利益取代意识形态成为基本的社会驱动力之后，权力在已有灰色制度空间中的行驶具有利益的新驱动，而原有意识形态的约束已基本消失殆尽。这样一来，制度中原有的非程序化的弹性空间也就成为利益驱动的暗箱操作的灰色制度空间。”①

而有些政府的新闻发布会，看起来是信息公开，却往往会混淆大众、错误引导舆论。新华社瞭望东方杂志，报道了郑州一起血案的内幕，几乎将当地政府的新闻通稿完全推翻。政府新闻通稿的公信力问题受到质疑。政府把信息公开了，而且希望媒体帮他们继续公开，但是公开的信息到底是什么样的真相就不得而知，换言之，政府信息公开即使出现了也是一种对信息的歪曲行为。以新闻通稿来扼杀新闻，阻遏公众对真相的追问，这如果演成趋势，则意味着政府公共关系的异化，即把政府公共关系变成欺骗公众、掩饰自己失职渎职、维护自己特殊利益的工具。② 公共关系的异化，同时也对政府信息公开的质量，诸如准确性、有效性、客观性、全面性都提出了要求，但如何对其进行监督，缺乏明确的条文，就以上述事例而言，政府新闻通稿叙述的事件与事件的真相之间几乎是南辕北辙，这一事件媒介参与了调查了，才对事件的真相做了报道，如果媒介调查，事件真相如何让观众、甚至是中央政府获悉呢？政府信息公开不仅成为一纸空文，更成为政府建构自身形象的工具。

再如2010年两会中间所爆发的录音笔事件。2010年3月7日11时21分左右，《人民日报》下属的《京华时报》女记者刘杰提问省长李鸿忠：“您对邓玉娇案怎么看?”李鸿忠脸色顿时阴沉，离场。两分钟后，李鸿忠折返回来，直问刘杰：“你是哪里的?”刘回答：“啊?”李又问：“你是哪里的，请问你是哪里的?”刘杰回答：“啊？《人民日报》的……”话音未落，李鸿忠接着说：“《人民日报》……你怎么老纠缠这个事情，已经过去了……我要给你们社长讲，是不是，对不对?”李鸿忠一把拿下了刘杰的录音笔，随后径直走向电梯。

---

① 孙立平：《重建社会：转型社会的秩序再造》，北京：社科文献出版社2009年版，第87页。

② 笑蜀：“政府新闻通稿要真诚对待新闻”，《南方周末》2010年8月4日。

3月10日，湖北省长李鸿忠接受记者采访时称，录音笔事件是误会，“因为她没有痛快讲(她的单位)，可能她觉得自己是《京华时报》的却说是《人民日报》的，不太好吧。我们就担心她是不是其他单位的，不是记者，就把录音笔拿去看看了，看看是什么内容。”记者就道歉问题提问，李鸿忠略显激动，认为“我觉得不涉及道歉。大家的目标都是为了一个——社会的和谐发展。党政工作是为了社会和谐发展，媒体也很辛苦，为社会的公平正义鼓与呼，鞭挞社会的不良现象。有的时候，有一些误解啊，像传递信息不很全面啊，我看也不用(道歉)，慢慢就好了。特别是很多年轻人刚从业，也很不容易。她如何觉得有什么不好想的，像我们这样见面，大大方方地聊一会儿，我觉得行。但我觉得不用在网络这个层面再做什么。”①

李省长作为政府官员，按照原有的思维模式，认为新媒体的网络舆论可以忽视，也没有想到利用媒体化解危机，他认为作为政府官员，他是掌握话语权力的，不用对网民的话语表达进行回应。但是新媒体对政府话语模式的挑战力已经渐渐凸显，政府如何化解由于新媒体所带来对政府形象的挑战，以及对某些政府官员对体制表达合法性和权威性的挑战，仅仅依靠信息公开和新闻发言人制度是远远不够的。随着新媒介技术的日益普及化和大众化，不仅是媒介技术使得媒介的内涵与外延发生了重大变化，而且将媒介从人员的专业化与职业化过程延展到大众的视野中，在使得大众使用媒介的比率大大提升的同时，新的媒介形式也培养了大众的参与意识，引起了他们对参与社会事务、国家事务的兴趣。换言之，公民意识的建设在大众参与的过程中逐渐开始了。

但是“变革社会的真正困难之处也往往不在于方案本身，而是如何突破既有利益格局的制约，使得正确的方案和政策得以形成和执行。”②这其中最

---

① 曹晶晶，陈琦钿，尹辉，廖颖谊，刘正旭，郭晓燕：湖北省长李鸿忠：录音笔事件是误会不涉及道歉，《新快报》，2010年3月11日。

② 孙立平：《重建社会：转型社会的秩序再造》，北京：社科文献出版社2009年版，第52页。

大的阻碍力，或者还来自于中央与地方体制表达之间的关系。随着十七大所提出的全面建设小康社会和和谐社会的目标，标志着社会改革已经首次成为自20世纪80年代以来的核心议程。但由于“中央政府在权力和政策实施过程中没有自己的直接深入地方的机构，只能依靠地方政府层层下达权力和政策。由于地方利益的存在，权力和政策每下降一层，中央性就减少一层。很多权力到了地方就完全没有了中央性，成为地地道道的地方政策。所以表面上强大的国家权力实际上被许许多多的地方政府做分割和瓜分。”[①]这也使得中央政府的决策在地方难以得到有效的实施，体制表达的合法性、权威性和一致性难以得到保证，如腐败现象，如地方民众到中央上访现象，如地方如何控制自己的政府系统，以隐蔽的方式试图与中央政府隔离的运作方式，[②]独立纪录片导演赵亮在北京南站上访村拍摄12年（1996—2009），剪辑花费两年，拍摄的纪录片《上访》一方面折射出中国社会改革过程中所显现出来的社会矛盾，另一方面却也凸显了中央与地方之间的博弈关系，无法在地方政府管辖的领地内得到公平的待遇，只有背井离乡来到北京，年复一年地上访。赵亮说：“新一代上访人会考虑经济利益，但老一代有精神追求，要求促进当代的法制建设，获得经济补偿之余，他们更希望维护社会公平。现在的上访主要以经济手段作补偿。”[③]

自然，这其中体现不仅仅是中央和地方政府之间的权力关系，不仅仅呈现出了中央和地方在体制表达上的差异性，同时预示了民间力量的成长，公众表达权的觉醒，他们都是弱小的社会一分子，将上访当作是一种生活的寄托，希望由此获得精神安慰和经济补偿，这是底层民众对体制表达的一种基本诉求，我想这种基本诉求还会不断持续下去，在可以预见的时间段内无法消失。

---

① 郑永年：《中国模式：经验与困局》杭州：浙江人民出版社2010年版，第126页。
② 郑永年：《中国模式：经验与困局》杭州：浙江人民出版社2010年版，第92页。
③ 赵亮：“拍了十二年的上访故事”，《南都周刊》，2010年7月27日。

3.媒介表达的边界是什么?体制表达和商业话语对媒介表达的限制如何突破?媒介表达在什么情况下会压制公众表达、从而与体制表达合谋,以话语暴力的模式和行政干预的形式对公众的自由表达形成威胁?

在公众表达和体制表达之间,媒体表达自身是如何实现的?一方面媒介表达可以依据职业所规定的话语范围实施职业行为,另一方面职业自身也必须实现自律。由于中国传统媒介是国有媒体,因此其话语表达模式与体制表达基本一致,但随着20世纪中期开始的媒介组织变革,衍生出部分媒体,如都市报、专业类杂志、逐渐市场化的地方卫视、企业化的出版社,特别是随着技术的促进和民营资本与新媒体、媒体产品生产与消费领域的结合,媒介表达呈现出多元化视角、多元化立场的局面,除此之外,随着90年代中期以来活跃在媒介领域的媒介职业人的转型,80、90后的媒介新生代进入了媒介市场,更新换代一方面消解了媒介领域在改革开放初期积累的批判精神与启蒙意识,另一方面随着传统媒体与新媒体角色的不断转换,媒介职业出现了泛化倾向,在这种的状况下,媒介表达的边界以及如何实现便与媒介的类型、媒介的地域、媒介的社会和历史背景、媒介的变革程度以及媒介行业的自律有不可分割的关系。

那么,媒介表达的边界是如何逐渐拓展开来的呢?20世纪90年代中期以来,随着媒介组织变革的进行,一些新的媒介现象出现了:如集团化、市场化的运作模式、加入WTO后的下游产业中民营资本和外资的加盟、新的媒介类型的出现、新媒体资本的民营化趋势、新技术手段对信息传播模式的影响力、公众参与社会生活和政治生活意识的日益成熟,媒介表达从20世纪80年代的思想解放运动角色、经济报道的角色开始向多元化的社会生活中延伸,媒介表达的边界从严肃的政治、经济、文化领域向与公众生活联系更为密切的生活化领域拓展,娱乐性、都市类、体育类、时尚类、IT类等表达内容由于与市场化更为密切、而与政治领域较远的关系而得到极大的发展,媒介在这些领域的商业化程度也相对成熟一些。一些专业性的杂志,如财经类、文化类、汽车类等以广告营销而支撑媒介生存的运作模式开始出现，媒介表达的边界从行政化、体制化和政治化的框架中抽身，在商业化、娱乐化、生活化的层面上，与个体、群体对社会生活和个体生活的潜在的独立意识和自觉意识相结合，共同促进中国当代社会的多元化和个性化的过程。这其中，媒介表达边界的扩张与萎缩与以下几种原因相关联：

第一，信息多元化、技术日常化、社会成员参与意识和社会压力所带来的网络集体围观现象对媒介表达的视角和权限提出了质疑，职业媒介人往往也以各种形式参与其中。

在信息日益丰盛甚至是过剩的状况下，人们几乎为各种无法判断真伪对错的信息所包围，社会的急速发展又增加了社会成员的浮躁心理，新媒体和手机媒体提供了新的参与社会生活的模式，因此网络中的虚拟社区生活、群体围观现象成为一种普遍现象，市场策划、危机公关、媒介炒作等形式削弱了媒介表达的可信度、有效性，社会成员对媒介表达的元素越来越宽容的同时，开始质疑媒介表达的内容，以娱乐精神和批判的态度选择自己的表达方式，并在观察媒介表达的过程中，修正着公众表达的边界。

第二，媒介表达在商业运作和体制表达中，往往不顾及公众表达的诉求，而将焦点集中在媒介组织的需求上，包括商业需求、媒介组织需求和体制诉求。商业需求是指媒介组织基于商业压力，往往将媒介表达边界与商业利益相结合，无视公众利益而发生的媒介表达行为，媒介组织需求是某一媒介为了自身的声誉而进行的职业选择，如中央级的媒体与地方媒体在当代中国媒介系统中所处地域和行政级别有所差异，因而媒介表达的话语模式也不太相同，体制诉求是指体制表达对媒介表达的限定，由于这些限定往往是以做而不述的形式出现，媒介组织的管理者在理解这些限定时往往有所差异，从而导致媒介表达出现了差异性。

第三，媒介从业人员职业规范的无效性、职业自律的无序性、职业运作的潜规则等因素导致媒介表达的边界往往在媒介从业人员的个性化选择中，出现模糊、混乱甚至是触犯法律的行为。当媒介从业人员以职业的便利来满足个人的欲望，当有偿的潜规则弥漫在媒介行业的时候，职业化便沦为一句空话。

第四，媒介组织的一元体制二元运作往往导致媒介表达在商业需求和体制表达之间徘徊，忽视甚至是压制公众表达的现象屡屡发生，但由于新媒体的兴起，也为民众表达权的实现提供了可能性，公众表达权也对媒介表达权形成压力甚至是反击；另外，媒介组织的体制内身份和体制外运作，在一定情况下会触犯地方政府的利益，从而受到地方地方政府相关部门体制表达的反击，媒体之间由于体制约束的关系，相互之间并不会形成舆论支援的形式，往往是集体失语，因而在公众网络情绪高涨、体制表达强硬、而媒介表达沉默的时候，受到牵制或者伤害的往往是媒介自身的表达权，这也是一元体制二元运作以及中央与地方政府分权所造成的现状，最典型的便是2004年的“南方都市报”案件，2004年3月《南方都市报》经济案在广州市东山区法院开庭审理。主要涉案人、该报总经理喻华峰被控罪名为“贪污10万元”，以及在四年内先后“行贿97万元”；而该97万元的接受者，《南方日报》集团分管社委、调研员李民英则被控受贿罪。程益中因涉嫌贪污公款，于2004年3月19日被广州警方拘留，4月1日被广州市检察院正式批准逮捕。8月27日，广州市东山区检察院以证据不足为由，对《南方都市报》执行总编辑、《新京报》总编辑程益中下达不起诉决定书。当晚，因涉嫌贪污罪名被关押了五个多月的程益中获释。6月15日二审判决中，广州市中级人民法院二审判决原南方都市报副主编喻华峰有期徒刑八年，李英民有期徒刑6年。[①] 对一元体制二元运作的媒介现实提出了有力的质询。关于该案件的争论至今也未结束。此案中，值得关注的一个现象是：自南都案爆发，除了《财经》杂志及其财经网报道之外，本地媒体和异地媒体集体噤声，对媒介变

① 参阅《财经》2004年第6期，第11期，第14期关于南都案的调查报道。

革中出现的特殊现象，均没有任何声援，这不得不说也是一个值得反思的媒介现象。该案件既与中央政府的体制表达无关，也与其他地方政府的体制表达无涉，更非政治事件，为何媒介集体噤声？是否地方政府之间的体制表达之间有相互勾连的关系？亦或者是媒体之间的潜规则？无论出于什么原因，都值得职业媒体人反思。

第五，中央与地方之间的权力状态也为媒介表达的模式造成了影响力，异地的表达权往往高于本地的表达权，地域之间的媒介表达成为体制表达和公众表达获得多元化信息的工具。举例来说，例如 2001 年的南丹矿难的报道。这是第一例首先由记者揭露的重大灾难事故。既突破了商业表达，也突破了地方政府的体制表达，是以媒介表达权在地方与中央之间的转换而实现的。

2001 年 7 月 17 日，南丹大厂矿区下拉甲坡矿出现透水事故，造成 81 名工人死于非命的惨祸。而在事发后，南丹县的主要领导与矿老板黎东明竟恶意串通，长达半个月之久瞒报矿难消息，结果造成井下被淹工人救援不力，无一生还。在 7 月 25 日左右，广西的几家媒体，如广西电视台、《南国早报》、《八桂都市报》，都是在事件发生约 1 周后，得知南丹发生特大矿难的传闻，迅即派出记者前往采访证实此事件。而记者只要一深入事发现场调查采访，此前捂得滴水不漏的盖子就被打开了。各路记者各显神通，各有斩获。最终的消息汇源点都是：南丹确实发生了特大透水矿难，只是遇难人数的多少一时难以确定。因为当地媒体即使获知信息，也无法报道的缘故，便使用了异地监督原则，告知在外地的媒体同行，《羊城晚报》因首先介入报道这一重大突发事件，零售量大幅上升，一上报摊就抢售一空。7 月 31 日，人民网刊发《广西南丹矿区事故扑朔迷离》，各媒体也相继推出相关报道，事件最终被曝光，责任人受到严肃查处。① 南丹县委书记万瑞忠被判处死刑已执

① 王国军："怀念南丹矿难"，光明网，2005 年 8 月 20 日。

行，并处没收个人财产及非法所得共318.5万元人民币；县长唐毓盛被判处有期徒刑20年（万、唐两人均以滥用职权、受贿罪被起诉）；透水矿主黎东明以非法采矿、重大责任事故、妨害作证单位行贿等罪名，被判处有期徒刑20年，并处以罚金2 400万元、没收其存在银行的2.4亿元人民币。①

在这次报道中，记者赵世龙写道："电话向总编辑潘伟文请示汇报，要求按照羊城晚报报业集团社委会定下的规矩，即'不管能否公开见报，重大事件必须要有本报记者到达现场'，前往采访报道。潘伟文总编沉吟了一会儿，终于同意我前往，但前提是'不保证发稿'。"②这种情形便是媒介表达权对体制表达的一种内在突破，既要保证媒介职业化的需要，又要保证不为体制表达所不容。但比较奇怪的是，接下来的几年间，矿难事件一再出现，一再被报道，大众似乎在麻木中已经出现了疲劳感，媒体记者对此也不再投入较大的关注，地方政府似乎学会了如何和媒介之间进行周旋，红包策略使得削减了职业诉求、而增加了职业特权，地方政府、地方的资本市场与公共权力结合起来了，职业记者的联合、媒体之间的呼应也变得相对多起来了。在这种复杂的表达机制中，有的事件在公众、社会精英和媒体的合力下起到了较大的社会影响力，如2003年的孙志刚事件的报道使得实行多年的收容遣送制度被废止。SARS事件的报道对政府、对媒体、对公众而言均有借鉴意义：政府中媒体管理部门的理念要根据社会信息环境的变迁及时变更，如果只是墨守成规于原有的管理模式，与社会转型与政府职能的转变也是不吻合的；应该及时媒介务必及时报道重大事件，即使是负面信息，这是职业诉求的需要；公众有获得重大事件的知情权和参与权。但对公众和职业媒体人而言，表达权往往得不到相应的法律条款的保护。

例如《中华工商时报》对吉林毁林大案的报道，便遭到当地司法机关的

① 赵世龙：《阳光下的黑幕：调查中国》，北京：中国方正出版社2004年版。
② 赵世龙：《阳光下的黑幕：调查中国》，北京：中国方正出版社2004年版。

起诉，其媒介表达权无法得到法律的保证，还夹在中央和地方体制表达的对立中，这样媒介的职业诉求、中央政府的体制诉求与地方政府的体制表达之间出现了巨大的沟壑，到现在也无法解决。

2005 年 12 月 26 日，国家重点挂牌督办的 7 起毁林大案中第一案终于尘埃落定，判处犯罪嫌疑人王占平有期徒刑三年。此案件源于吉林市基层一名公安政法干部的信函——×致中央新闻机关一封公开信，此信反映，目前吉林这起特大滥伐林木大案处理不下去，其主要原因是省政法委工作人员高中文在调查中不实事求是，欺骗省政法委领导，一次又一次地做出错误决定，搅得这起案件不能正常地进行审判和进一步侦查。恳请媒介组织关注此案件并使此案能按正常程序交付审判。《中华工商时报》发表了题为《吉林省政法委个别人直接插手干扰办案国家重点挂牌督办毁林大案搁浅》的报道。而在此报道 7 个月后，2005 年 9 月 25 日，中华工商时报社意外地接到从吉林省长春市宽城区人民法院送达的有关名誉侵权案的传票。而原告吉林省政法委干部高忠文以《吉林省政法委个别人直接插手干扰办案国家重点挂牌督办毁林大案搁浅》报道中点了他本人的名字为由诉中华工商时报社名誉侵权。2005 年 12 月 26 日审判结果却是：中华工商时报社败诉，“被告中华工商时报社停止对原告高忠文名誉权的侵害，被告应在其报刊上原来刊登侵权文章的相同版面上和其网站首页刊发声明(内容须经本院审核)，向原告赔礼道歉、恢复名誉、消除影响；被告赔偿原告精神抚慰金 30 000 元原告其他诉讼请求予以驳回。被告中华工商时报社已经在 2006 年 1 月 5 日向长春市中级人民法院提出上诉。这一案例中可以明显看出，地方司法系统在体制表达中如何不顾事实，保护地方政府利益。[①]

与上述案例不同的是，2007 年山西黑砖窑事件是当地媒体报道，《新京报》转发了该报道，引起社会反响；事件当事人在求助政府机构无门的情形

① “新闻媒体监督国办大案败诉，法院判决不顾事实”，《中华工商时报》，2006 年 1 月 18 日

下在网上发帖子引起媒体及社会各界的关注，但即使如此，记者前去采访，“阻力是非常大的。因为去了之后，我们连家长都见不到了。至于砖窑主对记者的防范更是严格，因为我们都是外地人，一眼都能看出来，所以非常难。我找了几个当地的朋友，也不行。至于官方的支持，几乎很少。因为他们对外界透露的东西就是来自于山西公安厅的信息披露，但是披露两天后就没有了，其他的信息，官方不提供。”①官商勾结造成了记者调查的难度，报道之后此案件引起中央震动，胡锦涛等做出批示。逃逸工头衡庭汉16日落网。山西省长于幼军道歉。《南方都市报》发表社论“以国家名义捍卫文明底线”：

“这一场人道的危机，以愤怒的民意推动，正演化成高层意志主导下的政治行动，要以国家名义，捍卫文明底线。……在国家与公众之间，我们需要重申一些常识。个人之恶，从来就不曾消亡。国家之善，即在于以公共名义，遏制个人之恶。不得不承认，黑砖窑累积的罪恶，最刺人耳目的，并非个人之恶的极度暴虐。……那么多小心翼翼的愤怒，喧腾躁动，他们在彼此交谈，彼此相识。这愤怒必须被听到，必须被理解。在今日的公共生活中，它在等待来自政治的确认和回馈。民愤，以及平民愤，逐渐成为今日中国的政治游戏原则。愤怒，就此成为道义的武器，为民众参与，找到一条委婉的路线。也许要说，不幸的是，我们只有愤怒；也许要说，幸运的是，我们仍有愤怒。”②

民愤与平民愤，这或许是中央政府和地方政府在体制表达中一致的地方，但如何得知民愤、如何平民愤，二者的立场便有巨大的差异，中央政府希望由媒介表达实现对地方政府管理的控制权，地方政府希望控制媒介表达尽量阻隔信息使得中央政府的体制表达难以实现对地方政府的有效控制。

---

① 刘炳路，马襄：新京报记者谈采访山西黑砖窑事件幕后(实录)，新浪嘉宾访谈，2007年6月25日，http://news.sina.com.cn/c/2007-06-25/175813307122.shtml。

② 社论：“以国家名义捍卫文明的底线”，《南方都市报》2007年6月17日。

政治体制所带来的媒介表达权的尴尬局面，是短时期内无法解决的难题之一。更有甚者，地方政府与地方企业之间的联盟也使得媒介表达权在商业利益中注定无法充分而全面地得以实现。2010年7月爆发的系列记者被通缉、被殴打事件，无论是由于地方政府与企业之间利益的关联，还是企业利益与媒介表达之间的矛盾，都将媒介表达权的边界问题凸显了出来。

4.文化建设的路径：如何在公众表达、媒介表达与体制表达之间成为可能？

自20世纪初期以来，中国文化向何处去一直是政府和社会精英关注的话语，20世纪40年代之前的文化话语，是与民族启蒙、民族救亡结合在一起的，带有了浓郁的革命与励志色彩。20世纪50年代以来，毛泽东进行的系列政治运动、社会运动和文化运动，其根本的核心是希望破坏原有的文化体系和价值观念，从对农民的教育到知识青年的改造，从对知识分子的整批到对教育体制的变革，从对人们衣食住行的管制到话语表述模式的培育，从而在系统上将社会大众的日常生活进行了改造，这种改造是以破坏的形式进行的，但是建设的程序却始终没有系统进行。改革开放初期，体制表达、媒体表达与公众表达集中在对文革的反思、对文化的渴求和国学知识的追捧中，并开始翻译和介绍当代西方的学术观点，90年代初期，以经济改革为主的变革，不但开拓了社会大众生活的视野，使生活多元化成为可能，而且潜在地以经济热的思潮培育了以物质利益为主导的价值观和消费观，大众的欲望与经济精英利用垄断资本、政策空挡和个人能力所获得的物质财富之间开始发生关联，体制表达的意识形态和教育观念在物质利益的冲击下，渐渐成为一种虚拟的乌托邦。十七大之后社会变革开始成为改革的主导，同时中央政府试图以体制表达的话语模式重新缔造一种新的文化意识形态，并为此做了种种努力，这些努力在媒介表达与公众表达的相互牵制中，有无可能缔造出一种的新的文化价值系统呢？关于这一问题的探讨，我们从体制表达的话语转换谈起，继而论及媒介表达与体制表达如何全面而公正地合谋，最后论及公众表达与这种合谋的关系如何，才有可能对这一问题的探讨提供有益的帮助。

如前所述(见第三章)21世纪初期，中央政府以加强执政党自身建设的意识形态构建模式，提出三个代表、和谐社会、科学发展观等思路，试图从社会变革的视角缓和社会矛盾，形成新的文化格局，这种文化格局具体落实在执政党的文化意图上，便是文化领域的抵制三俗运动。2010年7月23日，胡锦涛在17届中共中央政治局第22次集体学习时强调，文化工作者和文化单位要自觉践行社会主义核心价值体系，坚持社会主义先进文化前进方向，坚决抵制庸俗、低俗、媚俗之风。明确地将建设新的文化价值系统提了出来，但其中核心的问题在于：文化的选择权在政府还是在民众、在体制表达还是在公众表达中？庸俗、低俗、媚俗只是三个形容词，在个性化已成为当代社会大众的选择，生活多元化已经难以再回到单一化的社会现实中，单一化的话语模式无法让公民表达话语体系接受，选择一种什么样的生活方式理应由民众选择，而不是由制度选择后进行推广，文化的选择过程原本就存在高雅与通俗之分，某一历史时期的高雅文化，或者会成为另一时期的通俗文化，通俗文化也会成为另一时期高雅文化的形式为社会所接纳，但是在通俗文化中如何界定庸俗、低俗和媚俗呢？再者，滋生低俗文化的土壤是消费社会中所形成的物欲主义、利己主义等，低俗文化的滋生土壤不消除的话，建设一种新的文化系统恐怕难以成为现实，而只能停留在文化形式的整顿和革新上。在这样的文化运动中，公众表达依然坚持自身的文化选择，媒体表达则坚守体制内的表达模式，为体制表达给予有力支撑，这种合谋的宣传模式往往会造成一种负面效应，以致公众表达对体制表达和媒介表达的合力抵制，从而使得政府的文化体制改革运动难以实现预期效果，建设新文化的目的也无法实现。

我们从2010年8月初发生的郭德纲徒弟打人事件谈起。据媒体报道：8月1日北京电视台文娱播报栏目摄制组记者周广甫因采访郭德纲豪宅圈地事件，与其弟子李鹤彪发生冲突，李鹤彪动手打人，当晚德云社副总经理王海即与北京电视台进行经过长达四五个小时的谈判，最终没能达成一致的意见。北京电视台对郭德纲方面的态度并不满意，他们认为，对方还是推脱的态度，并未认识到自己的错误。他们提出了三点要求：首先，当事人必须向受伤记者道歉；第二，必须赔偿误工费、人身伤害和器材损耗等费用。第三，北京电视台保留法律追究的权利。该节目负责人告诉记者，受伤记者的伤势目前尚未明朗，“被打记者从昨天到现在一直有呕吐迹象，伤情最后要到明天能确诊。”王海则表示，北京台的要求有些过分，“我们也不想撕破脸，但对方的要求实在有些过分，开口就要求赔偿 5 万元，而且说如果不赔，就向媒体发出不好的言论。我认为他们的出发点值得质疑”。

8 月 3 日《每日文娱播报》栏目在北京电视台举行说明会。该栏目主编李先生表示，要求郭德纲及其家人对被打记者正式道歉，对给被打记者造成的人身伤害和设备损坏，须进行经济补偿，且不排除通过法律手段解决此事。周广甫陈述中说，该男子先是用手掐住自己的脖子，随后把他推下楼梯，摄像机和架子便是在此时摔在地上。此后该男子又拳打其头部。先后共有三次殴打，每次殴打足有十几拳。每次被打，周广甫都没有还手，“我是记者，学过法律，我知道不能还手。”周广甫说，“这个暴力事件从头到尾，我的摄像机记录了一切，这是唯一的证据。”

德云社副总经理王海出面、李鹤彪在德云社说明会上公开道歉，北京市公安局经济技术开发区分局对涉嫌殴打他人的李鹤彪予以行政拘留 7 天并处 200 元罚款的处罚。郭德纲并未出面，只是以惯常说相声的语气，分别在演出中和博客中发表了自己对此事的看法，使用了比较艺术化的表述方式，亮明了自己的态度，这些话语表述模式经由网络媒体和北京电视台及其相关媒体的解读，演变为郭德纲作为公共人物的行为问题，对媒体的态度问题，以及他所代表的相声艺术的水准问题，由此激怒了北京电视台，郭德纲接受酷六网采访时，表述并不激烈，但态度很明确，支持自己的徒弟，并无道歉之意。继而网上流传出北京电视台《每日文娱播报》栏目去郭德纲家采访的全部视屏，与周广甫的叙述有很大出入，与此同时，北京电视台及其在京的部门媒体，一致以严厉而激烈的词语痛批郭德纲，这样电视台也不点名批评郭德纲，言辞之尖锐大有回到文革气氛的感觉，在北京电视台全面封杀郭德纲的同时，8 月 6 日凌晨德云社成员何云伟、李菁宣布退出德云社，也是在同一天郭德纲的著作及相声光盘也被下架，博客被关闭，德云社关门，内部无限期自我整顿，对郭德纲的讨伐似乎并不仅仅是限定在媒介领域了，作协、曲艺协会等均有代表性人物出场，对郭德纲进行全面批判，部分地方媒体也自发地开始实施封杀郭德纲的行动中，短短一周之内，风声鹤唳，空前团结的在京媒体和媒介管理单位，中国记协、新闻出版署等部门开始对此事件进行以舆论监督为视角的支持，对郭德纲的行为进行多视角、多元化的痛批，不仅令公众不寒而栗，也有人开始冷静地对此事进行质疑，经济观察网评论员盛超首先发表文章"在郭德纲事件中媒体有失公正"，指出"媒体是什么的喉舌？公理而非私利，而公理必须建立在公正的基础之上，这是媒体传播与个人传播最根本的价值区别。在监督权和话语权已经和公众共享的今天，媒体应保持客观公正的态度，谨慎扮演自己的角色"。[①]《南方都市报》发表评论员文章"郭德纲事件，正在起变化"，指出"一个粉丝众多的著名艺人，会因为对一件小屁事发牢骚而即刻遭遇封杀乃至多种挫折，可见权力的能量和肆意实施封杀手段的权力多么霸道。……民众不会不分青红皂白地站在'传媒界'或者'记者'一边，他们会选择，他们很清楚倒向谁有利于自身权利的伸张，能分辨什么是'记者劫'和'接妓者'——请所有传媒机构和新闻业者记住我这话，不要以为你们的大嘴真的可以忽悠天下人。"[②]社会精英与网民在网上声援郭德纲的意见与主流媒体的报道完全相反，他们分别从国

① 盛超："在郭德纲事件中媒体有失公正"，经济观察网 2010 年 8 月 6 日：http://www.eeo.com.cn/observer/shelun/2010/08/06/177485.shtml。

② 黎明："郭德纲事件，正在其变化"《南方都市报》2010 年 8 月 9 日。

民的知情权、文化的选择权、媒介对公权的损害、国家与公民的关系、公民在国家、社会中的安全问题等角度进行分析,对主流媒体表达、体制表达合谋侵犯公众表达权的问题提出质疑。

笔者认为,这其中涉及到的核心问题有三个:

问题一:媒介表达与公众表达之间的关系问题。

如前所述,媒介组织在自20世纪90年代中期变革以来,始终在夹缝中生存,一元体制二元运作的现实将媒介的职业化过程限制在体制约束与市场诱惑的双重困境中,中央政府与地方政府之间的权力博弈、地方政府机构与地方商业机构之间的关联性都使得媒介在实施职业行为时遇到了各种各样的问题,2010年7月屡次出现的记者被通缉、记者被殴打事件充分说明了商业话语、地方政府话语与媒介表达之间的矛盾与冲突,将公众的视角集中在对职业媒体人生存环境的讨论上,而8月初主流媒体在对待郭德纲弟子打人事件的行为,却让公众对媒介表达权的滥用表示出一致的不满情绪,地方媒介业对此有所反思,而在京主流媒体依然是我行我素,并结合体制表达的反三俗运动。将娱乐事件延展到体制表达的领域,并以公权的身份侵犯公民个体的权利,正如刘宏波所说"一个民营演出机构,生死在市场;一个民营演出机构,更不容易经历风浪。虚构纸箱做肉包子的假新闻,北京电视台不会关门;徒弟打人,师傅回复为'民族英雄',并攻击'记者如妓女',德云社可能关张。虚构假新闻的记者,电视台视之为临时人员、非正式人员,……一家传播机构,本应作公共平台,而非私人的恩仇器具。"[①]这里面涉及话语表达机制有几方:体制内媒介表达、市场中媒介表达、公众表达。

体制内的媒介表达可以保证媒介在出现假新闻事件的时候,如纸陷包子事件可以平安无事;临时工作人员的行为也不足以使其感到有任何压力,

① 郭德纲——"文化拆迁"的开始,刘宏波的博客,2010年8月8日 http://liuhb.blog.sohu.com/157718424.html。

即使是工作人员撒谎也可以熟视无睹;可以轻松做自在地将郭德纲的相声当作是三俗加以批判而无视长达几年的合作关系,因为此时媒介潜在地将自身放在体制内;市场内的媒介表达是对郭德纲及其德云社相声的封杀行为,客观而言,无论郭德纲是如何成名的,媒体和郭德纲本人的合力是主要因素,二者在后来的合作也是为了市场需求,为了收视率的保证,为了吸引受众的眼球,区别在于郭德纲及其德云社只是一个民营机构,只是一个个人行为,无法与媒介组织的运作机制抗衡,因此即使是市场内的媒体表达,郭德纲也无力与之对抗,且不说二者之间的合作是否有合同,为了一时的愤怒而无视媒介组织自身的损失,也不是市场化中的选择,而是体制内的选择,媒介组织一元体制二元运作的模话语模式在这里得到了淋漓尽致的展现。郭德纲及其德云社,只是市场内操作的民营个体,不属于体制内的组织,因而只能依靠市场、依靠受众而生存,在与体制内的媒介表达相抗衡的时候,无疑处于弱势。郭德纲及其德云社的境遇或者会是每一个公民的境遇,郭德纲还是一个名人,一个公共人物,他还有一定的社会影响力,且受到如此的待遇,平凡而弱小的你、我、他若遇到此种情形,只能是束手就擒,毫无招架之力。因此“保护郭德纲就是保卫我们每个人。现代社会很重要的原则就是保护少数人利益,少数人在没有触犯他人前提下,喜欢什么,别人是无权干涉的。央视评论员自以为代表多数人的利益,干涉践踏少数人的权利,气势再汹汹,早晚也同样会被另外一群‘多数人’当成‘少数人’,毕竟,没有人在任何问题上能取得完全的一致意见。”[①]作为介于体制与市场之间的媒介表达,由于缺乏自觉的职业自律和职业精神,往往自以为是社会公正的代表者,以体制内的话语对体制内个体的话语权进行肆意剥夺或者压制,这种压制既是针对每个普通的个体,也是针对公众群体。当网络群体在微博热议、在博客表达自己观点的时候,网络媒体的话语压制又以遮蔽、删除等形

① 王小山:“保卫郭德纲就是保卫我们自己”,《南方都市报》,2010年8月9日。

式，将公众的表达空间压缩。这样即剥夺了民众的知情权，又违背了现代社会管理的行政逻辑。

问题二：媒介表达与体制表达的关系问题。

作为体制内的媒介组织，在媒介组织变革过程中，利用体制内部的资源、借助市场化的优势，成为中国当代经济改革中的一元体制、二元现实的产物。其特征主要体现在：一是媒介组织依然担任着中国共产党喉舌的作用，执行监督的功能，但是社会上存在一种屏蔽信息的机制，一是“能捂就捂”的信息控制逻辑；二是“极个别现象”的信息解释逻辑，由此来弱化信息甚至是屏蔽信息；三是“不危害稳定、不向公众公开”的反应逻辑。[①] 于是这种媒体监督往往很难充分地在社会现实中发生作用。

媒介组织将自身投入到市场化的运作中，把营销、策划、公关、广告等手段使用到媒介行业中，以畸形的激励机制形成了行业内潜在的有偿新闻和红包（封口费、车马费、劳务费等）现象，这种现象自 20 世纪 90 年代初期延续到现在，一直绵绵不绝。不论是在体制内还是市场中，红包都是一种司空见惯的现象。在 90 年代中期甚至还出现了冒充记者到各种新闻发布会领取红包的现象。或许正是因为如此，才出现了地方政府怕媒体的现象，如前所述（见第四章）在接受《中国经济周刊》采访时，山西某产煤市新闻办主任形象描述了其亲历的三任市委书记对待记者的态度：“自称是记者的人太多了！我们是惹不起，只能躲。过去我们乡镇一年来不了三个记者，现在一天要来三拨，其中还不乏自称是中央级的。”山西临县一位乡镇书记感叹。[②] 媒介表达在这里对地方政府的体制表达形成威胁的同时，也削弱了媒介表达自身的影响力。

2005 年 7、8 月间，河南省汝州市连续发生两起矿难。第一起矿难发生

---

① 孙立平：《重建社会：转型社会中的秩序再造》，北京：社科文献出版社 2009 年版，第 182-183 页。

② 韩文：山西封口费事件频发凸显媒体环境恶化，《中国经济周刊》，2009 年 4 月 20 日。

于7月31日,汝州市寄料镇一煤矿突发透水事故,部分井下作业工人得以逃生,但有人员伤亡。事件很快被知情人透露给多家媒体,而后这一信息又通过手机短信广泛传播开来。接到这一矿难信息者多达500多人。8月14日下午,得知这一信息的"记者"陆续来到汝州市。众多真假记者蜂拥而去汝州市新闻主管部门领"封口费工资"(详见第四章)[①]

这种几乎是令人发指的场景描述,将记者这一身份背后的职业特性毁灭殆尽。但即使是这样的报道,也是不被当局允许的。《河南商报》因为这样的报道被地方政府勒令休刊,休刊日期从9月17日至10月16日。同样是类似的事件,2008年11月28日人民网报道:"2008年9月20日,山西霍宝干河煤矿发生一名矿工死亡事故,事故发生后该矿负责人为隐瞒事实真相、封锁消息而向媒体记者及相关人员发放'封口费'阻挠采访,引发了'封口费'事件。新闻出版总署通报指出,发生在山西省霍宝干河煤矿的记者'封口费'事件是该矿领导违反事故报告和信息公开制度、隐瞒事故真相,少数媒体记者、媒体从业人员违反新闻采访规则、丧失职业道德而造成的一起恶性事件。"[②]

这两件事故的区别在于:同样是封口费,河南的报道是有省内媒体报道的,触犯了地方政府的体制表达边界,即使是影响甚大,也遭到停刊,后者是有中央媒体报道的,媒介管理单位可以将之判定为另一种性质的事件,与郭德纲徒弟打人事件相同的是,这其中均涉及到体制表达和媒介表达之间的复杂关系。

如前所述,体制表达与中央和地方之间的分权状态相关联,也与中央媒体和地方媒体的所属关系相关联,当体制表达内部涉及到中央与地方权力关系时,地方政府的体制表达会完全剥夺媒介表达,甚至是封杀媒介。当中

---

① 范友峰:"新闻工作者队伍的全面整顿任重而道远",《河南商报》2005年8月18日。

② 新闻出版总署:新闻出版总署关于山西霍宝干河煤矿"封口费"事件处理情况通报,2008年11月26日。

央整体体制表达内的媒介表达逾越了地方政府的体制表达时，中央媒体或者是媒介管理单位会充分发挥媒介表达的权力，换言之，就是在体制表达内部的权力角逐中，媒介表达是附属于不同的权力关系中的，因而从中央到地方一直在强调的媒介监督就其实质而言，只能是在权力关系的非交叉地带才有可能进行。一方面地方媒介隶属于地方政府，尽管有中宣部、新闻出版署等对应的单位，但实质仍是由地方政府管辖；另一方面中央政府对中央级媒介的管辖也处于散乱状态，例如郭德纲打人事件中的媒体报道，主要是以北京市属媒体为主，中央级媒介的参与和文化部、中宣部等部委的反“三俗”运动的要求，也开始加入进来，体制表达也是分为中央和地方的，媒介表达同样如此。因此可以这样说，地方政府的体制表达约束了媒介表达的权限，但是也支持了媒介表达对公众表达或者是民间表达的可能性侵犯行为，这样政府的体制表达支持和扩大了媒介表达的边界，这种支撑在地方的体制表达中难以得到认可，即使是一些企业组织的表达也往往由于经济关系而与地方政府的体制表达合谋，导致中央级的媒介表达很大程度上虽有宏大的体制支援，却难以获得更为准确或完整的信息。加之，市场化也损害了媒介表达本身，大部分职业媒体人在物质诉求、个人欲望和商业利诱中渐渐丧失了基本的职业道德底线，导致了体制表达内部对媒介这一职业本身的不信任感。

面对这一现状，中央政府的体制表达逐渐将希望更多地转移到网络媒体上，只有网络媒体是可以跨域地域局限、跨域权力关系网络而将更为丰富的信息展现出来，从中也可看到中国社会民间力量的成长痕迹，也可以在一定程度上弥补体制缺陷，弥补自下而上信息无法正常传播的状况。2006 年 8 月 20 日胡锦涛在人民网强国论坛与网友在线交流，2009 年 2 月 28 日，中共中央政治局常委、国务院总理温家宝走进中国政府网访谈室，第一次与全球网友在线交流。2010 年 2 月 27 日，国务院总理温家宝再次接受中国政府网、新华网联合专访，与网友在线交流，回答了有关反腐、房价、大学生就业难等问题。2010年8月13日中共中央政治局常委、中央政法委书记周永康视察法制日报社，并通过法制网与网民互动交流，他说自2010年3月份开始，他要求中央政法委机关把网民们提出的意见和建议连同全国各地的来信汇总，每个月向他汇报一次。网络问政是突破体制表达内部权力关系网络阻隔下信息无法自上而上达的一种选择，这种选择对原有的体制表达格局和媒介表达边界的限定，将会起到一种很好的补充作用。但由于传统媒体所占有的资源很集中，而网络媒体的资源相对而言单薄得多，网络问政还需要赋予网络媒体更多的资源优势，借助市场与技术的推动，才能使其得到有效的应用。

问题三：体制表达、媒介表达与公众表达中所呈现的文化如何统一？

自20世纪90年代以来，随着经济发展为主要导向，经济观念所带来的生活多元化、思想多元化已经成为社会的主流，文革时期对传统文化的系统破坏，改革开放初期对文革时期意识形态的批判，都无法自动形成一种新的文化形态。正如孙立平所说："改革开放的过程实际上也是一个世俗化的过程，在经历了30年改革开放程的今天，利益已经取代意识形态成为我们这个社会的'操作系统'，然而当我们审视这个社会的时候，却发现我们没有为'操作系统'的更换做好准备，甚至我们还没有准备好安装这个心的'操作系统'所需要的硬盘空间。"[①]这个世俗化过程中始终没有做好准备的，笔者认为便是文化建设问题，也就是文化价值系统如何重新确立的问题。

21世纪以来，中国共产党开始对文化建设从各个层面进行建设和拓展，如中国共产党十七大报告指出"建设社会主义核心价值体系，增强社会主义意识形态的吸引力和凝聚力；建设和谐文化，培育文明风尚；弘扬中华文化，建设中华民族共有精神家园；推进文化创新，增强文化发展活力；""加强公

① 孙立平：《重建社会：转型社会的秩序再造》，北京：社科文献出版社2009年版，第87页。

民意识教育，树立社会主义民主法治、自由平等、公平正义理念。”[①]胡锦涛在中共中央政治局第二十二次集体学习时强调顺应时代要求深化文化体制改革，推动社会主义文化大发展大繁荣，主要从四个方面展开，一是加强文化体制机制的改革与创新；二是加快构建公共文化服务体系；三是加速发展文化产业，认真落实文化振兴规划，精心实施重大文化产业项目带动战略，推进文化产业结构调整，培育新的文化业态，提高文化产业规模化、集约化、专业化水平；四是加强对文化产品创作生产的引导，真正从群众需要出发，继承和发扬中华文化优良传统，吸收借鉴世界有益文化成果，推出更多深受群众喜爱、思想性艺术性观赏性相统一的精品力作。要引导广大文化工作者和文化单位自觉践行社会主义核心价值体系，坚持社会主义先进文化前进方向，坚决抵制庸俗、低俗、媚俗之风。[②]《人民日报》就此发表了五篇评论员文章，指出文化改革需要责任感，更需要方向性、主动性。换言之，文化发展的主动权、文化变革的责任、文化发展的方向需要由政府主导来逐步展开，文化体制变革、文化产品引导、文化产业发展以及公共文化服务体系的构建等四个方面建设的目的，是希望从体制、产业、公共文化服务、文化产品等方面培育社会大众对文化的各个层面的认知，形成一种在社会信息传播体系中既多元又一致的文化理念，其最终目的是培养社会主义核心价值观，增强国家的凝聚力。这种体制表达的话语模式，在媒介表达的话语转换中，却成为了另外一种情形。

以郭德纲徒弟打人事件为例。如果说北京电视台等其他媒体起初还只是涉嫌滥用媒介职权的话，将郭德纲的相声及其做人与体制表达的文化发展与变革话语模式相结合，便是一种媒介表达对体制表达带有断章取义的

---

① 胡锦涛在党的十七大上的报告，新华网，2007 年 10 月 24 日，http://news.xinhuanet.com/newscenter/2007-10/24/content_6938568_6.htm。

② 胡锦涛："顺应时代要求深化文化体制改革 推动文化大发展大繁荣"，人民网，2010 年 7 月 23 日，http://theory.people.com.cn/GB/12411558.html。

解读，即反三俗。反三俗在体制表达中，仅仅是涉及了文化产品的生产和消费方面，是就文化产品发展的导向而言的，中央电视台、北京电视台及其部分在京媒体借此而将郭德纲作品及其为人归入三俗之列，对体制表达而言，不仅有失之偏颇之嫌，亦有无视断章取义之过。继而文化部、广电部以及一些相关的文化协会纷纷表态，解读政府文件中的体制表达，在媒体表达的引导和简化之下，集中在反三俗的层面上。香港《明报》8 月 3 日刊文说，许多迹象表明，内地正发起一次新的"道德运动"，"低俗化"已经被视为中国文化体制改革中出现的新课题。胡锦涛同志近日公开提出要"坚决抵制庸俗、低俗、媚俗之风"，这是近年来中央最高层首次明确地强调抵制"三俗"之风。"低俗文化"的泛滥以及中国社会当前的道德困境未必就能完全在大众层面内解决。从道德滑坡自高阶层向下"落势化"移动的角度来看，"反低俗"还应有新的物件。[①]

无论是新道德运动，还是反三俗运动，都是以媒介表达对体制表达的解读与分析，完整的体制表达在媒介表达的视野中被分化了。而公众表达则集中在对媒介表达的分析中，从而使得体制表达与媒介表达、公众表达之间出现了较大的"隔阂"，这种"隔阂"的后果便是将文化发展与变革集中在文化产品的整顿与纯化上，继而上升到道德层面上，将体制表达的宏大叙事话语模式简化为微观层面的话语模式。但即便如此，郭德纲及其德云社是北京电视台几年来着力捧的对象和合作伙伴，如果将三俗的含义与郭德纲的相声及其行为结合在一起的话，同样作为文化传播组织的媒介，如电视台、报刊、广播等，为何不去反思自身在文化建设中定位？为何将体制表达微观化之后，又集中在对公众表达的盲目引导上，完全无视媒介表达自身的功能与定位呢？

---

① 明报：最高层发声抵制三俗 内地掀"新道德运动"，新华网，2010 年 8 月 3 日，http://news.xinhuanet.com/politics/2010-08/04/c-12405854.html。

这三者之间的关系，笔者认为，媒介表达对体制表达的解读对公众表达起着关键性的指导作用，媒介表达的“偏颇性”解读有可能会造成公众表达对体制表达的误解。文化建设的核心命题在媒介表达中演变为文化产品的清理与选择，集中反三俗上，而三俗的理解与界定又无明确的标准，导致了媒介表达对这一术语的滥用，同时也在客观上滋长了媒介表达话语的随意性。而这种随意性，与媒介行业的职业化程度则是关系密切。

就媒介从业人员的职业化过程而言，媒介从业人员的职业与其他职业相比，并不具有经典职业的特征，不需要专门的知识，只要有技能就可以了；不需要专业的培训，只要有新闻实践就可以从事这项工作了，因此“许多新闻工作者愿意将他们的工作特点总结为一种技艺而非专业；在许多诉讼中新闻记者在法庭争辩说按照劳工法他们不应该被视为专业人士，而是在严格的管理下从事常规性活动、靠工资为生的人——因此他们有资格要求支付加班费。”[1]某种程度上，我们是否可以将媒介从业人员的职业性归结为更多地是一种职业理念上的专业主义精神，这种专业主义精神或者可以更为准确地称为为公众服务的理念、对社会负责任的职业态度。但公众服务精神和社会责任理念在职业实践和职业理念上始终是受到职业媒介人的质疑的。

首先，公众服务精神建立在职业媒体人对职业的清晰认知和职业选择的动机上，即媒介从人员自身的职业素养是否充分，职业自律是否完备，职业道德是否规范，职业行为是否得当等等；同时也需要体制层面和社会各基层对于媒介从人员的职业行为提供工具性的保障，如职业待遇、职业身份、职业诉求、职业定位等，

其次，社会责任的问题。尽管对社会责任的理解在不同的媒介制度环境中各不相同，“但它对在职新闻工作者还是有重要价值的，第一，它给新闻

---

① 丹尼尔·哈林：“美国新闻媒介中的商业主义与专业主义”，参见［英］詹姆斯·库兰等著，杨击译：《大众媒介与社会》，北京：华夏出版社 2006 年版，第 208 页。

工作者一种积极的情感，即自己是在为社会做贡献，是在为大众利益操办一项公共事业而工作；第二，它可以使新闻工作者避免盲目性；第三，它使新闻工作者不计这门行业的经济收入，他可以去选择报道矛盾冲突，因为社会责任要去他这样做，而不是用闲言、色情和暴力忠烈东西迎合读者的低级趣味之需；第四，它可以消除政府对新闻界进行干涉的威胁，这种威胁正是哈钦斯委员会首先关注的问题。”①但是就中国的媒介职业化与媒介制度而言，社会责任是当代中国媒介人树立起职业理想的基本前提，无论是对政府的监督、对大众的启蒙、对社会的告知、对事件的记录，亦或是对历史的反思、对社会的建设等这些职业理想确立的基本前提均是媒介从人员对社会的责任感，但正如马克斯·韦伯所说：“新闻工作者这条路，在任何情况下，都是职业性的政治活动的途径之一。这条路不是每一个人都能走的。……在新闻工作者的事业，在每一方面来说，都是彻底的冒险，而身处的条件，又以一种在其他任何情境中都无法见到的方式，考验着个人内在的安定有主(Sicherheit)。”②这种职业冒险，在特定的媒介制度下，往往会给职业媒体人带来各种各样的伤害，重则牢狱之灾，轻则剥夺了从事媒介工作的从业资格，尤其在当代中国媒介状况下，坚持自身的职业理想，有时候往往是一种乌托邦，职业媒介人或为商业绑架，或为体制绑架，或为媒介组织自身绑架，或者为自己的欲望所绑架，在这些绑架中，为公众绑架的声音变得微乎其微，社会责任感的坚守变得十分艰辛。2010年7月发生的《经济观察报》记者仇子明因为报道凯恩股份关联交易内幕而遭通缉事件，在各方声援下，以遂昌县委宣传部及县公安局负责人向记者和《经济观察报》道歉为终。2010年8月4日《南方都市报》以“追查通缉门”文章对该事件的前因后果做了报道，指出

① [美]赫伯特·阿特休尔著，黄煜，裘志康译：《权力的媒介：新闻媒介在人类事务中的作用》，北京：华夏出版社1989年版，第342页。

② 马克斯·韦伯著，钱永祥等译：《韦伯作品集：学术与政治》，南宁：广西师范大学出版社2004年版，第229页。

该事件“背后真相是什么？谁操纵了公权力试图干扰报复舆论？仍有诸多疑团尚待揭开。综观‘记者’被通缉”事件本身，如果不是公安内部追逃的信息被披露，如果被追逃的人不是记者，这样的报案（侦查）就会按程序启动，记者的偶然身份，让这个事情有个戏剧性变化，信息的泄露，更像擦枪走火，几个因素撞在一起整个事情就变得复杂了起来。”[①]8 月 6 日，《南方都市报》刊登“凯恩‘毁誉门’事件中的媒体暗战”，以全面的视角，历数了自 2006 年以来，自觉或不自觉的陷入凯恩毁誉门事件中的媒体以及新闻记者。报道记者在南都网上写了自己的采访感想：“记者通缉门报道中，我们重申和强调了舆论监督权利必须获得尊重的根本诉求，并获得胜利。在争取舆论监督权和媒体人权益这一点上，其必将载入中国新闻史。……和很多善良的人们一样，我曾试图用一个纯粹的目光来审视我的这位同行以及他的遭遇。我曾试图用最完美的笔触去保卫我们的从业环境。为全体新闻人，也为我自己，争取那点可怜的权益。现在，在我们的调查过后，一个强烈的信息在提示着每一个深陷漩涡中的人们：请不要忘记，干干净净地做事，才是本份。这话，送给浙江公安、也送给全国新闻同仁和我自己。”[②]这其中，不仅仅是社会责任，也不仅仅是职业道德，而是在商业利益角逐中，职业媒体人应该如何选择的问题。当地方的体制表达压制媒介表达的时候，特别是记者本人的时候，为了媒介人的权益，社会各方的力量都参与起来，但其背后的商业关系、个人欲望、媒介角逐、地方政府博弈等因素，却没有得到足够的分析，《南方都市报》将这一事件背后的谜团一一道出，便是职业媒介人对社会责任的一种体现，当媒介表达依靠体制表达、依靠公众表达获得职业声誉的时候，职业实践中的纯净的职业道德将是一条最基本的底线，尽管“职业化永远无法消除新闻实践中的根本性冲突，例如，对新闻进行阐释以使得受众

---

① 纪许光，杨晓红：“追查通缉门”，《南方都市报》2010 年 8 月 4 日。

② 纪许光：“记者‘通缉门’事件中的三个伪命题”，南都网，2010 年 8 月 12 日，http://gcontent.oeeee.com/d/20/d20be76a86c0d71c/Blog/630/092f65.html? t=1281544857。

能够理解，这是一种需要，而这种需要与对于客观性的要求之间如何取得一致，则一直是含糊的。媒介所有者的特权与新闻从业者的自主两者之间，也一向存在着某种紧张。但是，职业化对于牵涉其中的多数人而言——新闻记者、媒介所有者、读者、政客——确实提供了一种临时的解决方案，以使得他们能够很好地共事。新闻机构的士气高涨，媒介的声望提高，对于媒介的伦理或者他们的政治角色的争议相对较少。①

我们无法在理论上提出解决当代中国体制表达、媒介表达和公众表达之间特殊关系的路径，也无法对体制表达的权力机制做出改变，但起码可以对媒介表达的话语模式、体制形态和受众定位等问题提出质疑。严格来说，并不是所有的人都要在公众的眼光下做出伦理选择，也并非是所有的职业都需要在大庭广众之下进行伦理选择，不同职业者或者会在一些特定情形下，不得不进行伦理选择，但是这种选择即使是为人所知，也只是在有限的范围之内，并不会成为公众讨论的话题。只有媒介从业人员的伦理选择不得不面对公众的审视，例如在报道某些事件时候的角度选择、话语表述方式、对事件判断，甚至是话语中所隐含的情绪因素或者是选择报道事件的时机（即使这种时机是媒介从业者的职业要求之一）等等，都有可能隐含着伦理选择，也有可能隐含着伦理选择中公众认为的选择失误，这些失误不得不在公众的视野中被无情地放大出来。

这是职业诉求，似乎无可奈何，媒介产品的生产和销售原本就是要得到公众（消费者）的认可或者批判，公众的漠视是媒介这一职业无法容忍的。那么，在这种引起公众关注的职业诉求中，对这一职业的伦理选择的审视因此也成为公众关注的要素之一。在这种审视中，职业理想似乎永远难以弥合公众关注对与媒介从业人员的期许，职业底线便成为职业理想和公众对

① 丹尼尔·哈林："美国新闻媒介中的商业主义与专业主义"，参见[英]詹姆斯·库兰等著，杨击译：《大众媒介与社会》，北京：华夏出版社 2006 年版，第 209 页。

媒介从业人员职业期许之间的妥协点，或者是职业底线。

改革开放30余年来，政治体制在变革，中国共产党在转型，体制表达的话语在不断发生转化，大众在成长，民间力量在壮大，我们原本以来，自20世纪90年代职业媒体人的职业理想在十余年的实践中，得到了足够的成长。但2010年这个夏天发生的系列事件不得不让我们对此发生怀疑，媒介表达究竟在何种程度上与体制表达吻合，又在何种程度上肩负起社会责任，还在何种程度上尊重了公众表达，甚至是服务了公众，都需要划几个大的问号，《南方周末》90年代启蒙社会的职业理想，21世纪的前十年，在商业利益、娱乐制度、技术革新、媒介市场化中蜕变为了一种较为复杂的媒介生态环境，职业媒介人不再质疑体制表达，而是进行媒介式解读；不再质疑商业需求，而是与之合谋；不再质疑娱乐制度，而是介入其中，甚至是进行操纵，滥用公权；不再进行职业规范，而是聘用了大量的非正规媒介人员，任其进行媒介产生的生产而枉顾媒介人的职业声誉……

文化建设在这样的媒介环境下，如何希冀体制表达与公众表达实现吻合，不仅是体制话语的建设问题，更是媒介表达如何反思自身的问题。公众表达相对体制表达和媒介表达而言，较为自主、独立和成熟，一种文化价值观的建设，究竟如何在三者之间实现，的确是一个需要多方考量的问题，而不仅仅是依靠当代媒介人的职业化过程来实现，我们不希冀媒介表达承担起启蒙社会的责任，这一点公众表达在新媒体中已经在自我完成，只是希望媒介表达能够与体制表达、公众表达相结合，承担起建设社会的责任，这只职业诉求，也是职业使命。

附　　录

附录1　调查问卷

调查时间：

调查单位：

调查人员：

问卷编号：

媒介从业人员经济行为问卷调查

尊敬的媒介业朋友：您好！

这是一份针对在职媒介从业人员所作的调查问卷，目的是想了解您对媒介工作的态度及看法，从而考察媒介从业者的经济行为。本问卷采取无记名方式，所有的答案，只反映您个人的观点，并无对错，希望您能根据您的看法与体验，翔实的填答。

衷心期盼您能在百忙之中拨冗填写这份问卷，谢谢您的合作！

中国农业大学人文与发展学院媒介从业者经济行为研究小组

【第一部分】下面的题目是反映个人对目前媒介现状的看法，本问卷分成：1＝非常同意，2＝同意，3＝无意见，4＝不同意，5＝非常不同意，6＝不知道六个答案。下面的题目请您仔细思考之后，将您认为最符合您目前情形或者看法的钩选出来。每题皆为单选。

以下为答题范例：

我的上级对部属所做的事情都尽量加以支持。（若您认为您“同意”此项陈述，则请您用笔将 2 这一数字钩起来）——□1；√2；□3；□4；□5；□6。

	非常同意	同意	无所谓	不同意	非常不同意	不知道
我不会离开媒介业从事其他工作。	□1；	□2；	□3；	□4；	□5；	□6
我的工作单调而缺乏变化。	□1；	□2；	□3；	□4；	□5；	□6
我的上级会拟订工作计划与目标。	□1；	□2；	□3；	□4；	□5；	□6
若部属在工作上遇到困难，上级会尽力提供解决问题的方法。	□1；	□2；	□3；	□4；	□5；	□6
我对工作充满成就感。	□1；	□2；	□3；	□4；	□5；	□6
为了媒介工作的声誉和发展，我愿意接受上级指派的各项工作。	□1；	□2；	□3；	□4；	□5；	□6
我常翻阅报纸的求职栏，想换个工作。	□1；	□2；	□3；	□4；	□5；	□6
只要所从事的工作能为大众服务，即使没有升迁的机会也没有关系。	□1；	□2；	□3；	□4；	□5；	□6
在新闻媒体任职是一份相当好的工作。	□1；	□2；	□3；	□4；	□5；	□6
我的上级会指派特定的人做特定的工作。	□1；	□2；	□3；	□4；	□5；	□6
在我服务的媒介中，升迁全靠个人的能力。	□1；	□2；	□3；	□4；	□5；	□6
我的同事大部分具有责任心。	□1；	□2；	□3；	□4；	□5；	□6

	非常同意	同意	无所谓	不同意	非常不同意	不知道
我认为:只要所从事的工作能为大众服务,即使服务新闻机构名气不大也没有关系。	□1;	□2;	□3;	□4;	□5;	□6
我的上级让部属有充分的决定权去完成工作。	□1;	□2;	□3;	□4;	□5;	□6
新闻工作是个值得终生从事的工作。	□1;	□2;	□3;	□4;	□5;	□6
我认为:继续呆在媒体不会有什么发展。	□1;	□2;	□3;	□4;	□5;	□6
我的工作受到社会重视。	□1;	□2;	□3;	□4;	□5;	□6
我的工作很少有升迁的机会。	□1;	□2;	□3;	□4;	□5;	□6
我的上级支持使用高新技术。	□1;	□2;	□3;	□4;	□5;	□6
在单位里做任何事情,我总是全力以赴。	□1;	□2;	□3;	□4;	□5;	□6
在新闻媒体工作使我有极大的自豪感。	□1;	□2;	□3;	□4;	□5;	□6
目前我的工作可以发挥所学与专长。	□1;	□2;	□3;	□4;	□5;	□6
在我服务的单位中,升迁办法并不公平。	□1;	□2;	□3;	□4;	□5;	□6
为提升新闻工作的信誉,我愿意付出额外的努力。	□1;	□2;	□3;	□4;	□5;	□6
我感觉自己所重视的,正是任职机构所重视的。	□1;	□2;	□3;	□4;	□5;	□6

【第二部分】请依您在新闻媒体服务的工作经验及个人看法，认为媒介从业人员须具备下列各项专业知识和能力的重要程度，在下列各题中，选出您认为最合适的答案，每题皆为单选。

	非常重要	重要	无所谓	不重要	非常不重要	不知道
具有新闻(大众传播)相关学科毕业的专业背景；	□1；	□2；	□3；	□4；	□5；	□6
具有新闻采访写作及摄影能力；	□1；	□2；	□3；	□4；	□5；	□6
具有策划举办新闻活动能力；	□1；	□2；	□3；	□4；	□5；	□6
具有访问沟通能力。	□1；	□2；	□3；	□4；	□5；	□6
具有新闻内容分析并提供专业意见能力；	□1；	□2；	□3；	□4；	□5；	□6
具有处置新闻事务临机应变能力；	□1；	□2；	□3；	□4；	□5；	□6
具有文学涵养；	□1；	□2；	□3；	□4；	□5；	□6
具有节目制作创新能力；	□1；	□2；	□3；	□4；	□5；	□6
为扩充新知识，具有求取新知主动进修的行动；	□1；	□2；	□3；	□4；	□5；	□6
具有社会科学相关知识。	□1；	□2；	□3；	□4；	□5；	□6

【第三部分】请依您在媒体服务的工作经验及个人看法，对媒介工作者职业追求各要素的重要性进行评价，选出您认为最合适的答案，每题皆为单选。

	非常重要	重要	无所谓	不重要	非常不重要	不知道
争抢实效……………………………………	□1；	□2；	□3；	□4；	□5；	□6
报道客观……………………………………	□1；	□2；	□3；	□4；	□5；	□6

	非常重要	重要	无所谓	不重要	非常不重要	不知道
挖掘深入…………………………………	□1；	□2；	□3；	□4；	□5；	□6
独家报道…………………………………	□1；	□2；	□3；	□4；	□5；	□6
引人入胜…………………………………	□1；	□2；	□3；	□4；	□5；	□6
保持公正…………………………………	□1；	□2；	□3；	□4；	□5；	□6
报道平衡…………………………………	□1；	□2；	□3；	□4；	□5；	□6
事实准确…………………………………	□1；	□2；	□3；	□4；	□5；	□6
报道新颖…………………………………	□1；	□2；	□3；	□4；	□5；	□6
报道全面…………………………………	□1；	□2；	□3；	□4；	□5；	□6

【第四部分】请依您在媒体服务的工作经验及个人看法，对获取各种新闻方法的接受程度进行评价，选出您认为最合适的答案，每题皆为单选。

	非常同意	同意	无所谓	不同意	非常不同意	不知道
用钱获取机密消息	□1；	□2；	□3；	□4；	□5；	□6
未经允许使用被访者机密	□1；	□2；	□3；	□4；	□5；	□6
假扮他人获取资料	□1；	□2；	□3；	□4；	□5；	□6
纠缠消息来源获取新闻…………………	□1；	□2；	□3；	□4；	□5；	□6
未经许可使用私人文件	□1；	□2；	□3；	□4；	□5；	□6
与同行交换采访资料…………………	□1；	□2；	□3；	□4；	□5；	□6
引用别的报道不注明出处	□1；	□2；	□3；	□4；	□5；	□6
为别的新闻媒体写稿 ………………	□1；	□2；	□3；	□4；	□5；	□6
直接采用受访单位的稿件	□1；	□2；	□3；	□4；	□5；	□6

	非常同意	同意	无所谓	不同意	非常不同意	不知道
未经对方同意录音或拍摄 ……………	□1；	□2；	□3；	□4；	□5；	□6
允诺保密来源但不执行	□1；	□2；	□3；	□4；	□5；	□6
暗访对方不愿公开的信息…………………	□1；	□2；	□3；	□4；	□5；	□6
以煽情手法处理新闻稿件	□1；	□2；	□3；	□4；	□5；	□6

【第五部分】请依您在媒体服务的工作经验及个人看法，对媒体工作者某些行为的认可程度进行评价，选出您认为最合适的答案，每题皆为单选。

	非常同意	同意	无所谓	不同意	非常不同意	不知道
接受招待用餐	□1；	□2；	□3；	□4；	□5；	□6
联系广告业务…………………………	□1；	□2；	□3；	□4；	□5；	□6
联系单位赞助	□1；	□2；	□3；	□4；	□5；	□6
接受免费旅游…………………………	□1；	□2；	□3；	□4；	□5；	□6
接受礼品赠送	□1；	□2；	□3；	□4；	□5；	□6
接受现金馈赠…………………………	□1；	□2；	□3；	□4；	□5；	□6
担任企业公关	□1；	□2；	□3；	□4；	□5；	□6
参与制作广告…………………………	□1；	□2；	□3；	□4；	□5；	□6
身为新闻媒体工作人员，对政府不利的消息，我会淡化处理，以免伤害政府形象。	□1；	□2；	□3；	□4；	□5；	□6
主动淡化不利于客户的新闻 …………	□1；	□2；	□3；	□4；	□5；	□6
在政府或非盈利团体兼职	□1；	□2；	□3；	□4；	□5；	□6

【基本资料】:请您根据自己的实际情况填写。

1.性别　□①男　□②女

2.年龄　□①20 岁以下；　□②21～30 岁；　□③31～40 岁；

□④41～50 岁；　□⑤51～60 岁；　□⑥61 岁以上

3.婚姻状况　□①已婚；　□②未婚；　□③离异

4.目前供职媒体性质　□①通讯社；　□②全国性媒体；

□区域性媒体；

□④省级媒体；　□⑤地市级媒体；　□⑥港澳台媒体；

□⑦国外媒体；　□⑧其他________

5.目前供职媒体类型　□①通讯社；　□②报纸；　□③杂志；

□④广播；　□⑤电视；　□⑥互联网；　□⑦其他__________

6.您服务于新闻媒体迄今已有多久：

□①1 年以下；　□②1～3 年；　□③4～7 年；　□④8～10 年；

□⑤11～13 年；　□⑥13 年以上

7.您服务于现任单位迄今已有多久：

□①1 年以下；　□②1～3 年；　□③4～7 年；　□④8～10 年；

□⑤11～13 年；　□13 年以上

8.职称

□①无；　□②初级职称；　□③中级职称；　□④副高级职称；

□⑤正高级职称；　□⑥其他________

9.教育背景

□①高中/高职及以下；□②大专；□③大学；□④硕士；□⑤博士及以上；

□⑥其他__________(有港澳台或国外教育背景请注明)

10.所学科系

□①新闻(大众传播)相关科类；

□②非新闻科类，曾接受新闻(大众传播)相关课程训练；

□③非新闻科类，亦未曾接受新闻(大众传播)相关课程训练

11. 每周收看/收听新闻节目平均时数：

□①7 小时以下；□②8～14 小时；□③15～21 小时；□④22～32 小时；

□⑤32 小时以上

12. 每年接受新闻专业在职训练：

□①无；　　　　□②7 天以下；　□③8～14 天；

□④15～21 天；　□⑤22～32 天；□⑥32 天以上

13. 工资收入(人民币 元/月)：

□①1000 以下；　□②1001～2000；　□③2001～3000；

□④3001～4000；　□⑤4001～5000；　□⑥5001～6000；

□⑦6001～7000；　□⑧7001～8000；　□⑨8000 以上。

14. 请从以下选项中钩选出您知道的新闻工作法规条例(可多选)：

□①《记者守则》(试行草案)；

□②《中国新闻工作者职业道德准则》；

□③《中国广播电视编辑记者职业道德准则》；

□④《中国广播电视播音员主持人职业道德准则》；

□⑤《出版管理条例》；

□⑥《报社出版管理规定》；

□⑦《报社记者站管理办法》；

□⑧《新闻记者证管理办法》；

□⑨《关于新闻采编从业人员管理的规定(试行)》

□⑩其他条例或法规

如果您对问卷有任何改进建议，请您留下您的宝贵意见______________________

____

____

____

____

附录 2　访谈提纲

采访大纲：

可以不限定具体内容，采访内容可以做如下处理：

首先记录采访对象的个人情况（包括性别，年龄，毕业院校、专业 工作时间等），比如：在媒体行业里做什么工作的，是在哪类媒体工作，如果是做记者的，是负责哪个方面的（文化的、经济的、社会的、还是其他的方面）/如果是做市场或广告的，其个人的学习经历如何，工作经历如何，工作目标如何？

其次询问下列问题，并在询问中，记录采访对象的动作、表情和言语等。

采访对象：

在电视台、电台、报纸杂志、网站工作的媒介从业人员

核心问题：

新闻发布会：

问题：你所从事的媒体行业工作中，你的工作性质是什么？比如：文化性的、经济性的或者其他？你选择参加新闻发布会的动机是什么？如果没有劳务费，你是不是感到很失望？是不是所有的新闻发布会都一定会去参加？从中所获取的信息你觉得都很有价值吗？你的新闻观念是什么？你如何看待你的同行？你如何看待你的工作？

新闻主题的选择：

你是如何判断时下会流行哪些话题？根据是什么？在常规的新闻报道中，你如何确立你的采访议题？什么因素决定你的选择行为？

编辑版面的组合：

作为媒体的编辑，选取稿件的原则是什么？是根据惯例还是依据其他因素？在你的工作中，如果遇到隐性的有偿新闻稿件，你如何取舍？采取的办法是什么？

参考文献

陈力丹.自由与责任:国际社会新闻自律研究.开封:河南大学出版社,2006.

陈石安.新闻编辑学.台北:三民书局,1981.

程中原,王玉祥,李正华.转折年代:1976—1981年的中国.北京:中央文献出版社,2008.

陈涛.泡沫的盛宴.北京:中国计划出版社,2002.

方汉奇.中国近代报刊史参考资料(上下册).太原:山西人民出版社,1981.

方汉奇.中国近代报刊史(上下册).太原:山西人民出版社,1981.

范长江.通讯与论文.北京:新华出版社,1981.

顾理平.新闻法学.北京:中国广播电视出版社,1999.

顾理平.新闻侵权与法律责任.北京:中国广播电视出版社,2001.

戈公振.中国报学史.北京:中国新闻出版社,1985.

侯杰.大公报与近代中国社会.天津:南开大学出版社,2006.

李强.当代中国社会分层与流动.北京:经济出版社,1993.

李济深.千秋功过-邓小平与中国政治风云.北京:光明日报出版社,1997.

李子坚.纽约时报的风格.长春:长春出版社,1999.

李彬.符号透视:传播内容的本体诠释.上海:复旦大学出版社,2003.

李瞻.世界新闻史.台北:三民书局,1994.

陆学艺.中国当代社会阶层研究报告.北京:社会科学文献出版社,2002.

骆汉城.行走在火上:隐性采访的法律思考.北京:中国经济出版社,2005.

毛泽东.中国社会各阶级的分析.北京:人民出版社,1975.

倪延年,吴强.中国现代报刊发展史.南京:南京大学出版社,1993.

商娜红.制度视野下的媒介伦理:职业主义与英美新闻自律.上海:复旦大学出版社,2006.
吴晓波.激荡30年(上).北京:中信出版社,2007.
吴晓波.激荡30年(下).北京:中信出版社,2008.
王芝琛,张自立.1949年以前的大公报.济南:山东画报出版社,2002.
吴飞.新闻专业主义研究.北京:中国人民大学出版社,2009.
魏永征,张咏华,林琳.西方传媒的法制、管理和自律.北京:中国人民大学出版社,2003.
谢泳.储安平与观察.北京:中国社会出版社,2005.
张之华.中国新闻事业史文选.北京:中国人民大学出版社,1999.
张静庐.中国的新闻记者.上海:光华书局,1928.
中国社会科学院新闻所,北京新闻学会.各国新闻出版法选辑.北京:人民日报出版社,1987.
杨光辉,等.中国近代报刊发展概况.南京:新华出版社,1986.
展江.中国社会转型的守望者——新世纪新闻舆论监督的语境与实践.北京:中国海关出版社,2002.
郑永年.中国模式:经验与困局.杭州:浙江人民出版社,2010.
卓南生.中国近代报业发展史,1815-1874.北京:中国社会科学出版社,2002.
宋守田.传媒三十年.广州:南方日报出版社,2009.
孙立平.断裂:20世纪90年代以来的中国社会.北京:社会科学文献出版社,2003.
孙立平.重建社会:转型社会中的秩序再造.北京:社会科学文献出版社,2009.
孙旭培.各国新闻出版法选辑(续编).北京:人民日报出版社,1981.
王千马.媒体这个圈.西安:陕西人民出版社,2009.
许纪霖.新世纪的思想地图.天津:天津人民出版社,2002.
许纪霖、罗岗.启蒙的自我瓦解.长春:吉林出版集团,2007.
熊蕾,[美]朱迪·波罗鲍姆.变脸:中国新一代职业媒体人口述实录.北京:

新华出版社,2009.
章敬平.新闻人的江湖.杭州:浙江人民出版社,2009.
中共中央宣传部政策法规研究室.新闻法规政策须知.北京:学习出版社,1994.
朱春阳.现代传媒产品创新理论与策略.济南:山东人民出版社,2005.
臧国仁.新闻工作者与消息来源.台北:三民书局,1995.
《南方周末》编辑部.后台(第一辑).广州:南方日报出版社,2006.
《南方周末》编辑部.后台(第二辑).广州:南方日报出版社,2008.
吴廷俊.中国新闻传播史稿.武汉:华中科技大学出版社,1999.
陆晔,俞卫东.新闻教育与新闻专业化——2002上海新闻从业者调查报告之五.《新闻记者》,2003(5).
[美]阿瑟·阿萨·伯杰.通俗文化、媒介和日常生活中的叙事.姚媛译.南京:南京大学出版社,2002.
[美]莫特.美国新闻事业史(上下).罗篁,张逢沛译.台湾:世界书局,1960.
[德]马克斯·韦伯.韦伯作品集:学术与政治.钱永祥等译.南宁:广西师范大学出版社,2004.
[美]弗雷德里克·西伯特,西奥多·彼得森,威尔伯·施拉姆.传媒的四种理论.戴鑫译.北京:中国人民大学出版社,2008.
[美]斯塔夫里阿诺斯.全球通史——1500年以后的世界.吴象婴,梁赤民译.上海:上海社会科学院出版社,1988.
[美]埃默里父子,南希·罗伯茨.美国新闻史:大众传播媒介解释史.展江译.北京:中国人民大学出版社,2004.
[美]丹尼尔·戴扬,伊莱休·卡兹.媒介事件.麻争旗译.北京:中国传媒大学出版社,2000.
[美]埃弗利特·E.丹尼斯.媒介论争:19个重大问题的正反方辩论.王玮等译.北京:中国传媒大学出版社,2004.
[美]赫伯特·阿特休尔.权力的媒介:新闻媒介在人类事务中的作用.黄煜,

裘志康译. 北京：华夏出版社，1989.

[美]迈克尔·舒德森. 发掘新闻：美国报业的社会史. 陈昌凤，常江译. 北京：北京大学出版社，2009.

[美]施拉姆. 大众传播的责任. 程之行译. 台北：台湾远流出版事业公司，1992.

[加]罗伯特·哈克特，赵月枝. 维系民主——西方政治与新闻客观性. 沈荟，周雨译. 北京：清华大学出版社，2005.

[英]约翰·埃尔德里奇. 获取信息——新闻、真相和权力. 张威等译. 北京：新华出版社，2004.

[英]詹姆斯·卡瑞、珍·辛顿著. 英国新闻史. 栾轶玫译. 北京：清华大学出社，2005.

[英]洛克. 政府论(下). 瞿菊农，叶启芳译. 北京：商务印书馆，1982.

[英]约翰·密尔. 论自由. 许宝骙译. 北京：商务印书馆，1982.

[英] 詹姆斯·库兰. 大众媒介与社会. 杨击译. 北京：华夏出版社，2006.

[美]李侃如. 治理中国：从革命到改革. 胡国成，赵梅译. 北京：中国社会科学出版社，2010.

J. Herbert Altschull. *Agents of Power*：*The Role of News Media in Human Affairs*. New York：Longman Inc，1984.

Roswell S. Britton. *The Whole World is watching*，The Chinese Periodical Press，1800—1912，Taipei：Cheng-wen Pub. Co，1966.

Frank H. H. King and Prescott Clarke. *A Research Guide to China－Coast Newspapers*，1822－1911，1965.

Clifford G. Christians. *Chronology*，*from Journalism Ethics*，Edited by Elliot D. Cohen and Deni Elliot，ABC—CLIO，1997.

Beam. R. A. *Journalism professionalism as an organizational-level concept Columbia*，SC：Association for Educationin Journalism and MassCommunication，1990.

Frederic Hudson. *Journalism in the United States, from* 1690 *to* 1872, Routlege: 2000.

Stephen A. Banning. *The Professionalization of Journalism*. Journalism History, Winter 98/99, Vol. 24 Issue 4.

后记

上大学学习美国文学史的时候，对《在路上》的印象极深，尽管小说的内容已经记忆不深了，但在路上的感觉却像是一种毒素，深刻地烙印在血液中，至今依然在心情低落的时候想起。

或者可以说，每个人都行走在自己的路上，无论选择是如何做出的，我们却始终处在一种无所归依的状态中，即使是某种信仰也难以化解人类自古以来的这种深刻的宿命感。

无论是哪种职业，似乎都有一种无奈，一方面人们对自身的期望过高，另一方面现实条件却难以使得这种期望实现，在这种困境中人们寻找着自己也实现着自身，人类的历史就是这种不可为之而又不得不为之的困境中形成了自身的辉煌。或者，这是我为自己的职业现状寻找的一种借口？

就像笔与纸的时代似乎在逐渐隐退一样，技术与人们的四肢之间的结合变得史无前例的紧密，键盘在手指下机械的回响着文字的呼唤，人们的思考在忘却的记忆中不断寻觅着自身，我又何尝不是呢？

书稿的实现更像是一种探索，一种悠远而又古老的在路上的探索，这种探索像是一种毒素，深刻的烙印在我的血液中，令我不得安生。尽管前方的障碍依然重重，现实的感觉像一把利剑，时刻提醒着作为人的种种需求，但在这一刻，似乎不是职业的荣誉感，也不是职业的责任感，而是作为人类自身的一种原始冲动驱使着我在文字的实现中寻找自己。

在路上，依然在路上，路上的人们相遇着，分离着，用相互的温暖支撑着彼此的存在，正是在这种温暖中我感受到了生命的意义。感谢我的学生马喆和王刚撰写了第六章的草稿，第六章的撰写是在此基础上重新补充修正的，感谢我的学生蔡婧、王盛慧、马喆、曹文露、王刚等在媒介调查中的参与与付出，感谢我的学生牛千、周宇宁、刘颖在撰写毕业论文中给我提供的相关资料。特别要感谢展江教授在写作过程中给我提供的资料和研究思路的启示，感谢张志安博士提供了他在这一方面的最新研究成果，感谢人民政协报春秋周刊刘康泰主编和中央编译局鲁路研究员在写作过程中与我进行的对话，从中我获益匪浅。感谢在思考的丛林中给予我各种各样启迪的无数个无名的你们，如果说人类是在对话中形成一种社会关系的话，没有交流任何学术研究都不过是闭门造车，感谢无名的在路上探索的人们，正因为有了你们，在时间的长河中、空间的跨域中，我们不会感到孤单。

自然，在路上的探索必然有许多不足之处，我们每个人都在路上，都在寻找着自身。我的这种文字探索既然由我实现，其中的观点由我负责；某些资料因为出版业的急速发展和网络信息的迅速更新，必然有缺失的地方，希冀得到各位同仁的批评指正。我的邮箱：marychen2006@yahoo. com. cn.

李红艳 2010 年 10 月 6 日北京

补记：

书稿完成于 2010 年国庆期间。搁置了很久，终于在 2012 年要出版了，原本的打算是重新修正一下，有很多新的想法，2011 年发生了一些值得关注的社会事件、媒介事件和技术变革，事到临头，却发现没有修改的热情和可能性。文字就像是一种奇异的文化产品，一旦脱离了当下的情境，便有了自己的生命，我看着这些不怎么完善的文字，其中蕴含的激情与感觉却是此时此刻的我无法拥有的，我无法赋予这些文字以更为浑厚的灵魂，也无法在这个被各种压力和准则也压迫的现实中，再度回归到这个研究主题上去，只能在艰难的选择中让这些文字重新伫立在 2010 年 10 月 6 日完成的那一刻，时间，就这样定格了。

只有这一刻，才是当代的。蓦然回首，历史以隐然再现。权当是一种历史记录吧。需要说明的是，在撰写这一书稿的同时，我也在做农民工群体的调查，越来越感觉到，农民工进城的历程与中国媒介的变迁、媒介从业人员职业化的过程是同步进行的，并在不为人所注意到的渠道中相互博弈，这也是我2011年完成的研究报告的核心内容。2011年同时开始了农民观念培训过程，预计五年。在写下这些文字的时候，我眼前闪现过的是讲课中那一张张憨厚、善良、又带点赖皮和狡猾之气的面庞，他们渴望的眼神，让我重新获得了力量、勇气和激情。希望启蒙能从这里埋下种子，在时空交汇中让我们等待种子的萌动！

作者于2012年2月14日北京

再次补记：

转眼已经是2012年的春天了！总是想着应该对书稿进行重新修改，因为技术的日常化力量日益改变着媒介的现场，加之，当时写作时的媒介状况已经有所改变，一切都像是历史档案，依着程式、循着仪式，或者是偶发性地出现在我们的面前。闭上眼睛，所能想到的问题都像是院子里的葡萄，一串一串，却又是一坨一坨的，有时候似乎充满了信心，有时候又往往陷入困窘之后无法自拔。比较庆幸的是，阅读的安静时光总是一种美好，我也总是生活在这种美好的境遇中。思考，还是思考，就像是一种强迫症，连梦境也不会放过。

但是修补注定是一个难以希冀的过程，一个是主题的关系，这个主题涉及到时间的感觉，或者是历史意识，修补似乎是一个不可迂回的行为，或破坏历史的完整性；其次是思考的视角问题，自2005年以来一直进行的社会调查对象都是农民工，尤其是2009—2011年集中研究的是手机、电视与农民工之间的关系，其中必然涉及到一些与媒介从业人员相关联的问题，例如：媒介从业人员的社会责任、媒介的镜像、媒介的真实性、受众的媒介想象、受众的媒介消费等等问题，这些在其他的研究报告中有所涉及，这些报告也会陆续公开出版的，因此涉及到这一方面的内容在这本论著中就不再提及。最后是理论方面的探讨问题，原来的打算是重新改写，思虑再三还是放弃了，中国当代的社会科学西方思维模式化几乎成为一种定论般的假设，从理论反思必然又回到了这样的路子上，实在不想做这样的工作。尽管这种与西方在“遭遇”已经一个多世纪了，反思也持续在进行，但是媒介业的问题，却似乎距离这种反思深远，无法摆脱这种状态，为了避免这种状况，还是作罢。

此外，还需要说明的一个问题是，每个作者都不可避免地带着一种前提假设在写作，也隐含了自身的写作背景和出发点，即使是广为流传的《乡土中国》一书，也毫不含糊地以功能主义为前提来解读乡土中国的基层特色，以西方的逻辑理路和工业化的发展模式解读中国乡村基层社会，其中内在的冲突和张力自然是显而易见的。我比较困惑的是摆在我面前的这本论著是否带有了强烈的情感色彩而理性反思乏力？又或者是自我为中心的理性反思太足反而消解了问题本身？亦或者是从媒介业的西方背景出发探讨中国当代媒介业的职业化和专业化问题本身就存在张力？以上种种问题，我常常也在反问自身。

但是，文字作为符号，一旦脱离生产者的视野，便具有了公共性和永恒性，不仅外在于作者本身，也外在于人自身的存在。不仅作者会死亡，人也是有死性的，永恒的文字却可以不朽，不朽的文字脱离人本身，人则隐退在文字之后，形成了生的世界与死的世界。

希望在两个世界之间，得到同人们的回应。谢谢！

李红艳

2012 年 5 月　北京